文化的意识与逻辑
——基于唯物史观的解释

胡潇 著

中国社会科学出版社

图书在版编目(CIP)数据

文化的意识与逻辑：基于唯物史观的解释／胡潇著．—北京：中国社会科学出版社，2015.6
ISBN 978-7-5161-6396-2

Ⅰ.①文… Ⅱ.①胡… Ⅲ.①文化—研究 Ⅳ.①G0

中国版本图书馆 CIP 数据核字（2015）第 146950 号

出 版 人	赵剑英
责任编辑	冯春凤
特约编辑	齐 芳
责任校对	张爱华
责任印制	张雪娇

出 版	中国社会科学出版社
社 址	北京鼓楼西大街甲 158 号
邮 编	100720
网 址	http://www.csspw.cn
发行部	010-84083685
门市部	010-84029450
经 销	新华书店及其他书店
印 刷	北京君升印刷有限公司
装 订	廊坊市广阳区广增装订厂
版 次	2015 年 6 月第 1 版
印 次	2015 年 6 月第 1 次印刷
开 本	710×1000 1/16
印 张	21.75
插 页	2
字 数	357 千字
定 价	79.00 元

凡购买中国社会科学出版社图书，如有质量问题请与本社营销中心联系调换
电话：010-84083683
版权所有　侵权必究

目 录

前 言 ……………………………………………………………（1）
第一章　文化界定方法论考辨 …………………………………（1）
　一　现象描述 …………………………………………………（2）
　二　社会反推 …………………………………………………（2）
　三　价值认定 …………………………………………………（3）
　四　结构分析 …………………………………………………（4）
　五　行为取义 …………………………………………………（5）
　六　历史探源 …………………………………………………（6）
　七　主体立意 …………………………………………………（7）
　八　意识解读 …………………………………………………（8）
第二章　"从地上升到天上"的文化学理式
　　　　——马克思文化唯物论思想探颐 ……………………（13）
　一　文化本旨的生产方式还原 ………………………………（13）
　二　文化认识论的历史逻辑 …………………………………（19）
　三　文化自组织的社会机理 …………………………………（26）
第三章　文化是人的定在 ………………………………………（33）
　一　人化即文化 ………………………………………………（33）
　二　文化规定于无形 …………………………………………（35）
第四章　灵与肉的统一
　　　　——关于人的自我意识与自然存在之关系 …………（42）
　一　"生理—文化"的时年性 ………………………………（43）
　二　自我意识的"性差"现象 ………………………………（45）
　三　体格气质与意识品质 ……………………………………（47）

第五章　文化无意识 …………………………………………（51）
　　一　"文化熏染" ……………………………………………（52）
　　二　文化精神对主体的支配 ………………………………（54）
　　三　文化的习惯性调节 ……………………………………（55）
　　四　文化无意识的社会阈 …………………………………（59）

第六章　行为文化的无意识机制 ……………………………（62）
　　一　文化意旨对主体的不随意支配 ………………………（62）
　　二　文化技能对行为的自动调节 …………………………（64）
　　三　文化现实对主体的潜在制约 …………………………（66）

第七章　集体无意识与文化无意识的互融性 ………………（70）
　　一　无意识现象的多重界定 ………………………………（70）
　　二　互融性的具体表现 ……………………………………（72）
　　三　集体无意识对文化无意识的补充 ……………………（76）

第八章　意识形态的多视角解释
　　　　　——马克思恩格斯理念的寻绎 ……………………（79）
　　一　解释视角的解释 ………………………………………（79）
　　二　意识形态的唯物论揭秘 ………………………………（84）
　　三　意识形态的主体性言说与阶级分析 …………………（91）
　　四　意识形态理性品格与实践精神的诠释 ………………（97）

第九章　从解释学的"前见"看意识形态 …………………（106）
　　一　意识形态与"前见"的逻辑渊源 ……………………（107）
　　二　意识形态"前见"的意识机理 ………………………（111）
　　三　意识形态前见与"实践理性"在理解中的复合作用 ………（116）

第十章　意识形态幻象的认知逻辑 …………………………（121）
　　一　因果倒置的臆度玄想 …………………………………（121）
　　二　历史规定性的抽象思维消释 …………………………（124）
　　三　语言独立中的"消所入能" …………………………（126）
　　四　"相机原理"的镜像致幻 ……………………………（132）
　　五　文化囚徒的自我通灵 …………………………………（136）

第十一章　文化逻辑举要 ……………………………………（142）
　　一　文化的生成逻辑 ………………………………………（142）

二　文化的认知逻辑 …………………………………………（143）
　　三　文化的价值逻辑 …………………………………………（145）
　　四　文化的传播逻辑 …………………………………………（146）
　　五　文化的践履逻辑 …………………………………………（148）
　　六　文化形式的结构逻辑 ……………………………………（150）
　　七　文化的进化逻辑 …………………………………………（153）

第十二章　文化逻辑的研究策略 …………………………………（158）
　　一　"逻辑"的意谓与方法论原则 …………………………（158）
　　二　文化逻辑研究需要正确处理的几个关系 ………………（161）

第十三章　马克思视野中的文化逻辑与资本逻辑 ………………（172）
　　一　逻辑哲学的立论基础 ……………………………………（172）
　　二　资本逻辑与文化逻辑的意涵 ……………………………（174）
　　三　文化逻辑与资本逻辑相互纠结的解释 …………………（180）

第十四章　资本逻辑与文化逻辑的乖离 …………………………（185）
　　一　资本诱发文化生产短期行为 ……………………………（186）
　　二　外在财富的单面性衍生主客观文化对立 ………………（188）
　　三　资本张力解构文化生态秩序 ……………………………（191）
　　四　符号资本伪化精神生活的真实 …………………………（203）
　　五　资本平抑卓越文化创造力 ………………………………（211）
　　六　资本扭曲文化的价值逻辑 ………………………………（214）

第十五章　文艺复兴运动中人性觉醒的资本逻辑 ………………（219）
　　一　新兴阶层资本意识的人格化勃兴 ………………………（219）
　　二　经济计量思维对人学理性的高扬 ………………………（223）
　　三　新主体性的货币逻辑塑造 ………………………………（228）
　　四　人文理性的全方位提振 …………………………………（232）

第十六章　资本逻辑给电视文化带来的病相 ……………………（238）
　　一　电视媒体的市场旋转颠覆印刷文化的价值定势 ………（238）
　　二　节目花样翻新中的精神粗俗 ……………………………（242）
　　三　电视资本运作引出的情理错乱 …………………………（244）
　　四　资本逻辑的声像置入造成认知偏差 ……………………（248）

第十七章　印刷文本的线性逻辑 …………………………………（253）

一　文本线性逻辑的语符思维寻因 …………………………（254）
　二　文本线性逻辑与文字的写、读感知 ……………………（256）
　三　文本线性逻辑与内容的庄严负载 ………………………（257）
第十八章　网络图像文化对哲学思维的逻辑解构 ……………（261）
　一　语义结构的多值不定消散哲学思维的明确释义 ………（261）
　二　网络文化压抑哲学思维的逻辑张力 ……………………（266）
　三　网上认知位势挤逼哲学建树的思想场域 ………………（273）
第十九章　空间现象的文化解读
　　　　　——基于马克思恩格斯空间理念的思考 …………（279）
　一　空间"距离"的文化透视 ………………………………（279）
　二　城乡空间的文化究诘 ……………………………………（286）
　三　空间景观的能、所叙事 …………………………………（291）
第二十章　唯物史观创新研究的逻辑思考 ……………………（299）
　一　关注中国特色社会主义的特殊逻辑 ……………………（300）
　二　必然、偶然与当代社会生活的逻辑诠释 ………………（309）
　三　唯物史观研究中真理性与价值性的逻辑同构 …………（328）

前　言

本书呈现给读者的，是笔者对于文化现象之意识与逻辑的思考。文化在日常生活与学术用语中，向来是一个众说纷纭、诸家论讼的概念。但言说难定却意会可及，人们心中自有一个文化的神魂。一般而论，都把非天然的而为人类实践所作之事物称为文化，概言之文化即人化的事物。文化在中国话语中自古以来就有所谓的器物文化、典章文化、精神文化之分，一为物质的，二为制度的，三为思想意识的。这是一个大文化用语。本书所论之文化，则更多聚焦于人类的精神生活及某些行为方式方面。缩小论域只是因为探讨问题的约束，而不是要否定物质和制度层面文化用语的合法性。

文化现象的界定决定讨论问题的走势。为此，本书开篇就展示了我在1989年撰写、1991年出版的《文化现象学》一书对文化概念界定方法的梳理与阐释。此论虽难说全与准，但对57种文化定义作七个方面的方法论归类和诠释，也算是别开生面的尝试。并且不止于谈论文化是什么，还进一步深究人们为何如此言说文化，其逻辑理据何在。此文在国内学界探讨文化概念的文章中多有提及，算成一家之言吧。此次收录，盖出于本书的论题需要，即笔者所作文化之论，聚焦于文化的意识与逻辑，是发端于文化定义而展开的。

文化，从精神层面而言，与人的实践生活及其身心机理血肉相联。书中用了一些篇幅谈论文化与人的关系，总的理念是：文化是人的定在。从文化发生学而言，人为文化的创造者，是主人，文化非天然或神授；而从人的每一个体或每一时段群体之生活而言，人是被文化创造的，是囚徒，文化在经验、知识、规范的世界涵养人生，甚至把人当作自身上演的活道具。所以，人之于文化，总是主人与囚徒、主动与受动的统一。

文化与人生的一些相互规定，又深深植根于人的精神世界与现实生活世界的关联中，更与人的思维和行为的意识与无意识非常内在地联系在一起，直接地表现了文化意识与无意识的相互关系和作用机理。基于此，本书用了较大篇幅探讨意识与无意识、文化意识与文化无意识、个体无意识与集体无意识的关系。个中理致，发端于弗洛伊德，中兴于荣格，实证于巴甫洛夫，反复存活于我们的精神生活与社会行为之中。说文化是人自主创造的事物，更多地是着眼于人的意识或意识自觉，因为只有在清醒意识中才能谈及人的自主、自为和自觉创造；说人是文化的囚徒，更多地是讲人不经意地被文化所陶冶、铸造、规范。人无法抗拒社会文化的规定和宿命。因为文化无论是在获得性遗传中由集体无意识赋予每一新生主体，还是在后天生活中经文化无数次地对主体的熏染、浸泡而内化在心灵深处，往往都是无意识的神魂入主人的精神本我。隐伏在灵府幽界的无意识状态的文化，在主体意识不到的情况下支配着主体的思维和行为，这才是最真实、最稳定、最本己也最有调控力量的文化。我们的文化建设与意识形态工作，不仅需要关注人们怎样显性地、有意识地言说和行为，更应关注人们那些隐性地、无意识地进行的思维与行为。简而言之，意识形态或社会文化对于人们的引导、规范与激励，最强有力的方面，是它们已成为主体生活中的文化无意识因素，习惯性地发挥着作用。意识形态的深层力量在于它入主了人的无意识境界，不经意地调控人的思想与行为。由此前行，本书对意识形态现象进行了一些认识论、理解论的意识分析，借以揭示意识形态机制的非意识性或无意识意义。它们是文化现象之意识解释的重要论域，值得继续关注。

文化现象的研究，无论是黑格尔《精神现象学》所强调的社会精神文化研究的认知及其逻辑规律揭示，还是胡塞尔的现象学所强调的"面向事物本身"，关注事物如何在意识中显现的方法，深究事物如其所显中的是其所是之本然，都离不开文化逻辑的追问与寻求。基于此，本书结合精神文化的意识机理分析，对文化现象及其历时态与共时态的运行法则即内在逻辑进行了探讨。从马克思所说的关于"事物本身的逻辑"与"逻辑本身的事物"之关系，界定文化逻辑的概念。然后，根据马克思关于社会现实生活的历史与观念的历史、物质生产法则与精神生产法则，以及关于事物本身规律的研究方法与关于这些规律的叙述方法等关系的论述，用历史与逻辑相一致、由抽象到具体等辩证逻辑思维，展开了文化逻辑的研究。其中自觉贯彻了以下三个理念：一是对文化逻辑体系进行了系统梳理，举其要者而论，为这方面的研究展示一个论域；二是对文化逻辑的研究策略作出了自己的思考，从规律性探讨的深层诠释了文化研究方法论；三是将历史唯物主义原则贯彻到精神文化的研究方面，并且以当代市场经济为背景，将物质生产与精神文化生产的关系置入资本逻辑与文化逻辑的关系进行深入探讨，力图揭示两者的耦合与乖离机制。同时，本书在这一工作中，十分重视文化生产的物质技术方式对文化逻辑本身及其与资本逻辑之关系的深刻影响。对于这一问题的说明，马克思认为关于生产者的社会文化属性，既由他们生产什么所制约，更由他们怎样生产、用什么手段生产所决定的立论方法所决定。因此，文化生产手段、方法及生产的社会组织形式，是文化逻辑的现实根据，更是文化逻辑与资本逻辑相互缠绕的中介与"物理—社会场"。比如文化的物质媒介及其技术形态，对于探讨文化的符号或是符号的文化来讲，都非常重要。故本书不仅对传统印刷文化与现代电子文化的内在逻辑作了某些比较研究，而且还在文化生产的社会—物质技术方式与资本逻辑和文化逻辑的结合上，颇为深入地展开了文化逻辑探讨。这是笔者新近从文化建设的产业与事业、市场与政府及事业机构之行为的相互关系出发，对其之间的逻辑、法则所作的研究。与此同时，本书还对当代文化生产与传播的电子技术，如计算机设计、电视复制、虚拟世界、网络交流等新型物质技术的运用，对传统思维方式产生的解构作用，对资本逻辑的趋附与对文化逻辑的重构，以及市场运作引发的精神文明病端，作了一些更为具体的批判性审视，以期窥视新文化现象的正负效应及其运行法则。这不仅是一种文化热闹中的沉思与审视，更是对文化生产新的物质技术和市场经营的新产业方式将产生何种样态的文化逻辑的蠡测。笔者以为，文化逻辑是依据文化生产的物质技术和社会组织方式的变迁而自行重构的，我们不能以先秦时代木牍竹简的文化生产手段，高古奥理的文言文叙事法则，以及知识有限、视听孤陋、交往闭塞、斗室文人之作的精神生产方式下所形成的文化逻辑，一成不变地搬到对当代文化生产的解释中，企求套用两千多年前的古旧成法来观照、言说当代鲜活的精神文化生态。果若此，那只能是一种复古的文化民粹主义，尽管能带来些许美好的回忆，但断然说不清当下的世界。在文化逻辑的探寻中，我们的通途仍然只能是历史与逻辑的一致。有鉴于此，笔者特地撰写了一篇关于马克思对空间之文化解读的文字，意在探寻空间生产所内含的文化意蕴，从空间的社会逻辑向度关注文化生活的场域逻辑。这一尝试，我以为既是对马克思空间文化观的揭示与诠释，更是对今天全球化、网络化、人类重新部落化这样一些充满悖论的文化生态的空间关注。对这些时代性的文化事实探幽发微，必将让我们在今天这样一个"以空间遮蔽时间"的环境中，发现大量文化现象的新生逻辑。它们将导致唯物史观对社会意识、文化生态现象的诸多新解。正是基于这样的考量，笔者最后追补了一篇"唯物史观创新研究的逻辑思考"的文字。因为我强烈而深刻地感知到，社会生活时空结构的变化，必然导致社会运动的规律在发生作用的机制方面，包括社会事件的偶然性和必然性之相互关系的实现形式、以及人们对它们的认识和利用方式方面，也发生许多时代性的改变。这反过来对唯物史观在揭示和诠释社会历史规律的方式方法上，即历史观的思想逻辑方面，也相应地会出现许多新的变革。它们既要求唯物史观这种对社会文化现象从意识和逻辑方面作出元哲学解释的理论，应当具有时代特色的创新研究，同时也将推动它作为一种总体性的社会文化意识，顺应历史发展形成自身的革故鼎新。自然，此双重意义上的文化精神变革，是需要广大思想文化工作者自觉投入社会文化建设，深入观察和研究重大现实问题，在理论创新和文化繁荣方面努力作出时代性的建树，才能实现的。这是当今社会授予我们的神圣使命，责任重大，义不容辞。

凡此种种，都是我们在进行文化建设、提升文化自觉过程中，应予以高度重视的问题。合理的学术诠释与实践解决，是守望和打理精神家园，使之生气盎然、春色常在的要务，当勉力为之。

笔者才学疏浅，所作文化思考，虽历时三十余载，但每每总是重新出发，难言终极结论，仅有察觉而已。人在路上，风雨兼程，是一种生命状态，面对挑战与犯难，也领略沿途风光，艰辛和愉悦并在，没有苦尽甘来。路在延伸，人在行走，心在求索，是学人无涯的生计。

2014年4月4日清晨初稿，8月2日，修订于广州白云山畔闻雨斋。

第一章　文化界定方法论考辨

"文化"一词，德文为 Kultur，英文为 culture，两者皆源于拉丁文字 cultura，其意为耕作、培养、教育、发展、尊重等。13 世纪以后，其含义逐步演化为个人素养，整个社会的知识；思想方面的素养，艺术、学术作品的汇集，以及引申为泛指一定社会的全部社会生活内容等。随着文化及其学说的发展，文化概念的外延变得越来越广泛、丰富。后来，英国文化人类学家泰勒在其著作《原始文化》一书中，将文化含义首次系统地表述为："文化或文明就其广泛的人种学而言，是一个复杂的整体，包括知识、信仰、艺术、道德、法律、风俗及作为社会成员的人所获得的才能与习惯。"这是一个较有权威性的界说，它为尔后的文化概念制定提供了基本的线索和域限。

"文化"这个词，在中国历史上出现也很早。《周礼》上说："观乎人文以化天下"[①]；汉刘向在《说苑》中指出："凡武之兴，谓不服也，文化不改，然后加诛"；晋束皙在《补亡诗》中说："文化内辑，武功外悠"；南齐王融《曲水诗序》中说："设神理以景俗，敷文化以柔远"；等等。他们讲的都是文治教化的意思，与现代意义上的文化并不完全相同。而最早在现代意义上界说文化的，可能就是梁启超了。他于 1922 年 12 月发表在《灯学》上的《什么是文化》一文中指出："文化者，人类心能所开释出来之有价值的共业也。"之后，中国学界关于文化的定义，在采借外来意义和自我研讨的双向努力下，也日趋丰富、完备。

人们界说文化的概念形形色色，千差万别，但从其契入文化现象的路径及其叙事逻辑来分析，这各别殊异的文化界说仍然有其共识可陈，粗略

---

① 《周礼正义》卷3，《十三经注疏》上册，中华书局 1980 年影印本，第 37 页。

归纳其类，大体有以下几个主要的方法和思路。

一 现象描述

这种方法，由泰勒首开先河，把文化看作一个复杂的整体，逐一列举各种文化现象，以此说明什么是文化。运用这种方法的不乏其人。美国新进化学派的主要代表怀特曾像泰勒一样去界定过文化。他说："在心理学及大部分社会学之外，存在着另外一类人类行为的决定因素。这就是传统的风尚习俗、典章制度、工具、哲学、语言等等，这些我们统称为文化。"[①] 我国学者梁漱溟也曾经用此方法界说过文化，他认为："所谓文化不过是一个民族生活的种种方面。总括起来，不外三个方面：（一）精神生活方面，如宗教、哲学、科学、艺术等是。文艺是偏重于感情的，哲学科学是偏重于理智的。（二）社会生活方面，我们对于周围的人——家族、朋友、社会、国家、世界——之间的生活方法，都是属于社会生活一方面，如社会组织、伦理习惯、政治制度及经济关系是。（三）物质生活方面，如饮食起居种种享用，人类对于自然界求生存的各种是。"[②] 这些表述，都是从罗列文化现象入手去说明文化。其长处是对文化的各方面、各因素有所分析，并给人以外观的具体，使人易于明了而不玄惑。但它们停留于对文化概念外延的描述上，而对这一概念的内涵却没有概括出来，其抽象程度很低，未能深入揭示文化的本质。它们只是罗列了什么是文化，而没有回答文化是什么，即没有将个别上升为一般，不能给人一个把握文化内在本质的完整定义。故此，用这种朴素的列举现象的方法，去界定文化科学的基始范畴，必然存在很大的局限。

二 社会反推

此种方法，局限于把文化作为社会进步的标志，从被它表征的社会状

---

① [美]怀特：《文化科学》，曹锦清等译，浙江人民出版社1988年版，第69页。
② 帕米尔书店编：《文化建设与西化问题讨论集》下集，帕米尔书店1980年版，第392页。

况、特征出发，反过来推断表征社会状况的文化的含义，以此界定文化。1973年版的《苏联大百科全书》，就是用此法去规定文化概念的。该书的"文化"条目指出："文化是对社会的一种特殊的鉴定，它表明人类所达到的、由人同自然界和社会的关系所决定的历史发展水平。"[1]"文化，是社会和人在历史上一定的发展水平，它表现为人们进行生活和活动的种种类型和形式，以及人们所创造的物质财富和精神财富。文化这个概念用来表明一定的历史时代、社会经济形态、具体社会、氏族和民族的物质和精神的发展水平（如古代文化、社会主义文化、玛雅文化），以及专门的活动或生活领域（劳动文化、艺术文化、生活文化）。"[2] 很显然，这样界定文化，虽然强调了文化是人们的活动方式和人类创造财富的总和，标志着社会的发展状况，但是，其落脚点则是在愚昧与开化、落后与发达的对应关系中去说明文化。因此，它实质上把"文化"一词与"文明"一词的意义相混同。由于更多地是从社会"发展水平"这一量的角度去界定文化，因而它忽视了对文化的自身本质、社会本质的说明，还没有从内在的方面完全达到对文化现象自身的本质把握。

三 价值认定

这是从文化对于人类社会生活的意义、功用的方面去界说文化的，认为它是一个价值体系。美国学者克拉克洪和凯利都认为，某一文化是历史上源起于求生存所作的明显而含蓄的设计体系，此体系为这一群体的全部或部分成员所共有。英国著名人类学家马林诺夫斯基从"功能学"的角度指出，文化是"一个在满足人的要求的过程中，为应付该环境中面临的具体、特殊的课题，而把自己置于一个更好的位置上的工具性装置"[3]。日本世界文化社1973年出版的《世界文化大事典》同样主张价值文化说："文化就是讲的，从对大地进行加赋予新生命的'耕作'这种观念引申出来的，对于内在的自然的身体和精神的训练尤其是艺术、道德的能力

---

[1] 中央党校科学社会主义教研室编译：《文明和文化》，求实出版社1982年版，第51页。
[2] 同上书，第45页。
[3] 庄锡昌等编：《多维视野中的文化理论》，浙江人民出版社1987年版，第371页。

的形成、知识的获得和体育等等之类的东西。一般地说文化就是人类以自然为素材，设想着一定的价值（文化价值）并为其实现而努力。"① 苏联文化史学家马尔卡良则认为："文化是人类活动的手段，生存的手段。"② 如前所述，我国的梁启超也持此说，指出"文化者，人类心能所开释出来之有价值的共业也"。后来的文化人柯象峰则更鲜明地写道："文化是扶持人类的生存、充实人类生活的东西。"③ 所有这类界说文化的观点，都充分肯定了文化活动及其成果在人类社会生活中的地位和重要意义，都透露出对文化的关注。但是，事物的价值、功用与事物自身的本质是有区别的。上述定义都只是在价值层面上说明文化的一个方面的属性，而没有从总体属性上或根本属性上去认识和界定文化自身。因而，其文化概念不免失之偏颇，令人难以领悟文化的真谛。

四　结构分析

结构分析方法把文化当作一种特殊的有自身结构的体系，认为它是社会系统的一个有机构成部分。美国著名社会学家 T. 帕森斯把文化看作一个体现价值和规范的象征体系，并指出："我们把文化体系本身看作是复合的，内部有所区别的体系。按照任何一种行为体系的四个根本职能划分的变化表，我们相应地在四个范畴内（提供知识的象征、道德评价的象征、表情象征和制度性象征）对它进行分析。"④ 这实质上是从真、善、美的角度，去观察文化和文化的结构。美国人类学家克拉克洪和凯利则认为："文化是在历史的进展中为生活而创造出的设计，包括外显的和内隐的，理性的、非理性的和无理性的，在任何特定时间内，这些设计都作为人类行为的潜在指南而存在。"⑤ 以上两个文化定义，其立论的理论基础互有区别。前者是基于"人是能利用象征的'动物'"去认识问题；后者是基于人的生存环境对人的限制及人对环境的适应、选择的关系中去认识

---

① 中央党校科学社会主义教研室编译：《文明和文化》，求实出版社 1982 年版，第 45 页。
② 《苏联历史》，《莫斯科》1979 年第 6 期，第 100 页。
③ 帕米尔书店编：《文化建设与西化问题讨论集》下集，帕米尔书店 1980 年版，第 54 页。
④ 《文化和社会制度审视》，载《社会科学中的文化概念》，剑桥大学出版社 1973 年版。
⑤ 庄锡昌等编：《多维视野中的文化理论》，浙江人民出版社 1987 年版，第 119 页。

问题。但他们思考问题的方法却是相近的，都企图从揭示文化的结构性去说明文化。较之前面几种思路，结构分析方法的抽象程度颇高，更富理性具体意义，且深入到了文化的内部联系。不足的方面，仍然是在总体上对文化的界定还不甚明晰。

五　行为取义

这是一种从人的行为方式与文化的关联去界说文化的思路。沿这种思路去界定文化的理论，往往强调文化是一种具有动力特色的行为方式和生活方式，或者认为文化是具有动力的行为规范观念。美国著名的文化人类学家南达认为："文化作为理想规范、意义、期待等构成的完整体系，既对实际行为按既定方向加以引导，又对明显违背理想规范的行为进行惩罚。"[1] 克林伯格认为，文化是"由社会环境所决定的生活方式的整体"[2]。苏联学者谢班斯基指出："文化是人类活动的全部物质和精神成果、价值以及受到承认的行为方式。"[3] 我国的梁漱溟则认为："文化是生活的样法。"[4] 胡适认为："文化是一种文明所形成的生活的方式。"[5] 伟大的民主革命家孙中山先生曾经指出："简单地说，文化是人类为了适应生存要求和生活需要所产生的一切生活方式的综合和他的表现。"[6]

以上诸论，都是用抽象程度较高的"生活方式"范畴去界定文化概念，提高了文化界说的综合性和概括性，并且也抓住了体现文化意义的根本方面，强调了文化对于人类行为具有规范作用的重要属性。但是，生活方式只能是文化的集中体现，而并不直接等于文化本身。用文化的重要体现者去说明文化自身的本质属性，同样未能达到目的。因为这种方法，在形式逻辑上不能使概念的外延周延，即概念不能涵盖它所表达的同类事物。

---

[1]　[美]南达：《文化人类学》，刘燕鸣、韩养民编译，陕西人民教育出版社1987年版，第46页。

[2]　覃光广、冯利、陈朴主编：《文化学辞典》，中央民族学院出版社1988年版，第109页。

[3]　《苏联历史》，《莫斯科》1984年第6期，第100页。

[4]　梁漱溟：《东西文化及其哲学》第3章，商务印书馆1999年版。

[5]　《胡适文存》第3集第1卷："我们对于西洋近代文明的态度"，首都经济贸易大学出版社2013年版。

[6]　《文化哲学讲演录》第2卷，台湾东大图书公司1982年版，第155页。

六　历史探源

采用这种方法界说文化的人，不在少数。他们注重的问题是说明文化的生成、来源，文化存在和流传的因素，把文化放在历史的和社会生活的台面上去观察。美国文化学家金布尔·杨认为："文化是由……习得的行为范式所组成的"，是"人类社会生活的沉淀物"[1]。埃尔伍德认为，文化是"社会地获得并通过符号社会地传递的行为类型"[2]。格罗夫认为："文化是人类交往的产物。"[3] 美国的社会学家福尔森认为，"文化是一切人工产物的总和，包括一切由人类发明并由人类传递后代的器物的全部，及生活的习惯"[4]。日本文化学家祖父江孝男认为，文化就是"由后天被造成的，成为群体成员之间共通具有且被保持下来的行为方式"[5]。我国的文化学者孙本文认为："凡是由人类调适于环境而产生的事物，就叫文化。"[6] 胡伊默也认为："文化的定义，应该是这样：文化是人类社会劳动的成果总和。"[7] 诸如此类的文化界说，都从发生学、社会遗传学的角度，指出了文化的社会起源和历史承续，明确了文化的社会性和人为性，借以与自然事物相区别。然而，文化的发生和流传的社会历史性，仅仅是文化众多属性中的一种，是其本质规定的一个方面而不是全部。用这一属性去界定文化的本质属性，同样有以偏概全的问题，不能充分把文化的内涵表述清楚。此外，把一切人工产物都归结于文化，未免失之宽泛，影响文化概念规范文化现象的准确性。

---

[1]　[美] 怀特：《文化科学》，曹锦清等译，浙江人民出版社1988年版，第80页。
[2]　同上。
[3]　同上。
[4]　帕米尔书店编：《文化建设与西化问题讨论集》下集，帕米尔书店1980年版，第415页。
[5]　[日] 祖父江孝男：《简明文化人类学》，季红真译，作家出版社1987年版，第37页。
[6]　孙本文：《社会的文化基础》，世界书局1926年版，第3页。
[7]　帕米尔书店编：《文化建设与西化问题讨论集》下集，帕米尔书店1980年版，第392页。

七　主体立意

　　这种思路把主体即社会的人，作为文化现象的中心项，强调文化的主体性，并用它说明文化的本质。德国哲学家康德认为，文化是"有理性的实体为了一定的目的而进行的能力的创造"[①]。弗洛伊德认为，文明是以本能的遏制为基础的。他主张应把文化解释为社会压迫和儿童心理脉搏升华的机制，主张"所谓文化，就是有条不紊地牺牲力比多，并把它强行转移到对社会有用的活动和表现上去"[②]。他直接提出："人类文化，我的理解是：人的生活由之上升到动物水平之上并以之区别于野兽的生活……一方面人类文化囊括了人所获得的全部知识和用以控制自然力并满足人的需要而获取福利的方法；另一方面，还包括调整人与人之间的关系的一切体制。"[③]美国文化学家托马斯·哈定认为："从个体的和心理的角度看，文化就是各种（仅仅）与历史有联系的特质和情结的集合，是群体内个体行为的总和。"[④] C.S.福特则认为："文化……系由反应而组成，因其成效而为社会成员所接受。总之，文化是学习解决问题之方式所组成。"[⑤]美国佛蒙特大学人类学教授哈维兰则指出："文化不是可见的行为，而是人们用以解释经验和导致行为所反映的价值观和信仰。"[⑥]克罗伯认为文化是"习得性和获得性的运动神经反应、习惯、技术、观念、价值观——以及由此而产生的行为——所构成的混和体"[⑦]。《苏联大百科全书》1973年第三版第13卷中则认为："文化概念最初是指人对自然的有目的的影响，以及人本身的培养和训练。培养不仅包括培养人们遵守现

[①] 中共中央党校科学社会主义教研室编译：《文明与文化》，求实出版社1982年版，第76页。

[②] ［美］马尔库塞：《爱欲与文明》，黄勇、薛民译，上海译文出版社1987年版，第18页。

[③] ［奥］弗洛伊德：《一种幻想的未来》，列宁格勒出版社1930年版，第8页。

[④] ［美］托马斯·哈定等：《文化与进化》，韩建军、商戈令译，浙江人民出版社1987年版，第50页。

[⑤] 参见覃光广等主编《文化学辞典》，中央民族学院出版社1988年版，第109页。

[⑥] ［美］哈维兰：《当代人类学》，王铭铭译，上海人民出版社1987年版，第241页。

[⑦] 参见［美］基辛：《文化、社会、个人》，甘华鸣译，辽宁人民出版社1988年版，第31页。

有准则和习惯的能力，而且包括鼓励他们遵守这些准则和习惯的愿望，使他们相信文化能够满足人的全部要求和需要。任何社会的文化观都包含这两层意思。"① 中国学者樊仲云也曾谈道："我认为人类之所以熙熙攘攘，力求生活者其目的无非谋自己生命的保存繁殖与生活的充实。质言之，所谓文化者，不过是人类生活欲望的表现而已。"② 上面的各种定义，尽管看问题的方法互有一定差异，但都主张从人与文化的关系上去定义文化，认定文化是人调整、学习和选择的活动和过程，是人训练自己、满足欲望、解决问题、调适环境和人际关系的制度和方式。它们都一定程度地揭示了文化的主体性和社会性，强调了文化与人的内部世界、行为、生活有不可离析的内在联系，指出了文化是人的精神特征。这无疑体现了人类在文化层面上对精神自我的深入认识。然而，因为它们离开社会的生活实际，片面强调文化的主体性，不少论点表现了心理主义的唯心论倾向。同时，由于主体性只是文化一个方面的特征，而不是它的本质属性，因而用主体性去界说文化的本质，仍然是不完全准确、不十分全面的。

八　意识解读

这就是从意识或社会意识与社会现实生活的关系的角度去破译文化的内涵。法国心理学家莫尔在他的《文化动力学》一书中指出："文化即人在自己的社会生活进程中创造的艺术环境的智力方面。文化是人的周围世界的抽象因素。"③ 美国社会学家贝尔则认为"文化是富于表情的象征意义和意义的领域"④，"在较为狭隘的意义上，它是富于表情的象征意义的舞台：在美术、诗歌、散文或在祈祷、大祭、仪式等宗教形式领域中的一定成就。那些宗教形式试图解释和表现人类生存于某种想象形式中的实质。"⑤ 苏联学者阿尔诺尔多夫认为："文化是人与人之间社会关系的反映……这是历史上发展着的、由人们的创造性活动建立起来的精神价值和

---

① 中央党校科学社会主义教研室编译：《文明和文化》，求实出版社1982年版，第45页。
② 帕米尔书店编：《文化建设与西化问题讨论集》下集，帕米尔书店1980年版，第15页。
③ 参见［苏］贡恰连科：《精神文化》，戴世吉等译，求实出版社1988年版，第274页。
④ 同上书，第272页。
⑤ 同上书，第273页。

规范的体系,同时,它也是由物质生产方式决定的,就本质而言,它是具有社会意义的人类创造的过程,这一过程的目的在于掌握世界和改造世界。"① 在我国,陈独秀则坚决反对把各种社会现象都纳入文化领域的做法。他指出:"有一班人并且把政治、实业、交通都拉到文化里面了,我不知道他们因为何种心理看到文化如此广泛,至于无所不包!若再进一步,连军事也拉进去,那便成了武化运动了,岂非怪之又怪吗?"他认为,文化的内容"是文学、美术、音乐、哲学、科学这一类的事"②。另一位文化人昌群则提出:"文化,就广义方面说,应该是'某一时代经济制度的上层建筑的总和',因此,文化所包括的内容很大,一切政治、宗教、伦理、教育、艺术、学说等,都可包括在内。"③ 毛泽东在著名的《新民主主义论》一文中曾明确指出:"一定的文化(当作观念形态的文化)是一定社会的政治和经济的反映,又给予伟大影响和作用于一定社会的政治和经济。"④ 上面所列的各种观点,许多地方的差异是很鲜明的。不过,他们都是从精神世界、社会意识对社会现实的反映这一角度去界说文化的。这种立论,自然是把文化界定为精神性的现象,而没有把社会的物质财富及经济和政治活动都包括进来。就这一点而言,它们比较接近马克思的见解,或直接是马克思主义的见解。马克思似乎没有专门给文化下过完整的定义,但他认同恩格斯关于文化范围的论述:"旧的、还没有被排除掉的唯心主义历史观不知道任何基于物质利益的阶级斗争,而且根本不知道任何物质利益,生产和一切经济关系,在它那里只是被当作'文化史'的从属因素顺便提到过。"⑤ 他赞同施托尔希"把'内在财富即文明要素'同物质生产的组成部分——物质财富区别开来,'文明论'应该研究文明要素的生产规律"的见解。而且他还认为:"要研究精神生产和物质生产之间的联系,首先必须把这种物质生产本身不是当作一般范畴来考察,而是从一定的历史的形式来考察。"⑥ 因为在他看来,物质生产方式派生一定的社会结构以及人与自然的一定关

---

① 参见[苏]贡恰连科:《精神文化》,戴世吉等译,求实出版社1988年版,第6页。
② 《陈独秀文存》第2卷,随笔11。
③ 《中国青年报》,1926年11月第142期。
④ 《毛泽东选集》第4卷,人民出版社1960年版,第624页。
⑤ 《马克思恩格斯选集》第3卷,人民出版社1995年版,第365页。
⑥ 《马克思恩格斯全集》第26卷1册,人民出版社1972年版,第295—296页。

系，而精神生产的方式与性质是由这两者决定的。这自然为我们认识和界定文化现象提供了唯物史观的哲学基础。但是，上述各种界说文化的观点，也有几个不足的地方。一是文化不能全部进入作为上层建筑的社会意识形态，因为它不全是对社会存在的反映，比如自然科学就是如此，故意识形态是文化，但文化不只是意识形态；二是文化不只是对社会生活的一种反映，它本身就是社会生活的内容，或完全体现在社会生活中，当今的文化产业甚至使文化本身直接有了经济基础和生活环境、社会存在的某些意义，需要我们用新的理念作出新的文化解释；三是文化不只是一种反映结果，而且也是整个社会生活的主体条件、生活内容和工艺条件；四是文化的存在方式不只是观念形态，而且也以物化（但不等于物质财富本身）和制度化的形式存在着。因此，用意识形态对社会存在的反映去界定文化，有许多需要推究和更新的地方。

以上诸种文化概念的界定方法，是笔者在深究文化现象的内在本质的过程中所作出的梳理与归纳。从中不难看出，文化概念的界定本身就成为一种文化现象：不仅在不同的学科视域中对文化有其特殊的理解，而且即使是在文化学这一直接研究文化现象的著作中也是人言人殊，各有己见。文化现象本身的复杂性，带来了人们对文化的理解和界定的多义性；观察、研究和解释文化现象的主体自身思想方法、价值取向、学术旨趣的丰富个性，带来了文化定义的主体个性化差异。关于学者们对文化所作的定义，美国文化人类学家克罗伯和克拉克洪在1952年发表的《文化：一个概念定义的考评》中，分析考察了127种文化定义，然后他们对文化下了一个综合定义："文化存在于各种内隐的和外显的模式之中，借助符号的运用得以学习与传播，并构成人类群体的特殊成就，这些成就包括他们制造物品的各种具体式样，文化的基本要素是传统（通过历史衍生和自由选择得到的）思想观念和价值，其中尤以价值观最为重要。"这一文化定义为现代西方许多学者所接受。与此同时，克拉克洪在其《文化与个人》一书中还对文化概念的外延作出了梳理，认为它们有这样一些方面：1. 文化是学而知之的；2. 文化是由构成人类存在的生物学成分、环境科学成分、心理学成分以及历史学成分衍生而来的；3. 文化具有结构；4. 文化分隔为各个方面；5. 文化是动态的；6. 文化是可变的；7. 文化显示出规律性，它可借助科学方法加以分析；8. 文化是个人适应其整个环境的工具，是表达其创造性的手段。他认为：人类学家对文化的描述可以和地图作个比较。地图显然不是一片具体的块，而是特殊地域的抽象表示。地图如果绘制得精确，人们看了它就不会迷失途径。文化如果得到正确的描述，人们就会认识到存在一种具有特殊性质的生活方式，认识这些性质之间的相互关系。到19世纪末，人们提出的文化概念主要是指"一种物质上、知识上和精神上的整体生活方式"[①]。在笔者看来，将文化作为物质、精神、社会生活方式的升华和结晶，是更切合文化本质的。文化就是通过各种生活方式造就的、又经由生活方式而展示的现象；并且把生活方式的内在本质、内在精神以社会共识和经验模式加以凝练和稳定，以至成为涵养人类本质的社会基因。

笔者以为，对界说文化的种种思路，从八个方面所进行的粗浅分析，不一定都是很恰当、很全面的分析。除疏漏甚多之外，还有一个不能回避的事实，即许多界说既可以从这一侧面剖判，也可以从那个侧面去解释，它们之间的区分在许多地方只有相对的意义。有些界说，即使是出于同一个学者或同一著作，也往往因议论重点或观察问题立场的转移而互不一致。这既有概念本身的内涵与外延之表述和指谓功能差异的原因，也有文化的多样性以及文化现象初级本质与深层本质差异的原因，更有文化现象解释者自身观察和思考问题之时空视域、语境、意义取向、学科叙事方法和问题意识变换的原因。正是这些原因，带来了文化概念界定之普遍性和特殊性、统一性与多样性、共识性与歧见性、稳定性与变换性所构成的丰富多彩的思想景观。因此不能绝对地说某一学者只固守一种思路去界定自己的文化概念。然而，无论如何，从众说纷纭的观念中理出一个大致的线索，对于人们比较清晰地理解把握文化本质的路径，或许不无意义。与此同时，通过对诸多思路的分析比较，我们发现：1. 各种关于文化概念的界说都有其一定的理由，但都不能说达到了十全十美的境界，对文化本质的认识，还将在文化科学的探讨中不断发展，不断接近事实的本质及其真理内核。2. 不同的文化学科，不同的研究方法，必然形成对文化的不同界说，这些界说将具体地服从和服务于制定它们的不同理论体系。因而不能企求造成一种能够涵盖一切文化学说，适应一切研究方法的文化定义。

---

① 韦森：《文化与制序》，上海人民出版社2003年版，第9页。

同时也必须把各种文化定义放到构制它们的理论体系中去认识,只有把握了它们赖以形成的理论基础,才能更准确、更深刻地判定每种具体文化定义的真理品格。3. 前人在探寻文化本质的漫漫长途上的不懈求索,一方面留下了他们对自己时代的思想奉献;另一方面也为我们了解文化的本质留下了思维的逻辑轨道。大致说来,是循着一条由现象罗列到本质发掘,由功能论证到结构分析,由价值研判到渊源追溯,由心理解析到哲学抽象的道路前行的。透过每一认识阶梯的理论建构,我们不仅要看清它所造成的文化定义对文化现象的界定处在何级本质上,而且更要拾级而上,沿着正确的思想路向,朝文化的深层本质进取。4. 文化现象作为一种历史的事物,是随着社会的发展而变迁的,其内容和结构将日趋丰富、复杂,其地位和作用将不断调整、强化,因而关于文化概念的内涵和外延也会出现一定程度的不稳定性。正如恩格斯说的:"在科学上,一切定义都只有微小的价值。"[①] 我们不可拘泥于前人某种权威定义而放弃对文化本质的追踪考察,而应当根据现实生活的启示,遵循辩证唯物主义和历史唯物主义的思想路线,在不同的学科领域内,寻找出无愧于自己时代文化发展的科学概念,从而推进对于整个文化现象的科学研究。

---

① 《马克思恩格斯选集》第3卷,人民出版社1995年版,第423页。

第二章 "从地上升到天上"的文化学理式
——马克思文化唯物论思想探赜

文化唯物论是马克思在文化研究中对唯物史观的科学发现与具体展示。它作为马克思文化哲学的基础理论和核心思想，长期为国内学术界严重忽略，甚至是否存在马克思的文化哲学都是一个问题。马克思的文化哲学，是关于人类文化起源、文化生产、文化传播、文化发展的规律，是关于文化的社会形态、社会结构、社会功能的机理，是关于文化的内部构成、部类关系、思想底蕴、认识机制、实践品格、民族特质和主体负载等诸多规定性的哲学论述。它属于其哲学理论体系的重要构成部分。对这方面的宝贵思想财富，我们再也不能像以往那样，只是把它当作社会意识形态理论一笔带过了。马克思的文化哲学内容非常丰富，有许多别于唯物史观宏大叙事的思想特质，要求我们具体探索和阐释其中的学理精要。当今文化问题凸显，在知识经济和全球化背景下，学界关于文化问题的阐释论峰迭起，唯物论与唯心论相互驰说，尤其后现代理论夹杂不少唯心倾向的文化思潮，十分需要借重马克思的文化唯物论思想予以澄明。是故，以马克思关于文化问题的思想文献为研究原点，发掘和梳理他的文化唯物论思想，并在当代语境下给予新的诠释，弘扬其伟大的科学价值，当是一件势在必行的工作。

一 文化本旨的生产方式还原

所谓文化本旨，有两重意义：一是文化的本义，回答何谓文化；二是文化的"是"据，回答何谈文化，诉求文化的客观逻辑。

本文讨论的文化现象限指精神文化，即以社会心理、意识形式存在的文化，不更多地涉及物质文化和制度文化。文化现象非常复杂，文化的界定艰深而不好统一，文化研究史上出现过数百种文化概念。我比较倾向于孙中山先生简明而确切的文化概念："简单地说，文化是人类为了适应生存要求，和生活需要所产生的一切生活方式的综合和它的表现。"[①] 就马克思而言，没有下过完整的文化定义，但他对于狭义上的精神文化却有过明确的指谓。马克思认为，人们在社会文化生活中"所产生的观念，是关于他们同自然界的关系，或者是关于他们之间的关系，或者是关于他们自己的肉体组织观念"[②]，应侧重从人与自然、人与人以及人与自身关系的表征意义上去解释文化。在他看来，文化是人对自然能动改造的过程、方式和结果的精神凝结，是人化自然的观念表达和思想支持；文化又是人自身生活及其社会关系的展示，是人在改造客观世界的同时改造自身而造成的思想成果，是自然向人的生成及人向社会的生成发生的精神文明。马克思把文化当作社会生活的表征，坚持从文化的历史发展状况去观照和说明人与自然的关系以及人的生存样态。他以不同的语式写道：人类"在文化初期，已经取得的劳动生产力很低"[③]；"外界自然条件在经济上可以分为两大类：生活资料的自然富源……劳动资料的自然富源……在文化初期，第一类自然富源具有决定性的意义；在较高的发展阶段，第二类自然富源具有决定性的意义。"[④] 他还指出，人的需要"不是纯粹的自然需要，而是历史上随着一定的文化水平而发生变化的自然需要"[⑤]。人类天生就有饮食的需要，但满足这种需要的文化方式是不同的，它们标示着人的不同生活质量与生活方式。同时，人的社会生活需要受到文化的制约并反过来体现社会文化的状貌，"这种需要的范围和数量由一般的文化状况决定"[⑥]。基于这样的文化理念，马克思认为在谈论物质生产和精神文化生产之关系时应"把'内在财富即文明要素'同物质生产的组成部分——

---

① 转引自胡潇：《文化现象学》，湖南人民出版社1991年版，第7页。
② 《马克思恩格斯全集》第3卷，人民出版社1960年版，第29页。
③ 《马克思恩格斯全集》第23卷，人民出版社1972年版，第559页。
④ 《马克思恩格斯全集》第23卷，人民出版社1972年版，第560页。
⑤ 《马克思恩格斯全集》第47卷，人民出版社1979年版，第52页。
⑥ 《马克思恩格斯全集》第23卷，人民出版社1972年版，第260页。

物质财富区别开来,'文明论'应该研究文明要素的生产规律"①。此论隐含着把精神生产、精神财富与文明、文化视为同一领域事物的思想。他所言的"文明论"实际上就是关于精神生产发展的理论。我以为在马克思那里,文化就是人类社会生活及其方式的观念表达和精神体现,它包括教育、科学、交往和政治、法律、道德、文学、艺术、宗教、哲学等精神生活领域在知识、信仰、价值、规范、传统等方面创造的社会成就的总和,是人类改造自然、建设社会、完善自我的精神成果和思想支持系统。

从唯物论的角度探讨马克思的文化哲学,决非主张文化本体论,把文化作为一种自外于社会物质生活的客观存在;而是要唯物主义地去观察和理解文化现象及其相关问题。马克思分析和阐释文化的原则立场和基本方法告诉我们,文化唯物主义的思想主旨是要说明文化生成和发展的客观物质基础和物质原因。就此马克思有过一段根本性的论述:"物质生活的生产方式制约着整个社会生活、政治生活和精神生活的过程。不是人们的意识决定人们的存在,相反,是人们的社会存在决定人们的意识。"② 马克思文化哲学的这一元理论,是其科学发现——唯物史观的基本思想范式,又是他用来解释一切精神文化现象的根本逻辑,成为我们分析其文化唯物论学说的核心理念和认识前提。以此为元点展开马克思文化思想的梳理,我们在文化本旨方面看到了他的基本理论经纬。

1. 文化发生和发展之元点的还原论追溯,只能是物质生产实践的而不能是人类生物学的

人类何以有文化?这个问题的回答向来有天启神学的、社会生物学的、心理主义的和马克思之实践唯物论的原则分野。天启神授文化说今天已无市场,但从遗传方面、心理方面去解释人类的文化品性却仍有市场。此类学说诸如"社会达尔文主义""种族主义",就认为文化由人的体征、生物属性决定,认定人在遗传方面的体质差异同人的个性、智力、文化差异具有因果关系,那些种源优越的民族才能创造和拥有优势文化。这成了民族歧视的文化借口。心理主义文化学派则认为文化是精神自我创造、自

---

① 《马克思恩格斯全集》第26卷第1册,人民出版社1972年版,第295页。
② 《马克思恩格斯全集》第13卷,人民出版社1962年版,第8页。

我建构的产物。自黑格尔的《精神现象学》将人类精神、心理过程采取"去主体化"的客观唯心主义方式，对文化发展进行系统阐释以后，心理文化论者变换其法，一再顽强地表达他们"唯心"的文化解释。以精神分析学派的代表弗洛伊德最为典型。他将"力比多"生理现象作为心理动因，再泛化为一切文化现象之源，此论至今仍有影响。

马克思认为物质生产劳动创造了人身自然，创造了属人的行动器官和思维器官，因而也创造了人的精神文化生产能力和主观世界。人类赖以形成精神文化世界的身心条件只能是漫长物质生产实践的结晶，人类生物进化、心智发展与物质生产劳动、社会实践具有一种历史发生学的因果关系。劳动、实践创造了属人的一切文明因素。他还暗示了人类的实践锻炼和文化积累，作为获得性遗传因素优化着人的心智潜质这样一种文化人类学事实。人类生产劳动对精神力量的铸造，同步形成人的身心历史发育，将那些适应生存需要和环境要求的元素转换成人类的获得性遗传因子。它们以世世代代的经验让人的脑容量变大了、行为老练了，还以遗传指令的形式潜在地影响每一新生人类个体的反应方式和实践能力。这种由历史文化转换而来的生物密码，虽然它们形成于人类历史实践中，是生活经验的品化和类化，但对于每个新的人类生命而言，仍然是先验的因素，并且在不同种族的个体之间差异不大。人体基因研究表明，每一个体有3万多个基因，但在基因组方面的个体差异不到千分之一。人的生物遗传机能，须经人类后天的实践、生活及其环境的作用才能激活，才能成为特定文化编码的主体元素，生成每个人特殊的精神世界。人的文化力量和文化品格，从来是历史的文化遗传指令和当下生活实践及其社会经验相互作用的结果。同时我们还必须认识到，在人类进化史中包括自然的和社会的所有选择和聚焦，总是将保留机制指向那些有利于人类创造、传达、接受、存储和利用日益复杂的文化信息的主体条件和功能，改造或淘汰那些不利于此的主体因素。这样，便不断地强化了人类的适应能力、学习和创造的能力，人类更多地依靠文化智能去壮大和提升主体生命的本质力量。这种人文化成的作用使人类进步发生了生物学的变轨：日益强大的文化力量提高了人类改造和利用自然的能力，相应地削弱了人类生理进化对于环境自然适应的意义，并形成两者间一定程度的错位和分离，人类的优势更加迅速地集中于社会实践及其文化发展方面。进入晚期智人时期数万年以来,人类的生物机能变化不大,但文明程度加速提升。且文化力量越是强大,人类就越依赖文化所造成的人化自然力、人工物质的和精神的器官的作用取代人本身的自然机能。科学技术文化壮大生命本质力量的作用,不是反身于人的自然机能,而是拓展人身自然之外的延伸力量。这切断了文化本旨生物学追问的通道,让一切从物种生理的类内差异去说明文化差异的理论无从立足。或许有一天,人类能够重组自己的遗传基因,克隆自身的形体,但生命工程永远无法取代社会实践对人的文化生产能力和精神世界的创造与规定。人的感知能力、认识取向、价值主张、情感世界和意志品质等文化修养只能形成于后天社会实践及其生活方式,无法用生命技术建构出来。这正是在科学技术突飞猛进中我们要特别关注人文精神建设的理据之一。

2. 精神文化的内在要素及其整体样态,本质地表征着社会的物质生活方式

关于如何解释社会精神文化的性状,马克思的文化唯物论给出了一个总体思路:"从物质生产的一定形式产生:第一,一定的社会结构;第二,人对自然的一定关系。人们的国家制度和人们的精神方式由这两者决定,因而人们的精神生产的性质也由这两者决定。"[①] 这表明,文化作为人类生活尤其是物质生活方式的精神综合和观念表征,其持存状态,实际上决定于文化表征对象的性质以及与此相应的文化自身的表征方式。人们在精神文化中"所产生的观念,是关于他们同自然界的关系,或者是关于他们之间的关系,或者是关于他们自己的肉体组织的观念……这些观念都是他们的现实关系和活动、他们的生产、他们的交往、他们的社会政治组织的有意识的表现"[②]。这里,马克思向我们指示了一个社会文化认识论的玄机:即关于对象本身、关于建构对象的物质生产活动、关于这一活动得以进行的各种社会关系即生活方式三个现象的文化观念表达具有内在的一致性。一方面,物质生产建构了人与自然、人与人、人与自身三方面

[①] 《马克思恩格斯全集》第26卷第1册,人民出版社1972年版,第296页。
[②] 《马克思恩格斯全集》第3卷,人民出版社1960年版,第29页。

之认识论的对象性关系,进而形成三者之间关系的文化观念表达;另一方面,关于这些对象及其关系的认识,又直接受到生产活动及其社会方式的制约,印上它们的机理章纹。此中的客观机理是,被文化表征的"三方对象"及其相互关系与建构活动,本身又衍生出使这一建构活动得以进行、使其对象性得以确立的社会关系。因而,关于建构对象性关系之活动、关于这些活动得以展开之社会关系的思想文化表征,便直接重合于关于对象本身的思想观念表达。反过来也一样,文化关于"三方对象"的表征,内含着关于它们的相互关系及其建构活动的观念表达。文化认识事物与认识事物的关系,认识关系中的事物与在关系中认识事物,都在物质生产实践基础上高度一致起来。这种在文化的认识论和社会学的结合上体现出来的文化唯物论原理,说明社会精神文化作为生活方式的表征,其本旨只能形成于物质生产实践及其社会方式中。

这里,还有一个文化意识表征中主客体关系之相互生成、相互规定的机制。马克思说,"对象如何对他说来成为他的对象,这取决于对象的性质以及与之相适应的本质力量的性质"[①]。文化表征的客观内容,包括进入人的生活领域的自然事物、社会现象和人自身以及三者间的实践关系、认识关系。其中,自然怎样向人生成,取决于人化自然的实践能力和倾向;社会与人的相互生成、相互规定,以及人与自身的反思关系,最终也是由物质生产实践决定的。也就是说,呈现在人的思想文化视域中的对象世界的性质以及人们从思想文化方面把握对象世界的本质力量,都直接决定于物质生产方式:"个人怎样表现自己的生活,他们自己也就怎样。因此,他们是什么样的,这同他们的生产是一致的——既和他们生产什么一致,又和他们怎样生产一致。"[②] 马克思曾经以生产工具"磨"的技术差异论述了这一历史现象:"手推磨"的工具和劳动方式是封建制及手工劳动者的生存方式与文化样态的物质基础和标志;"蒸汽磨"是资本主义社会及近代工人的生存方式与文化样态的物质基础和标志。物质生产方式规定着文化的历史形态。思想文化的生产最初是直接与人们的物质活动、物质交往交织在一起的,是人们物质关系的产物。"表现在某一民族的政治、法律、道德、宗

---

① 《马克思恩格斯全集》第42卷,人民出版社1979年版,第125页。
② 《马克思恩格斯全集》第3卷,人民出版社1960年版,第24页。

教、形而上学等的语言中的精神生产也是这样。人们是自己的观念、思想等等的生产者，……他们受着自己的生产力的一定发展以及与这种发展相适应的交往（直到它的最遥远的形式）的制约。"① 文化总是按照生产方式及其构建的整个社会生活方式的样态去形成自己的样态，并跟随生产力的发展形态和历史水平，形成自身发展的历史形态和思想水平的。

马克思关于文化本旨的生产方式还原之解释表明，一切离开物质生产及其方式去谈论文化的观点，最终只能陷入心理主义、生理主义、神秘主义或文化独断论的泥沼。后现代文化学说中某些解释文化的理论，或把文化发展看作一种自外于物质生产的自我衍生过程，或把文化并列于物质生产及其方式，甚至反过来认为文化决定物质生产方式等思维方式，都是与文化本旨的唯物论相抵牾的。文化是社会生活方式、生产方式的派生物和表征者。被创生者不能决定创生者，表征者不能决定被表征者，这一文化唯物论的客观逻辑，规定了我们只能从精神文化现象赖以生成和发展的物质基础去认识文化及其表征机制，去思考和处理社会文化问题。

二 文化认识论的历史逻辑

精神文化如何实现对人类生活及其方式的思想、意识表征呢？这个文化认识论的逻辑追问，将深化文化唯物论的理解与证明。

马克思对文化唯物论的认识论原则作出了明确的界定：与唯心主义"从天上降到地上"的方法不同，我们的方法是"从地上升到天上"，即不是从人们所说的、想象的东西出发，而是"从他们的现实生活过程中……揭示出这一生活过程在意识形态上的反射和回声的发展"②。这里，马克思不仅言明社会精神文化生活的主体是社会的实践者，而且认为文化对实际生活的精神回应和理性升华具有逻辑的必然性。它一定要在总体上、在本质的方面表征物质生活，而且不能不如此地表征物质生活。要揭示精神文化表征社会物质生活的逻辑必然性，决不能停留在文化自身认识的"逻辑事实"上，

---

① 《马克思恩格斯全集》第 3 卷，人民出版社 1960 年版，第 29 页。
② 同上书，第 30 页。

而必须透视被文化所表征的社会物质生活本身的"事实逻辑",并深入说明生活的"事实逻辑"对文化认识之"逻辑事实"的客观规定性,才能唯物主义地厘清文化认识本身的"逻辑事实",认清文化逻辑赖以形成的客观基础及其内在的必然性。对此,马克思认为必须依据物质生产方式及其规律对精神生活的规定性,去把握文化生产对物质生产方式的特殊延伸与表征方式。他指出:"宗教、家庭、国家、法、道德、科学、艺术等等,都不过是生产的一些特殊的方式,并且受到生产的普遍规律的支配。"① 这里需要我们解释的是精神文化生产方式作为物质生产方式的特殊表现,是如何受到物质生产普遍规律支配的问题。

就精神生产亦即社会意识形式对物质生活给予反映和升华的历史可能性而言,马克思认为是社会生产力发展到一定阶段的必然产物。只有当生产力发展到了能有一定的剩余产品维持一个脱离物质生产劳动的阶层生存时,社会才能形成专门精神生产的条件和"意识形态阶层"。"从这时候起意识才能真实地想象:它是同对现存实践的意识不同的某种其他的东西;它不想象某种真实的东西而能够真实地想象某种东西。从这时候起,意识才能摆脱世界而去构造'纯粹的'理论、神学、哲学、道德等等。"② 恩格斯用文化史实发挥了马克思的上述理念:"只有奴隶制才使农业和工业之间的更大规模的分工成为可能,从而为古代文化的繁荣,即为希腊文化创造了条件。"③ 这种精神文化赖以发生的先决物质条件,竟使精神文化生产每一当下的现实性永远无法摆脱此种历史可能性的先在规定,永远必须按照它的面目去言说自己的内容。

马克思对文化现象的唯物主义研究,是从人类活动最大的权重因素——物质生产出发的,使文化的说明得到生命活动系统最大"序量"的支持,思考问题的逻辑落实到对社会生活具有最优先、最直接、最强大制约力之经验事实自身的客观规律上。物质生活的生产,成为精神文化生成、存在和发展的基础,乃是由于精神文化生产的思想与物质可能性和社

---

① 《马克思恩格斯全集》第 42 卷,人民出版社 1979 年版,第 121 页。
② 《马克思恩格斯全集》第 3 卷,人民出版社 1956 年版,第 35—36 页
③ 《马克思恩格斯全集》第 20 卷,人民出版社 1971 年版,第 196 页。

会空间的形成及其实际利用，始终由物质生活方式规定。

从精神文化生产质的规定性而言，其思想的客观内容及表征方式的逻辑规定者，只能是社会的物质生活及其内在规律。精神文化生产的主体能力、物质条件、客体对象和思想方式都只能源自物质生产实践或直接由它造成。精神文化生活的意义建构、价值方针、发展动力和历史样态都受到物质生产的规定。物质生产对于包括人的生存条件、社会关系、主体属性、认知能力、意义世界等生命活动系统各内在要素的先在性、建构性和决定性，生成了精神文化的内在规定性对于物质生活的依存和趋附，精神生活的逻辑秩序和自组织性状最终必须由物质生产及其对社会生活、精神生活的系统建构与作用机制给出说明。物质生产是人类生存和发展的第一要务，生产力的社会组织和推动，永远是人类历史发展的主动力和中轴线。对于生产发展中的矛盾、困难、问题与思想文化的要求，社会意识形态和科学技术知识阶层必须顺应上述社会结构规定的特殊方向去具体展开精神文化的生产，以争取精神生产自身的理由、权利、条件与价值。同时，人们为克服生产力发展经常遭遇的物质、技术、社会、精神障碍，从特定方向所进行的巨大努力，会以最大量的实践、最丰富的信息、最集中的言说，形成社会生活的思想主旋律，以主调的形式生成和积累可供精神生产加工提炼的大量思想素材，在认识上导致精神生产向物质生产力要求的自然倾斜和理性回应。如果再顾及社会精神生产的物质技术和文化交流媒介，那么，精神文化同样受到提供物质技术的生产力制约。不同历史形态的生产力，规定着人们怎样生产、怎样生活，也制约着人们怎样思想、怎样生产自己的文化。由火与铅铸造的印刷文化，同计算机、网络系统生产出来的电子文化，决不只是速度与规模的差异。而表征和传载文化的物质媒介，则使文化受物质生产制约的情况变得更加诡谲。语言包括各类物质形态的文化媒介语言，它们是人们言说和交流的工具，又直接是人们面对的一种由生产创造出来的文化世界。自在世界居意识之外，自为世界、属人的世界在语言之中。因为语言，世界才在精神、意义的界面向人生成。这使一切形式的"语言"，深刻影响人们对事物、对生活的理解、把握和表征，规定人们以这样而非那样的方式去思考、言说和交流。生产力所提供的文化交流的物质技术，作为语言符号、作为"能指"系统，本身就是一种文化，一种表达方式，一种关于事物的意义。当人们用它们来表征生活、交流思想时，它们直接就是人们的言说和思想。物质生产及其规律以及它们在内容与形式上被精神文化表征的必然性，形成一种发生在认识活动之外、实现于认识过程之中的文化认识论的事实逻辑。

自然，精神文化生产必然是对物质生活的升华与回应，在社会认识论的分析中，还不能离开对生产关系、社会关系给精神生产之规定性的考察。马克思指出："一个阶级是社会上占统治地位的物质力量，同时也是社会上占统治地位的精神力量。支配着物质生产资料的阶级，同时也支配着精神生产的资料……占统治地位的思想不过是占统治地位的物质关系在观念上的表现，不过是表现为思想的占统治地位的物质关系……构成统治阶级的各个个人也都具有意识……就是说，他们还作为思维着的人，作为思想的生产者而进行统治，他们调节着自己时代的思想的生产和分配；而这就意味着他们的思想是一个时代的占统治地位的思想。"[①] 这里，马克思从生产关系进而从社会交往方式的方面，分析了精神文化生产为什么必然要表达社会生活尤其是物质生活方式的客观逻辑。其中，有七个方面的认知关系及其内在机理值得充分关注。

其一，在生产关系中居主导地位的社会力量，在发展生产力的过程中或多或少总要在精神生产的安排中表达和满足生产力发展的思想、知识、技术等方面的文化要求，实现生产力要求的文化表征，构建精神生活与物质生活的某种一致。

其二，当生产关系的主导力量直接从物质生产资料的社会配备格局、进而从由此决定的物质利益格局去安排社会的精神生产时，生产的经济关系便经由对精神生产资料使用方式的设置而表现为一种精神文化生活的思想关系。它们不仅要适应并服从于来自生产资料占有关系的实践要求、利益要求、政治要求，而且会在文化成果的占有和享用方面呈现出与物质资料占有关系相一致的社会格局来。

其三，当统治者个人作为精神文化生产者直接出场，调节思想文化的生产和社会注意力的分配时，他们不仅会在政治、法律的层面自觉或不自觉地以社会主导力量的发言人直接生产出维护经济关系和统治权力的意识形态文化来，而且会依据自己的社会地位、活动方式、生活经验以阶级或

---

① 《马克思恩格斯全集》第3卷，人民出版社1960年版，第52页。

阶层一分子的言说者来进行自己的思想文化演绎和阐释，形成表征和维护特定生活方式的社会主流文化。正如马克思论述的那样："人们按照自己的物质生产的发展建立相应的社会关系，正是这些人又按照自己的社会关系创造了相应的原理、观念和范畴。"① 这些思想文化内容中的原理、观念和范畴，作为社会认识的逻辑事实，所表征的事实逻辑则是社会物质生产及社会关系内在的运行机理。各类精神文化认识论的逻辑之根，深深扎在它们所言说和表征的社会生活及其自身关系中。

其四，社会精神文化的生产，还有一大批依附于统治阶级的思想家、文化人承担其主体性的劳动。他们作为精神文化生产的主动者，进行科学研究、思想创制、精神宣教、文化积累和传播等方面的活动。其中许多人是自觉而率真地在追求其认可的人文精神和科学理性，把思想文化的生产作为自己的神圣使命，作为某种似乎完全由他们自由发挥、全面操控的活动。这种观念和追求，让他们在精神生产中嵌入了大量来自个人灵性、个体生活经验与要求的成分，形成了一些属于主体本色的个性化成就。但是，受制于社会经济关系的自在规定和由社会主导力量发出的社会政治意志的自为规定，他们总得一定程度地作为统治者的代言人，作为社会生产方式的表征者去进行自己的文化阐释。他们无法回避的社会生活的客观情势、利益格局、现实要求和实践经验在精神生产、思想表达的内容方面，总体性地规定着他们的思维取向与言说逻辑。马克思十分深刻地揭示了人的社会生存方式决定人的认知能力和思想取向的尖锐事实：在社会生活中，各类主体"他能看到什么，能看到多少，这不仅取决于世界上事物的决非由他所创造的现存状况，而且也取决于他的钱包和由于分工而获得的生活状况，也许这种生活状况使他对很多东西都不能问津，尽管他的眼睛和耳朵十分贪得无厌"②。这一深见，得到了认知科学的反复证明。人的"理解前结构"中之"前有"与"前见"，是会严重影响主体对事物的注意倾向和认知方法的。文化主体总是依据自己的生活处境、社会角色、利益关系及其决定的价值倾向、情感偏好去认识事物、接纳信息的。他们常常只能看到他们愿意或希望看到的东西，积极接纳那些受到实际生

---

① 《马克思恩格斯全集》第 4 卷，人民出版社 1958 年版，第 144 页。
② 《马克思恩格斯全集》第 3 卷，人民出版社 1960 年版，第 334 页。

活格局支持和驱动的自然与社会的文化信息,把认识的注意力指向那些与其思想信仰、知识结构相吻合的现实事物。马克思向来认为,精神文化生产者们在理论上得出的任务和作出的决定,也就是他们的物质利益和社会地位在实际生活中引导他们得出的任务和作出的决定。另外,生活状况除了洞开或遮蔽相对于特定文化生产主体的特定视域之外,还会严重制约他们思维与言说的张力。对于文化生产者,物质生活方式及其生计的权衡使他们在精神劳作中,不得不在许多方面抑制自己那非属主流社会的个性的部分,而按照生活的大格局去言说社会,观照和解释生活中的是非、善恶、美丑,展示自己的精神劳作。其中不乏某些违心的成分,但这显性文化上个人的违心言说却往往隐性地表达了社会生活的真实。

其五,精神生产资料的支配对精神产品的生产和分配及整个文化生活的规定性,还通过由物质生产资料支配权所决定的社会政治权力对精神生产之文化资源、资料的直接组织,对精神生产的管理、产品的传播、思想言论的表达等方面的政治引导和控制得以实现。精神文化生产具有严格的社会性,"一切科学工作,一切发现,一切发明。这种劳动部分地以今人的协作为条件,部分地又以对前人劳动的利用为条件。"[1] 文化生产既具历时性又有共时性,不能脱离历史上遗留下来的思想资料凭空发生,不是毫无思想交流的喃喃自语。这在文化生产的社会组织中,产生了历史文献资料的使用预期和现实文化信息的交流倾向问题。代表生产方式的社会主导力量会依据自己的经济、政治、思想要求,对历史流传的文化资料进行自己的选择和淘汰,像清王朝选编《四库全书》那样,在精神生产中把历史文献直接纳入自己的思想文化轨道上发挥作用。他们也会严格控制现行文化产品的传播与信息交流,像对新闻、出版、广播、电视工具实行政府管理的现代国家那样,提倡与反对什么,张扬与抑制什么,都有一种来自经济、政治生活的潜规则。这是任何"去意识形态化"的天真愿望无法改变的。

其六,"意识形态阶层"、精神文化的生产者们,在解读和阐发历史文献时,会依据自身的生活要求、实践经验、所处社会的趋势对其进行当下式的处理,形成历史文献内容的现代延伸及其意义再建构。现实的经济

---

[1] 《马克思恩格斯全集》第25卷,人民出版社1974年版,第120页。

生活会对前人思想资料的解读和利用产生直接或间接的规定作用。虽然"经济在这里并不重新创造出任何东西,但是它决定着现有思想资料的改变和进一步发展的方式"①。这个被马克思称之为文化"历史的自然"现象表明,社会物质生活会以自己创造的实际需求、实践经验和社会主体属性,制约人们对历史文献的思想解读和内容提取,让前人的思想视域及其文化信息被当下实践重新激活,接受当下实践及其主体经验的译解与编码,形成历史文献的特殊利用方式和再建构旨归。就像朱熹《四书集注》一类的各种关于经典文献的"诂""正""注""解""疏""纂"一样,后继者们总要通过唤醒先人的亡灵为自己讲话;或穿着前人的道服,借用他们久受敬仰的名字和语言,演绎自己的思想活剧;或文笔曲折意含褒贬地诠释其义,在我注六经中让六经注我。

其七,精神文化生产中也有来自广大下层民众的日常经验、生活意识、偶然发现所提供的原始材料和初级产品。社会对这些大众文化元素进行的理论加工和思想提升,同样体现了一种文化认识方面的来自生产方式的逻辑制约。普通民众的生活经验、偶然的个人发现、民间的精英创造、下层社会的乡风俚俗,在其生成和发展过程中除直接表征社会物质生活方式并受其制约外,还要接受同样来自社会物质生活方式规定的政治、文化主导力量的筛选和洗礼,十分曲折地展示一种文化认识的唯物论社会法则。对常民文化的社会提升,马克思揭示了两条属于"事实逻辑"的文化通道:第一,是文化主体经由社会选拔和职务晋升,其思想、知识受到政治洗礼。马克思指出:"'官职'和'个人'之间的'联系',是市民社会的知识和国家的知识之间的客观联系,这种通过考试来确立的联系,无非是官僚政治对知识的洗礼,是官方对世俗知识变体为神圣知识的确认。"② 在这种民间世俗知识的官方确认中,暗含着由物质生产实践主体创造的、直接表征社会物质生活素朴要求的思想文化,经由政治过滤和官方加工、认定而进入思想意识形态的过程与机制。它如实展示了社会主流经济生活获得思想上层建筑表达的文化途径,是社会意识形式反映社会生活这一文

---

① 《马克思恩格斯全集》第37卷,人民出版社1971年版,第490页。
② 《马克思恩格斯全集》第1卷,人民出版社1956年版,第307页。

化认知逻辑的真实演绎。第二，民间社会在直接的物质生活中经约定俗成所创造的各种规范知识、风俗习惯、道德礼仪等行为和交往文化，受到国家的改造、确认和推广，而成为正统的法权思想和制度文化。马克思写道："习惯权利按其本质来说只能是这一最低下的、备受压迫的、无组织的群众的权利。"但它一经国家机关的改造制作，便成为"一种由法律规定为权利的习惯"，尽管它"并不因为已被确认为法律而不再是习惯"，但"它不再仅仅是习惯……权利不再取决于偶然性，即不再取决于习惯是否合理；恰恰相反，习惯成为合理的是因为权利已变成法律，习惯已成为国家的习惯"①。将下层民众的文化创造提升为国家思想意识的这样两个过程，实际上也是国家的思想统治力量及其"意识形态阶层"将大量社会心理、个人文化建树提升、整合为社会意识形式、民族精神和国家思想的过程。它们曲折地展示了社会物质生活及其实现方式被文化予以社会性表征的逻辑事实，其背后是物质生活创造、规定精神文化的事实逻辑。它是马克思关于思想王国的建构必然"从地上升到天上"这一文化唯物论原则的生动注释。

三　文化自组织的社会机理

马克思在理解和阐释精神文化对于社会生活反映和表征的认识逻辑时，虽然严格强调了物质生产方式的主导作用、最终决定作用，但他决没有把精神生产仅仅看作一种消极地回应社会经济生活的被动现象，完全忽略其自组织性；也决不意味着物质生产径直简单地、机械地支配着精神生产的方方面面，完全抹煞精神文化生活与物质生活相互联系的中介性、互组织性。相反，马克思和恩格斯都认为，物质生产对精神文化生产形成的"这种支配作用是发生在各该领域本身所限定的那些条件的范围内"②，十分重视精神文化生产系统对来自物质生产方式作用力的内在组织与整体涵化。马克思告诉我们，要有效地坚持文化唯物论的原

---

① 《马克思恩格斯全集》第1卷，人民出版社1956年版，第142—143页。
② 《马克思恩格斯全集》第37卷，人民出版社1971年版，第490页。

则，必须在社会层面辩证地阐释文化的自组织机理及其思想逻辑。

1. 精神文化自组织的社会辩证机理之一：精神文化对社会生活整体反映中的"多声部"表征，与由经济生活方式派生的思想主旋律叠置和交响

恩格斯在阐释马克思的文化唯物论思想原则时，特别强调其中的辩证机理："政治、法律、哲学、宗教、文学、艺术等的发展是以经济发展为基础的。但是，它们又都相互影响并对经济基础发生影响。"[①] 精神文化在感应社会生活作用的过程中，其不同门类因为与物质生活联系的远近、疏密不同，对作用力的感应有直接与间接、灵敏与迟滞之分。而对凌驾于物质生活方式之上的"对哲学发生最大的直接影响的，则是政治的、法律的和道德的反映"[②]，是经它们中介才使物质生活的要求在哲学一类抽象文化中得以表达。马克思多次提醒人们，要注意物质和精神"两种生产的相互作用和内在联系"[③]。其用心之一，就是要求人们关注物质生产对精神文化生产发生作用的系统机制。它既受到社会结构多个层面在传递这一作用中来自各环节本身感应与回馈的编码，有彼此中介、相互综合的复杂影响，还有精神生产对物质生产的反作用，最后造成一种"多声部"共鸣的效果。但这多声部音响的最终声源或和弦的"根音"以及社会生活经多环节中介而在被文化表现的过程中所产生的各种变音、旋律中，最主调、最响亮、最根本、最能影响共振或和声效果的依然是经济强音。因此，社会生活的文化表现总是"同一主旋律的多重变奏"。我们分析精神文化对社会生活的表征机制，绝不能抹煞社会意识反映社会存在的复杂性，否定各类意识形式掌握和表征社会生活的独特性，忽略各类文化的相互中介和相互影响，径直到社会物质生活中去寻求每一精神现象的生活原型。正如恩格斯所说："关于灵魂、魔力等等的形形色色的虚假观念，大都只有否定性的经济基础；史前时期的低级经济发展有关于自然界的虚假观念作为自己的补充，但是有时也作为条件，甚至作为原因……要给这一

[①] 《马克思恩格斯全集》第39卷，人民出版社1974年版，第199页。
[②] 《马克思恩格斯全集》第37卷，人民出版社1971年版，第490页。
[③] 《马克思恩格斯全集》第26卷第1册，人民出版社1972年版，第295页。

切原始谬论寻找经济上的原因,那就的确太迂腐了。"① 物质生产对精神文化生产的最终决定作用,其实现过程光怪陆离。我们分析物质生产与精神生产的相互关系,既不能无视精神文化的自组织机理,用基础主义简单地解释一切;也不能被个别精神现象的诡谲表现所迷惑,脱离经济生活方式去认识和解释精神生产及其文化现象。

2. 精神文化自组织的社会辩证机理之二:社会文化在总的方面与物质生产相随发展,同特定时期文化的某些门类与物质生产发展不成比例的现象"共在"

马克思在对艺术文化史的研究中,非常睿智地揭示了这个文化自组织的历史性现象:"关于艺术,大家知道,它的一定的繁盛时期决不是同社会的一般发展成比例的,因而也决不是同仿佛是社会组织的骨骼的物质基础的一般发展成比例的。"② 这一深刻论述,作为文化唯物论的一个重要思想,显示出马克思对精神文化自组织性辩证分析的学理精要。它告诉我们,在用唯物主义方法分析文化现象时必须注意以下五个问题。

第一,精神文化发展与社会物质生活进步的总体一致性,并不等于它的各个领域在一切时期都与物质生产发展亦步亦趋。这既有社会物质生产自身的特殊性,如财富在某个区域因为自然富源的大开发而突然迅速增长,但其物质生产方式没有根本性变革,未能带来精神文化的高涨;也与不同民族的个性与传统有关,如精神生产门类在一些民族有其某些特殊的历史优长,德国"是一个哲学的民族",人们擅长思辨的传统,使他们在经济、政治远不如英、法等国的历史情况下,却以群星璀璨的场面上演了哲学的时代活剧。高潮迭起的"第一小提琴手"的哲学演奏,甚至让英国产业革命和法国政治革命的时代精神表征,以德国思辨哲学的形态出场。但它们却不是德国经济高涨的结果。

第二,历史发展的特殊时期,如古希腊时期,社会改造和利用自然的力量十分低下的情况,却从反面激发出人们对高山、大海的无限遐想和征服欲望,创生了大量美丽的神话故事。在人们优美的自我慰藉中,这些神

---

① 《马克思恩格斯全集》第37卷,人民出版社1971年版,第489页。
② 《马克思恩格斯全集》第12卷,人民出版社1962年版,第760页。

话传说成为文学、艺术的精神基底，以人类童年天真无邪的稚嫩创造了后人在经济繁盛时期也不可企及的文学艺术范本。

第三，上古以来，人类在知识贫乏的文化背景下，对自身及其来历大惑不解的不懈求解，借用和加工文明初开过程的大量传奇故事，创造了一些诸如史诗一类的口传文学。它们在历史流传中千锤百炼，被反复地再创作，终成人类文化的瑰宝。像《伊里亚特》《格萨尔王传》等文学精品，其神奇魅力，正是与物质生产落后、文化媒介原始、人类繁衍艰辛密切融注在一起的。它们绝对不能"同自动纺机、铁道、机车和电报并存"①，更是不能与印刷机相会的。

第四，精神文化生产的个体劳动形式，使其成就和境界，往往依靠一些天才人物和文化精英的个人造化与艰辛努力去达成。像苏格拉底、柏拉图等思想巨人的哲学，屈原的辞赋和莎士比亚的剧作，都有鲜明的生存境遇特色和主体个性，其辉煌成就决不与其时的经济发展成比例。马克思充分肯定了这一文化生产的特殊现象，认为社会文化发展状况及某些伟大成就的出现，一定程度地取决于杰出创造者人生的某些偶然性，"其中也包括一开始就站在运动最前面的那些人物的性格这样一种'偶然情况'"②。我们很难设想，明代遗臣王船山若非政治梦断，亡命湘南，苦苦笔耕四十余载，能把中国古代哲学推向巅峰。太史公马迁曾经记述的"乂王拘而演《周易》；仲尼厄而作《春秋》……《诗三百篇》，大底贤圣发愤之所为作"的文化史实③，都充分确证了马克思的论述。同样，它们也昭示我们要十分珍视并努力培育精神文化生产中的主体创造性，它是文化发展源源不竭的动力。

第五，精神文化的一些门类如艺术、文学、哲学常常是个性化创作，它们一旦成为社会化的行为，大批量的快速制作，就很难产生伟大的天才作品。当今文化工业的平庸与齐一性的流弊表明，物质基础的强固，经济力量的大投入，并不一定能让精品群起，天才竞出。

马克思关于精神文化某些方面或某些时期的进步与物质生产发

---

① 《马克思恩格斯全集》第12卷，人民出版社1962年版，第761页。
② 《马克思恩格斯全集》第33卷，人民出版社1973年版，第210页。
③ 司马迁：《报任安书》。

展"不成比例"的辩证理念,使我们在对其涵盖的上述情况之分析中领悟到:对文化现象给予唯物主义的阐释,必须充分尊重和理解它们的自组织特性。并且,只有把精神生产及其文化现象的自组织"特性"弄清楚了,才能在一般意义上厘定"两种生产"相互作用的辩证机理,更自觉地坚持文化唯物论的思想方法。

3. 精神文化自组织的社会辩证机理之三:文化生产中主体的个性自由和社会性规定的相互制约

精神文化尤其是人文精神文化的生产,其主体受社会的制约是十分鲜明的,但同时它又是充满创造者个性的。马克思认为,必须联系物质生产一定的历史发展与特定的具体形式去考察人们的文化生活,"才能够既理解统治阶级的意识形态组成部分,也理解一定社会形态下自由的精神生产"[①]。他的意见表明,社会意识形式必然表征的经济生活的总体趋势或普遍规律,正是通过不同生产方式条件下各个精神文化生产者的自由创造、自由言说和自由表达去实现的。把精神文化生产的社会整合性与具体生产者的自由创造性联系起来思考,才能既从一般的方面理解意识形态文化的统治阶级主体性,亦即意识形式社会化地表征生产方式的一般规律性;又从精神文化生产的个别方式去理解其主体的个性和自由,亦即理解特定历史条件下社会意识形式对物质生活给予个别表征的具体性、特殊性。至于自然科学、技术文化方面的生产,显然没有人文精神生产那样一种严格的社会生产关系的、阶级的规定性。但物质生产力的发展及其劳动技术方式的变革,也总是在不同程度上制约着科技文化的进步。"人的思维的最本质和最切近的基础,正是人所引起的自然界的变化……人的智力是按照人如何学会改变自然界而发展的。"[②] 历史上,正是由于机器大生产的问世,"才第一次产生了只有用科学方法才能解决的实际问题……才第一次达到使科学的应用成为可能和必要的那样一种规模"[③],并且在科学成为独立生产要素的同时,"生产的发展反过来又为从理论上征服自然提供了手段"[④]。

---

① 《马克思恩格斯全集》第26卷第1册,人民出版社1972年版,第296页。
② 《马克思恩格斯全集》第20卷,人民出版社1971年版,第573—574页。
③ 《马克思恩格斯全集》第47卷,人民出版社1979年版,第570页。
④ 同上。

精神文化生产者在受到社会物质生产方式的规定中，之所以仍然能一定程度地坚持自己的个性创造和自由追求，有其智力劳动的特殊缘由。马克思明确肯定了精神生产在个人思想自由方面的特性："它作为一种由头脑来实现的行业，应当比那些由手脚起主要作用的行业有更多的自由。"[①]若说体力劳动是可以由外力强制去进行的话，那么创造性的精神生产则绝对不可以在外力高压下去完成。首先，精神生产者总是经过自己的选择和判断，经过自己的独立思考和研究，经过自己的特殊理解和阐释，才构成自己的精神产品的。主体执着的理想、价值追求和思维个性在这里表现得十分强烈。其次，精神文化生产往往是在巨量的"思想实验"中完成的，文化产品的创作者需要保持对事物的敏感和多种兴趣，需要不断对"客位"或"主位"的文化立场进行转换，才能以多种多样的兴趣与学识防止把对问题的观察、研究和阐释限定在过分狭窄的领域与方向上。这特别需要主体的能动性与个性张力。最后，精神生产作为一种历时性的生产，文化主体在学会生产之前就受到了先辈思想的教育和规范，带上了他们在成长过程中所受文化教育的个别性、偶然性，以不同的文化角色、个性去进行他们新的生产，使其思想成果殊性纷呈。精神生产的这种文化个性，在人文精神文化这个主体性十分鲜明的领域，又恰恰是与社会规律作用方式的多环节性、多元素性和非划一性联系在一起的。它使人文文化生产和表述的多样性、非刻板性更加凸显，张扬着文化产品的鲜活个性，也展示出社会生活方式被思想文化多样态表征的芜杂性。它们让人粗率地看去，似乎这一切都是主体的自由意志和个性化追求的产物。然而，殊不知这种个性化的文化创造中，同样体现着精神文化受社会生活方式制约的普遍规律。文学巨匠曹雪芹惊世骇俗的《红楼梦》绝唱，固然与其家道中落、生活悲剧的个人遭遇密切相关，但清朝江河日下，封建主义败相丛生，新旧生产方式交替已现端倪，则更是曹雪芹文学成就的根本依托。他个人生活的现实苦难，让他看到了社会生活的苦难现实。正如恩格斯谈论巴尔扎克的文学成就那样："他的伟大的作品是对上流社会必然崩溃的一曲无尽的挽歌……他看到了他心爱的贵族们灭亡的必然性，从而把他们描写成不

---

① 《马克思恩格斯全集》第1卷，人民出版社1956年版，第83页。

配有更好命运的人。"①

如果说，自然科学类精神文化生产受到社会生产关系派生的利益结构、阶级意志的作用相对较小的话，那恰恰是因为自然现象的内在规律作用对人类生活的规定性，是十分确定的、直接的、可以不断重复的。因而其生产主体有更多的可能性去共同地研究、理解和表达这些规律性的内容，形成一种科学的通识与共语。此中主体个性的自由追求与恣意发挥，在科学共识的建树方面，是个性化探索与真理性认同形成的强大诉求力，表现为人们在接近客观真理方面的殊途同归，体现出科学文化高度的社会一致性。这形成了精神文化生活绚丽多彩的图景：人文精神文化生产的高度社会规定性，是以其生产主体的鲜明文化个性去实现的，社会共性寓于个性之中。自然科学文化低度的社会规定性，则是以生产主体对自然规律认识更多的思想共性、社会一致性去补充的。他们在低度社会规定性中更多的自由追求，也是对他们在言说自然规律方面更少个性自由的一种补偿。在这里，科学文化的社会共性几乎全然直接地呈现在生产者思想成果的个性之中。生产者精神劳动的偶然性以其科学成果对自然规律反映和表征的必然性而得到社会化的中和，体现出一种科学文化认识论的社会逻辑。

---

① 《马克思恩格斯全集》第37卷，人民出版社1971年版，第42页。

第三章　文化是人的定在

海德格尔曾说，人诗一般地栖居在大地上。人之具有诗性，是人获得了赖以区别于动物、离开动物世界的文化灵性。人是文化的创造者，又是文化的被装备者，还是文化的囚徒。人创造文化，使文化现象本身成为一种人化事物。这是人的历史主动性，它使人化与文化成为一种相随发展的过程。人作为文化的被武装者和囚徒，体现了人在既定环境与既有文化之中的受动性，主要地展示了文化对人的规定，历史对现实的制约。文化作为人生和人性的规定者，共时性地体现在人对文化的主动与受动之双重关系中。环境在向人生成时也使人属于他的环境。人按照文化创造着属于他们的环境，环境通过文化创造着属于它们的人。文化永远是人的定在。

一　人化即文化

文化之所以成为人的定在，就是因为文化使人成为有具体人格的人。文化具有与人类一样长久的历史。在人类形成和发展过程中，首先是使用"自然产生的工具"。经过原始的漫长生产的锻炼，人逐步使自身的自然向着属人的自然演变，因而也就产生了某些原初的文化因素。进到晚期智人阶段，人类的物质生产转到了"由文明创造的生产工具"[1]基础上，即主要依靠人造工具进行生产。这时，不仅生产工具在主要的方面不再消极地迁就自然了，而成为生产者凭借漫长生产实践积累起来的经验，按照自己的意志，按照生产的需要制造出来的器物，成为一种文化的物化或物化的文化；而且，随着语言的发展，思维的进

---

[1]《马克思恩格斯选集》第1卷，人民出版社1974年版，第71页。

步，人类在社会生活意识、自我意识、生产实践意识等狭隘工具活动之外的领域，也都形成了大量的文化经验、文化意识和文化成果。人类的文化已经到达这样的地步，以致如果不接受前人与他人的文化成果，不将社会的文化内化为个体的行为方式与生活技能，不与社会发生一种文化的交往，社会的成员则无法进行基本的生产、生活实践，则不能获得属人的品质。因而，个体也无法完成哪怕是最原始的社会化。所以，从人类的生成与发展来看，无论是人的自然存在还是社会存在，离开人的文化存在都无法实现。是人为的因素亦即文化的因素，而非天然的或本能的因素，使类人猿的自然进化成为人的自然，使天然产生的工具发展为文明创造的工具，使动物式的猿人群提升成为社会，使人有了自己的历史、自己的生活、自己的主观世界。只有在文化中才开始属人的存在，人通过文化而存在，文化成为人的一种定在。

文化之成为人的定在，在于人类是通过文化力量内化的支持，才清楚地意识到自身的存在。在形成中的人类达到运用自然产生的工具时，人类的语言还在形成中，思想还处于萌芽状态。这时，原始人不可能有完善的超越自然信号的第二信号系统，还不能完全离开感性事物的直接刺激去掌握事物，也难以离开生理的当下需要去进行生产活动，不能有效地摆脱自身的自然器官与物材直接充作工具的种种限制。这些局限，决定着当时不成熟的人类，还不能清晰地将自身与外界自然区分开来。因而，原始的形成中的人不具备清晰的自我意识能力，不能在自然、社会、文化三重意义上发现自己的真实存在。当人类运用自己创造的比较成熟的生产工具时，语言的逐渐完备，思想的大量出现，使原始人有了依靠自己的经验技能制作工具、能动地改造自然、并在上面自觉地打上印记的能力。他们在把自然事物对象化的同时，也把自己外化、对象化，投射到劳动对象和劳动产品中去，形成了自我与对象世界的关系意识，因而也形成自我意识。这时原始人便能在劳动中、在社会交往中、在人化的各种事物中确证与直观自身，发现了自己，发现了自己的生命力量，发现了自己是一种与自然、与他人不同的存在，因而形成了对自己的劳动能力、自己的感性世界和精神世界的确信。于是，人的自我意识以及为自我意识所反映、所把握、所指导的自我存在都历史地形成了，并被主体自己发现了。这表明，人的存在，作为一种被确认的事实，一种被自我意识到的事实，是在文化出现之后,是在文化成为人类生活的内涵与智力支持、价值引导、策略基础之后。人的属人的定在,在一定意义上讲,是由文化造成或由文化赋予的,因而是一种文化的定在。

当文化成为人类存在不可或缺的因素之后,人类的发展,便越来越远离生物进化的轨道,而越来越成为一种文明发展的历史。进入这样的历史长河,每一代新人要获得做人的资格,要得到人性的确证,无一例外地必须经由文化的教化。人们需要学会社会的语言、社会的思维方式与行为规范以及各种基本观念,同时掌握生产、生活的各种技能,才能适应他一降生就面临的"文化场"和"社会场";才能有效地继承、利用由前人创造并流传下来的生产工具和生活资料、生存环境以及各种文化产品、文化技术、文化条件和文化手段;才能成为一个能自立于社会、自主生存、自我创造的成熟主体;才能成为既为社会所接纳、所承认,又能参与社会、适应和推动社会生活的社会化主体;才能在具体的历史的环境中获得一种人性的确认。正如今天有些事例所反映的那样,一些从小就被野狼、野熊叼走的孩子,他们生活在动物世界中,丝毫未接受人类文化的教化。当人们把他们从野蛮的动物天地里解救出来时,尽管他们的生命形体具有了人的模样,但他们丝毫不具有人的品质,他们不会讲话、不会直立走路,不会人的基本生活技能,不能像人那样吃饭,连衣服都拒绝穿。他们与生俱来的作为人的先验可能性被后天的动物环境所否定,因而他们绝对地被拒绝于人的生活世界和精神世界之外,未能获得人的定在。这些例子表明,没有文化的人形肉体,是不成其为人的,其生存方式也就不成其为人的存在方式。

二 文化规定于无形

文化,作为人的定在,在于它是一个异常复杂的体系,对人的生命活动发生着一种类似"力场"对实体物质那样一种无形的作用。

文化的结构分为关于物质生活的文化、行为方式的文化、精神生活的文化。在日常语言中,它们分别被人们称为物质文化、行为或制度文化、观念或精神文化。"物质文化"是人类改造自然、创造物质财富的行为方式及其成果所构成的产物。它包括各类物质产品、生产生活的物质技术、工艺方式以及人文景观（包括农艺景观、工艺景观）。它以生产力为基础展开其方方面面，体现着人以何种方式与自然界进行物质、能量、信息的交换，规定着人在生命活动中能在何种程序、何种层次、何种方面改造与利用着自然。这是人在物质生产方面的文化定在。行为文化或广义的制度文化，主要是人类在建构和处理社会关系过程中形成的各种方式、成果的文化结晶。它包括各种明文规定的制度、秩序、规范，以及大量约定俗成的礼仪、习惯、日常交往模式、准则，等等。它以亲缘关系、经济关系、政治关系、法律关系、思想教化关系等内容为基础展开。它规范人们以何种身份、何种方式参与社会生活，获得从事社会活动的主体条件与能力，接受和发扬地方、民族、国家的特殊活动模式，从历史与现实的结合中获得一种社会的规范、品质与存在形式。它使人的社会存在得以实现。在通常情况下，"精神文化"是指人类在精神生活中形成的各种文化，是文化心理及其理性晶化即社会意识诸形式，包括历史地形成的带有强烈民族性的情感、意志、风俗习惯、道德风尚、审美情趣、价值图式、精神信仰等社会心理构成，以及政治法律思想、经济观念、道德、艺术、宗教、科学、哲学等理性化的社会意识形式。精神文化，实质上就是建构人类的主观世界、展开其精神生活的文化，是关于精神世界、精神生活的活动方式、活动产品、活动技能等文化的集合体。人类的精神生活是各种文化经验、文化心理、文化知识赖以形成、发展和交流的主观条件；是把人类的各种文化行为方式，包括生活的各种技能、习俗、规范、制度从精神方面创造出来的活动；也是为人类生活的文化环境、文化器用、文明制度、文化财富的生产、完善、保存、交流、利用创造精神条件的活动，是将人的内部世界从真、善、美、圣诸方面不断由社会心理、社会意识形式领域再生产出来的活动。精神生活的上述内容及其与社会生活、与人的本质之关系表明，关于精神生活的文化，实际上就是依据人类生活的客观要求以及人们对它的基本认识，为社会成员的己内活动与精神世界提供规范、秩序、图式、知识、驱力、导向、信息、保障的系统；是从精神生活或主观世界的方面铸造人的本质和人的灵魂，使人从野蛮进入文明，从蒙昧进入开化，从幼稚进入成熟，从自然进入社会，全面地获得人的定在。正是由于每一代新人都是由其面临的社会文化所育化出来的，我们才能有根据地认肯：文化是人的定在。

1. 文化作为人的定在，因为它是一个不以人的主观好恶为转移又塑造着人的庞大思想关系

首先，社会的物质生活、政治生活投射到思想意识领域，必然地形成一种社会生活的精神关系或思想关系。作为对社会现实的意识表达，社会生活的精神关系体现为一种思想体系与另一种思想体系之间在社会地位方面的主从关系，或一部分人与另一部分人在精神上支配与被支配的关系。在原始社会，这种现象使社会生活的精神关系展现为某些形成中的社会意识形式在竞相发展时的非齐一性。原始的宗教意识、血缘意识、习惯意识、技能意识、道德意识、审美意识等，在人类生活的不同群体中，因各群体的发展程度、生存环境、组织传统、分合融变的沿革等不一样，其成熟程度与作用强度也不一致。例如，被吞并融合的某些战败部落，其原来的意识形式和意识内容，就得在一定程度上服从主体部落的格局；而一般部落成员的心理倾向或意识定势，则会更多地服从部落酋长、祭师的主导意识及其所倡导的社会规范和价值秩序。而在文明社会中，社会生活的精神关系则直接反映着经济生活中的占有关系与政治生活中的统治秩序。占有生产资料与握有政权的阶级，自然有力量、有条件去组织维护本阶级利益、表达本阶级意志、贯彻本阶级属性的精神生产，并把它的产品作为社会的统治思想加以肯定，统率社会其他阶级的思想意识。所以，社会生活的思想关系作为人的文化定在，实质上是人的社会存在在精神领域的表现，是社会成员的心理、意识、精神对现实生活秩序的同化与顺应。它使人们的内部世界与外部现实一致起来，使精神世界的人性铸造符合社会生活的客观格局及其提供的人性底版。于是，不同的社会文化，将造就不同的人格；不同的人格是由于不同特质的文化所致。

其次，人的文化定在在思想关系方面的另一个大的内容，则是精神生活的社会关系。它受到社会生活之精神关系的制约，但不等同于这一关系。总地说来，精神生活的社会关系比社会生活的精神关系更为广泛，更为具体，更具有精神现象自身的独立性和内在的意识相关性。精神生活的社会关系更直接地表达精神生产自身的规律与要求，而较远离社会的现实，对它只是某种曲折的反映。因而，它主要体现为精神生活的社会性，而不是社会生活的精神性。精神生活，首先是精神文化产品的生产、分配、交流、享用的活动，相应地，也有组织、维系这些活动的精神生产的社会关系。它们包括人们在直接的精神生活中的地位、作用、权利和角色关系，包括精神生产中的分工、协作和管理关系，以及各精神文化门类的划分、投入和协调发展等方面的秩序。这些内容，对社会生活的经济关系、政治关系的反映比较直接、鲜明，受其制约比较大。它在精神生产或精神生活方面，给思想文化主体以一种由经济、政治关系生发出来的社会规定性，按照社会生活的政治、经济秩序去塑造人的精神身份、精神生活的主体态势，形成精神生活中的社会文化角色。这是精神生活的社会关系在精神文化活动中的权利、义务、地位、作用等方面给主体的秩序规定。它在一个重要方面构成了思想主体的文化存在。

最后，精神生活的社会关系中另一个更复杂、更丰富的体系，是精神生活内部的社会文化关系。它是意识关系、思想秩序自身的社会文化表达。它包括各类文化之间、各意识形式之间的关系，如科学与哲学、政治思想与经济思想、道德意识与法律意识、审美观念与道德观念、宗教观念等精神门类的社会文化关系和心理、认识、价值、逻辑方面的意识关系；包括文化意识的不同等级、不同形式相互之间的递进、转换关系，如社会心理与社会意识形式、个人意识与社会意识、文化意识与文化无意识之间的相互关系；包括各种文化在社会价值与精神价值方面的关系，如科学文化的"真"、道德文化的"善"、艺术文化的"美"、宗教文化的"圣"相互之间的价值关系；包括新旧文化、异质异形文化在不同时代之间、不同社会之间、不同地域之间以及不同人员之间相互承续、传播、冲突、摄取、涵化、衍生的关系；还包括精神形态的文化与物质形态、制度形态的文化相互之间的关系，等等。它们是精神生活的技术方式、价值方式、心理方式、意识方式、逻辑方式最终是思想方式等一系列精神生活关系的复合体。这种精神生活关系，主要是从精神文化的方面对主体的精神生活所给予的心智素养、意识技能、价值格局、文化范式、思想方法、逻辑规则等精神工艺的训练、塑造和规范。它使主体从精神能力方面成熟起来，能够将社会精神生活的主旨、秩序、模式加以内化，形成己内世界的基本法则，借以认同和理解社会的文化体系，进入精神生活并参与精神文化的再生产，使主体既获得社会的文化规定性，又获得文化的社会规定性；既在社会生活中成就文化人格，又在文化生活中实现社会化。因此，思想主体在这方面得到的文化塑造与规定，实质上既间接地是社会文化的，又直接地是文化社会的，其间接的方面是人的社会存在的文化的延伸，其直接的方面则是人的文化存在的社会表达。它使主体在社会中不致冥顽不化，愚昧无文，能过上精神文化的生活；又在精神文化中不致离群索居，孤立独行，能过上社会的生活。

2. 文化作为社会主体的一种定在，还根源于文化本身是一种超机体的存在

文化的存在、运转及作用机制，对于社会成员来说，具有一种超机体性。它既不为主体的意志所任意改变、任意否定，又超越主体意志的力量而刚性地发生着对主体的规范作用，甚至还在主体意识不到或觉察不了的情况下，渗透到主体的心灵与行为中。它像子宫、胎盘给予幼小生命的环境规定，在人还无法实现文化自觉的时候，就必须接受着既定文化所给予的一切；它又像一只看不见的手操纵着主体的生活，使主体在社会生活中表现出某种思想与行为的文化无意识现象来。

文化对社会主体或思想主体的无意识制约，可分为认知方面和行为方面。在认知方面，又主要分为无意识反应和无意识记忆两个方面。无意识反映是社会文化对人的隐性规定的一条主要途径。一则它受到人的由其文化状况所影响的心理反映机制的制约；二则无意识反映又成为人的文化状态的一个重要方面。因为无意识反映既与外界信息刺激的文化强度、文化内涵相关，又与主体的文化旨趣、文化结构、文化品质及其决定的"内受作用"的敏感性相关。一个鲜明的事实是，思想主体总是对自己最感兴趣的、最受社会文化倾向关注的、也最能为自己认同、理解的文化信息所吸引，因而最能在无意识中毫不费神或漫不经意地感受上述品质的文化信息。这样，某种文化也就通过反映途径不动声色地渗入人的精神领域。作为文化现象的无意识记忆，由无意识记、无意重现、无意保持三个基本环节构成。它们的实现和反应，在内心世界，受到长期浸润和熏陶主体的文化制约，在外部世界则与刺激主体、诱导主体的文化环境、诸多文化现象相关。那些与主体所处的或所认同的或经常面对的文化环境，不仅会以其信息刺激的恒久性、影响主体的高频率性、与主体的正相关性而进入主体的记忆深处，乃至成为主体文化涵养的一种隐结构，在无意中起着种种预成图式的作用；而且，它们还会作为一种外在的文化激活因素，与业已进入主体记忆深处的以往种种同质的文化因素内外遥相应和，训练、诱导、激活、强化主体文化的隐结构及其种种内在图式，使主体不随意地经常保持对这些文化因素的记忆乃至在行为中不自觉地将它们复现出来。这些，都是文化对主体无意识记忆的浸润，也是主体无意识记忆对文化刺激、文化环境的一种同化与顺应，一种内化。

由上可见，思想主体在认识方面的文化无意识现象，无论是反映还是记忆，无论是文化隐结构的"原材料"的来源还是模式的形成，都体现了社会文化境况对其文化品质的潜移默化，体现了文化对人格的隐性规范。在思想的历史发展中，文化主旨和文化图式的分野，必然导致民族性、国民性以及个体人格的社会性分野。

在行为与文化的关系方面，我同意文化学家怀特的观点："行为是文化的函数。"① 人们的行为深受社会文化的制约，行为本身只是一种意蕴深刻的文化符码。人来到世间，总是要自觉不自觉地接受父母的教养、他人的影响、环境的感染、社会的规范，还有学校的专门训练等，使人的欲求、举动以及行为方式，都受到文化的约束与疏导，都纳入特定的文化轨道和文明秩序。这中间，既有自觉的文化行为在习惯化之后变为一种不自觉的即非故意的行为文化，也有大量不经意的文化刺激、文化训练以隐在的方式入主人的心灵深处，成为主体行为的内部无意识指令。它们构成了经常超越主体意识控制而深刻影响主体意识和行为的文化无意识。它们充分表明主体在思想和行为中具有广泛而深刻的文化受动性。尽管主体的文化受动性常常表现在他的文化创造性、能动性中，但这丝毫不能否定文化塑造主体和规范主体的巨大作用。因为主体参与某种文化的能动创造时，他不仅必须凭借某种背景文化作支持，而且当他主动地创造了某一文化时，当他拥有他的文化创造成果时，他也就无意识地被这种文化所占有、所铸造、所规定。所以，无论从何种意义上讲，文化从来都是主体的一种定在。就一个侧面而言，主体的存在也从来是文化的存在。社会化的主体有了某种人格，也就是他自觉和不自觉地具备了某些文化特质。在

---

① [美] 怀特：《文化科学》，曹锦清等译，浙江人民出版社1986年版，第188页。

思想的历史发展中,不管人们的主观意愿如何,文化主旨和文化图式的分野,必然导致国民精神以及主体人格的社会分野。只有从文化特质去透视社会的精神风貌和人的品质,才能更深刻地理解社会与人格的底蕴。因此,讨论文化的意识问题,必须从文化与人的关系入手。

第四章　灵与肉的统一

——关于人的自我意识与自然存在之关系

人是灵与肉的统一。自我意识主体，首先必须作为一种属人的自然实体而存在，之后才有精神的灵性和社会的本质。费尔巴哈在恢复唯物主义的权威时，努力恢复了被唯心主义否定了的人的自然存在。他指出："旧哲学的出发点是这样一个命题：我是一个抽象的实体，一个仅仅思维的实体，肉体是不属于我的本质的；新哲学则以另一个命题为出发点：我是一个实在的感觉实体，肉体的总体就是我的'自我'、我的实体本身。"① 他在批判黑格尔等人的客观唯心主义所主张的非人思维、非人精神时还进一步指出：作为一个切实的思想家应当赞同这种正确意见："什么是感觉着、思维着、憧憬着的自我呢？它是一个人，一个感觉着、思维着、希望着的整体，灵化了的脑……身体化了的灵魂。"② 因此，"我从来不曾没有头脑而思维，从来不曾没有心脏而感觉"③。就这样，费尔巴哈克服了非人化的精神哲学，把感觉、思维、自我意识等精神活动，安置在一个活生生的人的有机体中。

费氏的意见，得到了马克思的赞同。马克思认定，人的本质虽不是单个人的抽象物，但也不是与人的自然存在毫无联系的东西。他指出，当谈到具体个人时，出现在我们面前的，总是"人的身体即活的人体中存在的……体力和智力的总和"④。单个人的自然存在，就其生理特征及其对

---

① 《18—19世纪德国哲学》，商务印书馆1960年版，第565页。
② 《费尔巴哈哲学著作选集》（上），商务印书馆1984年版，第200页。
③ 同上书，第199页。
④ 《马克思恩格斯全集》第23卷，人民出版社1976年版，第190页。

心理活动的制约而言，除了人的一般品性之外还具有个人的特征。单个的人实质上"是一个特殊的个体，并且正是他的特殊性使他成为一个个体，成为一个现实的、个性化的社会存在物"[①]。人的个性，无论从社会化的个别存在物或是个别化的社会存在物来说，都有一个生物学或自然性的基础。我们必须联系人的自然存在去研究人的思想特别是人的自我意识。费尔巴哈的意见多少是正确的："没有了自然，人格性、'自我性'意识就是无，……就成了空洞的、无本质的抽象物。……肉体是人格性之根据、主词。"[②] 恩格斯则进一步指出，人们对于世界的思想反映，总是在主观上被思想反映者的肉体状况和精神状况所制约。这表明，包括费尔巴哈哲学在内的唯物主义及其思想发展，在论及必须关注自我意识的自然基础时，确有许多值得注意和深究的科学理性。

一 "生理—文化"的时年性

关于这个现象，孔子留下了一段为人熟知的格言："吾十五而志于学，三十而立，四十而不惑，五十而知天命，六十而耳顺，七十而从心所欲，不逾矩。"[③] 孔子以他本人在生命旅程各个驿站的思想意识状况向我们表明，人生阶段不同，精神状态迥然。造成这种情况的原因，最直接的自然是人的时年不同，实践经验的多寡不同，生活阅历的深浅有异，因而兴趣不同，心智不同，向往不同，价值目标不同，对人生与社会的洞察和透悟不同，精神状态自然就不同了。孔子道出的人生意识的时年差异，亦为现代科学研究证实。西方文化学的研究表明："一种经验对十五岁的人是一种影响，对于五十岁的人来说又完全是另一种影响。"[④]

然而，人生不同时期思想意识的差异也不尽为生活经历的不同使然，还有人身自然的变化因素在起作用。莎士比亚说过："思想是生命的奴隶，生命是时间的弄人。"[⑤] 人的思想、自我意识多少受到生理状态的制

[①] 《马克思恩格斯全集》第42卷，人民出版社1980年版，第122页。
[②] 《费尔巴哈哲学著作选集》（下），商务印书馆1983年版，第122页。
[③] 《论语·为政第二》。
[④] [美] 怀特：《文化科学》，曹锦清等译，浙江人民出版社1988年版，第344页。
[⑤] [英] 莎士比亚：《亨利四世》上篇，第5篇，第4场，第81行。

约。人的青年阶段，身心强健，血气方刚，精力旺盛，具有迎接挑战、承受生活压力，与命运抗争，与天人奋斗的体魄优势。在缺少经验亦无思想包袱、缺少社会承认亦无既得利益的情况下，青年人必然更多地依恃自己的身心优势，把希望、成功与幸福寄托于创造、寄托于奋斗、寄托于未来。故青年阶段的人们，一般都表现出思想敏锐、富于理想、富于冒险、富于创造、勇于竞争、进取和敢于自我张扬的特点。与此相反，老年人的身心状态及其表现出来的思想与自我意识特征则是另一番景象。人老年迈必然机体衰退，人的脑、骨骼、肌肉、胃、肝、肺、肾等器脏的细胞不断损失，组织病变，导致脑功能、运动功能、消化功能、内分泌功能下降，体力智力的不足给人的生命活动以及实践和思维以很大限制。这些，使得老年人不能像青年人乃至中年人那样勇敢地面对未来，承受起各种压力和挑战，也无法像青年人那样有多方面的可塑性。再加上实践活动的减少，社会交往范围的缩小，老年人的思想意识便因身心自然因素的作用而产生这样一些特征：生命活动的自我意识取向由以往的展望未来慢慢地变为追抚过去，喜回首往事，品评人生，眷恋故土，缅怀旧友。自我心态由以往的自我批评、自我超越变成更多地是自我肯定、自我守成，强调地位感、成就感、荣誉感。而当人生遭受巨大挫折时，则会从反面派生出同样是追求自我肯定的失落感、欠账感和沮丧感。其思维定式由以往的标新立异、勤于探究、敏于新见、勇于创造，逐渐变成老于世故、偏好传统、尊于定见，表现出创造力的下降、冲动的减少，理解力和阐释力则走着一条趋强渐弱的线形。所以，历史上的重大发明和重大创造多见于中青年而非老年。在价值取向上，老年人由青年时的那种偏重物质和感官享受，而转向偏重精神的、心理的享受，十分强调社会价值和精神价值。这除了老年人历经沧桑、体悟人生，懂得了社会价值、精神价值是满足人生更高层次的需要这个人生欲求与历史发展相一致的逻辑趋势外，也在于老年人的物质消耗能力、感官享受能力下降了，更多地把价值取向定位在社会的、精神的层面上，强调一种精神自我的确证与满足。当然，这些情况只能发生在老年人的衣食温饱、生命安全的要求得到基本满足的条件下。老年人与青年人的自然生理差异，给心理、自我意识造成的时年差异，只能在社会生存环境不违拗人性自然的前提下，才能得到如实的比较和说明。但无论如何，人的自我及其被感知的时年性，恰如外国格言说的，既"与自己的心灵同岁",也"与自己的动脉血管同岁"①,却是一个不争的事实。

二 自我意识的"性差"现象

人分男女,是自然的造化。男性与女性在生理、体格方面形成并保留着永远不可抹去的性别特质。这决不止于性生理的方面,它们广泛涉及内分泌、骨骼结构、呼吸量、红细胞浓度、肌肉以及由这些因素衍生出来的其他自然差异。男女的自然角色深刻影响人的社会、文化角色,彼此间存在着一种相互倚重、相互塑造、相互强化的机制。这样,便使男女在思想、自我意识方面形成了由人的自然因素带来的性差现象。

(1)男女性激素功能的差异,不仅使身体发育呈现第二性征外观,而且在心理气质方面使男性富有主动性和攻击性;使女性产生某些与人类生命繁衍活动相关的柔弱性、迟滞性、自我保护性和牺牲精神。正如巴尔扎克说的,"女人就像一个七弦琴,只将秘密给予一个知道如何弹它的男人"②。这种心理与行为的性差现象,广泛表现在社会生活的人我关系上。一个突出的景象是,男性主体的自我倾向外露而张扬,长于夺取;女性主体的自我趋于深沉而隐秘,长于给予,似乎在永不疲倦地扮演着一位护佑生命的大神。心理学的研究则更具体地提示,女性在社会交往、道德关系和家庭生活中的自我意识,清晰度大大高于同期的男青年,展示了母性的良知。

(2)男女血液红细胞浓度的差异,在一个重要方面造成了行为意识的差异。男人血液浓度较高,红血球大约比女性多20%。红血球作为含有红血素的细胞,负责全身的氧气输送。氧气能调节脂肪中的能量。所以,血液中血红素含量高的男性吸氧输氧能力较强,能产生并释放更多的能量,使体能强劲,超过女性。这也作为一个重要的生理根据,使男子在行为意识方面养成了以力量型见长、凭体能制胜的思维定式,故素有"血性男儿"的指谓。

---

① [美]史蒂文森主编:《世界名言博引词典》,周文标译,辽宁人民出版社1990年版,第508、591页。

② [法]西蒙·波娃:《第二性——女人》,桑竹影、南珊译,湖南文艺出版社1986年版,第154页。

（3）男女的机体差异也影响人的自我意识。男人的骨骼比女人粗大，而且肩宽臀窄，行动利索，有利于负重、奔跑、攀越、搏击等展示力量的活动。女性肩窄臀宽，行走时腰部左右摆动，婀娜多姿，这既是妇女繁衍生命的天然需要，却又使她们在行动的速度、力量方面大受限制。人体肌肉、脂肪的分布也男女有别。男人的身体平均41%是肌肉，多于脂肪；女人只有35%的肌肉，少于体内脂肪。因此，用力的时候，男人可使体重的90%转化为力量，而女人只能使体重的50%转化为力量。男人肌肉多，所贮藏的热能相对较少，行动中爆发力强，却耐力不够。女人的爆发力、负重力较弱，但其脂肪贮能较多，女性荷尔蒙可使这种潜能满足肌肉运动需要，所以女性的耐力超过男性。这些，使男女的行为方式、自我意识发生差异。男性长于猛力发威，短促突击，解决危难、紧急并需大力才能完成的事项。女性则以循序渐进、持之以恒、充满韧性、细腻精确的方式去完成各种所需力量较小的事项。这种行为方式以及角色的分野，很自然地使男人在繁重劳动和紧急时候，油然而生出一种承重、赴难、解危的天然责任心。同时，在靠体力劳动的主要谋生方式的条件下，男性倾向于充任生活的主导角色，并多养成一种坚毅不屈、尚勇尚力的"男子汉"自我意识。而女性以其温柔细腻的特质，养成相夫教子、主持家务、帮补生计的"贤内助"自我意识。这在传统社会也助长了女人的某种依赖性、附和性等自我倾向。

（4）男女的脑机能差异，造成思维的性别特质。男人大脑的右半球发育较早亦更发达，女人大脑的左半球发育较早亦运用较充分。脑的左、右半球分工不同，所以男女的心理、思维活动也显示出性差现象来。一般而论，擅长发挥右脑功能的男性，其空间把握能力如辨识方向、设计房屋、记忆人的形象、绘画、解析几何问题、规划行为的权力和责任空间等方面的能力，以及抽象思维、逻辑加工、语义分析、理性运筹的能力，都较强于女性。历史上没有著名的女哲学家，女数学家亦少，也可能是因为在这些领域男性的思维优势太明显了。而擅长发挥左脑功能的女性，则较男人强于语言能力，如口头表达能力、语音学习能力、阅读能力在女性方面都有优势。女性的形象思维能力、情绪体认能力、情境记忆能力以及数字计算能力，也都有长于男性的地方。因此，从事翻译、语言教学、音乐、舞蹈、电影、戏剧表演和财务的妇女常多于男性。即使是同在理性思维的领域,男女也有性差现象。男性的抽象推理能力高于女性。而在抽象思维的其他方面,如归纳推理、形式逻辑法则尤其是矛盾律、同一律的运用,某些辩证逻辑思维方式的掌握,则男女差距不明显。这些思维特质的性差现象,也常常使男性在理解和塑造自我的时候注重观念,注重智慧的设计和开发,注重对各类"家"的追求。而女性,在自我意识中则注重形象,注重心理体认,注重性格、情感、语言、形貌的设计和完善。因而,中小学女生常有对各类"星"的追求。

值得指出的是,男女在身体构造、体能、智力等方面的性差现象,只是两性特征的自然表现,决不意味着男优女劣或阳盛阴衰。但另一方面我们又不能不看到,在社会生活不发达、不成熟的条件下,男女的自然差异又的确引起了某些社会文化差异。而那种必须倚重男性的体能、智能优势的社会,同样也是必须让女人囿于家庭生育儿女、繁衍后代的社会,又用一种男外女内、男强女弱甚至男尊女卑的社会秩序、社会文化,强化了男女由自然差异而造成的心理和行为差异,使这些方面的性差现象得到了某种巩固和发展。因此,男女在思想活动及自我意识方面的性差现象,都内含着对男女的自然差异所造成的心灵效应及其意识品质的某种社会放大。它们是不能完全归结于人身自然的性别现象的。

三 体格气质与意识品质

关于身心自然因素影响主体的性格、气质和思想意识特征的问题,西方学者提出的体格与人格的相关说已有论列。这种见解认为,"不同类型的人格和不同类型的体格相关"。较早地全面阐述这一理论的谢尔顿认为,"人的气质——他们的行为的基本型式——一般说来也是根据他们的体型来决定的"。他把人的体型分为三种基本类型:"内形态型"、"中型态型"和"外形态型"。他分别指出:内形态型的体格,一般行动迟缓,容易入睡而且睡得沉,欢迎有秩序和隆重的礼仪,喜欢准备和侍奉得周到的丰盛食物,想得到舒适的家具,同许多人友好相处和宽容相待,爱好社交,保持心情上的平静,在困难时寻找朋友;中形态型的气质……相当倾向于行动、冒险、利用和操纵人与事物以及权力,这种人一般用不着很多对他们自己或别人动机的敏感来推动,他们的态度毅然不屈,他们的精力充沛,他们注意到外界形势,他们在社会集团中特别富有首倡精神。他们以行动来解决困难;外形态型的人是基调很高,敏感、细致,采取守势,难入睡,易于不断疲倦,一直不停地探查自己和他人的动机,抵制酒精和麻醉而不致使他丧失掉自觉性的危险,避开大规模的公开场合和社交集会,在困难时变得沉思和反省起来。① 西方心理学界提出的关于人的体格类型对人的性格、气质、心理、意识活动的特征具有某种影响的观点,如果不把问题绝对化,应该说言中了一个回避不了的事实。否则,心理与生理就没有必然的联系了,人的意识、思维与人的大脑乃至整个机体的状态也就无关了。

由巴甫洛夫等坚持唯物主义思想的心理学家所进行的气质心理学研究,则更早于谢尔顿等人揭示了人的生理特征对心理活动及其自我意识的深刻影响。其中的研究表明,人的气质是决定人的心理活动动力的个体独有的心理特征,它使气质不同的主体对同样的外界刺激表现出不同的意识反应来。

这些心理气质特征,在巴甫洛夫看来,是由主体的神经系统类型决定的。他认为神经系统有四种基本的类型:①不平衡型;②强而平衡的灵活型;③强而平衡的惰型;④弱型。神经系统的这些类型是四种心理气质即胆汁质、多血质、黏液质、抑郁质类型的生理基础。神经系统在活动过程中的动力性与易变性,即决定阳性条件反射联系形成的速度和难易的特性,决定阴性联系形成的速度,以及决定兴奋或抑制过程产生速度的特殊性,构成了人的心理反应特征,形成不同的气质类型。后来心理学家的研究进一步表明,神经系统各类型的某些特点与机体的新陈代谢和内分泌腺活动的某些特点又是相联系的。它们表明,身体一般结构确实无论对神经系统还是气质都有某种影响。

心理学依据身体结构特征及其神经系统类型所决定的气质类型,对不同气质者的思想意识活动特征作过大量个案分析和系统综合。试以"多血质"和"抑郁质"两种心理类型加以比较。"多血质"型者,能强烈而迅速地感受外界刺激,但易兴奋的心境也易平静,兴趣、意向不稳定,意识外倾,认知活动偏重依赖于眼前的信息和感受,思维的情境性鲜明。他

---

① [美]莫里斯:《开放的自我》,定扬译,上海人民出版社1965年版,第29—30页。

们的活动方式灵活，自我意识易受外界暗示，可塑性强而稳定不够，容易自信也容易自悲，自我评价起落幅度大，甚至自我矛盾。但易适应环境，随和而好交往。而与此相反的"黏液质"类型者，则对外界刺激反应平缓，情绪兴奋性很低，遇事泰然自若。意识内倾，偏重依赖于过去和未来相联系的形象、表象、观念等内在自我进行思维活动，意识的情境性淡薄；自主性、自制力很强，自我意识及其心理定式十分保守，倾向于习惯和传统，判断推理较有惰性，行为刻板，可塑性差，不易与外界对话，不易接受新事物和环境变迁。十分显然，主体的机体、神经系统及其决定的心理气质等方面的自然存在因素，对其自我与自我的意识以及对象意识的影响，是深远而强烈的。它们的同一，使主体在不同的活动中有同样的表现。它们的差异，则使主体在同样的活动中有不同的表现，形成某些不依赖于活动的内容、目的，动机的主体性鲜明的反应方式和意识方式。它们构成了主体在认识与改造事物的活动方式上，以及在己内精神世界中发生巨大差异的深刻自然原因。

关于上述现象的研究，似乎走着一条哲学—心理学—生理学的历史进程，哲学最先提出的命题由心理学加以研究证实，进而再由生理学加以深入研究并形成实证理论的支持。

在思想史上，费尔巴哈很早地注意到了人的精神与肉体的相互规定："精神有意识地把肉体规定为什么，精神自身也就无意识地被自己的肉体规定为什么；例如，我依照自己的目的把自己的身体规定为思想家，这是因为创造的自然在同破坏的时间的联合中把我组织成这个样子，以便我成为一个思想家；因此，很大程度上我是一个注定的思想家。一般说来，精神之被决定和规定，是以某种决定或规定肉体的东西为转移的。"① 对于这一论述，我们不应理解为思想家一类的社会角色或职业，根本的是由大自然的造化前定的，而是应当深化对于决定论的辩证理解。人的精神活动的受动性，除了包括直接受到生存条件、认识客体、认识环境、实践活动的根本性规定外，还包括间接地受到环境包括自然和社会环境经由对于人身自然机体生理活动的制约而形成的对思想的制约。这种制约，往往是无意识地实现的，而且相当深刻、持久。如果不充分注意这个问题，那么，

---

① 《费尔巴哈哲学著作选集》（上），商务印书馆1984年版，第508页。

思想意识的主体性、个性,是很难得到全面阐释的。同时,所谓存在决定意识的命题,也将变得十分苍白和枯燥。它们会因为割断环境—生理—心理—思想的内在联系而损失其科学性。

费尔巴哈在140多年前论述灵与肉相统一的观点时,曾经预言,"当将来人们用他们迄今花费在证明灵魂和肉体的区别上的同样多的时间、手段和智慧去认识灵魂与肉体的统一的时候,他们当然就会更好地认识思维与脑的联系"①。科学的发展没有让先哲失望。当人们把对于人格、思想意识个性的研究深入到遗传基因的层次时,灵与肉的统一观得到了进一步的证实。1996年,美国《自然遗传学杂志》同时刊载两篇关于基因研究的报告,报道了两个研究小组在各自独立进行并使用不同方法研究的情况下,共同发现了人的基因影响人的性格、气质及思想意识的事实。他们发现一种称为P40R的基因,能控制脑部感受体的形成。P40R基因有不同的形式,其中一种比较长,有7个重复的DNA结构序列;另一种较短,只有4个重复的DNA结构序列。用这个发现,他们分别对124名以色列人和315名英国人进行研究,发现脑部的P40R基因较长者,在追求新鲜事物方面得分较高,容易兴奋,善变,性情急躁,冲动,喜欢探险,也比较奢侈。而P40R基因较短的人,在追求新事方面则得分较低,比较喜欢思考,个性拘谨,温和、忠实、恬淡寡欲和节俭。这一发现,当然是更深层地应证了心理与机体、主体精神与主体自然、灵与肉的内在统一性、相关性。它向我们召示,不同的主体在同样的环境里和差不多的实践中,其心理个性、精神气质和思想风格之所以会有不同的表现,不能不在实践的基础上承认人身自然的因素对于心灵活动的深刻影响。思想及自我意识的人差现象,不是脱离而是一定程度地反映了人身自然的生理差异。

---

① 《费尔巴哈哲学著作选集》(上),商务印书馆1984年版,第507页。

第五章　文化无意识

　　明确提出"文化无意识"概念的是美国的文化学家怀特。他认为："无意识也是一个既可用心理学也可用文化学来解释的概念。……总的来说，整个文化领域对绝大多数普通人，甚至对许多社会科学家来说都是一个'无意识'的领域。……对于那些相信人类创造文化和掌握文化变化方向的人来说，他们可能把文化的力量及其对人的决定作用说成是一种无意识——一种超机体的无意识。"[1] 人的行为"一方面……是机体作用的结果，另一方面它又是超机体的文化传统或文化过程作用的结果。个人对决定其行为的两类因素——生物的和文化的——某些方面或多或少有点意识，但对其大部分是全然无知的，由此便构成了两大无意识领域：生物机体内的无意识领域和外部的文化无意识领域"[2]。综观怀特的上述观点，他所谈到的文化无意识命题，主要指社会文化对人的思想行为的制约，是在主体意识不到的情况下实现的。简言之，主体是在自己的思想和行为中无意识地接受着文化的制约，表达着文化的规范，实现着文化的精神。

　　怀特的文化无意识思想，在其他学科和其他人的文化理论中也有印证。结构主义的创始人列维—斯特劳斯在研究文化的模式时，曾提出了文化的无意识模式概念。他认为，文化具有一种隐藏在社会表象之后的、不为社会成员所能意识到的深层结构，这就是文化的无意识模式。这种贯穿于纷杂的风俗习尚、社会生活方面的文化模式，是在总体上制约社会文化生活的基础性结构。在此，他暗示了一个重要的观点，即社会文化的生成

---

[1] ［美］怀特：《文化科学》，曹锦清等译，浙江人民出版社1983年版，第150—151页。
[2] 同上书，第153页。

流变以及它们对于社会成员的影响,在最深层处有一种不为人所觉知、不受人所控制的无意识模式。他从文化结构的层面肯定了文化无意识现象。20世纪70年代,法国哲学家福柯也提出了类似的文化"无意识模式"思想。他指出,从人类的"无意识本性"中产生了那种类似语言结构的文化结构。这种先验的结构,早在婴儿、神话、宗教仪式中就无意识地存在着,几乎隐藏在一切文化形态之中。任何一种文化现象、知识,都具有无意识结构。他的观点,可以说是介乎荣格的"集体无意识"与列维—斯特劳斯的文化"无意识模式"之间的。

作为社会学家、文化学家和经济学家兼于一身的韦伯,从分析经济活动中的非理性因素出发,也涉及了文化无意识现象。他把这种非理性因素分为五个方面:一是内化在行为者意识中的价值观念;二是渗透在行为者活动中的情感因素;三是体现在行为者身上的传统习惯因素;四是灵感、直觉、顿悟等因素;五是本能、欲望、需求等因素。韦伯所列出的这五个方面的非理性因素,实际上也都是一些思想行为的无意识因素。其中,前三项因素可以是文化无意识因素;第四项则是思想过程本身的无意识因素,也可以泛指为文化无意识因素;只有第五项,属于集体无意识与文化无意识的交叉。非理性因素一般地说,也就是无意识因素。可见,韦伯在其对管理活动的研究中,也触到了文化无意识的问题。这表明,文化无意识现象,是一个在哲学、心理学、文化学、人类学的研究中广泛被认可的事实。现在,需要我们加以说明的,不是这一现象的事实肯定,而是关于它在主体的思想活动中的机理分析。对此,我将从以下四个方面加以陈述。

一 "文化熏染"

怀特认为,文化孕育着和决定着人的思想行为,"人们一来到世上,文化就控制了他们,规定他们这样那样的行为"[①]。应当说,人的思想与行为受到文化的规定这是一个客观事实。而问题的关键在于,这种规定从一开始,即从人接受文化的濡化初始之时起,就有一种超个人意志的机制

---

① [美]怀特:《文化科学》,曹锦清等译,浙江人民出版社1983年版,第189页。

第五章 文化无意识

在起作用。这个机制也就是美国文化人类学家赫斯科维茨所指出的"文化熏染"无意识机制。人降生到世上，他无法选择也无法抵拒他根本无知的文化。他在不理解文化的意旨与结构的情况下，像婴儿吮吸母乳一样，无条件地接受着吸纳、养育他的家庭和社会环境的文化濡化。通过父母的哺养培育、旁人的示范影响、环境的气氛陶冶、社会的秩序规化、学校的知识灌输、生活的实践磨炼、文化的主旨精神和知识技能便潜移默化地浸润到人的精神世界，成为内部世界的有机构成和基本模式。因为这些，只会哇哇哭闹的小生命学会了复杂的语言交流，本能的欲求受到了文化的约束，原始的心理和思维受到了文明的洗礼与理性的疏导，自然的生命成了社会的主体。这些人文化的过程，使社会化的个体之衣食住行、言谈举止、思想情感乃至一颦一笑、表达方式都不自觉地被纳入和融进了特定的文化秩序。文化因此而成为人的定在，人的活动亦因此而成为文化的符号。文化的传统经此而一代又一代地流播，一代又一代的人竟不经意地也成了文化历史延续的环节。但文化熏染的无意识过程在个体身上并非是无止境的。当个体社会化的过程基本完成以后，他就有可能形成一种文化的自觉，可能在一定程度上对自身的文化进行反思和批判，可能对新的文化现象（包括新思想、新发明、新的行为方式等），进行自己有意识的选择或接受或抵制乃至创造。文化熏染的这种无意识过程向意识过程的演化，是文化发展、文化跃迁的重要精神契机。我们不能过分陶醉于意识的自觉。从本质上看，正如日本学者山崎正和说的，文化始终"是在最不自觉意识下培养起来并身边存在的生活方式、习惯秩序"[①]。文化之所以是文化而不是"武化"，就在于它对人的浸染是潜移默化、润物无声的，使人不知不觉地接受它并坚持它。因而，就社会生活的广大范围而言，文化熏染不仅对于个体精神生活的主要方面，而且对于社会成员的主要部分，都是一种无意识的过程。因为即使是个体实现社会化之后，其文化的自觉仍然十分有限，哪怕处在急剧的文化变革时期，社会的多数人以及个体的多数活动仍然处在一种非自觉的文化顺应中。文化上的自我超越乃是一件异常困难的事情。以至像鲁迅这样深富文化批判精神的斗士，在隐性自我的深处，在处理家庭关系、生活琐事的时候，总是难免保留着传统文

[①] 转引自《现代外国社会科学文摘》，1997年第11期，第29页。

化的某种胎记。

二　文化精神对主体的支配

　　高度内化了的文化意旨、价值观念、行为准则，统称为文化精神，对思想主体具有不随意的支配作用。这是文化无意识现象在精神自我中最深刻的体现。因为这些文化因素表征着思想意识中的世界观、人生观、价值观，既是人的自我观念的基本主旨，又是人关于社会生活的基本评价和基本图式，它在主体文化中是最根本、最内在、最富有灵魂意义的因素。社会个体在文化熏染的过程中，经过生活、语言、传统、习俗、制度、典范、实例、褒贬、奖惩等环节或情境无数次的启迪、教化、灌输、规范，这些文化内容便深入人心，高度内化而成为活动的力量与思想的灵魂，成了心理的常势和实践的格律。它们不需要经过主体的特别努力而自动地调节着他的思想与行为。

　　有两位社会学家曾目睹并记述了一件十分有趣的事：拉丁美洲人和北美人在交谈中彼此的"人格空间"不一样，前者要求亲近，后者要求保持距离。"我们有一天看到一位拉丁美洲人与一位北美洲人在一个14英尺宽的客厅里谈话，开始的时候是在客厅的一端，过了一会儿，当我们再注意到他们时，他们已经移到了客厅的另一端。这种很有趣的位移是由于当那位北美洲人不断无意识地稍往后退一步以保持一个比较适当的交谈距离时，这退出来的空间很快就被那位拉丁美洲人填上了，同时他也试图达到一个令人满意的交谈距离。"① 这类行为，显然是因为某种行为规范、价值观念或其他方面的文化准则被主体高度内化在心理深处，成为无意识地自动起作用的因素所致。所以主体能够不假思索地、而且不顾及对方的反应去自然而然地贯彻它们。

　　此类文化无意识现象，在人们的道德实践及其道德直觉中也屡见不鲜。像英雄模范人物在千钧一发之际奋不顾身地抢救遇险或落难者的行为，往往是瞬间完成的事。行为主体对自己的举动来不及深思熟虑，没有推断与论证，没有内心的权衡与斗争，没有动摇与不安，刹那间完成了自

---

① 顾建光编译：《文化与行为》，四川人民出版社1988年版，第62页。

己的判断与行为。这多是在无意识的道德直觉推动下所进行的道德践履。英雄模范一类的主体，在长期间地接受道德文化的熏陶中，把某些道德准则、价值观念、理想情操内化在无意识深处。当相应的事件刺激使潜伏在无意识中的道德要求活跃起来并变为一种绝对命令时，主体的奋勇行为便以自动的方式，在未及思量的紧急情况下迅然完成了。自然，行为主体在平时必定有过对人生、理想、价值一类问题的反复体验、深刻思索与道德论证，并且形成了明确而坚定的信念和稳定而强烈的情感，乃至化为一种无意识的精神力量。所以，奋不顾身一类的行为，只能是道德文化的意识层向无意识层长期沉淀，在特定条件下引发的精神射电和思想闪光。它们往往会在瞬间把主体对自己的道德、理想、情操和人生的价值认定推向辉煌的峰巅。这应当是"伟大出于平凡"的另一层理念。这样一个层次的理念告诉我们，那些对于道德文化有高度修养和坚定信念的人，他们的道德实践，在多数情况下不表现为一种对道德的知识理解和逻辑推断，而是建立在道德信念、道德直觉、道德情感基础上高度熟练自如的行为。他们把某种文化主旨、道德律令变成了娴熟的习惯，变成了理所当然、不言自明、运用自如的内在要求，勿需多想而能作出自己的道德反应。当然，这类无意识的道德直觉、道德选择，只能解决那些简单或突发的判断与选择。对于那些复杂的或连续的判断与选择，它们可能失效，只能让位给文化的清醒意识与科学理性。

三　文化的习惯性调节

高度熟练的文化技能和思想习惯作为一种文化惯性，对主体活动的自动调节是在无意识的情况下实现的。巴甫洛夫为我们理解、说明这类无意识现象提供了一条很有启迪的意见："我们的教育、教学、各种纪律以及各种各样的习惯都是一长串的条件反射。谁都知道，同我们的行动所建立起来的某些条件，即某些刺激的联系自身是如何顽强地再现，甚至经常竟不顾我们有意地抵制。……在游戏和在各种艺术操作时，对某些个别不必要的动作进行必要的抑制是很难做到的。"[1] 这个意见提示我们，文化无

---

[1] 《巴甫洛夫全集》第4卷，赵璧如、吴生林译，人民卫生出版社1958年版，第415页。

意识的习惯性活动,表现在互相关联的条件反射中,当人们习惯于以某种方式活动时,这种自动化的、无意识控制的活动习性,是难以被有意识的力量所控制、所改变的。

那么,文化无意识的活动,又是怎样经过建立条件反射的机制而发生的呢?条件反射有一最基本的前提:一个无关刺激物和一个无条件刺激物在时间上多次相互一致地作用于有机体。例如铃声与食物同时作用于狗,使之形成听到铃声并未见到食物也会分泌唾液的条件反射。人的条件反射不同于动物,具有社会文化的意义。它的形成、强化和减退,可以通过语言等第二信号系统刺激去实现。这种条件反射的社会文化特性,一则使人能超越无条件刺激及对其反射的局限,凭借一系列第二信号系统及其感知经验,在离开具体事物性状的直接刺激的情况下,能够有效地、主动地去掌握、利用和适应客观现实。二则它使人能超越机体一般条件反射的局限,凭借语言、思维和实践经验,在离开客观事物及其有限的自然信号的直接刺激下,在思想与行为中更广泛、深入地掌握、适应复杂多变的环境。三则它使人能超越个体的生理需求与直接知识的局限,凭借习得的社会知识与社会技能,在离开对客观事物的直接经历、直接介入和直接感受的情况下,能够社会性地、文化地、抽象地、间接地掌握客观事物,在思想和行为中给予能动的反应。与此同时,人的反应系统和运动系统,由于受到了社会、文化的训练,它们能够面对各种刺激实行主体内在的自我抑制和自我选择,排除不必要的意识反射活动,使某些方面的反应更为精确、熟练,以至成为不假思索的习惯。这就是文化无意识的活动。

建立在第二信号系统作条件反射基础上的文化无意识活动,其形成有一个内在的递进过程,这就是:条件反射→属于文化意识的第二信号系统的条件反射→属于文化无意识的对第二信号系统的自动反射,亦即以条件反射的方式来回应第二信号系统的刺激。文化无意识的反应活动是由文化意识的反应活动造成的。无意识反应之所以无意识,是因为它在意识的层面已经将反应的技能、方式高度熟练、高度内化,到了主体作出反应时既不用意识也意识不到的地步。主体对在思想和行为中给某些刺激作出反应所需要的情绪推动、思想程序、活动技能、操作知识,经过无数次的反复训练、反复运用,已经到了无须运神、无须用心的程度,并十分熟练地掌握了它们在某些特殊情况下的反应方式。因为活动的某些程序与某些知识的高度内化，使主体关于这些程序、知识在活动中的考虑都成为多余。也因为其内部知识、技能对外部环境适应的条件性、选择性的应对自如，选择的经验十分丰富且已高度内化，能由潜意识自行处理，这也使主体能在未经反复权衡、着意选择的条件下合目的合规程地完成某些活动。所以，人在思想和行为中那种模式化的文化无意识活动，作为由学习和反复运用而造成的文化在活动上的知识性凝结和程式化附着，是文化由意识向无意识的沉淀和转换，是主体反应由第二信号系统向第一信号系统的潜移与让渡。例如说话、绘画、写字和演奏一类人所特有的文化意识活动，若撇开其内容而只就其动作形式来说，它们的熟练进行多是以无意识的、自动化的方式去完成的。人们讲话，脱口而出，从来不用去考虑口型、气息、声调乃至情绪，总是意随心动，声情一体，畅所欲言。那些技法已经炉火纯青的书画大师，当灵感触发、恣意挥洒时，总是"遗去机巧，意冥玄化"，得心应手，"孤姿绝状，触毫而出，气交冲漠，与神为徒"；或者"不滞于手，不凝于心，不知然而然"；或者"心手相忘，笔墨俱化，气韵规矩皆不可端倪"。所有这些不知然而然的动作过程，其手笔营构，都是源于意识之内，成于意识之外的鬼斧神工。再说演奏，主体也用不着去着意调节自己的手法、指法、弓法等动作方式，总是行为情动，自然天成。《琵琶行》中长安歌女的琴操，"转轴拨弦""轻拢慢捻抹复挑"、"信手续续"地弹出了一串如泣如诉、如珠如玉、如莺如泉、如骑突刀鸣、如瓶炸帛裂的神曲。这些活动的自动化，都是在文化因素参与下经过反复训练实现的。它们的熟练程度，使之无须再在第二信号系统及其意识的严格支配下去进行，而成为似乎是在第一信号系统的作用中完成的活动。活动主体对诸如语言、形象、乐曲、文字的反应，都较大地非语言化、非意识化了。他们把第二信号系统的刺激，当成了与自身活动有特定的或专门联系的自然刺激物，无须更多地作语义与逻辑的思考，以类似于无条件反射的非意识方式去完成由这些刺激所引起的条件反射。我们常听到有人讲，习惯了某种舞曲，听到它的音乐就会情不自禁地跳起来。这大概就是一种不需过问舞曲内容而能自动与之融为一体、舞动起来的条件反射活动。它自然是一种无需文化意识的独特作用，因而有别于知识的刻意运用而生发的感觉、情绪和欲望相统一的活动。

　　文化无意识的习惯性活动，更深刻的方面应当不是在外部行为上，而是在思想活动中。它表现为思想的无意识模式即思想的隐性结构对思想活动的不经意作用。这种隐性结构，是由那些已经被主体高度内化、模式化、定式化了的思想过程的习惯性因素构成的。它们分别表现为：（一）高度内化的理想信仰、价值观念、目标预期、需要结构、意志自律等思想的驱动力量和调控力量；（二）具有思想文化原型意义的基本经验、常识、信息、语符、概念、范畴、理念、公理、定律、表象、意象、范型等思想或知识晶体；（三）被主体运用自如的程式化了的语义法则、逻辑规律、思维方式、观念理式、意象图式等思想运演的"工艺"或规则；（四）训练有素、持之有恒、挥洒有度的操作各类思想因素和发挥内部心力的整体智能。以上这四个方面的因素以及它们各自的状况与相互关系，在不同的思想主体和文化那里是互为殊异的，但有几点却是共同的。一是每一因素在思想活动中都有相对独立性，它们的不同使主体的思想现象千差万别。二是它们相互规定，具有严格的心理——文化的类型性。三是相对社会文化而言成熟的思想主体，其思想活动的诸因素及其结构关系都达到了一定的质量水平。经过学习、训练以及思想活动的精神实践，主体不但形成了稳定的心境情态，有了一定的知识积累和思想技巧，而且使这些已内精神因素高度地我化了、主观化了、定型化了、程式化了，常常不假思索地运用它们以不变应万变地去思考各种问题。当主体并不思索也无须思索元思想以及思想的原动力、元件、元结构、元逻辑、元智慧的问题，而可以顺利地思索和解决外界对象问题时，那么，思想的内部要素及其结构就会作为一种无意识的精神体系或精神力量出现在思想的意识活动中。这种隐性的精神力量以意识并不觉知也未加刻意差遣的状态，自动地加盟思想的意识活动，无条件地参与着、配合着思想的运演。它作为归属于意识的无意识力量，毫无声息地让思想沿着一种隐在的心理轨迹展开。它使思想的同一主体在思索不同的问题时无意识地表现出同样的思想个性和思想特征来；它又使不同的主体在思索同样的问题时无意识地表现出不同的思想个性、思想特征来。思想模式这种习惯性的作用，正如马克思主义者的工人哲学家狄慈根所说的，它使"人的头脑在执行思维的任务时，正像肺执行呼吸的任务一样，是不知不觉的"①。主体在不努力对意识自我

---

① 《狄慈根哲学著作选集》，商务印书馆1978年版，第102—103页。

加以深刻的反思时,是不会意识到思想模式的存在的,甚至努力反思思想意识自身,也难以认识和掌握思想模式的结构与特征,更不用说去随意改变和完善它了。这中间的原因,就在于思想模式,作为一种思想习惯,是太有组织、太坚持和太确定了,所以无须耽迷于探究和想象,习惯是高度内化的、隐性的、自动起作用的精神因素。从它是文化活动的产物并且是文化的一种隐性的主体结构、主体力量来说,无意识地起作用的思想模式或模式化了的思想习惯,货真价实地属于文化无意识的现象。由思想活动的文化、知识因素构成的"有别于知识"的文化无意识,其转机也就在于文化知识因素已不再是清醒地出现在意识中,而是作为习惯、模式、心理工艺自动地起着思想的作用。

四 文化无意识的社会阈

当代美国著名精神分析学家弗罗姆在分析个人与社会的思想文化关系时使用了"社会无意识"的概念,论述了文化无意识的社会机理。他认为,意识与无意识的划分是社会造成的,意识在本质上代表了社会的人,是社会对人的精神认可。因此,无意识是整个人的精神减去与人的社会性格相符合的部分。社会有一种文化的过滤机制,个人的经验除非通过这个文化的"过滤器",否则无法成为意识因素。他所指出的,实际上是社会文化对个人精神亦即对意识的限制作用所形成的文化无意识问题,他与荣格在论述诗歌创作与欣赏的心理问题时曾经谈到的读者和诗人都存在着一个"被时代精神决定了的意识限度"的观点[1],有异曲同工之妙。两者都认为那些被社会文化规范所不接受、所压制的精神文化因素,不能进入人的意识层面,而只能沉入无意识。所以"社会无意识"既是社会文化对个人精神的无意识选择与抑制,又造成了个人的文化无意识心理现象。弗罗姆从三个方面分析了社会文化对个人精神、心理的"过滤"作用。

一是语言过滤。这种过滤作用体现在两个方面。第一,特定的社会人文观念决定着某些情感经验能否进入意识。旭日、朝花、晨风能让人惬意,但处在不同社会文化结构中的人可能会形成截然迥异的反应。长于移

---

[1] 《荣格文集》,改革出版社1997年版,第221页。

情寄趣又注重天人合一人文精神的东方人，可能不绝赞美而引出浮想联翩；讲究实用又主张天人相分的西方人，则可能冷漠相对。由此弗罗姆认为，"微妙的有效经验是否能成为意识，这得取决于在一种特定的文化中这些经验被发掘的程度"[①]。第二，语词、语义通过包含其中的文化精神决定着经验能否进入意识。生活中的某些情绪体验，在某种语族或语支中有丰富的词汇能表达这种体验，因而它们能顺利地进入意识。而在另一语族或语支中，因无法用恰当的词汇、语义去表达它们，它们则可能无法进入意识。例如，某些语言中没有舅父、舅母和表亲的概念，那么，舅甥之间、表兄弟姐妹之间的关系和情感就无法进入意识，而无法使中国式的血缘文化中那种在这方面十分特殊的情感关系及情感体验进入意识领域，从而对其加以清晰的意识把握。这表明，语言模式作为社会生活及其特定文化的符号凝结与意识工具，它对操持这一语言的思想主体具有精神的规定性，制约和引导着对社会生活各种现象的认识与掌握。因而，它会使人对某些现象的情感体验特别敏感、特别关注，而对另一些现象则会比较迟钝、比较忽略。意识活动及其对生活反映的这种符号性，刚好折射了语言现象背后的社会生活方式及其形成的人文精神对于意识活动的内在规定。所以，文化的意识与无意识，既是一种个体精神现象，更是一种社会心理现象，它深刻地受到社会的浸润。

二是逻辑过滤。在思想文化的特定逻辑结构中，那种违背逻辑规则的心理活动难以进入意识。比如，在形式逻辑中，A 就是 A。这种同一律的要求，让人们的理性意识进行着非此即彼的思想活动。如一个人在同一事情上，只能体验一种情感而不能同时肯定与此相反的另一种情感。对某人有了崇敬的情感就会压抑对他的鄙薄情感，反之亦然。思想的逻辑秩序在同一时候只能让一种情感而不能让两种截然对立的情感进入意识。那种被进入意识的情感所压抑了的某种情感，既很难以产生和发展，也更难以清晰地被意识到。这是精神世界的理性因素对非理性因素的制约作用。

三是社会禁忌的过滤。各种社会群体如部落、部族、民族所认定和坚持的信仰、道德原则、社会规范、根本的价值观念，对于主体的情绪、感觉具有规定作用、选择作用。那种为这些文化规范所容许的情绪、感觉会

---

① [美] 弗罗姆：《在幻想锁链的彼岸》，张燕译，湖南人民出版社 1986 年版，第 121 页。

第五章 文化无意识

得到社会的鼓励，因而能够获得一种文化的张力，顺利地进入意识并保持下来。而那些为社会的文化规范所不容的情绪、感觉，则很可能被泯灭在萌芽状态，或者被压抑下去，难以进入意识层。弗罗姆的这种观点，是能在某些方面找到事实支持的。历史上的爱斯基摩人因为生产力极其落后，遇上饥饿为保全种族的繁衍，那些年老多病者会自行到冰天雪地里去冻死，而其后代也会认为这是天公地道并无不可的事，血缘之间的亲情，在这时是很难成为挽救垂危老人的怜恤感情而进入自觉意识的。因为人们根本不会朝这方面去想。即使某些人会生恻隐之心，但他只会以别的方式去宣泄自己的情绪，而不会产生伸手救援的意识。这就是社会的结构所决定的人的社会性格，对人的精神世界、意识活动、情绪感觉等内心生活的制约。

弗罗姆的社会无意识理论所揭示的社会文化对人的感觉、情绪、心理活动在意识方面的过滤机制，十分中肯地佐证了马克思所说的"有别于知识的感觉和欲望"是一种确实的文化无意识现象。因为这种无意识，既是生成于文化而非自然生理的原因，又是由于文化的压抑、过滤而被排斥于意识之外，最后还是以社会文化的情绪、感觉或欲望存留在无意识深处。它因"有别于知识"而被社会规范性的"知识"力量拒之于意识域外，不能成为作为知识之唯一举动的意识的因素。

第六章 行为文化的无意识机制

人是文化的生物，人的行为是文化的函数，我们在肯定人的行为严格受到文化的规范之时，并不肯定人的一切行为都在文化意识的控制之下。那些连行为主体都难以察觉的或意识不到的文化因素及其作用，便是以无意识的，以隐的形式存在于行为中的文化。它们使人的内部世界及其行为文化蔚为奇观，认识它们的存在方式与作用机制，是揭示心理与行为、行为与文化、显文化与隐文化等内在关系的秘密通道。因而，也是窥视人的文化"黑箱"的一面透镜。

文化方面的无意识行为，或行为文化的无意识因素，可以通过不同的形式表现出来，其情形大体有以下几个方面。

一 文化意旨对主体的不随意支配

这是文化无意识或无意识的文化因素在行为方面最为深刻的反映。因为就文化的全体而言，最能体现某种文化精神或它的模式风格的，是贯穿在这种文化中的世界观、人生观、价值观，是关于人的自身的真、善、美的观念和准则。它们作为社会生活的主旨及其"工艺"原则，相对于体现在人与自然关系中的其他文化，是更为稳定，更为根本，更具有灵魂意义的内容，因而更能体现一种文化与另一种文化的本质差异，这种文化对于人的成长及其生活，具有最为深远的指导意义。

社会成员对这种文化的获得，就多数人或多数情况而言，是由于生活的造化和文化环境的濡化。每个人来到世间，走进社会，他首先必须适应建立在特定的生产关系基础上并体现着某种文化特征的各类社会关系，必须作为一个确定的主体置身于家庭、集团、民族或阶级之中，服从一定的法权规范和社会的、道德的以及宗教的秩序，享有一定的权利，要尽一定的义务，同时以某种方式参与社会的生活。因而养成一定的生活方式及文化素质、社会人格。这一在实际生活中完成的人的社会化，使主体的思想和行为双重地被社会生产关系所规定的文化主旨、文化精神濡化、驯化和同化。经过生活、语言、传统、习俗、典范、实例、褒贬、奖惩等环节的无数次启迪、教化、灌输和规范，这些文化内容以至成了行为的动力和灵魂，成了心理的常势和实践的定规，无声无息无形地在人的行为中发生着作用。在这类行为中，主体既没有用意志的力量去有意识地控制自己，也没有对为什么要这样做提出过疑问，更没有去考虑这些行为的社会价值、文化意义，一切都是自然而然的，但一切又都是在某种文化意旨的强有力支配之下完成的。现实生活中，尤其是在道德实践中，我们可以发现这样一些与上述原因相关的更为费解的现象。

例如，人们对某些事件从道义上作出的实践反应，有时异常迅速，如在千钧一发之际奋不顾身地抢救遇险小孩一类的行为，似乎是突然而起的冲动，瞬息迸发的激情，行为主体来不及深思熟虑，没有推断和论证，没有内心的冲突，没有动摇和怀疑，也没有对后果的担心或评价，刹那间就作出了行为的选择并完成了举动。这些行为者，无论是成为光荣献身的英雄还是成为活着的道德典范，在历史上都给人们留下了一连串的思考：他们为什么能够这样做？人们曾经或真实、或虚假地提供过种种答案：有的说是"正义冲动"；有的说是脑海里浮现出了英雄的形象，有的说是"耳边响起了领袖的教导"，等等。这些可能性都是不能排除的。然而，从文化与行为的内在关系来看，这类事件的发生，在许多情况下，是主体由于长时间地受到进步道德文化的熏陶，把某种道德要求内化在无意识深处，而当相应事件的刺激使潜伏在无意识中的道德要求活跃起来，并变为一种绝对命令时，主体的奋勇行为便以自动的方式，在迫不容思的危急情况下不加权衡地迅速完成了。这种关键时刻无意识完成的行为，其中，自然有着主体平时对人生、理想、价值等问题所进行的有意识的道德思索和论证，有着对它们的坚定而明确的答案和信念。在这里，行为的文化无意识，是文化由意识层向无意识层长期沉淀，而在特定条件下引起的射电和闪光。它们往往会在瞬间把人对自己的道德理想和价值认定推向辉煌的巅峰。而主体自身对这一过程及其完成的原因，却常常来不及思考或者未能意识到。因此，过去一些"秀才"们在宣传英雄、模范人物的光荣事迹时，总是要问行为者或替他们设计在关键时候想到了什么，这实在是有悖于生活的真实，违反了文化行为的无意识逻辑。

我们在实际生活中经常见到这样一些令人困惑的事情：许多未受过学校系统教育甚至是完全不识字的文盲，常常也有很高的道德修养，有鲜明的是非立场，能积极采取正确的道德决定和道德行为。战争年代许多舍生忘死的革命英雄就不曾识几个大字，雷锋等一类道德典范也并非有了高深的学问。但他们的道德行为却达到了一般人甚至伦理学家都未曾达到过的水平。我提出这些道德行为中存在的自明性、文化无意识性，以及它们对人的接受教育、掌握科学信息和一般文化知识的相对独立性，并不是要鼓吹愚昧主义和非理性主义。而仅仅在于肯定一个基本的事实，即人的行为，包括道德的行为，除了深受社会生活、尤其是利害关系的驱使和规定外，还大量地受到人们无法拒绝的社会文化环境、文化传统、文化秩序的驱使和规定。这种规定，对于每个行为主体，大量地是通过非学校教育的途径习得和适应的，是有意、无意地在日常生活中、在彼此交往中、在人的相互创造中习得和适应的。他们把自己所做的一切，都视为不言自明的东西、天公地道的东西、理所当然的东西、义不容辞的东西和运用自如的东西，在没有紧张，没有焦虑，没有痛苦，甚至是充满愉悦的心态下不知不觉地实践了自己认定的道德要求。这是一种把文化主旨、道德要求变成了行为习惯、变成了娴熟的经验、变成了文化无意识、变成了生活的内在要求、所派生出来的道德行为。自然，我们只能一定程度地承认这类行为中体现或包含了文化的无意识因素，而不能把它们全部推给无意识或归结为无意识。

二　文化技能对行为的自动调节

人的无意识自动行为大致有三类：第一类是本能无意识行为。它在生理上以无条件反射为基础，是依靠中枢神经系统的低级部位，大脑皮层以下的部分对外界刺激的反应去实现的。第二类是经过某种锻炼而形成的由机体运动器官的自动协调去控制的无意识行为。它们依靠着主体对在生理上以及心理上直接起作用的刺激物的反应去实现，建立在无条件反射和部分条件反射的基础上。第三类是文化无意识的行为。它是建立在条件反射的基础上，依靠第二信号系统，在文化因素的参与、武装和支配下去实现的。但它也同样是一种无意识的自动行为，与前两者的本质差异就在于它是主体经过一定的文化训练才具备的，并且对行为调节的意义、价值大大高于前两者。

这里，有一个关键问题，即自动化的文化无意识行为，是怎样经过建立条件反射的机制而发生的。

条件反射，作为有机体在后天生活过程中经过学习形成的反应方式，它有一个最基本的前提：一个无关刺激物和一个无条件刺激物在时间上多次相互一致地作用于有机体。例如，铃声这一无关刺激物本来不会使狗分泌唾液，但如果多次和食物这一无条件刺激物相互一致地刺激着狗，那么，狗听到铃声但没有见到或吃到食物时也会发生唾液分泌的反应，形成所谓的条件反射。

如前所述，人的条件反射本质上不同于动物，它的形成、强化和减退，受到语言等第二信号系统的深刻作用，具有社会、文化的意义。这使人能超越无条件反射的局限，超越有机体一般条件反射的局限，超越个体的生理和直接知识的局限，凭借习得的语言文化知识和行为技能，在离开对客观事物的直接经历、直接介入、直接变革的情况下，能够在观念和行为的结合上，社会性地、文化性地掌握和适应这些事物。与此同时，由于人的反应系统和运动系统，受到了社会的、文化的训练，它们能够在各种刺激下实行主体的内控制，不断排除不必要的反射活动，使某些方面的条件反射更为精确，更为熟练，以至成为习惯。因此，主体的无意识行为便更多地受到了文化的影响和规范。同时，主体又因为得到了文化的训练、支持和武装，他们的无意识调节的行为也在不断拓展的领域迅速成长起来，获得日益丰富的内容和日趋完善的形式。

这种情况，也就决定了文化无意识行为的发生和作用机制。文化无意识行为的内容、方式，曾经是有意识的，是在语言、文化因素的参与下形成的。主体通过对某些文化技能和操作知识的反复学习，反复演练，反复运用，便十分熟练地掌握了这些技能和知识，以及它们在各种特殊情况下的应变方式。人们对它们的运用自如，已经达到了可以摆脱意识的监督和调节那样一种自动化的程度，无须着意考虑行为的方式和程序，因为它们已经内化为主体的思维方式和行为方式了。主体也无须去考虑文化技能和操作知识适应外部环境的条件性和选择性，因为它们在主体的反复实行中已经变成了应对自如的东西。在这方面，能与否的选择方案及其各类应对方法，不仅具备了极丰富的多样性，而且这种选择及其实行的经验也像行为的文化模式一样，高度地被内化了，能由主体的潜意识去自动提取和运用。所以，人的自动行为中的文化无意识，作为由学习和训练所造成的文化在行为上的凝结与渗透，它们是文化由意识向无意识的沉淀与转换，是主体反应由第二信号系统向第一信号系统的潜移与让渡。例如，书写、阅读、说话、演奏等一类为人所特有的基本意识活动，撇开其内容而只就其动作形式来说，它们的熟练进行都是以无意识的、自动化的方式去完成的。自然，这种自动行为的养成，是以建立特定刺激信号与特定行为的专门联系为条件的，因而也是以排除发生于这种联系之外的不必要的、非规范的条件反射为前提的。所以，当人们在一定文化的训练下形成了某种习惯行为、习惯动作之后，是很难为此种习惯之外的其他文化意识所理解、所掌握、所控制和改造的。错别字、语病和体育、艺术表演中的不适当的惯性动作，为什么难以被克服？原因就在于这类行为与唤起它们的特定信号已经建立了牢固的联系，行为的方式也高度模式化了，别的信号刺激很难改变这种联系以及内化在主体中的行为模式。可见，所谓"千百万人的习惯势力是最可怕的"论断，并非危言耸听，作为一种文化事实，它是能够被科学所解释并需要引起人们的足够重视的。

三　文化现实对主体的潜在制约

这个文化无意识的行为现象，主要存在于人的社会生活中。但是，在强调社会存在决定社会意识的同时，还应指出部分社会成员的、或社会成员在部分时期、部分事件上的文化意识、生活意识、行为意识与实际生活、社会存在有着的某种背离。这种背离，在实践中便表现为个人对存在的意识落后于行为对存在的适应，或者说意识对行为的自觉支配落后于社会关系对行为的潜在制约。此类行为的文化无意识现象，又具体由这样一些原因造成。

首先，人的行为对社会关系、社会存在的适应，在个体心理发生史上，先于意识对它们的自觉理解和把握。人进入社会，从小就与周围的客观文化环境、社会关系直接接触，承受它们对自己行为的规范，也以一定的行为再生产着这些环境和关系。因此，人在对这些生存条件、文化条件给予自己行为的影响，以及自己的行为对这些条件的适应，还没有完全在意识中建立起联系，并得到清晰的反映和理解时，就已经在行为中适应了这些条件。在这种情况下，社会条件对行为的制约和行为对它的适应，都是以一种主体的无意识认知、无意识反应、无意识行为的潜在方式实现的。人的行为在文化上已经超越了意识所达到的境界。因此，行为的文化方式、文化属性和文化价值，只是隐伏在意识不到的领域，还没有被意识所反映、所理解，它们对行为的支配，还不是通过自觉意识的方式去实现，部分地体现为文化的行为无意识。这近似于我们常说的先行而后知。

其次，存在先于意识而变化。人的行为，作为人的存在的现实内容，在社会生活条件的强制牵引下，有先于意识而适应新的文化环境的一面。尤其历史发展的急剧变革时期，社会生活中的物质条件，外部文化环境首先发生了变化，并且强制性地把人们的行为方式也纳入这种变化中。然后，人们的思维，人们的风俗习惯，人们的世界观才随之发生相应的变化。在这种社会变革、行为变革和意识变革的历史性差异中，人的行为对社会变革的适应，往往是不自觉的，部分地是无意识的。旧意识由于不能把握新的生活秩序，因而也意识不到，并无法有效地调节适应新生活的行为方式。这时人的行为便处于某种为情势所迫的、被动的文化无意识状态，得不到意识的充分理解和有效监督。意识需要经过自身的改造和更新，才能跟上历史发展的步伐，获得对新的社会生活和行为方式的理解与调节力量，从而使社会生活和人的行为变得更为自觉。

列宁具体地谈到了这个问题："历史上伟大的政治变革总是要经过漫长的道路才能消化。一切伟大的政治变革都是由先锋队的热情完成的，因为群众是自发地半自发地跟着它们走的。"① 所以，继伟大的政治变革之后出现在广大人民面前的任务，是必须了解这个变革，消化这个变革，更好地实现它的目标。先锋队凭热情而不是充分地借重理性去进行变革，这种行为方式本身就内含着大量的文化无意识因素，非理性的、不随意的力

---

① 《列宁全集》第33卷，人民出版社1963年版，第146—147页。

量起着巨大的作用。而以自发的或半自发的方式，随势趋流地跟着先锋队投入变革的一般民众，其行为方式中文化无意识的因素更多，非理性的、不随意的力量对于行为的制导作用更为强烈。因此，一场骤然而发、冲天而起的社会大变革，无论是对于它的行为方式，还是实际意义、深远影响，人们在当时抑或是事后较长的一段时间内，都是难以完全认识清楚的，需要经历一个漫长的理解和消化过程。故而，置身其中的人们，更难以使自己的行为时刻处于清醒意识的缜密指导或支配之下。许多时候，人们的行为是借助于潜意识中的文化力量，借助于直觉去进行的。

最后，社会活动的条件、进程和结果，具有意识掌握的不确定性，它们导致人的行为出现某种文化的无意识。人的行为与社会关系互为前提。社会关系是人的行为的客观基础和现实性的文化规范，而人的行为又是社会关系得以建立和运行的主体条件和结构因素。人们的行为在社会关系中获得相互规定与社会的规定，社会关系在人们的行为的相互规定中也得到实际的体现。实际生活中，个人行为与社会关系，就其直接性而言，大量地展现为各社会成员的行为相互依存、相互制约、相互影响的关系。每个人在自己的行为中，都希望得到由他的自然生理、生活条件、文化素养使之向往的东西。然而，各类社会成员由于这些因素的差异，通过意识贯彻于自己行为的动机、目的也互相矛盾。结果是，人们在行为中都不能完全达到自己企图实现的目标，但又都在由各种意志力量汇集而成的历史合力中有所贡献。这种情况，显示在人的行为文化中，便是每个人在进行活动时，都不能完全意识和完全顺应作为自己活动条件之一的他人活动，也不能完全精确地意识到他人的活动将对自己的活动在过程和结果上产生什么影响，进而，对自己的活动将给他人的活动、给社会关系造成什么结果也难以充分地预见。而且，在通常场合下，人们并非总是能够去有意识地思考这些问题。正如农民抱着谋利的动机出售剩余的谷物时，并没有意识到这种行为，是在强化使自身生存的自然经济基础加速瓦解的商品经济关系；正如工人技师瓦特在发明蒸汽机的时候，并没有意识到蒸汽机将是一种比任何革命家都危险的、直接威胁着手工业工人的生存、也威胁着后来的资本主义的巨大力量。人们在进行各种具体活动时，行为总是一定程度地在某种意识及其文化的指导下，但影响行为实际展开的诸因素及其造成的结果，却又具有意识不到性。这样，在人的行为的"母文化"意识之外出现的文化因素和文化结果，便成为一种潜在的文化无意识，或在行为过程中派生出来的文化无意识，与行为发生着直接的和间接的关系。这些行为文化的无意识，对于一个善于反思、善于总结经验、自我意识成熟的行为主体来说，其潜在的部分有可能在行为中和行为过后由无意识状态复活为意识状态；其派生的部分，也有可能在行为之后以及在新的行为中被提升为文化的意识，变成一份带上自觉性的文化财富。这一过程，也是人在文化上自我学习、自我创造、自我更新的实际过程。

第七章 集体无意识与文化无意识的互融性

集体无意识和文化无意识，分别由荣格和怀特提出来，但它们都是被用来说明隐在的精神文化现象的，具有值得我们关注和分析的内在一致性。

一 无意识现象的多重界定

系统的无意识观念来源于弗洛伊德。弗氏认为，主体的人格分为本我、自我、超我三个部分。本我是人格的初始面，是一锅沸腾的兴奋物，主要由无逻辑的盲目本能构成。这种本能，或是原来就处于本我的冲动，或是由于被压抑的自觉需要而进入本我的冲动，它们都是意识觉察不到的。自我是人格的逻辑层面，超我则是人格的道德层面，它们都是有意识的。自我参考现实，调节着本我与现实的关系；超我则压抑本我，延迟或完全取消主体本能需要的满足。在弗洛伊德的理论中，无意识现象既有与生俱来的先天本能，又有受社会理性、道德压抑而沉入意识阈下的后天成分。它们好像一座没入水下的冰山，受到一些觉察不到的力量的作用。

弗洛伊德关于无意识现象内含先天和后天成分的思想，不经意地启发了在其后依据他的无意识理论而发展各自学说的瑞士心理学家荣格和美国文化学家怀特的思想。荣格否定了弗氏的泛性论，而又吸纳了弗氏关于无意识现象先天成因的观念，认为个人无意识的深层是先天的"集体无意识"。荣格认为："个人无意识有赖于更深的一层，它并非来源于个人经验，并非从后天中获得，而是先天地存在的。我把这更深的一层定名为'集体无意识'。选择'集体'一词是因为这部分无意识不是个别的，而是普遍的。它与个性心理相反，具备了所有地方和所有个人皆有的大体相似的内容和行为方式。"① 但荣格并不认为这先天的"集体无意识"是上帝赋予的,它来自人类"文化—生物"进化过程所形成的历史积淀或者"经验集结"。这是因为人的"某些辛辛苦苦学会的活动",可以通过"反复不断的实践而逐渐成为自动发生的过程"②,所以作为集体无意识现象的人类的"本能起源于反复重演的意识行为,这些意识行为先是个别的,以后则成为共同的"③。"集体无意识是人的演化发展的精神剩余物,它是经过许多世代的反复经验的结果所积累起来的剩余物。"④ 在这里,荣格事实上已经承认了意识转化为无意识,文化演变为人性遗传的某种现象。这既是对弗洛伊德学说的创造性的发挥,又为后人说明集体无意识和文化无意识的互融性提供了一种最为深刻的内在根据。

或许是受到了弗洛伊德特别是荣格的无意识理论的影响,美国著名文化学家怀特提出了他的"文化无意识"观念。他指出:"无意识也是一个既可用心理学也可用文化学解释的概念。……总的来说,整个文化领域对绝大多数普通人,甚至对许多科学家来说都是一个'无意识'的领域。""对于那些相信人类创造文化和掌握文化变化方向的人来说,他们可能把文化的力量及其对人的决定作用说成是一种无意识……一种超机体的无意识。"⑤ 人的行为,"一方面……是机体作用的结果,另一方面它又是超机体的文化传统或文化过程作用的结果。个人对决定其行为的两类因素——生物的和文化的——某些方面或多或少有点意识,但对其大部分是全然无知的,由此使构成了两大无意识领域:生物机体内的无意识领域和外部的文化无意识领域。"⑥ 在此,怀特是既认可了生物机体内的无意识,也强调了文化无意识这种超机体的作用因素;既肯定了无意识的心理成分,又指出了无意识的文化成分。应当说,他在一定意义上为说明先天的集体无意识和后天的文化无意识以及文化无意识向集体无意识的生成、转换,提

---

① 《荣格文集》,改革出版社1997年版,第39页。
② 同上书,第4页。
③ 同上。
④ 荣格语,转引自 [美] 舒尔茨:《现代心理学史》,杨立能等译,人民教育出版社1981年版,第360页。
⑤ [美] 怀特:《文化科学》,曹锦清等译,浙江人民出版社1988年版,第150—151页。
⑥ 同上书,第153页。

供了一种更鲜明的视角。

其实，从荣格、怀特的无意识理论中，我们不难发现，集体无意识与文化无意识都存在于无意识的主体活动中。文化无意识之所以是文化的，不仅因为它是后天的，而且还区别于那种纯粹因为生理、心理原因形成的无意识现象，如因中枢神经某些时候兴奋程度低而造成的无意识。当然，文化无意识落实到个体身上，也是发生在意识阈下的低兴奋神经部位，或者是曾经发生在高兴奋神经部位的意识活动，因为文化—技能的高度熟练化、习惯化、自动化了，而退出了意识阈隐进了神经活动的低兴奋部位。所以文化无意识作为一种后天的无意识，是可以包括在广义的个人无意识之中。当然，文化无意识对于神经活动的区域兴奋及其兴奋程度是有相当作用力量的。现实生活中那些为社会文化的语言过滤、逻辑过滤、禁忌过滤所排斥因而不能引起主体关注或者深度觉知的现象，它们则不能有效地作用于中枢系统中相应的感觉—心理域，不能使之高度兴奋起来。这些神经部位只是虚意逢迎，以低兴奋的状态和无意识的方式感应这些现象的刺激。因此，社会文化无须意识高度重视的文化无意识现象，也往往直接成为个人无意识的成因或者心理内容。同样，那些可以由个人无意识自行处理的事项，或表现为个人无意识的因素，也往往难以形成自觉的思想意识活动，难以成为文化的隐在秩序或者高度程式化、普泛化的模式，一句话，难以成为文化无意识的活动和内容。所有这些，应当是文化无意识与个人无意识在思想和行为方面相互对应、相互规定的一些关系通则。正是由于文化无意识在心理机制方面有大体相当于个人无意识的意义，因而当说明了集体无意识与个体无意识的关系通则后，文化无意识与集体无意识的关系也能从中得到近似的解释。

二　互融性的具体表现

近似的解释自然不是完全的解释。我们还须再追问集体无意识与文化无意识的某些特殊关系或者殊异的相互影响。我以为，在社会化的个体的思想意识和外部行为中，集体无意识与文化无意识之间，存在着多方面的相互支持、相互渗透、相互作用的关系。简单来说，这些关系至少可以从以下三个方面进行观察和思考。

第七章 集体无意识与文化无意识的互融性

第一，集体无意识与文化无意识在人类的进化史中具有相互生成关系。一方面，在人类的发达阶段，原始阶段的某些集体无意识因素，可以作为人类生命活动的类本质力量或者模式，被社会的文化当作生命的必然性加以广泛的认同，由此而转化为文化的原则，成为文化无意识的内容。文化无意识中有一个很普遍的现象："人同此心、心同此理"，这个现象与集体无意识相通。因为"人同此心的想法来源于个人最初那种意识不到自己的心态。在那个遥远的世界中还没有个人意识，只有集体心理"[①]。集体无意识的"人同此心"被社会文化所接纳，并投射文明的亮光，延伸出不言自明的"心同此理"，构成一种特殊的文化无意识的机制与意蕴。就像生命繁衍过程中血缘"亲亲"的集体无意识心理，在文化环境、家庭模式中被演化出"夫恩妻爱""父慈子孝"一类的文化无意识图式一样，人类群体、个体以一种文化的规范无意识地肯定和拓展着集体无意识的某些内容。这类现象，在作为集体无意识的原始信仰被宗教文化接纳、强化的过程中更为多见。它使人们在宗教研究中，总是不忘苦苦追寻某些不言自明的并为众人自发信奉的教义所内含的原始思维和原型意蕴。另一方面，文化无意识的某些内容，在人类漫长的进化中，经过文化发展与生物演变机制的相互反馈，也会镌刻在属人的历史自然中，成为不可抹去、无须自觉意识而起作用的本能或原型因素。荣格曾经暗示了这个事实。他认为，作为人类历史经验集结的集体无意识，是一种潜能，"这种潜能……以大脑的解剖学上的结构遗传给我的"。它们虽然不是具有现实意义的天赋观念，但却是"观念的天赋的可能性"[②]。对此，我们只要看看东西方文化因为地缘一类典型环境所造成的文化无意识的地缘模式，与东西方人在生命活动中某些原型与本能的细微差异，问题就不难理解了。东方农耕文化细腻而富有生命的感悟，崇尚阴柔的智慧；西方游牧文化、海洋文化粗犷而富有生命的张力，崇尚阳刚的胆魄。当这类地缘文化的无意识融进东西方人的精神世界、心理气质之中时，东西方人的先天性格、禀赋、气质差异也像地缘文化的符号一样，自然而然地一再重现出来。人类未来的发展，在科技力量能够有意识地重组基因、插入或取出某些遗传编

---

① 《荣格文集》，改革出版社1997年版，第130页。
② 同上书，第225页。

码的条件下，文化对于集体无意识一类自然遗传因素的力量已远非过去所能比拟。但这不能排除文化无意识的因素仍然可以通过生物进化途径转变成集体无意识的可能。科学技术毕竟无法"克隆"人类的精神世界。自然规律也是远比人工手段强大而丰富的。同时，我们还不排除这样的现象，即人类以自觉的科学技术手段将文化无意识的某些因素加入人的遗传密码中，以十分迅捷的方式实现文化无意识向原型、本能等集体无意识的转化。这样的文化前景，是令人异常欣喜和惊诧，也令人异常恐惧和忧虑的。

第二，集体无意识和文化无意识具有共振效应。"人同此心，心同此理"的现象，既可以是原汁原味的集体无意识，也可以是"添油加醋"的文化无意识。荣格说："我们的那种假定——那使我高兴的事也一定使任何一个人高兴——乃是原始的意识之夜的残余。在这样的意识之夜，你我之间并不存在可以觉察到的差别，每个人都以同样的方式思考、感受和行动……这种原始反应也仍然保留在我们身上。当某人并不与我们持同样的信念时，我们马上就会勃然大怒；当某人认为我们的审美观令人厌恶时，我们立刻就会觉得受了侮辱。"[①] 荣格还谈到审美灵感的集体性：当人们在某种独特的神话或艺术的情境中，实现了自己的理想追求，领悟到了艺术的某种意蕴时，就会"突然获得一种不寻常的轻松感，仿佛被一种强大的力量运载或超度。在这一瞬间，我们不再是个人，而是整个族类，全人类的声音一齐在我们心中回响"[②]。这里所指的"勃然"或"突然获得"，自然是一种无意识的感悟，而非如期而至的心境。其中，原始的集体无意识之所以作为心理残余、残迹遗留在今天的人们心中，就在于我们已经不再是原始人，而是文明人，有了巨大的文化力量。这巨大的文化力量创造性地改编了集体无意识的某些信息，让它不是完整地而只是作为心灵碎片残留在内心深处。而在文化繁茂的精神生活中，当自然的抑或文化的典型情境触动了深层的无意识世界时，集体无意识便借文化的场景与途径迸发出来，在与文化无意识的交响中裹挟着族类的力量，在个人内部世界形成巨大的共鸣。之所以是"共鸣"或者"回响"，就在于那"人

---

① 《荣格文集》，改革出版社1997年版，第130页。
② 同上书，第227页。

同此心、心同此理"的心灵碰撞，不是一种精神因素所致。它既来自无数前人的无意识的原型"声音"，又渗进了现时的社会文化因素、个人后天的文化无意识因素。因而，它是无数他人与个我心灵的共鸣，是集体无意识与文化无意识、个人无意识的共鸣。如果说，集体无意识、原型或原始意象，曾经"为我们的祖先的无数类型的经验提供形式"①，那么，在今天，它们仍然以人类精神"碎片"的形式，"同一类型的无数经验的心理残迹"②的形式，为文化的意识、无意识提供某种心灵的基底。而文化经过对原型的心理渗透和精神改编，经过无意识的重组与凝练，也自然使集体无意识、原型获得了激活的机会与现实的内容，成为补正现代人的精神自我，使之得到无意识的合理调节的心理因素。

第三，集体无意识和文化无意识具有互补关系。在谈论这一问题时，我想到了英国哲学家罗素在其《心的分析》一书中对本能与习惯所作的哲学—心理学的分析意见。本能与习惯为什么被罗素放在一块联系起来分析呢？因为它们都是无意识的活动。本能来自集体无意识，习惯则主要是文化无意识。罗素认为，在人的活动中，"有许多本能是逐渐成熟的，当它们没有成熟时，一种动物可以在一种摸索中行动着，这种状态很难从学习分别出来。……小孩子因本能而行走，他们在最初尝试中那种笨拙的样子，只是由于这种本能尚未成熟的事实。"③ 罗素想告知人们的是，某些不成熟的本能是经过后天的文化训练、学习而变得成熟的。而学习的进程在于获得习惯。习惯成自然，"自然"即文化的无意识。本能经过文化教化、训练而成为与经验因素结合在一起的习惯行为，这就是集体无意识与文化无意识在自动化活动中的融合。这一融合，是文化的意识进而无意识训练的因素使本能由不成熟而变得成熟起来。而本能的成熟，也包括使它只是给某些活动提供的粗率的可能性大纲，在活动中变得更加精确，而且是在以不改变本能的无意识品种的前提下精确起来。这当然是在文化无意识的参与下使本能的习惯化。文化意识进而无意识的力量，对于集体无意识、本能的补充，还在于它们帮助其克服因环境变迁所出现的某些失效。

---

① 《荣格文集》，改革出版社1997年版，第226页。

② 同上书，第226页。

③ [英]罗素：《心的分析》，贾可春译，商务印书馆1963年版，第32页。

例如，活动主体在猝不及防的跌倒过程中，迅速地用手发起对跌倒方向的动作，减轻跌倒的震动以保护身体。这个急促的动作过程几乎是在没有思考的余地下完成的，因而是无意识的。它是人的本能所致还是幼年步行教育的结果呢？显然是两者的结合。行走是人的一种机体本能，只是它需要训练才得以成熟。而当双脚正常行走的可能性被破坏或被改变以后，其原初的行走本能失效了。这时，人在幼时行走训练中所造成的用双手平衡身体、防止跌伤的各种习惯动作，就会突然自动出现，熟练地化解跌伤的危险。由此可见，习惯这类文化无意识的活动方式，既内含着先天本能与集体无意识的因素，又是后天理智和经验的集结。它超越着本能，补救着本能所不能。心理学研究的事实表明，人类"依靠长期的训练而把一部分本能成功地转变为意志的行为"，并且还"成功地把相当数量的本能包装到了理性的文饰里面，以致在众多的面纱后面，我们已经认不出那原始的动机"[1]。所有这些，都是文化的意识进而无意识对于集体无意识的驯化、优化和补充。

三 集体无意识对文化无意识的补充

但文化的意识进而无意识也需要集体无意识的补充。集体无意识对于文化无意识的补充，有不少时候是首先直接针对文化意识活动的补充，然后再沉入文化无意识的。无论是先针对文化意识转而再作用于文化无意识，还是直接针对文化无意识、集体无意识的补充作用，主要表现在三个方面。其一，它使主体在文化无意识的活动中把激情与理智结合起来，给理性以动源。集体无意识使人类生命具有不疲倦的活力，其中"原型的影响激动着我们"[2]；"本能对于经验的运动供给推进力"[3]。当主体的思想意识和外部行为因循理性和文化无意识的僵化秩序形成某种停滞、某种疲劳时，集体无意识这种生命的基力总是不断地供给心灵以起搏力量，使内部世界的活动不致因为重复而停息，也使外部行为不致因为陈规而中

---

[1] 《荣格文集》，改革出版社1997年版，第7页。
[2] 同上书，第227页。
[3] ［英］罗素：《心的分析》，贾可春译，商务印书馆1963年版，第36页。

断。因为生命的本能性满足是万长青的。它不厌其烦、不弃其旧地需要满足、再满足，推动主体在重复中新生，在重复中进取。其二，它使主体在文化无意识中把个人与族类结合起来，无偿地享用人类的精神储备。集体无意识是人类漫长进化史中无数不断重复的基本经验在人身结构和心理结构中的自然历史性总结。它如同一只养育和保护后代的精神胎盘，提供着个体生命的原始养分，无私地给个我以类的力量。"一个用原始意象说话的人，是在同时用万千个人的声音说话。……他把我们个人的命运转变为人类的命运。"① 个体正是在与人类的共命运中，以压缩的方式在短暂的生命发育中获得了人类漫长进化过程才形成的心理潜能，使暂时的经验意识内蕴着恒常王国的精神宝藏。基于此，人类个体才在后天的文化意识进而文化无意识中，有足够的生命时间和心理空间去形成、吸收、聚集文化的知识和经验，获得精神的长足发展。其三，集体无意识使主体在文化无意识中把历史与现实结合起来，以自然—历史的合理性补正文化合理性的匮乏和偏颇。荣格在谈到艺术对于社会的补救意义时这样写道："艺术的社会意义正在于此：它不停地致力于陶冶时代的灵魂，凭借魔力召唤出这个时代最缺乏的形式。艺术家得不到满足的渴望，一直追溯到无意识深处的原始意象，这些原始意象最好地补偿了我们今天的片面和匮乏。"②集体无意识、原型之所以会形成并且在人的精神世界保留至今，是具有其天然的合理性的。但人类文明的进展，尤其是工业文明、现代科技、市场竞争、社会异化过程中短短几百年造成的文化现实，把人类在数百万年的进化中形成的合理性大量地破坏了，使人的社会生活、精神世界、自我境况出现了某些匮乏、畸形和片面性。如何缓解精神世界的文明病症呢？人们运用理性的力量在显文化的层面着力恢复现实环境那种属人的生存常态之同时，还提出返回自然，在历史的深处追寻和重构精神家园。人们逃出高楼大厦的拥挤，而走进山野田园；人们解脱办公室的焦虑而嬉戏于江河湖泊；人们丢开机械运载的舒适而徒步远程跋涉；人们拒绝精美肥嫩的佳肴而吞食粗糙苦涩的野菜杂粮；人们离开声光电磁的音像轰炸而去观摩、参与那乡民社火的原始表演；人们跳出知识信息的喧闹而去追怀昔日的宁

---

① 《荣格文集》，改革出版社1997年版，第227页。
② 同上书，第228页。

静；人们脱下严密的装束并擦去华美的油彩而赤裸着身子进行日光浴、冰雪浴、火山泥浴；人们推开支撑身躯的舒服靠背沙发到运动场去进行力的角逐；人们掀开理性文饰的桎梏对着大自然高呼狂叫进行自我宣泄；人们还走出科学理性的迷宫到《易经》《格萨尔王传》等远古的文化中去寻求原始的意象和野性的思维；等等。所有这一切，莫不体现了现代社会的人们正在有意无意地发掘古老的集体无意识力量和原始的野性心理，来补救文明的伤害。当这种采借集体无意识以复活的野性力量救治文化病症的活动，逐步演化成如例行的绿色运动、如宗教和社会禁忌、如民间社火节、如习惯性的种种回归自然和原始的活动、如不进行户外锻炼就有了浑身不自在的感受的时候，那么，它便经由文化意识的活动而实现了集体无意识与文化无意识的心理融合。社会主体以最现代的途径在召唤最原始的人性和最原始的经验，使人类进化造成的天然合理性在遭受文明伤害的人心中得到某种复苏，以便把这种伤害减轻到可以承受的程度。由此，现代的人类也就有了重温孩提时代那份原始天真活泼的可能，一定程度地恢复生命的活力，而不致让人类在悠悠岁月之后的文明今天，因为过于成熟而变得衰老。

第八章 意识形态的多视角解释
——马克思恩格斯理念的寻绎

20世纪中叶后，马克思恩格斯合著的经典文本《德意志意识形态》公开出版，引发了世人对意识形态现象及其理论的深切关注，社会现象的拷问和解释更多地注入了意识形态诉求。现实生活的复杂化则反过来加剧了意识形态思想语义的嬗变和认知逻辑的断裂，各种意识形态观相继出场，可谓论峰迭起，纷繁复杂。虽然在集中释读经典作家意识形态理论的本文中无法更多涉猎，但需要指出的是，它们的出现与流变，既有现实生活的某些事实逻辑作支撑，更有理论渊源的逻辑事实作为理解前提。对于后者，从根本上说，它是由对意识形态理论第一次作出全面系统之科学说明的马克思恩格斯提供的。他们关于意识形态的众多解释，隐含着后来对意识形态作出各种界定的思想胚芽或理性元素。认定和厘清这个问题，需要我们重读马克思恩格斯的意识形态文献，阐明其关于意识形态现象的释义视角及其语义逻辑。

一 解释视角的解释

对马克思恩格斯解释意识形态现象的解释方法作出解释，澄明何以如此解释的理据，是研究马克思恩格斯意识形态理论的一个重要前提。马克思恩格斯关于意识形态的解释，从属于并支持着他们对社会生活总体性的唯物史观解释。唯物史观比较完整的科学表述同对意识形态现象的系统解释，两者在《德意志意识形态》这部著作中同时完成，充分说明了这两个方面的理论具有严密的同构性。我们应当沿着他们关于唯物史观表述的基本学理线索去寻绎其解释意识形态的逻辑架构。

马克思在《政治经济学批判·序言》中对唯物史观理论建树的总的结果作了纲领性的表述。这表明，唯物史观对社会结构的分析，总是由社会生产力推及并解释生产关系，再由生产关系推及并解释阶级的政治关系及其制度，最后才由生产关系、政治关系推及并解释作为意识形态的思想关系的。这是马克思所说的"从地上升到天上"的解释包括意识形态在内的精神文化现象的唯物主义路线。实行这种从经济而政治、再到精神文化的理论推及和现象解释，实际上遵循着以社会经济结构、政治结构、文化结构为顺序的动因关系的历史逻辑，并从功能上揭示了意识形态对社会经济、政治生活驱动作用的自反应机制。这种反应是通过社会的权利配置、阶级划分实现的，是处于不同地位、拥有不同权利、以不同的方式维持自己生活的人们，对自己的社会存在形成情绪的、心理的、进而思想理论的感知所达成的意识形态对社会存在的反应。社会主体对社会生活的感知与反应，既是主体依据自己的生存方式进行精神文化的生产，形成意识形态的主体性建构；又是主体接受社会文化、意识形态的熏陶和规约，实现社会对主体精神的再生产。主体把社会生活的样态、要求从精神上复现出来，也就是社会以其生活方式从精神方面把自己的主体不断再生产出来。因此，要准确描述和科学解释意识形态现象，必须深度揭示意识形态的主体性机制，从主体间方面透视意识形态内含的"思想的社会关系"意义，克服像黑格尔那样对精神现象作无人身的客观唯心主义解释的同时，彰显意识形态的阶级属性和政治功能。

此外，我们还必须看到，意识形态作为社会的思想关系，作为一种特殊的精神现象，它有自身的内部构成和文化特质。一方面，它是一个社会意识的总体，成为对社会生活的系统表达和全息回响；同时又是一个由众多意识形式门类构成的精神世界，具有思想性的社会关系，需要理解其组成部分之间的意识关系。另一方面，意识形态是一种充满理想、充满实践诉求的精神生活，是理性意识与实践意识的交织，未来理想与现实律令的统一，思想解释与行为规范的融合，精神教化与榜样示范的一致，是集意、情、理于一体的社会精神在认识与实践的统一场中活生生的表演。对意识形态的解释，必须注意从意识形态在社会结构中的因果互动机制、社会功能机制以及意识的主体性机制之统一中，去揭示意识形态的认识—实践机制。

第八章 意识形态的多视角解释

笔者以为，马克思恩格斯唯物史观的学理要义，给出了指引我们准确理解他们关于意识形态解释视角的逻辑线索。

其一，要从对社会生活的经济始动因素自行反应的方面，去揭示意识形态适应并影响社会存在的必然性。马克思恩格斯关于意识形态这方面的解释，构成以经济生活为始因的因果解释。它以意识形态在顺应经济结构的作用中所发生的自然反应之"自然历史过程"的"事实逻辑"，为说明社会意识对社会存在作出能动反应的"逻辑事实"提供理解的客观前提。这方面的思想理致，是我们解释马克思恩格斯关于意识形态理论视角的第一个向度的逻辑基石，即从经济结构对于意识形态结构的元建构意义，亦即从社会意识对于社会存在的自顺应机制，去理解经典作家关于意识形态生成论的原始理据。同时认为，意识形态天然地包含着由阶级意志、利益诉求、政治性向驱动的实践旨归，它必然介入生活，回归实践，作用于派生出它的社会物质生活。基于此，本书采取由经济结构而意识形态，中经对意识形态的阶级性、主体性分析，最后进行意识形态之知行合一的分析，将经典作家解释意识形态的九个视角，按意识形态起于经济结构、物质生活，成于阶级的政治统治及其主体性精神操作，复归于实际生活世界这样一种意识运演的逻辑进路，分三个大的向度排列叙述顺序。同时注意客观的事实逻辑优先分置，然后再及意识形态阶级论、政治学的价值逻辑分析，最后进行意识形态认识论、实践论的知行逻辑探讨。这是依据意识形态生成、运演的轨迹来解释意识形态，而非按经典作家论述的出场先后去厘析问题。

其二，意识形态作为社会占统治地位的思想，是一种广义的政治思想，直接表征社会的政治结构，为政治服务，成为阶级的政治话语系统及其政治行为的思想预设与理性规制。解释意识形态，必须深深植根于社会的阶级划分、权力配置、政治秩序以及各主要社会集团的地位、作用、使命、理想等政治生活的主体性元素及其社会境遇的分析中。意识形态是以社会主体的身份符号、阶级权力的合法性论证、政治行为的理性表征出现在社会生活中的，是一种"主义化"的理性精神。我们只有结合对社会主体的政治结构、阶级结构、权力结构等社会性的主体因素分析，才能深刻揭示意识形态经由直接对政治结构的表征而最终反映经济结构的生成演化机制。意识形态对经济结构的自反应机制，作为意识形态主体自觉反映社会生活的基础和底里，是经由意识形态的阶级性主体、社会性主体对自身在社会经济、政治生活中的权力配置、地位作用、角色使命的自觉意识及其理性制作而形成对经济生活的思想反应去实现的。在社会结构的相互作用中，客体的"反应"与主体的"反映"之间，内含着社会生活的运行机制，又体现着意识形态之主体性、社会化的思想机理，两者共居复杂的函变关系中。

其三，意识形态作为一种理性意识与实践意识合一的精神，关于它同生活世界内在联系的分析，同样成为解释意识形态现象的重要向度。马克思恩格斯从这方面深刻说明了意识形态维系社会秩序、规范价值体系、调节大众行为的实践精神特征。他们曾在不同的场合下分别对社会心理与意识形式、统治思想与"精神制度"、科学逻辑与"通俗逻辑"、理论意识与实践意识等思维方式进行了比较研究，多方面地透视了意识形态与大众生活的内相关性。他们在发生学意义上指出意识形态的内容是生活过程的回响，许多方面是以约定俗成、自然发生的方式出现的；同时又指出意识形态以日常思维的"通俗逻辑"、生活行为的"道德核准"、共同价值的"庄严辩护"、大众心理的"普遍安慰"形式下渗生活世界[①]，"成为关于人的生存方式最切近的逻辑规定的观念"或"精神制度"，充分肯定了意识形态的实践性特征。这些关于意识形态在生活世界中的升华与下渗及其思想理路的解释，使我们既能认清这个精神王国的世俗根源，在其发生学上坚持唯物史观，坚持"从地上升到天上"的社会认识论逻辑。同时，又能从社会结构和功能相一致的意义上，理解意识形态的文化配列，认清它的实践取向、生活意旨、精神特质与作用方式；掌握意识形态复归实践、沉入生活，转化为常民大众的思想方式、生活理念、行为规范等一系列被人们称为"社会工艺"的意识方式及其文化路径。因此，我们需要从阶级性向与社会结构、政治性向与经济结构、价值性向与生活结构、认知性向与实践结构等一系列范式的统一中，去理解意识形态的社会底蕴。

其四，解释意识形态与意识形态解释是理解意识形态现象不可分离的两个方面。经典作家从来是在对社会生活尤其是精神文化生活作意识形态

[①] 《马克思恩格斯全集》第 1 卷，人民出版社 1956 年版，第 452 页。

的解释中去解释意识形态的,把对资本主义社会、政治、文化现象的意识形态批判,作为解释意识形态的语境和出场路径,从中作出关于意识形态范畴的理论界定与逻辑分析。同时,他们又把关于意识形态现象的理论诠释,当作意识形态批判的思想武器和科学方法,从批判性的思想发散中深化对意识形态问题的研究与理解。研究意识形态问题的经典文本《德意志意识形态》,是将对意识形态现象的思想批判和理论建树融为一体的典范。它实际地表明,意识形态的批判与建树、解释与被解释相互缠绕,是一体两面的精神劳作。意识形态的解释中必然生成一种解释的意识形态,要涉及如英国学者汤普森坦言的:"解释意识形态就是阐明象征形式推动的意义与该意义建立和支撑的统治关系之间的联系。意识形态的解释……涉及积极构建意义,创造性地阐明代表什么或说了什么。意义通过正在进行的解释过程被确定和再确定";同时"意识形态解释进入了断定与反断定、论点与反论点的领域;它不仅仅是提出具有可能性的意义,而且是对社会生活的潜在干预,那是说,提出具有可能性的意义也许干预解释对象所要支撑的那种社会关系,……提供了一种批判的可能性"①。汤普森的诠释,明确了人们需要面对的三个问题:一是对意识形态的解释本身就是意识形态的,既是阐发、构建、确认某种意义的过程,又是揭示意识形态话语与其支持、服务的阶级统治之关系的过程;二是意识形态解释会遭遇大量语义分歧、价值多样、语境转换、"一""多"不对称、肯定与否定等方面的矛盾,既要敢于批判,更需科学对待;三是意识形态的解释和被解释,因深入牵连社会关系,本身必然是对社会生活的积极干预,具有鲜明的批判性命意。所有这些,都是我们思考和理解马克思恩格斯关于意识形态的解释视角需要特别关注的。

在叙述了马克思恩格斯解释意识形态现象的逻辑线索之后,还须对本文论题的核心概念——"视角"作简要说明。曼海姆给出了一个很好的"视角"理念:"'视角'所指的是一个人观察对象的方式,他在这个对象那里觉察到的东西,以及他如何在他的思维过程中解释这个对象。因此,视角并不仅仅是某种纯粹从形式角度决定思维过程的东西。它也表示各种

---

① [英]汤普森:《意识形态与现代文化》,高铦译,译林出版社2005年版,第317—318页。

存在于思想结构之中的性质方面的成分。"① 照此理解，我们探讨马克思恩格斯解释意识形态的视角，便绝对不止于对其意识形态概念使用方法的分类，绝对不是简单地对经典作家在各个不同语境下之意识形态语用的不同赋义与释义。而是要系统解读、阐发他们在观察和研究意识形态现象过程中秉持的立场、观点和方法；理解他们解释问题的认知方式、价值诉求、语义逻辑及其深藏其中的理解前提；揭示其理论视角中由事实与经验的"前有"、观察与研究的"前见"、分析和阐释的"前识"等元素形成的"理解前结构"，厘析和说明他们在解释意识形态过程中采取的背景知识、运用的科学方法、形成的思想范式、得出的逻辑事实、倡导的价值主张、作出的哲学建树。通过对解释视角的解释，明确关于意识形态的原生经典语义，揭示解释意识形态的意识形态，借以澄明意识形态研究的许多理论是非，深化对当今社会异常复杂的意识形态问题的探讨，推动思想文化的社会主义建设。

二　意识形态的唯物论揭秘

马克思在叙述唯物史观原则及其解释意识形态的基本思想路线时明确指出：与唯心主义"从天上降到地上"的方法不同，我们的方法是"从地上升到天上"，即是从人们的"现实生活过程中……揭示出这一生活过程在意识形态上的反射和回声的发展"②。这里，马克思借用物理学"反射"与"回响"的概念，指出物质生活对社会意识具有一种自在的派生性、规定性，意识形态如同镜面和声屏，一定会在总体上、在本质的方面对经济结构运行的作用与形态生成相应的回馈和表征。对经济结构与意识形态的施动关系加以因果性的解释，并将其作为关于意识形态之主体性、阶级性、功能性及认识论解释的前置基础，成为经典作家解释意识形态的第一个向度。

1. 经济基础的"思想上层建筑"

马克思指出："在不同的所有制形式上，在生存的社会条件上，耸立

---

① [德]曼海姆：《意识形态与乌托邦》，艾彦译，华夏出版社2001年版，第328页。
② 《马克思恩格斯全集》第3卷，人民出版社1960年版，第30页。

着由各种不同情感、幻想、思想方式和世界观构成的整个上层建筑。"①在他看来,观念、思维、人们的精神交往是社会物质生活关系的直接产物。意识形态的形式必须从物质生产的矛盾中,从社会生产力和生产关系之间的现存冲突中去解释。

马克思这一总体性观念,构成了唯物主义社会结构论的基本思想,成为人们讨论意识形态问题的总体性理据。其实,马克思的意识形态"反应论"和经济生活"基础说",早在唯物史观的思想起步时就有过明确论述:1844 年他在谈到对社会旧制进行革命的理论批判和实践批判时指出,"整个革命运动必然在私有财产的运动中,即在经济的运动中,为自己既找到经验的基础,也找到理论的基础。"②后来,恩格斯多次发挥了马克思关于意识形态对经济基础作用之"反映"的思想,指出"政治、法律、哲学、宗教、文学、艺术等的发展是以经济发展为基础的"③;"每一时代的社会经济结构形成现实基础,每一个历史时期由法律设施和政治设施以及宗教的、哲学的和其他的观点所构成的全部上层建筑,归根到底都是由这个基础来说明的。"④

恩格斯还认为,"我们的法律的、哲学的和宗教的观念,都是在一定社会内占统治地位的经济关系的或近或远的枝叶"⑤。缘何如此呢?因为"人们首先必须吃、喝、住、穿,然后才能从事政治、科学、艺术、宗教等等;所以,直接的物质的生活资料的生产,……便构成为基础,人们的国家制度、法的观点、艺术以至宗教观念,就是从这个基础上发展起来的,因而,也必须由这个基础来解释"⑥。恩格斯从揭示精神生产的历史前提和物质基础出发,论证了每一当下的社会意识形态必然受制于物质生产的规律。意识形态具有自己肯定性的经济基础,是可以从社会意识与社会存在的对应关系中进行唯物主义还原论分析的,而决不像萨特所

---

① 《马克思恩格斯全集》第 8 卷,人民出版社 1965 年版,第 149 页。
② 《1844 年经济学哲学手稿》,人民出版社 2000 年版,第 82 页。
③ 《马克思恩格斯全集》第 39 卷,人民出版社 1974 年版,第 199 页。
④ 《马克思恩格斯全集》第 9 卷,人民出版社 1963 年版,第 225—226 页。
⑤ 《马克思恩格斯选集》第 3 卷,人民出版社 1974 年版,第 402 页。
⑥ 《马克思恩格斯全集》第 19 卷,人民出版社 1965 年版,第 374—375 页。

言,"一种意识形态的体系是一个不可还原的体系"[①]。也决不像霍尔等非决定论者所言:"经济关系本身并不能提供一种对现实的单一、固定、不可替换的定义";相反,同一种现实生活"能够在不同的意识形态话语中'得到表达'"[②]。

同样,关于意识形态对经济基础的反应作为社会生活结构性的话语,亦非后结构主义者将社会经济结构与意识形态联系的差异性逻辑推向极致后所主张的那样,认定意识形态是一个完全自足的领域,与经济生活没有对应性的结构关系。从陈述客观事实的中性价值立场上,认定意识形态具有自身肯定性的经济基础,这具有重大的理论与实践意义。它为我们今天完善意识形态建设奠定了话语空间和思想理据。否则,如果一开始马克思恩格斯就只有对意识形态的否定性理解,那么我们所进行的坚持和发展马克思主义这个最伟大的意识形态事业,我们所进行的以坚持中国特色社会主义理论为核心价值的精神文明建设事业,岂不就成了言之非理、持之无据、大谬不然的事情了?

从对经济基础的反应维度把意识形态理解为"思想上层建筑",内在地强调了意识形态对经济基础是在能动的反映中实现其反应机理的,具有社会的建构性。其具体意旨如次:它不是凭空产生的,而是"建筑"在经济基础之上;它不是从天降落的,而是物质生产资料支配者的有意作为与权益表达;它不只是一般的平民精神,而主要是与政治主宰力量相结合并且被安置在社会上层的统治思想;它不是虚静无为的理性意识,而是积极关注经济活动、充满政治诉求、介入现实生活、维系社会秩序的实践精神。有了这种忠实于经典作家原意和社会结构本身的理解,我们就不会片面地只讲意识形态的权能而否定其"反应—反映论"的意义了,就不会以意识形态某些时候、某个门类、某种观念的虚幻性而去否定它在总体方面、在总的发展中的历史合法性与合理性了。

2. 关于政治法律制度的国家机器理论

关于意识形态阶层的精神劳作与国家政制之理论构想的联系,马克思

---

① [法]雷蒙·阿隆:《想象的马克思主义》,姜志辉译,上海译文出版社2007年版,第82页。
② [英]拉伦:《意识形态与文化身份》,戴从容译,上海教育出版社2005年版,第131页。

指出:"从前的研究国家法的哲学家是根据本能,例如功名心、善交际,或者甚至是根据理性,但并不是社会的而是个人的理性来构想国家的。最新哲学持有更加理想和更加深刻的观点,它是根据整体的思想而构成自己对国家的看法。它认为国家是一个庞大的机构,在这个机构里,必须实现法律的、伦理的、政治的自由,同时,个别公民服从国家的法律也就是服从自己本身理性的即人类理性的自然规律。"① 马克思以黑格尔法哲学为典例,举证意识形态的涵指之一就是关于国家机器的构想。恩格斯在解释国家法律制度如何经过法学论证而表达经济要求的过程时也如此谈到:"在现代国家中,法不仅必须适应于总的经济状况,不仅必须是它的表现,而且还必须是不因内在矛盾而自己推翻自己的内部和谐一致的表现。……这样,'法关系'的进程大部分只在于首先设法消除那些由于将经济关系直接翻译为法律原则而产生的矛盾,建立和谐的法体系。"②

此处所论,法学家们及其法意识所实现的对经济关系的法律"翻译"以及对法体系内部矛盾的逻辑消解,无非就是意识形态法律门类对法律制度的论证与设计。对意识形态此种政治性向的解释,透露出思想的政治性和政治的思想性在意识形态中的结合。恩格斯进一步指出了特定情况下意识形态对剥削阶级国家制度论证的思想特征:"所有过去的时代,实行这种吸血的制度,都是以各种各样的道德、宗教和政治的谬论加以粉饰的:牧师、哲学家、律师和国家活动家总是向人民说,为了个人幸福他们必定要忍饥挨饿,因为这是上帝的意旨。"③"教会教条同时就是政治信条,圣经词句在各法庭中都有法律的效力。"④ 他充分肯定了特殊时期宗教意识形态在政治生活中直接成为国家机器之思想规范的事实。马克思还进一步深刻地揭示了资本主义意识形态在论证和设计国家制度时的鲜明政治性:"我们知道,这个理性的王国不过是资产阶级的理想化的王国,永恒的正义在资产阶级的司法中得到实现;平等归结为法律面前的资产阶级的平等;被宣布为最主要的人权之一的是资产阶级的所有权,而理性的国家,

---

① 《马克思恩格斯全集》第 1 卷,人民出版社 1960 年版,第 129 页。
② 《马克思恩格斯全集》第 37 卷,人民出版社 1971 年版,第 488 页。
③ 《马克思恩格斯全集》第 7 卷,人民出版社 1959 年版,第 270 页。
④ 同上书,第 400 页。

卢梭的社会契约在实践中表现为而且也只能表现为资产阶级的民主共和国。"① 在他看来,国家机器及其运行法则的资产阶级建构,总是资本主义意识形态基本理念的制度化、权能化、实践化,是这一阶级政治方面的理论理性变为实践理性的过程。意识形态阶层,总是在不断地进行着由经济而政治、由市民而国家、由思想而制度的信息传递和社会编程,在为其所属的那个阶级歌功颂德的同时,不忘为他们的统治出谋划策,设计规则,观念性地建构种种制度。意识形态阶层对精神王国的经营,是直接为统治者的政治法律活动及其秩序化、制度化服务的。基于意识形态这样一种生于经济、功于政治、形塑于国家机器的社会文化品格,马克思恩格斯认定经济关系与政治关系的意识形态表达,思想观念在社会政治领域的实践表达,与对社会阶级、党派、国家机器的意识表达,具有某种同质化、同构化、同功化的属性。正像"封建的教会组织利用宗教把世俗的封建国家制度神圣化"② 一样,一切意识形态都或多或少、或直接或间接、或理性或工艺、或观念或形象地把国家制度神圣化、世俗化。

阿尔都塞和詹姆逊先后都把意识形态解释成"意识形态国家机器",并非偶然,因为确实存在着为马克思恩格斯所揭示出来的意识形态国家机器化的现实。但阿尔都塞、米歇尔等人认为"意识形态的国家机器并非统治阶级意识形态的表达,而是实现统治阶级意识形态的场所和手段"③。他们切割意识形态的认识论意义,将它解释成为一种直接存在于国家机器中的客观因素,则过分放大了意识形态刚性化的宗教态的外化力量及其政治现实性。而游走于"知识权力论"边缘的福柯则认为应该"承认权力与知识的相互包含;没有相关知识领域的构建,也就没有权力关系"。④ 他意识到了意识形态对于国家权力关系及其政治制度的理性建构作用,但把意识形态直接当作一种权力,则流于简单和粗鲁。因此,我们要厘清马克思恩格斯与阿尔都塞、福柯等人在理解意识形态方面的本质差异:前者是从意识形态作为国家机器的灵魂去言说其思想的政治功能的;后者则是从意识形态的操控力量去指认其直接就是国家机器的,对意识形态的解释存在着将

---

① 《马克思恩格斯全集》第 19 卷,人民出版社 1963 年版,第 206 页。
② 《马克思恩格斯全集》第 21 卷,人民出版社 1965 年版,第 545 页。
③ [英]拉伦:《意识形态与文化身份》,戴从容译,上海教育出版社 2005 年版,第 135 页。
④ 同上书,第 127 页。

思想上层建筑与政治法律制度及其设施的上层建筑相互等同的事实混淆与逻辑错误。

3. "占统治地位的思想"

关于意识形态,马克思认为它在一个重要的方面就是社会占统治地位的思想观念系统,包括"那些法律的、政治的、宗教的、艺术的或哲学的,简言之,意识形态的形式"①。在谈到统治阶级及其意识形态阶层的精神生产时,马克思恩格斯指出:"他们还作为思维着的人,作为思想的生产者而进行统治,他们调节着自己时代的思想的生产和分配;而这就意味着他们的思想是一个时代的占统治地位的思想。"② 社会的意识形态何以必然是统治阶级的思想呢?马克思认为,人们的精神方式因而人们的精神生产的性质由社会物质生产方式所决定。"一个阶级是社会上占统治地位的物质力量,同时也是社会上占统治地位的精神力量。支配着物质生产资料的阶级,同时也支配着精神生产的资料,……占统治地位的思想不过是占统治地位的物质关系在概念上的表现,不过是以思想的形式表现出来的占统治地位的物质关系。"③ 这里,马克思从生产关系首先是生产资料的分配关系对精神文化生产的必然制约中,揭示了精神文化生产为什么必然要同构于物质生活方式的客观逻辑,阐释了意识形态为什么必然表现为统治阶级之思想的社会认识论理由。

(1) 当新兴统治阶级能一定程度地代表生产力的发展要求,代表广大人民大众的利益、意向时,其阶级意志、政治主张及其思想观念便会因此具有某种普世性,成为主流精神,内在地获得由社会主流赋予的某种支配权。而当获得政权的统治阶级已不能长久保持革命之初与人民利益的一致时,为了粉饰其将社会普遍利益特殊化、集团化的巧取豪夺,便"不得不把自己的利益说成是社会全体成员的共同利益"。这种将自身利益普遍化亦即将社会利益独占化的逻辑表达,"抽象地讲,就是赋予自己的思想以普遍性的形式,把它们描绘成唯一合理的、有普遍意义的思想"④。

---

① 《马克思恩格斯选集》第 2 卷,人民出版社 1995 年版,第 33 页。
② 《马克思恩格斯全集》第 3 卷,人民出版社 1960 年版,第 52 页。
③ 同上。
④ 同上书,第 54 页。

这样，统治阶级必然在精神生产资料的社会配置中，在文化资源的开发和利用中，强化自己的思想霸权，进行权与利的阶级论证和文化贯彻，使其思想观念成为社会最为合法、最有支配力的思想。英国学者霍尔以其"知识倾斜论"和"符号统治权"的理念描述了意识形态的话语霸权："知识的社会分布是倾斜的……统治思想圈确实积聚了替其他人规划或划分世界的符力，……它的一切变成理所当然的。统治思想可以通过限定哪些看来是理性的、合理的和可信的，来控制社会中的其他观念……对知识生产工具的垄断……当然与长期获得符号统治权不无关系。"[①]这如实地表述了经济生活的宰制者必然使自己的权利意识成为统治思想的机制。

（2）当统治者个人作为思维者、精神文化的生产者直接出场，调节思想文化的生产和社会注意力的分配时，他们不仅会在政治、法律的层面自觉或不自觉地以社会主导力量的代言人直接生产出维护经济关系和统治权利的意识形态来，而且还会依据自己的社会地位、活动方式、生活经验以阶级或阶层的"著作代表"来进行自己的思想文化演绎和阐释，形成表征和维护其生产方式的社会主流文化。他们会因为政治代表与著作代表的合一，必然将其精神生产的理念、思维方式和价值逻辑带入权力的操作中，使其权力运作、制度安排形成思想统治的外观，使统治者的思想成为形式上真正占统治地位的思想。同样，当统治者在进行意识形态的精神生产时，其经济利益、阶级意志、政治权力以及国务活动经验又会作为认知立场、思维取向、价值诉求和经验材料被纳入思想的营构中，在内容方面使统治者的思想成为具有统治意志及其政治属性的统治思想。

（3）社会精神文化的生产，还有一大批并非物质生产资料的支配者但依附于统治阶级的思想家承担其主体性的劳动，许多人不乏个性化的自由追求并有特殊成就。但受制于社会经济关系的自在规定和由社会主导力量发出的社会政治意志的自为规定，他们总得一定程度地作为统治力量的代言人，社会生产方式的表征者去进行文化诠释。为物质生活资料支配者所把持的文化话语权对他们的思想引导和意识操控，由物质生活资料的分配所决定的个人生计的思考，都将使他们多方面地抑制自己那一份非属主

---

① ［英］拉伦：《意识形态与文化身份》，戴从容译，上海教育出版社2005年版，第135页。

流社会的个性，依循生活的大格局去言说社会，解释人生，诠释是非、善恶、美丑，展开精神劳作。其中必定产生某些违心成分，但这显性文化上个人的违心言说却往往隐性地表达了社会经济生活的真实。

三 意识形态的主体性言说与阶级分析

意识形态作为社会化的精神生产和生活，与社会物质生活的客观联系及其对它的作用反应，是通过其主体依据自身的社会存在和生活方式所形成的社会认识去实现的。马克思恩格斯注重从意识形态对社会存在之客观"反映"与能动"反应"的辩证关系中，从社会生活的结构论和社会意识的认识论相一致的机理中，去解释意识形态现象，对意识形态给出了社会主体、阶级性向的分析。

1. 阶级权益的合法性论证

阶级首先是经济结构的派生物，同时又是一个政治实体，一种社会意识的存在，阶级的分化也表现在意识形态的观念对立上面。诚如恩格斯说的："工人比起资产阶级来，说的是另一种习惯语，有另一套思想和观念，另一套习俗和道德原则，另一种宗教和政治。"[①] 因为阶级的分野有意识形态的出场和表演，所以在政治生活中统治阶级总是把自己的权利及其政治意志的自我意识变成支配整个社会的意识形态即统治的思想。列宁曾经认为，"否认或不了解领导权思想的阶级就不是阶级"[②]；卢卡奇亦认为人们对自身受阶级制约的经济地位的不自觉反映即为阶级的意识。他们如实地确认了经典作家对意识形态之阶级性的强调。马克思从精神生产的阶级分野诠释了意识形态是统治阶级对自身权益的合法性论证："一旦资产阶级把意识形态阶层看作自己的亲骨肉，到处按照自己的本性把他们改造为自己的伙计；……一旦资产阶级有了足够的教养，……也想从事'有教养的'消费，一旦连精神劳动本身也愈来愈为资产阶级服务，为资本主义生产服务，……这时资产阶级从自己的立场出发，力求'在经济学

---

① 《马克思恩格斯全集》第 2 卷，人民出版社 1957 年版，第 410 页。
② 《列宁全集》第 20 卷，人民出版社 1989 年版，第 111 页。

上'证明它从前批判过的东西是合理的。"① 事实如此。当资产阶级还不曾取得政治统治权因而还无法拥有思想文化的话语权、还必须和人民群众站在一起反对封建制、还必须在经济上为自我崛起而努力推动生产时,他们一方面激烈批判封建主阶级的权利占有及其制度规范,一方面召集和培养自己的思想代言人大造革命舆论。然而,在资产阶级由造反者变成统治者之后,他们以往在社会批判中对合理性的诉求和解释,对不合理性的拷问和鞭笞,统统让位给获利与否的计算、施政行权方便与否的关注,让位于对自己执掌的政权和占有的经济利益的辩护。甚至出现恩格斯指出的那种情况:"人们可以把旧的封建法权形式的很大一部分保存下来,并且赋予这种形式以资产阶级的内容,甚至直接给封建的名称加上资产阶级的含意。"② 资本主义社会意识形态由当初的全民话语形式转向阶级统治的话语,确证了任何意识形态都是饱含"阶级的意向的意识形态"③。一个阶级的政治代表和著作代表,"他们在理论上得出的任务和作出的决定,也就是他们的物质利益和社会地位在实际生活上引导他们得出的任务和作出的决定"④。统治阶级对自身生存方式的自我意识转换为意识形态,便成为一种自我意识社会化的政治图谋。"以观念形式表现在法律、道德等等中的统治阶级的存在条件,统治阶级的思想家或多或少有意识地从理论上把它们变成某种独立自在的东西,在统治阶级的个人的意识中把它们设想为使命等等;统治阶级为了反对被压迫阶级的个人,把它们提出来作为生活准则,一则是作为对自己统治的粉饰或意识,一则是作为这种统治的道德手段。"⑤

在马克思恩格斯看来,那色彩缤纷的意识形态体系中渗透最深、作用最强、维持最久的,是其所表达的那个统治阶级、统治集团最基本的经济政治权利,以及由这些权利所凝结的政治、法律及其道德主张。这些因素使得意识形态成了阶级统治合法化的论证。统治阶级通过意识形态的经营和操控,把人们的思维与行为方式安排在自己所代表、所维系的社会秩序

---

① 《马克思恩格斯全集》第 26 卷第 1 册,人民出版社 1972 年版,第 315 页。
② 《马克思恩格斯全集》第 21 卷,人民出版社 1965 年版,第 346 页。
③ 《马克思恩格斯选集》第 4 卷,人民出版社 1974 年版,252 页。
④ 《马克思恩格斯全集》第 8 卷,人民出版社 1965 年版,第 152 页。
⑤ 《马克思恩格斯全集》第 3 卷,人民出版社 1960 年版,第 492 页。

中，借以论证和捍卫其政权神圣性、利益合法性、意志权威性、思想至上性、道德完美性等一切渗透统治阶级经济、政治、文化的权益。这就是意识形态与统治者思想合辙的根据。

2. 社会身份的文化面具

社会生活中，每一个自觉的主体总是一种文化的存在和显形，披挂着意识形态符号活动在人生舞台上。意识形态是人类创造活动的精神产物，同时又在精神上塑造着每一社会主体，给他们以社会化、历史性的文化标识。一切谈论意识形态问题的学说，都难以回避意识形态与社会主体这种相互创造的关系。拉伦在《意识形态与文化身份》中借用英国学者霍尔在阐发马克思意识形态理论时这样写道：意识形态是"那些为我们表现、阐释、理解和意会社会存在的某个方面提供框架的意象、概念和前提"；"为它们的主体（个人或群体）构建出身份和知识的位置，使他们得以'表达'意识形态真理"。[①] 也就是说，意识形态是使每一社会成员获得社会化主体性规定的文化框架和理解前提，是人的内在主体性塑型的精神模具。诚如考沃德和艾利斯谈到的，意识形态是"一种力量，在特定的意义范围内制造出特定的主体"[②]。

这些见解，比较准确地抓住了马克思恩格斯从社会对人的思想文化规定去解释意识形态的理念。在解释社会"使命、职责、任务、理想"等问题的意识形态表达时，马克思恩格斯有这样的论列：它们"或者是（1）关于物质条件所决定的某一被压迫阶级的革命任务的观念；或者是（2）对于通过分工而分到各种不同行业中去的那些个人的活动方式的简单的唯心的解释或相应的有意识的表达；或者是（3）对个人、阶级、民族随时都必须通过某种完全确定的活动去巩固自己地位的有意识的表达；或者是（4）以观念形式表现在法律、道德等等中的统治阶级的存在条件，统治阶级的思想家或多或少有意识地从理论上把它们变成某种独立自在的东西，在统治阶级的个人的意识中把它们设想为使命等；统治阶级为

---

① ［英］拉伦：《意识形态与文化身份》，戴从容译，上海人民出版社 2005 年版，第 117 页。

② 同上书，第 119 页。

了反对被压迫阶级的个人,把它们提出来作为生活准则,一则是作为对自己统治的粉饰或意识,一则是作为这种统治的道德手段"①。这段叙述表明,一切社会主体在"使命、职责、任务、理想"等方面角色化的文化面具与思想符号,直接就是社会意识形态在其主体身上的具体化。通过意识形态的解密,能深刻揭示占统治地位的思想观念如何化成各类社会主体的角色意识,并对社会形成政治论证、道德教化的机制,从中透露出了意识形态的认识论、结构论和功能论的复合解释模式。马克思恩格斯解释意识形态的这一视角,给了我们以下启示。

其一,意识形态内含一种主体之角色确认的规范性和身份辨识的符号性的统一。它从社会使命、职责、任务等方面直接去确认主体的角色,实质上间接地反映着提出使命、职责、任务之要求的生产关系、社会结构和生活方式。正如马克思说的,人们的关系是什么,亦即人们是什么,反映在意识中就是关于人的生存方式最切实的观念。主体身份温软美观的"名片"背后,是生硬冰冷的经济关系。主体总"是以他们曾是的样子而互相交往的,他们是如他们曾是的样子而'从自己'出发的,至于他们曾有什么样子的'人生观',则是无所谓的。这种'人生观'……总是由他们的现实生活决定的"②。主体的身份文化常包含着纷繁多变的生活方式、丰富复杂的社会关系,人们只有把它比拟为个人身份,才能谈论它的连续性、统一性和自我意识。类似于使命、职责一类的角色规范具有思想推理性和政治规训性的复合意义。意识形态这种对社会主体角色化的培育和规制,甚至让坚决拒斥"意识形态"理念的拿破仑违背初衷,对宗教主体的角色设定毫无顾忌地行使了意识形态的话语权。在致里昂大主教的信中拿破仑这样写道:"不要忘记,在你正要占据的舞台上,你的一举一动都是大家所瞩目的。私生活要严肃,在公开场合要保持身份,把你的全部时间用在你的职守上。要公开声明不干预政治:如果有人要你向我提出什么要求,那就回答你只是一名宗教教长。"③ 这生动地诠释了意识形态是怎样成为了人们生存样态的文化前置与政治规范。

---

① 《马克思恩格斯全集》第3卷,人民出版社1960年版,第491—492页。
② 同上书,第515页。
③ 《拿破仑书信文件集》,上海人民出版社1986年版,第230—231页。

其二，意识形态内含着现实性与理想性的统一。社会主体对其使命、职责、任务的履行，首先是实际生活方式的当下要求，如心理哲学家米德指出的："构成或组合进完整自我的各种基本自我，是这一完整自我的结构的不同方面，呼应着作为整体的社会进程的结构的不同方面。"① 同时它又处在未完成过程中，是将至而未至的社会趋势向人们发出的召唤，具有预期性、先导性意义。唯其如此，社会赋予人们的使命、职责、任务才凝练为一种社会理想而获得意识形态的表达，并成为组织和推动人们为之奋斗的精神力量。这些表达和解释社会使命、职责、任务及其理想的意识形态，当其泛化为社会主体的文化身份时，会使主体的文化身份既属于未来也属于过去。文化身份透出的意识形态是当下物质生活的客观写照，同时又具有理想、信念、幻象等方面的不确定性、遥指性。

3. 一种虚妄的精神生产

在马克思恩格斯的思想词典中，一些时候特别是在批判性语境中意识形态又是被当作社会性的幻象思维或虚妄的精神生产解释的。幻象思维，是建立在幻觉与幻想基础上的一种对外界事物加以虚幻、颠倒反映的意识方式。幻觉、臆度、虚构、玄想、怪念、谬论，常常是幻象思维的精神活动、意识构成与思想产物。"把一切变为思想、圣物、幽灵、精神、精灵、怪影"② 的黑格尔哲学，就是这样一种虚妄意识的产物。意识形态的幻象思维，超出了个体心理疾病的范围，是意识形式的社会病态。马克思恩格斯对意识形态的幻象思维作过多方面的深刻批判。针对德国思想界的历史唯心主义顽疾，他们指出，"所有的德国哲学家们都断言：观念、想法、概念迄今一直统治和决定着人们的现实世界，现实世界是观念世界的产物"。因而"德国唯心主义和其他一切民族的意识形态没有任何特殊的区别。后者也同样认为思想统治着世界，把思想和概念看作是决定性的原则，把一定的思想看作只有哲学家们才能揭示的物质世界的秘密"③。他们把社会存在决定社会意识的原则贯彻到对意识形态幻象思维的分析中，

---

① [美]米德：《心灵、自我与社会》，赵月琴译，上海译文出版社1994年版，第144页。
② 《马克思恩格斯全集》第3卷，人民出版社1960年版，第201页。
③ 同上书，第16页。

认为其虚幻性来自于对生活世界的颠倒反映，这种反映方式最终是由它所反映的那个颠倒了的世界决定的。生活在颠倒世界中的那些思想家，"他们必然会把事物本末倒置，他们认为自己的思想是一切社会关系的创造力和目的，其实他们的思想只是这些社会关系的表现和征兆"①。1893年恩格斯在致梅林的信中复又论及这一问题："意识形态是由所谓的思想家有意识地、但是以虚假的意识完成的过程。推动他的真正动力始终是他们所不知道的，否则这就不是意识形态的过程了。因此，他想象出虚假的或表面的动力。因为这是思维过程，所以它的内容和形式都是从纯粹的思维中……得出的。他只和思维材料打交道，他直率地认为这种材料只是由思维产生的，而不去研究任何其他的、比较疏远的、不从属于思想的根源。"②

恩格斯对意识形态唯心精神的揭露和洗刷，比较完整地表达了他和马克思关于意识形态幻象思维特质及其社会根源的基本看法。他们是从意识形态的特定生产语境——唯物史观诞生之前，特定的社会基础——阶级对抗的异化社会，特定的精神生产方式——意识形态阶层为剥削阶级辩护，并囿于脑力体力劳动奴隶般的分工因而独占精神生产权的情况下，去确认意识形态那样一种不自觉、不合理的精神生产过程与样态的。在针砭德意志意识形态的幻象思维痼疾时，马克思恩格斯曾给出了一个破解其隐秘的总体性方法：要说明意识形态幻象思维"这种曾经在德国占统治地位的历史方法，以及它为什么主要在德国占统治地位的原因，就必须从它与一切思想家的幻想，例如，与法学家、政治家（包括实际的国家活动家）的幻想的联系出发，就必须从这些家伙的独断的玄想和曲解出发。他们的实际生活状况、他们的职业和现存的分工非常明白地说明了这种方法"③。

遍考马克思恩格斯对意识形态的所有批判，笔者发现他们依循上述对意识形态虚幻性加以历史审视和科学分析的总体思路，从以下13个方面分别揭示了意识形态的幻象思维特质及其社会学、认识论根源：1. 阶级利益普遍化的思想表征；2. 维权逐利的精神制假；3. 生存方式使然的认

---

① 《马克思恩格斯全集》第3卷，人民出版社1960年版，第492页。
② 《马克思恩格斯选集》第4卷，人民出版社1974年版，第501页。
③ 《马克思恩格斯全集》第3卷，人民出版社1960年版，第56页。

知偏差；4. 异己力量的幻象同化；5. 颠倒世界的观念复现；6. 乌有之乡的精神诉求；7. 传统衍生的观念宰制；8. "手""脑"分离的行为曲解；9. 文化囚徒的自我通灵；10. 语言独立中的"消所入能"；11. 因果倒置的臆度玄想；12. 历史规定性的主观消解；13. "相机原理"的镜像致幻。在此陈列诸项旨在说明，马克思恩格斯的确用大量的言论分析批判过意识形态的幻象思维，以致让有些人只是从批判性的视角去贬义地理解意识形态现象。欲还马克思恩格斯关于意识形态虚幻性之思想的本真意义，则必须弄清马克思恩格斯是用何种解释方式、在何种意义上论定意识形态的虚幻性的。

关于意识形态在认识论域的真实性追问，人们意见分歧。伊格尔顿错误地认为"意识形态的概念必须脱离'表象主义'的或然性；意识形态与'幻想'毫无联系可言，与其社会内容的错误的、扭曲的表征没有任何关系"[①]。显然，他仅仅从功能主义的方面解释意识形态，而否认其中的社会认识机制，明显有违马克思恩格斯解释意识形态的原生语义，割断了意识形态与现实生活的真实联系。意识形态观念只有与其所指对象的真实或虚假性联系在一起，才有意义，不能用其社会功能来置换其哲学的真理内涵。脱离了被社会意识反映的对象，意识形态的社会功能无从谈起。因此，对意识形态给现实生活的反映，无分析地一概看"真"，或一概言"假"，或"真""假"不论，都是非科学的态度和解释。

四　意识形态理性品格与实践精神的诠释

马克思主义经典作家十分注重从认识与实践的结合上去审视和解释意识形态，从科学真理的内涵方面阐释其认识品质，从生活世界的外化方面阐释其实践机制。

1. 研究社会、精神现象的"第三类科学"

马克思恩格斯谈论和使用意识形态概念，似乎没有完全淡出意识形态理念原创者托拉西的赋义，将它视为"观念的科学"。他们从社会认识

---

① ［斯洛文尼亚］齐泽克：《图绘意识形态》，方杰译，南京大学出版社 2002 年版；第 8—9 页。

论、知识社会学、或观念形态学等近似的意义上指称过意识形态。并且，是从与自然科学的比较中去论说意识形态的认识界阈和学理特质的。马克思说，历史可以划分为自然史和人类史。"自然史，即所谓自然科学，我们在这里不谈；我们所需要研究的是人类史，……意识形态本身只不过是人类史的一个方面。"①

马克思之所以把意识形态归入人类史的一个方面，首先是针对德国的"几乎整个意识形态不是曲解人类史，就是完全撇开人类史"的情况，特别是针对黑格尔"把整个历史也变成了思想的历史"之极端唯心主义的。②但不止此，马克思认为对人类社会历史变迁的考察，"必须时刻把下面两者区别开来：一种是生产的经济条件方面所发生的物质的、可以用自然科学的精确性指明的变革，一种是人们借以意识到这个冲突并力求把它克服的那些法律的、政治的、宗教的、艺术的或哲学的，简言之，意识形态的形式。……这个意识必须从物质生产的矛盾中，从社会生产力和生产关系之间的现存冲突中去解释"③。马克思不仅把意识形态与自然科学区分开来，而且将它与可以量化的经济学一类实证性的社会科学区分开来，集中从思想观念、政治法律意识等方面去界说意识形态。

秉持马克思的这个见解，恩格斯在谈到研究人类社会历史的思想门类划分时写道："历史在这里只是政治的、法律的、哲学的、神学的——总之，一切属于社会而不仅仅属于自然界的领域的集合名词。"④显然，恩格斯同样是把研究历史的各门具体科学归属于人类社会领域，认为它们与自然科学迥然有异："我们可以按照自古已知的方法把整个认识领域分成三大部分。第一个部分包括研究非生物界以及或多或少用数学方法处理的一切科学，即数学、天文学、力学、物理学、化学……第二类科学是包括研究生物机体的那些科学。"第三类科学即"按历史顺序和现在的结果来研究人的生活条件、社会关系、法律形式和国家形式以及它们的哲学、宗

---

① 《马克思恩格斯全集》第3卷，人民出版社1960年版，第20页。
② 同上书，第20、16页。
③ 《马克思恩格斯选集》第2卷，人民出版社1995年版，第33页。
④ 同上。

教、艺术等等这些观念的上层建筑的历史科学"①。他还认为,"关于社会的科学,即所谓历史科学和哲学科学的总和"②。另外,他还具体地谈到,"从历史学和语言学的角度来批判圣经,研究构成新旧约的各种著作的年代、起源和历史意义等问题,是一门科学"③。

马克思恩格斯将社会意识形态划到与无生物界的自然科学、生物科学不同但又并列的历史科学内,在一个重要方面表征了意识形态的认识论特质:

第一,意识形态及其自身研究属于"第三类科学",是由自然科学与人文科学研究对象的差异决定的。自然科学研究的现象,是一种自在的无内在能动性、目的性的过程。而人类社会现象、特别是精神文化生活,则有主体之实践活动、内在意识存于其间。意识形态的研究,既可以因为意识活动自身的偶发、律动及其主体性而变动不居,也可能因为研究主体与研究对象互为主、客的作用而使主、客体间的认识关系彼此灵动,还会因为研究者自身的主观偏向、价值诉求而影响观察和思考的客观性。诚如皮亚杰说的,人文科学研究的"客观性所不可或缺的非中心化,在客体是由主体构成的情况下要更加困难得多……一是由于观察者的自我介入了他应该能从外部去研究的现象,自我中心主体与认识主体之间的界线就越发不明确了。二是就在观察者已经'介入'并对他所关心的事实赋予价值的情况下,他的倾向仍然是相信直觉认识,因而更加感觉不到有采用客观技术的必要性"④。这使属于人文科学的意识形态被马克思恩格斯列入不能与自然科学同日而语的另类科学。

第二,意识形态既有理想性、建构性、虚拟性的超前认识或乌托邦幻象的一面,又有因借助历史文献展开研究的回溯性、滞后性的一面,更有依据当下社会经济政治生活的突出要求而展开研究的偶发性、跳跃性特点。这些,不要说无法具备数学研究的统一性、稳定性,就是科学发现的重复性、普遍性也是若隐若现的。它"没有历史",人们在其中言说的"这些观念、范畴也同它们所表现的关系一样,不是永恒的。它们是历史

---

① 《马克思恩格斯全集》第20卷,人民出版社1971年版,第95—97页。
② 《马克思恩格斯选集》第4卷,人民出版社1974年版,第226页。
③ 《马克思恩格斯全集》第21卷,人民出版社1965年版,第10页。
④ [瑞士]皮亚杰:《人文科学认识论》,郑文彬译,中央编译出版社1999年版,第22页。

的暂时的产物"①。它缺少自然科学所需要的那种严格而稳定的普适性和一贯性，无法在其重复性中反复观察，作出类似于概率统计那样粗概的数学分析，对定量分析形成某种天然抵制。

需要指出的是，马克思恩格斯对于意识形态作认识论方面的科学分类，大体受到过社会学创始人孔德科学分类模式的影响，即受其按照认识对象及其研究方法复杂性的递增同其意义普遍性的递减成比例梯度推进的科学范式，来依次排列数学、物理学、生物科学、心理学，最后是复杂的社会科学这样一种线性分类模式的影响。然而，我们更应当充分肯定的是，马克思恩格斯将意识形态当作同自然科学齐头比肩的历史科学看待，是有极深远的思想文化意义的。

首先，这一思想确凿地证明马克思恩格斯并非只是从揭露意识形态幻象的、颠倒的认识方面，或从批判思想文化生产者蓄意欺骗社会良知、恶意歪曲现实生活的方面，去贬义地指谓意识形态。相反，他们还客观地、中性地从科学反映社会现实生活的方面肯定了意识形态的认识论、真理论意义，确证了人类历史、社会生活及精神现象本身的客观真实性和可知性，为确认先进的社会意识形态及科学研究意识形态现象的学说之客观真理性奠定了理解前提。它昭示我们：在意识形态的研究和建设中，要注意革命性与科学性、功能论与认识论的统一。

其次，在科学主义、技术理性横行的今天，马克思恩格斯对意识形态的学科归类，强调它的认知论特征，肯定其独特的思想文化意义和地位，极有利于高扬人文理性旗帜，防止科技理性偏执给人类社会文化发展造成病端。同时，尊重意识形态及其门类研究的人文科学特色，尊重意识形态的社会性、民族性、历史性特色，防止让它承受泛数学化因而让"量吞并质"的不可承受之重，能有效支持人类对社会生活、精神生活方式多样性的选择与保持，抵制泛数学化可能造成的单一性与科技话语霸权；能防止科学沙文主义对人类高级行为所特有的独创性的压抑和削弱，防止过度逻辑、过度推理对人类情感世界、兴趣领域、理想信仰、意志因素等个性化的、境遇性的精神生活的践踏，防止对非理性因素的"科学"打压。诸如此类，从认识论属性出发把意识形态划为"第三类科学"的这一命

---

① 《马克思恩格斯全集》第 4 卷，人民出版社 1958 年版，第 144 页。

题，带给我们的多重启悟，是值得深思细想的。

2. 生活世界的"通俗逻辑"

关于意识形态，马克思恩格斯十分注重从它对社会生活的依赖与领引的关系中去作解释，关注它的实践性品格和生活化语式。他们反复强调：要从人们的现实生活过程中揭示出它被意识形态反映的机制，认为"人们是什么，人们的关系是什么，这种情况反映在意识中就是……关于人的生存方式……的最切近的逻辑规定的观念"①。马克思恩格斯在不同的场合下谈到道德、神话、宗教、文学艺术等意识形式与世俗生活世界的联结，认为人们是从自己的生活结构、物质利益、行为规范及实践经验中自然地形成自己的道德观念、审美理想和神圣理念的。"人们自觉地或不自觉地，归根到底总是……从他们进行生产和交换的经济关系中，吸取自己的道德观念。"②至于宗教，马克思认为基督教"是群众创造的。……基督教事实上是自发地形成的，是这些宗派中最发达的宗派相互影响而产生的中间物"③。再如法律意识，在社会发展早期它是人们"把每天重复着的生产、分配和交换产品的行为用一个共同规则概括起来，设法使每个人服从生产和交换的一般条件。这个规则首先表现为习惯，后来便成了法律"④。

意识形态缘起于社会大众的实践经验及日常生活意识，使它的理性形态仍然会保留某些生活化的气息；而更多地则是在它介入生活世界的过程中会转换成生活化的日常意识去发生作用。这使意识形态在一个重要方面作为日常生活的通俗逻辑存在着。日常意识作为世俗生活中约定俗成的社群心理之凝练，虽难说是严格意义上的"社会"意识形态，但就其作为底层民众的生活意识来说，仍然具有指导、规范、论证和维系生活的意识形态属性和功能。黑格尔曾经对日常意识的"类意识形态"属性作过解释："在日常生活里，意识以知识、经验、感性的具体事物以及思想、原理诸如此类的现成的东西或固定的静止的存在或本质作为它的内容。有时

---

① 《马克思恩格斯全集》第3卷，人民出版社1960年版，第200页。
② 《马克思恩格斯选集》第3卷，人民出版社1995年版，第133页。
③ 《马克思恩格斯全集》第21卷，人民出版社1965年版，第11—12页。
④ 《马克思恩格斯全集》第18卷，人民出版社1964年版，第309页。

候意识……对这样的内容任意妄为打断其关联,自己俨然以内容的一个外在的决定者和处理者自居。"① 他指出了日常意识的经验粗陋性,以历史教训、家风祖制、风俗习尚等形式被"保存在日常生活里"自然地起着作用;又肯定了日常意识的规训力量,被主体认为是"确知的东西",形成对它们的坚定信念,给人以不言自明的满足,作为生活的潜规则即外在的"决定者和处理者自居"。

马克思在论述宗教这一与大众日常生活关联最为广泛、深刻的意识形态时,出现了与黑格尔日常意识理念近似的意旨:"宗教是这个世界的总的理论,是它的包罗万象的纲领,它的通俗逻辑,它的唯灵论的荣誉问题,它的热情,它的道德上的核准,它的庄严补充,它借以安慰和辩护的普遍根据。"② 在马克思看来,宗教因其信众广泛,联结世俗,以其大众化、生活化而使其意识形态的逻辑"通俗"。同时又因它是大众的"没有精神的制度的精神",所以它又是社会生活意识的通俗"逻辑"。从马克思对宗教这个中世纪最具普遍性、权威性、典型性的意识形态现象的分析中我们确知,他关于宗教内在属性、特点的论述如实表达了他对意识形态总体属性的某种理解。包括宗教在内的意识形态具有观照、表达和规训社会生活的日常语义和普泛功能,它浸润到了日常意识深处,成为主体思想和行为的至上圣意与不成文典章。马克思这样写道,"政治制度到现在为止一直是宗教的领域,是人民生活的宗教,是同人民生活现实性的人间存在相对立的人民生活普遍性的上天"③。

这种将宗教意识形态与政治制度当作同位语加以互文式的解释,十分深刻地展示了政治制度的灵魂——意识形态是社会生活的"软制度",而意识形态的物化言语、实践性出场——政治制度则是社会生活的"硬思想"。此两者之间暗含着社会意识形态有一种将社群生活、感性实践经验给以日常反映和自发表征的俗文化特质,亦透露出社会意识形态的精致形式具有下渗日常生活世界,化成常民大众精神生活主旨的实践性张力。前者是意识形态日常性的发生认识论,后者是意识形态大众化的社会心理

---

① [德]黑格尔:《精神现象学》上卷,贺麟、王玖兴译,商务印书馆1981年版,第32页。
② 《马克思恩格斯全集》第1卷,人民出版社1956年版,第452页。
③ 同上书,第283页。

学，其中的文化逻辑始终是意识形态与生活世界的日常贯通与实践互动。精神生活中民众底层的日常意识与国家意识形态两者间的双向贯通，正是意识形态集语言实在性、思想合法性、意义自明性和信念坚定性于一身的精神底蕴之所在。

3. "逻各斯人格化"的精神展示

在意识形态领域，思想的言说常常直接是言说者的思想，言说的内容及其解释力、权威性，与言说者的地位、身份、知名度、公信力乃至理性与道德形象密切相联。马克思恩格斯充分关注到了意识形态这种人格化的特质，曾有过这样的用语："黑格尔和费尔巴哈的意识形态"[①] "政治经济学家的意识形态"[②]。

他们明确地把专门从事社会知识生产的群体叫作"意识形态阶层"和阶级的"著作代表"；还认为某些意识形态是"把一切经验关系颠倒过来了的那些政治家、法学家和其他思想家的幻想"[③]。恩格斯则颇具哲学深意地谈到，在意识形态方面，"人格化的逻各斯体现为一定的人物"[④]，"创立宗教的人，必须本身感到宗教的需要，并懂得群众对宗教的需要"[⑤]。通过分析社会思想家与其阐发的思想观念之主体性关涉，他们肯定了意识形态中精神生活与世俗生活的同构，学术理念与学人品格的一致。

社会生活中，所谓"人格化的逻各斯"，即思想家所揭示的关于社会生活、人类历史等方面的规律、法则、秩序，以及关于这些内容的系统知识，被其主体当作理想、信念、法则深度内化了，凝练成为一种社会文化人格，在言说的同时践履笃行。在意识形态领域的精神生活中，之所以"人格化的逻各斯体现为一定的人物"，是因为作为"意识形态阶层"的精神领袖，其生存方式、社会面貌与文化面具是融为一体的。他们在自己的生活世界实践地营构意识形态王国；他们以自己的人生写照执着地耕耘

---

① 《马克思恩格斯全集》第 3 卷，人民出版社 1960 年版，第 536 页。
② 《马克思恩格斯全集》第 44 卷，人民出版社 2001 年版，第 876 页。
③ 《马克思恩格斯全集》第 3 卷，人民出版社 1960 年版，第 411 页。
④ 《马克思恩格斯全集》第 19 卷，人民出版社 1963 年版，第 329 页。
⑤ 同上书，第 329 页。

精神家园；同时他们用思想的逻辑事实逼真地演绎历史的事实逻辑。一个真诚的意识形态生产者，"为其所欲为"的言行必然贯注着"是其所应是"的逻辑，主体人格浸润和展示着言说的逻辑，言说的逻辑又规范和演绎着人生的旨归。思想营构者在生活世界的出场，将人生要义与理性主张复合，镌刻着由生命的本质力量打开的书卷，透露出意识形态的许多文化密码。

首先，意识形态是直陈利害、直表意志、直言价值的观念体系，是阶级性向和认知逻辑合一的观念系统，因而它必然以社会人生为中心议题。理想社会、理想人生，最后一定要在理性文化人格中得到彰显和确证，体现为一种人格化的思想理念。意识形态是非真假的逻辑判据与推理，常常以善恶美丑的价值判断和人格褒贬的社会舆论方式去实现，在特定人格的理性张扬中贯彻和坚持着某种思维方式、事实判断和价值逻辑。

其次，意识形态的言说内容和思想建构，多少都是意识形态思想营构者个人需要与其所体认的社会需要的统一。马克思曾经谈到，在历史发展中，意识形态领域"主要的出场人物是一定的阶级和倾向的代表，因而也是他们时代的一定思想代表，他们的动机不是来自琐碎的个人欲望，而正是来自他们所处的历史潮流"[①]。所有社会思想的创立者都一样，他们的意识形态主张一定是他个人的生活体验、知识诉求与历史格局、社会需要在一个理论与实践相交的关节点上相互作用的产物。以思想家命名的学说，所表达出来的是个人理性渴望、精神创造与社会生活秩序、精神需求相统一的观念体系，是时代精神的人格化言说，亦是个人言说的理性社会化、逻辑生活化转换。这使生活世界之主、客观的逻各斯便以人格化的方式进入了社会意识形态阵营。

再次，意识形态的变革及其新形态的出现，最先总是以某一两个极有影响力的思想家的理论制作和学说体系为出场信号的。类似于黑格尔、费尔巴哈这类在民族乃至世界思想史上掀起巨澜的思想家，他们的理论成就及其巨大影响，自然会生成其个人思想的意识形态光环。这是意识形态以个人思想名义出场的人格化，是社会历史及其文化表达的逻各斯在个人言说中的人格化。马克思恩格斯合著的《德意志意识形态》，整篇都是从思

---

① 《马克思恩格斯选集》第 4 卷，人民出版社 1995 年版，第 558 页。

想家个人的学说去解释其背后的社会文化逻辑及其意识形态品相的。思想文化方面的"历史人物",在生活世界通达理性王国的途中成了逻各斯的人格化代码。这类似于伊格尔顿所言的"作者意识形态":"作者被置入一般意识形态这一符号秩序",既受意识形态的塑造并表达意识形态;又以作者个性化的生活经验及其精神创造主动置入意识形态,成为其有机构成。因此,在意识形态解释中,我们既要关注意识形态的作者,也要关注作者的意识形态,任何真实而又鲜活的意识形态,无不是两者的统一。

最后,意识形态以人格化的逻各斯言说的形式出场,还在于思想家作为统治阶级的著作代表、代言人乃至精神领袖,已经被其所属阶级的政治、道德理想化、典范化了。他们的思想—实践历经统治阶级的提炼、形塑、释解、宣扬、神化而成为庄严形象与神圣理念合一的政治范型,成了社会的精神象征。再加上统治者对其某些思想的经典化、制度化、国策化,意识形态某些典型的思想代表,其言、其行便有了相互转译或彼此诠释的意义,其言也行,其行亦言。思想的言说在其实践中、行为中获得了人格化的确证;其生活世界的实践、事迹则被提升为思想的践履而视作类似于中国传统文化的那种"仁、义、礼、智、信"的示范,人格获得理论的赋义与价值的释义,个体的人生故事成了神圣思想的世俗演绎。意识形态发展史上,释迦牟尼及其传人的身世演绎着佛经教义;耶稣及其布道者们的故事是通俗版的圣经演义;孔子的游学生涯及其与众门人的交流同《论语》的伦理精要之阐释相互印证;马克思普罗米修斯式的为无产阶级解放事业奋斗的史迹同其《博士论文》《1844年经济学—哲学手稿》《德意志意识形态》《共产党宣言》《资本论》等著作的基本原理阐释言行一致,等等,无一不是理论与实践、言说与生活的互为表里和相互彰显。在意识形态王国,理论家以其思想去义释或展示其行为与人格;在生活世界,普通大众则更多地以统治思想言说者之行为与人格来演绎、解读其思想。前者理论地将逻各斯人格化,后者实践地将人格逻各斯化,两者尽管思维的向度不同,但都触到了意识形态中逻各斯人格化的底里。

第九章　从解释学的"前见"看意识形态

在谈到社会意识形态与相应的现实生活之关系时，唯物史观有三条基本的原则性见解：一是"人们按照自己的物质生产的发展建立相应的社会关系，正是这些人又按照自己的社会关系创造了相应的原理、观念和范畴"[①]；二是各种经济的影响对先驱者遗留下来的思想资料发生作用，"它决定着现有思想资料的改变和进一步发展的方式"[②]；三是在一定的意义上承认，从事意识形态生产的"历史思想家在每一科学领域中都有一定的材料，这些材料是从以前的各代人的思维中独立形成的，并且在这些世代相继的人们的头脑中经过了自己的独立的发展道路"[③]。这样三条原则，是指引人们理解关于意识形态的当下现实性与历史连续性关系的基本方法。然而，以往人们在解释这一问题时，更多地注重第一、二条原则，对第三条原则关注不够。即使顺带谈及，也多从生产力因而生产关系发展的某种历史连续性，从意识形态主体代际利益的上下一致性方面作出阐述。而对社会意识给现实生活的当下反映，受主体"理解前结构"尤其是思想"前见"的获得性遗传的影响，则语焉不详。本章试图从主体社会认知的"理解前结构"入手，对意识形态"前见"现象作出解释学分析，借以澄明意识形态历时性的文化认识论特质，并深入诠释意识形态"前见"与每一当下"实践理性"在认识和理解现实社会生活中复合的内在关系。

---

① 《马克思恩格斯选集》第 1 卷，人民出版社 1995 年版，第 142 页。
② 《马克思恩格斯选集》第 4 卷，人民出版社 1995 年版，第 704 页。
③ 同上书，第 727 页

一 意识形态与"前见"的逻辑渊源

意识形态概念最初由托拉西提出来时,意为"关于观念的经验学科",作为"知识的知识"或"观念的观念"而论定。后经马克思恩格斯规范,认定作为社会思想上层建筑的意识形态,是由各种传统、习俗、社会心理、思想观念构成的,并经过精致化、理论化而成为一整套的社会观念体系。意识形态内含深厚历史意蕴的社会人文积淀。相对于每一当下主体而言,意识形态是其成长起来的精神摇篮。

海德格尔认为,此在的人偶然地来到这个世界,他一生下来就被历史与传统文化因素包围着,不能回避其无孔不入的影响。相对于久远的历史,人只是传统中的匆匆过客,以其思想文化因素为营养而生成自己的精神世界。意识形态内含的种种"前见",先行地统治着现实主体生活的此在,影响他们的认知、价值取向和理想诉求。他在《存在与时间》里提出了"理解的前结构"范畴:"无论何时,只要某事物被解释为某事物,解释就将本质地建立在前有、前见和前设的基础上。一个解释决不是无预设地把握呈现在我们面前的东西的。"[①] 这种由"前有""前见"和"前设"相统一构成的理解前结构,规制人的认识与理解。在其语义中,所谓"前有",是指"此在"之人所从属的文化结构对其领会"此在"的制约性,是一种先在的思想文化事实及主体身处其中的存在状态对理解此在的规定,包括注定为主体所有的社会背景、文化背景、时代背景及其所属民族的心理结构等因素。它们是生成和影响人的"前见"的基础性因素。所谓"前见",就是一个解释的特定角度和观点,指社会主体思想认识中那些"先行见到"的、对其后发的思想认识具有引导和制约作用的东西,表现为已经被领会的东西对正进行的理解活动的制约性。海德格尔认为,解释活动奠基于前有、衍生于前见。人对被理解了的但还隐而未显的东西的占有,在某种前见的眼光指导下加以揭示,被理解的东西在"前有"中持存,"前见"地被选定和瞄准,通过解释上升为概念。解释可以从有待解释的在者自身汲取属于这个在者的概念方式,但它因受

[①] 转引自谭鑫田等主编的《西方哲学词典》,山东人民出版社1991年版,第291页。

到"前有""前见"的制约，所以解释也奠基于一种"前把握"中，即受到"前有""前见"的预设。这就构成了理解活动的"前设"，表现为某种已经确定的思维方式、解释方式对文本意义与实际事物意义理解的制约性。海德格尔将理解活动视为对象意义的"呈现"和主体把前理解"投射"其中的交互作用过程。理解的前结构，有益于主体借助社会的、他人的、以往的理解经验、知识范式和思想方法，帮助他超越眼前事物的局限，从更深远、更准确的程度上理解它们。因此，它具有一种对认识活动之方向性、意义论的规定作用。

海德格尔之"理解的前结构"思想，得到了伽达默尔的关注，尤其对"前见"理念作出了创造性的发挥和理论延伸。伽达默尔重视"前见"，事出有因。他为自启蒙运动以来被理性所打倒和抛弃的"传统"与"权威"正名，借以恢复历史文明的应有地位。他认为，"启蒙运动的基本前见就是反对前见本身的前见，因而就是对流传物的剥夺"[①]。这是轻蔑历史文化、也违反解释学常理的。诠释学的理解，需要在古代与现代、过去与现在、陌生性与熟悉性之间进行对话和调解。在伽达默尔看来，启蒙时代奉行的是一种全然不顾传统先见、否定一切权威的有偏颇的批判理性，强调去主体性前见的当下理解。而承认和坚持理解活动的"前结构"，正好有利于克服这种偏颇，免除人们对传统的、权威的一方和自然理性的另一方作对抗性究诘，而实行两者的和谐。正确地对待历史、传统和思想文化权威，要求人们承认并尊重理解结构中的"前见"。他指出："如果我们想正确地对待人类的有限的历史的存在方式，那么我们就必须为前见概念恢复名誉，并承认有合理的前见存在。"[②] 为此，理所当然地要"区分为权威的前见和轻率的前见，……权威的过失在于根本不让我们使用自己的理性"[③]。而承认理解活动中前见的合法性，并非一概地主张或反对权威，合理合法的"权威所说的东西并不是无理性的和随心所欲的，而是原则上可以被认可接受的。这就是教师、上级、专家所要求的权威的本质。他们所培植的前见，……也可成为客观的前见"[④]。尤其是

---

① ［德］伽达默尔：《真理与方法》，洪汉鼎译，上海译文出版社1999年版，第347页。
② 同上书，第355页。
③ 同上书，第356页。
④ 同上书，第359页。

第九章 从解释学的"前见"看意识形态

那些存活于社会当下现实生活中的各种受到尊奉的传统、风俗习惯这类无名的权威,"即因袭的权威——不仅是有根据的见解——总是具有超过我们活动和行为的力量"①。人们受教育,也就意味着接受传统文化和当下新思想的双重教化,即使进入生命成熟期的人也不意味着他是自己的绝对主人,即他摆脱了一切习俗和传统。"例如,道德的实在性大多都是而且永远是基于习俗和传统的有效性。道德是在自由中被接受的,但决不是被自由的见解所创造,或者被自身所证明的。"② 妄图消解一切传统的人认为,在传统面前,一切理性必须沉默。这是一种启蒙运动式的偏见。"实际上,传统经常是自由和历史本身的一个要素。甚至最真实最坚固的传统也并不因为以前存在的东西的惰性就自然而然地实现自身,而是需要肯定、掌握和培养。"③

出于这样一种对历史传统与现实生活内在关系的考量,对前见与当下事件、当面文本之意义解释与关系突显的思考,对前理解预设与主体自由发挥关系机理的关注,伽达默尔对解释学中的"理解前结构"现象及其作用机制作出了多方面的深入诠释。他的用心在于帮助人们正确理解解释活动,正确对待历史传统、历史文献、历史文化精神以及它们在人的解释活动中的复出和再建构现象。但不止于此。正如解释学这一关于人们对真理把握和理解的方法之研究,本身就属于精神科学那样,精神科学的解释学直接就是一种关于理解活动的"精神现象学",它为人们理解精神现象提供一种解释学的方法。因此,伽达默尔解释学的最终思想归宿在其所表白的"精神科学的研究"上。他曾反复宣示:"精神科学的研究不能认为自己是处于一种与我们作为历史存在对过去所采取的态度的绝对对立之中。在我们经常采取的对过去的态度中,真正的要求无论如何不是使我们远离和摆脱传统。我们其实是经常地处于传统之中,……以致传统所告诉的东西被认为是某种另外的异己的东西——它一直是我们自己的东西,一种范例和借鉴,一种对自身的重新认识。"④ 在精神科学方面当人们其理解的先在识见都归到人们必须抛弃的"前见"范围时,这样的理解并未

---

① [德] 伽达默尔:《真理与方法》,洪汉鼎译,上海译文出版社1999年版,第359页。
② 同上书,第360页。
③ 同上书,第361页。
④ 同上书,第361—362页。

真正科学地理解了理解自身,那种"无前见的科学"无法深刻把握传统借以生存和过去得以存在的历史内容,无法得到比它自身所知道的更多的东西。"其实,在精神科学里,致力于研究传统的兴趣被当代及其兴趣以一种特别的方式激发起来。研究的主题和对象实际上是由探究的动机所构成的。因此历史的研究被带到了生命自身所处的历史运动里,并且不能用它正在研究的对象从目的论上加以理解。"①"我们的历史意识总是充满了各种各样能听到过去反响的声音。只有在这些众多的声音中,过去才表现出来。这构成了我们所分享和想分享的传统的本质。现代的历史研究本身不仅是研究,而且是传统的传递。我们并不是只从进展的规律和确切的结果方面去看待现代的研究——在这种研究中好像也有了某种新的历史经验,因为在研究中我们每次都听到某种过去在反响的新的声音。"② 即使是在企图摆脱一切历史前见而要"客观地"研究历史的极端想法中,"历史任务的真正实现仍然总是重新规定被研究东西的意义。但是这种意义既存在于这种研究的结尾,也同样存在于这种研究的开端:即存在于研究课题的选择中,研究兴趣的唤起中,新问题的获得中。"③ 所有这些冗长的引述,无不表明精神科学的研究,作为解释学的栖身处,是无法摆脱历史与当下、传统与创造、前见与新知的纠结的。解释学的宿命就是要在意识形态发展变化中,寻求解决这些矛盾的认识论方略。其本身就是一种意识形态的自我建构与诠释策略。

伽达默尔对"精神科学"的诠释,表明它作为一种文化现象,就是"精神科学的诠释学"。它是有别于自然科学的另类科学:"精神科学宁可与道德知识紧密联系在一起。精神科学就是'道德的科学'。精神科学的对象就是人及其对于自身所知道的东西。"④ "从哲学上看,诠释学的任务就在于探究这样一种本身是被历史变化推着向前发展的理解活动究竟是怎样一门科学。"⑤ 伽达默尔的解释学,已经根本性地超出了文本解读的研究,而直接是关于人的生存与认知关系的陈述,关于历史与整个精神世

---

① [德]伽达默尔:《真理与方法》,洪汉鼎译,上海译文出版社1999年版,第365页。
② 同上书,第364—365页。
③ 同上。
④ 同上书,第403页。
⑤ 同上书,第397页。

界关系之理解的科学。它是意识形态的诠释学，也是诠释学的意识形态。这种推导，不仅有伽达默尔所提供的理解意识形态的精神分析方法、历史解释学方法确认，而且还有他分门别类地对法学、神学、道德、文学、语言学、社会认知心理学，最后还有哲学等几乎所有意识形态门类的解释作证。因此，解释学这门精神科学关于人的思想意识活动中之"理解前结构"的解释，尤其是关于思想"前见"的肯定和说明，旨在强调对意识形态现象的复合理解，关注它对精神文化生活的介入。意识形态是一种最具传统、权威、习惯、定式等属于"前见"现象的文化生活，同时又是一种需要在社会发展的时过境迁中不断调整言说方式、理解方式，不断调整内在世界之自我意识的那样一种历时态的解释活动。诠释学的根本任务是要澄明使理解得以发生的精神条件——占据解释者意识的"前见"，不是解释者自身可以轻易抹煞与自由支配的。"因此一切诠释学条件中最首要的条件总是前理解，这种前理解来自于与同一事情相关联的存在。正是这种前理解规定了什么可以作为统一的意义被实现，并从而规定了对完全性的先把握的应用。"[①] 所有这些，就是意识形态与"前见"，在解释学论域形成的深邃逻辑渊源，它们于特定范围内几乎是两元一体的文化事实。在解释学的原生意义上，这一事实为我们将两者联系起来作辩证统一的理解，提供了确然的理据。

二 意识形态"前见"的意识机理

意识形态作为国家精神和占统治地位的思想观念体系，与一般意识相比，它是具有权威性的。而权威本身又是造成理解前见的重要条件之一。因此，对意识形态与"前见"实际关系的分析，以及意识形态"前见"的意识机理说明，需要厘清意识形态与权威、权威与"前见"的关系。

就意识形态与权威的关系而论，处于历时态中的意识形态既是权威的又是非权威的。意识形态的形成与发挥作用是一个持续过程。某一社会或某一历史阶段之意识形态的形成，包括类似于启蒙运动中发生的否定一切权威的意识形态，作为对此前异己意识形态及其权威话语的批判与否定，

[①] [德] 伽达默尔：《真理与方法》，洪汉鼎译，上海译文出版社1999年版，第378页。

就其主张的自由、平等、博爱、正义一类反权威思想、反传统前见、让一切接受理性审判这样一种新锐的、革命的样态而言，新型意识形态既是反权威的，又是非权威的，即它诉求理性的胜利而非文化实力的较量。这在新的思想观念体系欲登台还未完全登台，或虽已登台但还处在理性而非实力的抗争过程时，新兴社会力量的意识形态策略也必然只能诉诸理性而不能倚杖权势或权威。此时的意识形态也就更多地表现出人民性、民主性、普适性与亲和性，不是面目森严、话语震耳、让人须言听计从的国家精神；而当意识形态随同其主体力量在政治舞台上立足已稳，有了法权的支持和经济的坚实根基之时，有了需要维护的既得利益并需要防止反对力量的挑战之时，统治势力便会动用各种手段巩固自己的思想统治和文化话语霸权，使之建构起来的意识形态以强大的精神力量主导社会生活的方方面面。它以不言自明之理、不容置喙之威、不许挑战之位、不可抗拒之势，在一定的时期和范围内成为精神生活至高至大的思想原则与价值秩序，以权威形式把自己的各种主张当作广为推行的理解前见植入人们的思想世界。即使是非常强调理性服人，充分尊重人民信仰自由的我国政府，在大学教育中也反复贯彻让马克思主义进教材、进课堂、进头脑的思想政治教育原则，鲜明地表现了意识形态的国家权威和文化主导。

这种意识形态现象，可以说是权威在生成、诉求和维系着统驭社会心理与公众意识的"前见"。而一俟意识形态作为系统化的国家思想秩序，或受景仰人物力主的学说体系，形成定式、定则之后，那么，它的主张、它的理性和价值原则，它的思想方法，便不仅是人们普遍接收、内化、遵循的"前见"，而且是具有支配力量即理性权威、话语霸权的成见。因此它又会以"前见"自身的言说功能和文化影响力，反哺生成它的意识形态权威。由此可见，意识形态的权威与"前见"，在一定的时期和范围内，必然是互相支持、彼此为用的。

权威与"前见"的关系表明，权威是"前见"众多属性的表现之一。"前见"的权威，在此并非指让人"盲目服从"或违心遵循，不是与理性处于一种完全对立的关系中，而是一种有理性意识参与的判断，即能让主体对社会的、他人的优先判断心悦诚服地形成理性认同的文化位势。伽达默尔认为："人的权威最终不是基于某种服从或抛弃理性的行动，而是基于某种承认和认可的行动——即承认和认可他人在判断和见解方面超出自

第九章 从解释学的"前见"看意识形态

己的判断具有优性……权威依赖于承认，因而依赖于一种理性本身的行动，理性知觉到它自己的局限性，因而承认他人具有更好的见解。"① 在此意义上，意识形态只要合乎社会发展的总趋势，即使是作为一种权威话语而出现，它对社会主体的思想认识及精神生活的主导，也会给予一种社会化、历史性的文化指引，使公众获得社会性的思想范式和理解前提，得到一种塑造己内世界的精神模式。因此，意识形态因其合理性、合法性而产生的思想文化支配权及社会心理的牵引力量，是不能因其权威性而断然否定由其引发的思想前见机制之理性意义的。意识形态及其在社会生活中形成的权威现象，某些场合虽可能出现背理特质，但并非一切权威都非理性。若将权威和理性之一致关系推到极致，某一理性被广泛认同和推崇，也会变为权威。权威不等于真理但能影响真理，真理不出自权威但能形成权威。真理形成的权威性和权威倚重的真理性，两者在社会精神文化生活中的统一，笔者以为正是先进意识形态能为社会大众的思想活动提供理解"前见"的基本条件。这种情况，在社会变革与意识形态的新旧交替中，人们碍于新思想、新观念话语权和影响力的不足，碍于以往意识形态及其代表人物的精神力量，常常会发生这样的情况："他们战战兢兢地请出亡灵来给他们以帮助，借用它们的名字、战斗口号和衣服，以便穿着这种久受崇敬的服装，用这种借来的语言，演出世界历史的新场面。"② 这一马克思展示的意识形态特殊景象，正是历史传统形成的权威前见，在新思想还不够强盛、不够深入人心、缺少足够说服力的条件下，历史上形成的思想观念因为其强大影响力而难以避免地成了人们认识、理解、宣传新社会、新观念的道具、语言和佐证，以顽强前见的形式影响着甚至直接诠释着新的社会理念和价值主张。

通过对意识形态与权威的关系、权威与"前见"的关系分析，我们以为，意识形态与"前见"的关系可以概括为：意识形态是"前见"众多表现形式中的一种特殊形式，其特殊性体现在它给予了主体以社会化和历史性的文化标识，作为文化身份或文化面具而出现。相对于"前见"的其他表现形式而言，意识形态前见对主体的影响更为广泛和深刻。正如

---

① [德] 伽达默尔：《真理与方法》，洪汉鼎译，商务印书馆 2010 年版，第 48 页。
② 《马克思恩格斯全集》第 8 卷，人民出版社 1961 年版，第 121 页。

马克思所说:"人们自己创造自己的历史,但是他们并不是随心所欲地创造,并不是在他们自己选定的条件下创造,而是在直接碰到的、既定的、从过去承继下来的条件下创造。一切已死的先辈们的传统,像梦魇一样纠缠着活人的头脑。"①马克思这里所言的"传统",主要是指历史上思想观念的"传流物"对当下人的先在性和"先行具有",进而构成了主体的"先行视见"——"前见"。这种情形,在某些特殊时期和特殊的思想关系中,会有异乎寻常的表现。如恩格斯所说的那种情况:"中世纪把意识形态的其他一切形式——哲学、政治、法学,都合并到神学中,使它们成为神学中的科目。因此,当时任何社会运动和政治运动都不得不采取神学的形式;对于完全受宗教影响的群众的感情说来,要掀起巨大的风暴,就必须让群众的切身利益披上宗教的外衣出现。"② 正是因为"中世纪的世界观本质上是神学的世界观。……教会信条自然成了任何思想的出发点和基础。法学、自然科学、哲学,这一切都由其内容是否符合教会的教义来决定"③。社会主体的这种"先行具有"和"先行视见",不仅在历时态方面,对后发的思想认识以"前见"的意识功能产生巨大的制约作用;而且在诸意识形式的共时态关系中,那种特别强大的意识形式之"前见",会像一种普照的亮光而影响甚至改变其他意识形式观照和诠释社会生活的方式与色调。这应当是在意识形态发展不平衡、地位不均等情境中,因其语权差异带来的"理解前结构"——特殊意识形式生成的"前见"现象。它提示我们必须从更深刻、更复杂的层面去理解意识形态中"前见"的解释机制与功能。对于此种现象,只要我们冷静地思考当下在以经济建设为中心、市场运行为法则的现实生活中诸意识形式的不均衡发展、不平等语权的情况,想想那"经济繁荣、文学式微、哲学萧条"的文化道场,品味那经济独尊、先声夺人的权威前见成了解释各类社会现象的思想预设和价值法则,我们就能更深刻而鲜活地理解何谓意识形态的权威与前见了。

这些关于意识形态、"前见"的界说和对意识形态与"前见"关系的

---

① 《马克思恩格斯全集》第8卷,人民出版社1961年版,第121页。
② 《马克思恩格斯全集》第21卷,人民出版社1965年版,第349—350页。
③ 同上书,第545页。

分析表明,作为"前见"的意识形态并非纯粹是虚幻和欺骗性的,它对主体的思想认识也可能产生积极作用。事实上,意识形态如果是纯粹的欺骗,它就根本不能深入人心,解释社会,维系邦本,就无法起到意识形态的社会功能。实际生活中,最常见的意识形态"前见",恰恰是人们最熟知的东西,是人们不仅在思想中而且在实际生活中认为最真实的东西,并且要经常给予它们以生活的检验。即使是具有消极性的意识形态,其中也总会借用或暗含某些人类文明优秀文化遗产的积淀,将那些文化发展中的"黄金储备",作为价值原则之先导或言说语义之逻辑,为人们认识事物、处理社会交往提供定律性前见,以较为抽象化的定则引导人们遵循前贤先哲之见,去认识和对待某些问题。就像我国儒学中提倡的"礼、义、仁、智、信"原则,作为传统文化的道统,作为旧意识形态之核心价值观,它们显然在不同的历史时期反复发挥着引领社会思想认识的"前见"作用,并且由于统治阶级别有用心的解读、宣传和发挥,产生过巨大的保守、消极作用。但它们作为中华文化的生命智慧结晶,时至社会主义的今天,仍然在不少方面起着影响人们思想认识的前见作用。正是这类传统文化在意识形态方面提供的种种"前见"及其产生的实际作用,让中国人的民族精神与意识形态思维,总是鲜明地不同于西方人。人们生活与成长在历史文化提供的精神"营养钵"中,在其不会独立思考之时就接受着传统文化、前人理解结构给予的前见引导,受到意识形态的教化,形成对意识形态的某种认同,才成就主体社会化的。因此,主体对社会生活的认识,不是带着纯自然的视网膜去观察物象、接纳和处理信息的。马克思说过,"人的眼睛、人的耳朵等等都是自我的"①。主体背负着所属阶级的利益诉求与意志,带着传统观念,带着主体的"理解前结构",带着渗透主体自我意识的感官、感觉,去观察和反映事物。其中的理解"前见",如同相机的凸透镜头、孔径光阑,会改变物象本来的姿态,或虚或实、或正或反、或本色或变色、或清晰或模糊地留下变了样式的意识形态映像。可见,作为主体"前见"的意识形态对主体的影响,是在不同时空中具体展开的,尽管这种展开有自觉、不自觉之分,但其对主体的影响则是不言而喻的。

---

① 《马克思恩格斯全集》,第 42 卷,人民出版社 1979 年版,第 164 页。

三 意识形态前见与"实践理性"在理解中的复合作用

意识形态前见在社会认知中作用的发挥,虽不容置疑,但其作用既不是独断论的,也不是单面性的,它们受到现实生活尤其是经济生活的再选择与再建构,是在与可被特称为"实践理性",即与人们对现世利益、动机、价值目标、行为方式之选择有关的理性——生活的现实智慧之复合作用中,实现其"前见"意义的。

马克思主义的认识论及唯物史观,都充分肯定了意识形态的前见意义。恩格斯指出:"每一个时代的哲学作为分工的一个特定的领域,都具有由它的先驱者传给它而它便由以出发的特定的思想资料作为前提。"[①]但无论是马克思还是恩格斯,都不曾脱离社会实践及其经济生活对认识的规定性而去单面性地谈论意识形态传统见解对人们的思想影响。恩格斯深入研究了现实生活与意识形态"前见"在相互作用中对社会认识产生的复合规定性:意识形态阶层的思想成果会影响社会认知,影响全部社会生活,"甚至影响经济发展。但是,尽管如此,他们本身又处于经济发展的起支配作用的影响之下"[②]。经济对意识形态"传流物""前见"之复活、之作用发挥的"这种支配作用是发生在各该领域本身所限定的范围内,例如在哲学中,它是发生在这样一种作用所限定的那些条件的范围内,这种作用就是各种经济影响(这些经济影响多半又只是在它的政治等等的外衣下起作用)对先驱者所提供的现有哲学资料发生的作用。经济在这里并不重新创造出任何东西,但是它决定着现有思想资料的改变和进一步发展的方式,而且这一作用多半也是间接发生的,而对哲学发生最大的直接影响的,则是政治的、法律的和道德的反映"[③]。意识形态的辩证法表明:"政治、法律、哲学、宗教、文学、艺术等的发展是以经济发展为基础的。但是,它们又都互相影响并对经济基础发生影响。"[④]

在恩格斯给出的这一系列关于社会主体当下现实生活对意识形态前见

---

① 《马克思恩格斯全集》第37卷,人民出版社1971年版,第489—490页。
② 同上书,第489页。
③ 同上书,第490页。
④ 《马克思恩格斯全集》第39卷,人民出版社1974年版,第199页。

的规定性论述中,我们既看到了社会存在决定社会意识的唯物论原则,更看到了思想意识流传中历史与现实、传统与创新、理解前见与实践理性、个别意识形式与整个意识形态之间深刻而丰富的辩证关系。

马克思认为,"一般劳动是一切科学工作,一切发现,一切发明。这种劳动部分地以今人的协作为条件,部分地又以对前人劳动的利用为条件"[①]。人类在进行社会认识的意识形态精神生产过程中,既具历时性又有共时性,不能脱离历史上遗留下来的思想资料凭空发生,也不是毫无思想交流的单个人喃喃自语。这种生产机制便决定了人们既要接受和利用意识形态的种种"前见",同时又要在并存的横向关系中相互借鉴他人的理解能力、知识与经验,接纳和认同来自他人、他群体的"前见"。这后一种在共同理解中主体彼此交流、运用的"前见",多为人们对于现实生活的意义把握、价值诉求与行动策略的实践理性,它对于以往意识形态的传统和"前见"具有一种现实性的选择、验证、建构乃至再造功能,背后实际地传达着现实生活及其社会关系对历史传流物、"前见"的扬弃。其中,人们的物质生产实践及其经济关系,是社会生活的基础,是孕生各种社会意识的原始因素,是精神文化生产的决定者,是人们的思维方式、价值观念、社会理想、自我意识借以发生和表现的物质平台。它们通过对社会生活及其交往关系的规定与渗透,决定人们的精神生产及其思想关系,制约社会主体对彼此所持"前见"的接纳、理解与运用,进而决定着每一代新人对传统意识形态"前见"的态度与承继。这就在一个重要方面实现着马克思所说的"物质生活的生产方式制约着整个社会生活、政治生活和精神生活的过程"[②]。人们在精神文化中"所产生的观念,是关于他们同自然界的关系,或者是关于他们之间的关系,或者是关于他们自己的肉体组织的观念。显然……这些观念都是他们的现实关系和活动、他们的生产、他们的交往、他们的社会政治组织的有意识的表现"[③]。"表现在某一民族的政治、法律、道德、宗教、形而上学等的语言中的精神生产也是这样。人们是自己的观念、思想等等的生产者,……他们受着自己的生

[①] 《马克思恩格斯全集》第 25 卷,人民出版社 1974 年版,第 120 页。
[②] 《马克思恩格斯全集》第 13 卷,人民出版社 1962 年版,第 8 页。
[③] 《马克思恩格斯全集》第 3 卷,人民出版社 1965 年版,第 29 页。

产力的一定发展以及与这种发展相适应的交往（直到它的最遥远的形式）的制约。"① 基于此，我们对精神文化现象的解释，决不能像唯心主义那样"从天上降到地上"，不能仅从历史文化"前见"出发来理解现实的意识形态与主体的实践理性。而必须采取唯物史观"从地上升到天上"的方法，从人们的"现实生活过程中……揭示出这一生活过程在意识形态上的反射和回声的发展"②。要充分理解和认真坚持马克思论述的那样一种思想方法："人们按照自己的物质生产的发展建立相应的社会关系，正是这些人又按照自己的社会关系创造了相应的原理、观念和范畴。"③ 这些思想文化内容中的原理、观念和范畴，作为主体的实践理性、生命智慧与社会认识的逻辑事实，所表征的根本性的事实逻辑，则是社会物质生产及社会关系内在的运行机理。各类精神文化认识论的逻辑之根，深深扎在它们所言说和表征的社会生活及自身关系中。马克思十分深刻地揭示了人的社会生存方式决定人的认知能力和思想取向的确凿事实：社会生活中各类主体"他能看到什么，能看到多少，这不仅取决于世界上事物的决非由他所创造的现存状况，而且也取决于他的钱袋和分工而获得的生活状况，也许这种生活状况使他对很多东西都不能问津，尽管他的眼睛和耳朵十分贪得无厌"④。这一深见，得到了认知心理学的反复证明。人们直接生成于现实生活中的"实践理性"，是会根本性地制约主体对事物的注意倾向和认知方法的。文化主体总是依据自己的生活处境、社会角色、利益关系及价值方针、情感偏好、行动策略去认识事物、接纳和处理信息的。人们常常只能看到愿意或希望看到的东西，积极寻求和采纳那些能够支持其实践理性诉求的现实事物及其信息。总体上讲，精神文化生产者们在理论上得出的任务和作出的决定，最终是他们的物质利益和社会地位在实际生活中引导他们得出的任务和作出的决定。由此可见，传统意识形态、历时态的"前见"，与现实生活及其交往中社会主体的实践理性、共时态"前见"，发生着复杂的交互作用。

在主体的认知、理解中，作为"前见"的意识形态主要在认知结构

---

① 《马克思恩格斯全集》第3卷，人民出版社1965年版，第29页。
② 同上书，第30页。
③ 《马克思恩格斯全集》第4卷，人民出版社1958年版，第144页。
④ 《马克思恩格斯全集》第3卷，人民出版社1965年版，第334页。

方面对主体产生思想影响。其一,它为主体提供了某种特殊的视域。主体对对象的选择受到"前见"指引,"前见"意识像过滤器,对各种信息和对象在主体未曾理解之前先行地进行了过滤、筛选,与主体已有知识背景相吻合的东西更易于被主体敏感地觉察和接纳。其二,作为"前见"的意识形态一旦形成,便以集体无意识的形式成为主体原初的认知结构,主体不经意地把认知对象及其信息,按照理解"前见"提供的思想框架和价值模式进行加工制作,以"前见"在主观世界点燃的烈焰去冶铸和锻造它们,产出前见和现实信息、实践理性同构的精神"合金"。

值得指出的是,作为"前见"的意识形态,在成为主体由已知向未知推进过程的参照系时,虽然它有偏袒已知、倾向定则、维护权威、阻碍异见的某种保守性,会一定程度地拒斥异己的理性要求。但认知及其理解活动的真实情况是,现实的社会存在和实践理性,以及人们的共时性并在与精神互动,具有比意识形态传统的"前见"强大得多的力量。从主体的文化生活秩序而言,人们总是更多地活在今天,面对当下的现实、生活与同在者,而不是因禁在历史牢笼中面对过去与逝者。因而"前见"在帮助主体选择对象、信息并加工制作它们时,会更多地受到现实生活、实践理性、人们的共时态互动的反选择、再建构。因而传统中的"前见"构筑的理解秩序与文化逻辑,并非固若金汤,牢不可破。而且,它们必须与现实生活及其实践理性提供的新经验、新知识、新方法打成一片,冶于一炉,才能发挥"前见"的积极作用。因此,在本来意义上,作为历史认识结晶的"前见",它们既具有传统理性的基因,又会在现实生活及其实践理性的冶炼中成为新的理性创造元素。伽达默尔深入地关注到了这一问题:"实际上,传统经常是自由和历史本身的一个要素。甚至最真实最坚固的传统也并不因为以前存在的东西的惰性就自然而然地实现自身,而是需要肯定、掌握和培养。传统按其本质就是保存,……保存是一种理性活动,……并且与新的东西一起构成新的价值。"[①] 传统、"前见"与现实生活及实践理性的这种关系,决定了"前见"内生着一种突破和超越自身的张力,具有推动人的认识进入新境界的开放性。而这种开放性主要是通过主体对社会文化生活现实及实践理性的同化与顺应两条途径达成的,

---

① [德] 伽达默尔:《真理与方法》,洪汉鼎译,上海译文出版社 1999 年版,第 361 页。

并以此对主体原有认知结构进行重构。就同化而言,是主体反映客体,反思实践理性,把客体及实践活动的信息纳入主体的认识结构中,使客体及实践的规定性加入并顺适主体的思想认识,表现为认识的更新与扩展。顺应则是主体在已有的识见及其认知结构与客体及实践的矛盾中,主体改变已有的识见和认知结构,使之更加符合客体与实践的那样一种认识活动,表现为认识的变革与深化。同化与顺应共同构成了主体认知的发生和发展运动,它们从另一侧面反映了作为"前见"的意识形态并非全是封闭性的,而具有开放性;也并非全是僵化死板的,而可以保持活力。"前见"使我们在认知过程中,有期许,有意向,有诉求,有知识储备,还有判定未知的能力。正是因为主体具有了"前见",他们才能去开拓和认识新的可能性,才能积极地理解和面对意外、生疏、困惑等方面的思想挑战,从已知走进未知世界。正如海德格尔所言,人作为被抛于世的此在,由于畏、烦、陌生等触目之事,促使此在之人对在世进行一系列的"筹划"与自决,从被抛甩的被动和"常人"的那种浑浑噩噩状态中超拔出来,达到一种本真的生存状态。

此外,意识形态的"前见"对于现实生活本身,还拥有旗帜、坐标、信念和引擎的意义,在积极方面能产生一种召唤作用、标识作用、引导与推动的作用。马克思认为,思想观念不仅解释世界,而且能通过实践改造世界。意识形态"前见"以及各种进步的思想文化理念,其功能的发挥必须与实践相结合,必须融进实践理性。然而,"理论要求是否能够直接成为实践要求呢?"马克思认为,"光是思想竭力体现为现实是不够的,现实本身应当力求趋向思想"[1]。这是一个不为人关注甚至忽略了的重要思想策略。它告之我们,相对于特定实践发生之初而先在的那些具有科学品格的意识形态"前见",我们展开的现实生活,进行的社会实践,构作的实践理性,应当努力地趋近它们,贯彻它们,把它们由理论理性变为实践理性,由精神变为物质的复现,由思维变成存在。这样,才能使科学认识付诸实践,获得现实性意义,实现其认知与理解的价值归宿;才能使社会实践拥有科学性的品格,在合目的性与合规律性的统一中,实现人类的理解意义与社会福祉。

---

[1] 《马克思恩格斯选集》第 1 卷,人民出版社 1956 年版,第 11 页。

第十章　意识形态幻象的认知逻辑

关于意识形态的解释，马克思恩格斯有一个很重要的思想：特定情况下，意识形态是对社会存在、社会生活颠倒的、歪曲的、虚幻的反映。笔者认为，意识形态这些不真实的反映，就思维方式而言都可以列入"幻象思维"。它们以种种偏见、镜像、错觉和主观幻想，对社会存在给予非真实的表达。以往的意识形态研究，人们往往止于对经典作家关于意识形态某些虚幻性之诊断的认肯，而对意识形态何以生成幻象思维这种特殊的思想方式之主、客观原因则关注不够，尤其是从认识方面对幻象思维究诘不深。其实，马克思恩格斯在对资本主义意识形态发起总体性的批判中，对意识形态的幻象思维从社会认识论方面做过许多深刻论述。它对于我们科学理解意识形态的精神病症有重要意义。我们要深入理解意识形态幻象思维的生成与运演机制，就必须透过对它们的社会历史原因、意识形态家族的生存境遇、利益关系及其思想文化语境局限的分析，去深入探讨幻象思维在认识论、方法论方面的致因，故我们不能遗忘经典作家对此所作的深刻阐释。

一　因果倒置的臆度玄想

马克思恩格斯认为意识形态的幻象思维之理论失足处，重要的一点在于对社会生活世界的客观秩序给予了头足倒置的解释，而这种颠倒又是以对社会生活结构、动力之间原因与结果的颠倒为突出病端的。他们在清算德意志意识形态的唯心主义祸乱时，曾这样揭露过唯心主义者桑乔的思想致谬："在桑乔的历史虚构中，按照黑格尔的方法，最近的历史现象变成了原因，变成了较早的历史现象的创造者，同样，在自我一致的利己主义者那里，今天的施蒂纳变为昨天的施蒂纳的创造者，虽则用他的话来说，今天的施蒂纳乃是昨天的施蒂纳的创造物。但是反思却把这一切颠倒过来，在反思中作为反思的产物、作为观念，昨天的施蒂纳成为今天的施蒂纳的创造物。同样，在施蒂纳那里，客观世界的关系在反思中成为他的反思的创造物。"① 显然，因果颠倒成了桑乔一类意识形态幻象思维者的思想特征与致谬因素。后来，恩格斯在其关于意识形态对社会现实生活颠倒反映之思维机制的研究中，进一步揭示了意识形态的幻象思维，与人类历史发展过程之因果联系的复杂性以及人们的意识错觉之密切关联。他指出："在自然界中和历史上所显露出来的辩证的发展，即经过一切迂回曲折和暂时退步而由低级到高级的前进运动的因果联系，在黑格尔那里，只是概念的自己运动的翻版，而这种概念的自己运动是从来就有的、不知道在什么地方发生的，但无论如何是同任何能思维的人脑无关的。这种意识形态的颠倒是应该消除的。"② 恩格斯认为："对世界进行研究的一般结果，是在这种研究终了时得出的，因此它们不是原则，不是出发点，而是结果、结论。从头脑中构造出这些结果，把它们作为基础并从它们出发，进而在头脑中用它们来重新构造出世界——这就是玄想。"③

马克思以黑格尔哲学亦即"黑格尔意识形态"为例，对其法哲学的因果颠倒思维进行了更详细的揭露和分析："在德国理论家中间，用原因来称呼结果，把所有渊源于神学但又还没有完全达到这些德国理论家的原理的高度的东西，如黑格尔的思辨、施特劳斯的泛神论等等，都归结为神学的范畴，已经成为时髦的事了，……黑格尔（1）把法国革命看作是这种精神的统治的新的更完备的阶段；（2）认为哲学家是19世纪世界的统治者；（3）肯定现在人们中间只有抽象思想在统治着；（4）在他那里，婚姻、家庭、国家、自力所得、市民秩序、财产等等已被看作是'神的和神圣的东西'，已被看作是'宗教的东西'了；（5）作为世俗化了的神圣性或神圣化了的世俗生活的道德被描写成精神统治世界的最高形式和最后形式。"④ 在马克思的论域中，黑格尔式的对人类生活现实的社会关系、

---

① 《马克思恩格斯全集》第 3 卷，人民出版社 1960 年版，第 300—301 页。
② 《马克思恩格斯全集》第 21 卷，人民出版社 1971 年版，第 337 页。
③ 《马克思恩格斯全集》第 20 卷，人民出版社 1974 年版，第 662 页。
④ 《马克思恩格斯全集》第 3 卷，人民出版社 1960 年版，第 183 页。

思想的社会关系之唯心主义颠倒，总是在派生与被派生、决定与被决定关系中的一种因果颠倒。比如在经济与政治关系的意识形态反映中就是如此："黑格尔当做目的、当做决定因素、当做长子继承制的始因来描述的东西，反而是长子继承制的结果和后果，是抽象的私有财产对政治国家的支配权。但是黑格尔又把长子继承制描写成政治国家对私有财产的支配权。他倒因为果，倒果为因，把决定性的因素变为被决定性的因素，把被决定的因素变为决定性的因素。"① 显然，从事物发生的时序上玩弄因果颠倒的思想戏法，实际上就是把第一性、第一位的东西，变成了第二性、第二位的东西。本体论上社会存在与社会意识第一性对第二性的关系，变成第二性的结果派生出第一性的原因。进而对经济与政治因素之间第一位的原因与第二位的结果之关系，也被颠倒为第二位的结果派生出第一位的原因。这不仅是事物发展、变化辩证因果关系的颠倒，而且导致了社会结构关系、诸社会因素作用与反作用之间功能关系的大颠倒。它构成了意识形态幻象思维的一个重要内容，亦是引发和建构意识形态幻象的重要思维方法。

马克思恩格斯告之我们，要破除这些意识形态的玄想，就必须恢复社会生活、历史发展中因果联系的本来面目，遵循其内在规律的客观要求。首先，要遵守原因与结果的平衡关系。马克思说："原因决不能高于结果，结果仅仅是公开显示出来的原因。"②循依此论，我们要从事物的结果去寻求它的原因，不能颠倒时序，倒因为果，或化果为因。同时，要从结果中揭示其真正的原因，认识原因在结果中"公开显示"的客观性，而不能把不是导致结果的因素当成原因。再者，原因的真实性只能在其结果的客观性、公开性中获得证明，不存在脱离结果、高于结果的原因。如若遵守了因果关系的这些辩证法则，那么，意识形态的幻象思维也就少了许多出场的机会。

其次，要从直观的因果联系中揭示原因背后的始因，延伸因果链条的平面寻绎和纵深追问。在揭露意识形态的幻象思维时，马克思恩格斯不但指出了意识形态唯心论在因果关系方面的种种荒谬，而且还指明了通过厘

---

① 《马克思恩格斯全集》第1卷，人民出版社1960年版，第369页。
② 《马克思恩格斯全集》第42卷，人民出版社1979年版，第263页。

清历史活动的因果关系，掌握被意识形态幻象遮蔽了的历史真相、历史发展规律，进而破解其荒谬思维的逻辑。恩格斯在这方面做了大量工作，他不仅论述了社会发展的最终取向是人们在历史活动中各个相异的多种意志力量相互抵消的合力结果，深入揭示了各种偶然性误导人们的历史知觉、引发政治迷信或社会宿命论的终极致因；而且还进一步揭示了这些历史活动之意志力量赖以形成的动机背后的动因。他指出："探讨那些作为自觉的动机明显地或不明显地、直接地或以思想的形式、甚至以幻想的形式反映在行动着的群众及其领袖即所谓伟大人物的头脑中的动因，——这是可以引导我们去探索那些在整个历史中以及个别时期和个别国家的历史中起支配作用的规律的唯一途径。"① 应当说，由于社会生活因果关系的曲解在意识形态领域引出的对现实生活之歪曲和颠倒的反映太普遍、太严重了，因而对历史因果律的科学解释，便成为消解幻象意识，打通由唯心史观通向唯物史观关隘的一条思维栈道。

二　历史规定性的抽象思维消释

能否遵循并如实表达历史自身的规定性，是意识形态认识论真实的关键。马克思在批判德国思想界的历史唯心主义顽疾时尖锐地指出："所有的德国哲学批判家们都断言：观念、想法、概念迄今一直统治和决定着人们的现实世界，现实世界是观念世界的产物。"②因而"德国唯心主义和其他一切民族的意识形态没有任何特殊的区别。后者也同样认为思想统治着世界，把思想和概念看作是决定性的原则，把一定的思想看作只有哲学家们才能揭示的物质世界的秘密"③。

在对德意志意识形态的分析与批判中，马克思解剖了黑格尔和施蒂纳对社会生活的唯心言说及其深层的幻象思维，深入分析了意识形态颠倒地、歪曲地反映现实生活的认知论怪圈，它对于我们理解关于社会生活的幻象意识具有普遍性的意义。马克思指出："把统治思想同进行统治的个

---

① 《马克思恩格斯全集》第21卷，人民出版社1965年版，第343页
② 《马克思恩格斯全集》第3卷，人民出版社1960年版，第16页。
③ 同上。

第十章 意识形态幻象的认知逻辑

人分割开来，主要是同生产方式的一定阶段所产生的各种关系分割开来，并由此作出结论说，历史上始终是思想占统治地位，这样一来，就很容易从这些不同的思想中抽象出'一般思想'、观念等等，而把它们当作历史上占统治地位的东西，从而把所有这些个别的思想和概念说成是历史上发展着的'概念'的'自我规定'。在这种情况下，人们的一切关系都可能从人的观念、想象的人、人的本质、'人'中引伸出来，那就是十分自然的了。"①马克思进一步指出，类似如黑格尔"历史哲学"这样用抽象的逻辑演绎绑架或者取消历史发展自身的事实逻辑，炮制虚幻的意识形态理论之基本戏法，可以归结为以下三个手段：

第一，必须把统治的个人——而且是由于种种经验的根据、在经验条件下和作为物质的个人进行统治的个人——的思想同这些统治的个人本身分割开来，从而承认思想和幻想在历史上的统治。

第二，必须使这种思想统治具有某种秩序，必须证明，在一个承继着另一个的统治思想之间存在着某种神秘的联系。达到这一点的办法是：把这些思想看作是"概念的自我规定"（所以能这样做，是因为这些思想由于它们都有经验的基础而彼此确实是联系在一起的，还因为它们既被仅仅当作思想来看待，因而就变成自我区别，变成由思维产生的区别）。

第三，为了消除这种"自我规定着的概念"的神秘的外观，便把它变成某种人物——"自我意识"；或者，为了表明自己是真正的唯物主义者，又把它变成在历史上代表着"概念"的许多人物——"思维着的人"、"哲学家"、思想家，而这些人又被规定为历史的创造者、"监护人会议"、统治者。这样一来，就把一切唯物主义的因素从历史上消除了，于是就可放心地解开缰绳，让自己的思辨之马自由奔驰了。②

笔者之所以长篇引述马克思关于意识形态幻象思维的批判性文字，实

---

① 《马克思恩格斯全集》第3卷，人民出版社1960年版，第55页。
② 同上书，第55—56页。

在是因为它从根本上揭示了这种思维的内在运演机理以及致谬的根本原因，用抽象的思想演绎消释历史的法则，其唯心主义的戏法不外乎是：把社会历史由生产方式所决定，变为由某种思想所规定、所统制；进而，把占统治地位的思想与统治者即思想主体割裂开来，变阶级的统治为无人身的因而脱离了一切社会关系制约的抽象思想的统治；进而使思想历史承继的逻辑变成思想本身"概念的自我规定"，历史因此就变成了像黑格尔的《精神现象学》《历史哲学》那样演绎的精神自我规定、自行演化的历史了。玩弄这种用抽象思想、逻辑事实吞食和篡改历史的戏法者，虽然有时又给这些抽象思想还一个人身，但仍然是不食人间烟火的哲学家、思想家一类，他们不是根据社会现实生活及其关系来思维，而仅仅是充当着表演某种神秘思想的皮偶而已。用思想绑架历史的幻象思维者们认为，历史是由他们这类意识形态阶层"即由有些本事从上帝那里窃取隐秘思想的人们创造的。平凡的人只需要应用他们所泄露的天机"[①]。在这样的意识形态幻象思维中，思维着的人隐匿了，人的社会关系、社会身份抹掉了，派生社会意识、历史思想的客观源头湮没了，由历史的客观联系所引发的思想史的真实逻辑链条剪除了，最后让思想、概念自我规定，自我演化，万能地创造着历史。这不仅是意识形态幻象思维的基本理路，同时也是整个历史唯心主义思想理式的秘密所在。

三 语言独立中的"消所入能"

意识形态是一套被社会统治力量操控的话语系统。受到政治力量、经济力量的强力支持，经统治者言说出来的意识形态话语具有鲜明的指向性、组织性和极为强大的实践推动作用，这在社会生活中容易形成"畏大人言"的语权意识。在意识形态的话语迷信中，人们把君权话语当成改变一切、维系邦本的无比伟力。我国封建社会长期流行着"天下之众，本在一人"[②]、帝王金口玉言、"一言兴邦，一言丧邦"等权威话语崇拜。这些观念本身已然是一种意识形态幻象，它以话语的政治权能压制对社会

---

① 《马克思恩格斯选集》第 27 卷，人民出版社 1995 年版，第 486 页。

② 周敦颐：《通书·顺化》。

现象的认识论追问与省思。并且，它在使政治话语意识形态化的同时让意识形态话语政治化，奉行以言代法、以言治国、以言施政、以言立德，形成王道设教、话语霸权、封建禁锢、文化驭民的局面。而作为替统治阶级张目、代言的意识形态阶层，他们的话语虽没有君主一类话语的权威，但他们利用知识擅长、专门精神生产的优势条件，"以言语构成一个系统"①，用"特型化"的语言编织一个相对独立的精神王国，遮蔽、表征、曲解思想意识与社会现实的真实关系，企望以意识形态家族的神圣话语界说天经地义，移风易俗，尚礼明德，为斯民立极。正如西方学者基亚纳指出的："带有意识形态色彩的语言游戏是指那些要求自己被普遍接受的游戏，因此排斥或压制（利奥塔会说'妖魔化'）每个其他的特殊语言游戏。"② 此番景象，进到资本主义社会似有改观，已无君权独制，亦无封建霸道，但资本逻辑的话语强势依在，意识形态家族依存，其经营的精神王国还非常强大。意识形态的话语强势，仍然让意识形态阶层思想恍惚，以为他们的言说是自外于生活现实的天音，生成了意识形态家族的语言幻象。对此，马克思有言："我们已经指出，思想和观念成为独立力量是个人之间的私人关系和联系独立化的结果。我们已经指出，思想家和哲学家对这些思想进行专门的系统的研究，也就是使这些思想系统化，乃是分工的结果；具体说来，德国哲学是德国小资产阶级关系的结果。哲学家们只要把自己的语言还原为它从中抽象出来的普通语言，就可以认清他们的语言是被歪曲了的现实世界的语言，就可以懂得，无论思想或语言都不能独自组成特殊的王国，它们只是现实生活的表现。"③ 在马克思的理念中，语言只是"作为思想的生命表现的要素"④，表征和说明思想活动及其对象世界，决不能自行组成独立王国。谁要是颠倒了语言与其所自出、所表达的现实生活的关系，那么，他必然陷入以能指替代所指的意识形态语言幻化，即中国哲学所讲的"消所入能"。对此，马克思在意识形态幻象思维的批判中，给出了语言认识论的解释。

---

① 《马克思恩格斯全集》第 19 卷，人民出版社 1965 年版，第 415 页。
② [英] 乔治·拉伦：《意识形态与文化身份》，戴从容译，上海教育出版社 2005 年版，第 154 页。
③ 《马克思恩格斯全集》第 3 卷，人民出版社 1960 年版，第 525 页。
④ 马克思：《1844 年经济学—哲学手稿》，刘丕坤译，人民出版社 1979 年版，第 82 页。

其一，语言是思维的感性形式与运演工具，语言与思维共在并一同出场，离开思维活动及其反映的对象世界，语言无法存在。那种无视思想生成的社会背景，抛开社会关系中活生生的思想主体，去组建和迷信语言的独立王国，自然是意识形态话语崇拜的乌托邦。然而，被马克思恩格斯所批判的意识形态、观念世界的"神圣家族"，却沉湎于建构、执守自己的语言独立王国，只信奉语言之中的观念，不尊重观念之外的世界。在德国一些哲学家的"思辨的用语中，具体的叫做抽象的，而抽象的却叫做具体的"①。这就是说，他们把思辨语言当作直接的现实，用思维的抽象去置换甚至消释真实具体的社会存在，成为其不可解脱的梦魇。马克思道出了他们的思想宿命："一个人，如果对于他感性世界变成了赤裸裸的观念，那末他就会反过来把赤裸裸的观念变为感性的实物。他想像中的幻影成了有形的实体。在他的心灵中形成了一种可以触摸到、可以感觉到的幻影的世界。这就是一切虔诚的梦幻的秘密，也就是疯癫的共同的表现形式。"②

其二，马克思认为，由语言所表征的"物的名称，是和物的性质全然没有关系的，我虽知此人名哲科布，但依然不知他是怎样的人。同样，在镑、台娄尔、佛朗、杜加这种货币的名称上，其实没有价值关系的一点痕迹"③。对此，列宁曾经有过发挥，"那种表达存在物的语言，并不就是那存在物"④。语言学向来强调，语言是"能指"，被其表征的主体内心经验及其反映的客观对象才是"所指"。能指系统的语言同所指的内容之间没有必然关系。一个事物叫什么名称，用何种词语去表征，是由操持某种语言的人们在长期交往中约定俗成的，不同民族、不同地域的人们用不同语词称谓同一个事物。事物姓甚名谁，有很大的偶然性。因此，离开被语言所表征的客观对象和社会生活，去强调话语的独立性；或者奉行以名循实的"唯名论"，把语言和被它所表征的客观事物混为一谈，用语言的能指机制取代对客观事物的规律性分析；或者认为独立的语言就像某些咒语一样具有创造和改变现实事物的力量，都是让人们坠入意识形态幻境的重要思想迷津。

---

① 《马克思恩格斯全集》第2卷，人民出版社1965年版，第26页。
② 同上书，第235页。
③ 转引自北京外国语学院俄语系语言学教研组编：《马克思主义经典作家论语言》，商务印书馆1959年版，第16页。
④ 同上书，第58页。

第十章 意识形态幻象的认知逻辑

意识形态领域的语言独立,还表现在将"能""所"倒置,"消所入能"。如马克思说的,"过去有些思想家可能想象:法、法律、国家等产生于普遍概念,归根到底产生于人的概念,并且也是为了这个概念而被创造出来的"①。社会现象连同人本身都是被概念所创造,这种极端唯心主义在黑格尔的《精神现象学》中一点也不会让人感到陌生。概念进而思维与社会存在的关系,在马克思恩格斯看来,它们具有如黑格尔所说的同一性。但恩格斯认为,这两者的同一性就像"圆和多边形"的关系,是包含了不可抹煞的差异性的同一。"即一个事物的概念和它的现实,就像两条渐近线一样一齐向前延伸,彼此不断接近,但永远不会相交。两者……由于这种差别,概念并不无条件地直接就是现实,而现实也不直接就是它自己的概念,由于概念有概念的基本特性,就是说,它不是直接地、明显地符合于它只有从那里才能抽象出来的现实。"② 既然概念不能直接符合被它所指的现实,那么,在概念与现实之间画等号,进而把概念当成现实,甚至认为概念派生现实,就构成了意识形态的幻象思维。再往深处追问,在概念和现实存在差异的情况下,是强调主观概念的独立性,让对象、现实去适应概念,还是尊重客观对象的独立性,让概念去适应现实,这在意识形态的精神生产中更是坚持唯物的辩证思维还是奉行唯心的幻象思维之严重分歧所在。概念与语言互为表里,概念是通过语言表达的概念,概念的独立必然是语言的独立,必然是概念与对象关系的倒置,必然是语言能指与所指关系的倒置,即不是从对象构成概念,生成对象的语言能指,而是概念派生对象,语言的能指生成所指。恩格斯曾经谈到这一"玄想家"的方法:"按照这一方法,某一对象的特性不是从对象本身去认识,而是从对象的概念中逻辑地推论出来。……用对象的映象即概念去衡量对象。这时,已经不是概念应当和对象相适应,而是对象应当和概念相适应了。……所以现实哲学在这里也是纯粹的玄想,它不是从现实本身推论出现实,而是从观念推论出现实。"③ 如此而来,在对社会生活的反映与解释中,就发生了马克思所说的那种意识形态幻象:"理念变成了独

---

① 《马克思恩格斯全集》第 3 卷,人民出版社 1960 年版,第 394 页。
② 《马克思恩格斯选集》第 4 卷,人民出版社 1995 年版,第 774—775 页。
③ 《马克思恩格斯全集》第 20 卷,人民出版社 1971 年版,第 105 页。

立的主体,而家庭和市民社会对国家的现实关系变成了理念所具有的想象的内部活动。实际上,家庭和市民社会是国家的前提,它们才是真正的活动者,而思辨的思维却把这一切头足倒置。"① 如此这般,概念进而语言,便不仅"吃掉了"派生它们的客观事物与社会实际生活,而且吞没了概念得以被现实派生的主体环节,即实现语言的表征和阐释功能的人本身。这不但是言语的"消所入能",而且以语化人,活生生的人及其丰富的客观存在都被那简单不过的"一撇一捺"的"人"消解了,人被称为"人"的语符取代了,说话的人被人说的话羽化了。被整个儿剥夺一光的人,是最听话、最适合于做各种表演道具的,因此,意识形态领域的玄想家们,也总是用语言的魔法剥夺人的一切,然后又用抽象的人去言说和表达他们想说、想干的一切。这构成了语言游戏对人生的巨大意识形态危机。

其三,"语言是一种实践的、既为别人存在并仅仅因此也为我自己存在的、现实的意识。语言也和意识一样,只是由于需要,由于和他人交往的迫切需要才产生的"②。语言的背后是人的意识活动,意识的活动背后是"我对我的环境的关系"③,我对我的环境的关系首先是人与自然的物质、能量变换关系以及人与人的社会交往关系。离开物质生产实践与人的社会关系而将语言独立化,只能是一种意识形态的虚妄。世界上因为社会的沉浮,民族的融合,群体的离散,交往的变迁,许多语言消亡了,或变异了,就是语言不能脱离生活、不能脱离语言操持者而自行独立的确证。语言的"语"字,在中文里就是"吾言",即我说之意;在俄语中"ЯЗЫК"即语言一词,首先是指称"舌头"的,然后再转称说话能力、语言、文字、表明、说明等意思。这都证明,语言是语言者思维活动的外部显示,只能存活于人们的交往实践、交往关系中。舍此,不在交往活动中,又不表达交往关系的语言,只能是幻境神物!把某种意识现象连同表达它们的语言都绝对地独立起来,只能是意识形态虚妄。

其四,意识形态领域各知识门类的劳作者,用自己的专业语言作茧自缚,构建一个疏离于大众语言的精神世界,以为这是他们独占的圣地。这

---

① 《马克思恩格斯全集》第1卷,人民出版社1956年版,第250页。
② 《马克思恩格斯全集》第3卷,人民出版社1960年版,第34页。
③ 同上。

同样是意识形态的一种幻象。马克思认为精神生产中语言的专门化，只不过是社会分工的产物。专门语言是从大众语言中衍生出来的，是经由对普通的生活语言加工与提炼而成。当谈到破解哲学王国的话语隐秘时马克思这样写道：对于自言自语的"哲学家们说来，从思想世界降到现实世界是最困难的任务之一。语言是思想的直接现实。正像哲学家们把思维变成一种独立的力量那样，他们也一定要把语言变成某种独立的特殊的王国。这就是哲学语言的秘密，……从思想世界降到现实世界的问题，变成了从语言降到生活中的问题"①。如果说，将意识形态的语言还原为普通语言，进而再还原于孕育它们的生活世界，就能实现意识形态的语言学"去魅"与"解蔽"的话，那么，意识形态的语言生魅与遮蔽，正是由于它将专门语言与普通语言相割裂，进而将其曲折表现的现实生活隐没在语言王国的烟雾中所致。其实，这也曲折地表现了玩弄语言、概念的人内心枯空，畏惧生活，自欺亦为欺人的精神状态与思维范式。恩格斯十分尖锐地揭露了持这种思想方式的"英国立宪主义"者们的意识形态本质："人们俯首跪拜空名而否认现实，不愿对现实有任何的了解，拒不承认实际上存在的东西"，"他们自己欺骗自己，使用一套带有人为范畴的隐语，……他们胆战心惊地死抓住这些空洞的抽象概念，只是为了不承认生活和实践中的情形完全是另一回事"②。从中可见，一切迷信意识形态语言独立王国的人们，在认识上主观主义的观念操弄，既是对现实的恐惧与遮掩，又是强打精神的自我膨胀与欺骗。其根源则在于他们的存在方式与顽固的非理智诉求，与历史发展和民众要求的严重对立。

其五，意识形态家族有时还利用话语强势，在言说与被言说之间设置不平等关系，用语权消解或压制被言说者、聆听者的主体性及其话语权和思想张力，使之成为被语言束缚、奴役或殖民的"他者"。马克思在批判德意志意识形态时就深刻揭露过施蒂纳的这种语言把戏："'唯一者'就是词句，正如圣麦克斯一字不差地所说的那样。作为'我'，即作为创造者来说，他是词句的所有者；这就是圣麦克斯。作为'你'，即作为创造物来说，他是词句的内容；……这就是施里加。作为创造物的施里加以自

---

① 《马克思恩格斯全集》第 3 卷，人民出版社 1960 年版，第 525 页。
② 《马克思恩格斯全集》第 1 卷，人民出版社 1960 年版，第 704 页。

我牺牲的利己主义者，以完全倒了霉的堂吉诃德的姿态出现；作为创造者的施蒂纳以通常理解的利己主义者，以圣桑乔·潘萨的姿态出现。"①"桑乔·潘萨－施蒂纳，通常理解的利己主义者，在这里通过自己关于圣物统治世界的信念战胜了堂吉诃德－施里加，自我牺牲的和空想的利己主义者，战胜了恰好作为堂吉诃德的他。"② 此处，马克思意在批判施蒂纳玩弄语言把戏，揭露他以语权的所有者而自我充任创造者，置被言说的他者为创造物，即为了语言所有者而作出牺牲的空想利己者，借以表演其企望资产阶级化又深感底气不足的小资产者自我解嘲。透过这种对意识形态话语主体位势的分析，马克思在更深刻的方面披露了意识形态幻象思维者用语言消解现实，或用能指溶解所指的唯心主义思维方式。在马克思看来，对于桑乔一类幻象思维者，意识形态的语言既是他们唬人的面具，又是自保的盾牌，还可能是精神逍遥的飞毯。话语权的专擅让他们在意识形态王国里过着一种欲其所欲而思其所不能的梦幻生活。

四 "相机原理"的镜像致幻

马克思曾经以照相机倒影成像的原理，描述意识形态对社会生活颠倒反映的情形，形象而又精准地解释了意识形态幻象思维的独特认识论成因。他写道："如果在全部意识形态中人们和他们的关系就像照相机中一样是倒现着的，那末这种现象也是从人们生活的历史过程中产生的，正如物象在眼网膜上的倒影是直接从人们生活的物理过程中产生的一样。"③ 32 年后，恩格斯又曾经用类似的比喻谈到过马克思的意见：杜林一类玄想家在对现实生活作出理论表达的过程中，"当他以为自己制定了适用于一切世界和一切时代的道德学说和法律学说的时候，他实际上是为他那个时代的保守潮流或革命潮流制作了一幅歪曲的（因为和它的现实的基础脱离）、头足倒置的映像，正如凹面镜上的映像一样。"④

马克思恩格斯分别用"照相机倒现""视网膜倒影""凹面镜倒映"

---

① 《马克思恩格斯全集》第 3 卷，人民出版社 1960 年版，第 302—303 页。

② 同上。

③ 同上书，第 29—30 页。

④ 《马克思恩格斯全集》第 20 卷，人民出版社 1971 年版，第 106 页。

三个比喻，一以贯之地描述意识形态幻象思维对社会现实生活颠倒、歪曲的反映，从中表达了一个重要的思想：意识形态对社会存在的颠倒反映作为一种精神现象，既可以是认识主体的错觉或故意为之，更多地则像照相机倒现物象一样，是人们所认识的"生活的物理过程"使然，是反映者与被反映者屈光折射的关系使然。

被马克思恩格斯借喻的传统的照相机倒影成像的原理，是指光线在对物象上的投影进入相机镜头，穿过光孔，以上下左右颠倒的形式在照片的基底上成像。这个让外物影像透过的凸透镜头、光孔，以及摄取光影的"像屏"构成了相机的反映机制，即以倒置的方式去反映正立的客观物象。相机原理表明，外物在"像屏"上的成像，需要经过光源、景物与镜头、"光孔"一类中间环节的相互作用才能实现。这一过程有三个需要解释的问题：一是光孔倒影成像原理。光是直射的，光从上面射来，景物的上部挡住的光线和景物的左边挡住的光线，会使光影透过孔径光阑分别将景物上部分的形象映在下面，将景物左边部分的形象映在右边；同理，也将景物的下部分形象映在上面，将景物的右边部分形象映在左边。二是光源、景物、镜头、光孔和像屏之间处在一种函变关系中。光源、景物距镜头较远，则像小而清晰；光源、景物离镜头较近，则像大而模糊。同时光孔与像屏的距离对于成像情况也构成变量关系。光孔距像屏近，则像小而明亮；光孔距像屏远，则像大而暗淡。三是相机的凸透镜头具有聚光、放大成像的作用。若是物距小于焦距，则成像放大并为虚像，眼睛可见但像屏无法摄取。当然，在照相机的实际操作过程中还有类似快门、光圈一类影响成像清晰度的问题。

说以上这些常识，旨在理解马克思用相机倒影成像的原理比喻意识形态对实际生活虚幻反映的思维、认识机制。其中，有许多需要我们深刻领悟的意识形态之所以发生幻象思维的理由：

其一，意识形态对社会生活的反映，需经过政治、经济、法律制度等许多环节的中介，并承受其相互作用才能实现，在此过程物质生活的原型往往会被弄得模糊不清。这对于那些远离经济生活的宗教、哲学意识尤其如此。因为哲学一类更为抽象的意识形式，常常还要经过意识形态内部的中介，直接受到政治、法律、道德思想的影响，才能曲折地、抽象地对现实生活作出理论表达。这更类似于照相机的凸透镜头、光孔、像屏、片基以及它们之间的变焦、折射机制。正是意识形式的相互作用决定了外物被反映的状况。马克思曾经这样描述过认识社会现象的复杂性："时间和文明已用芬芳的神秘云雾掩盖着历史学派的多节的系统树；浪漫性已用幻想的雕刻装饰了这棵树，思辨哲学已用自己的特性给它接过枝；无数博学的果实都从这棵树上打落下来。"[①] 历史学派对历史的认识却是非客观、非历史的，关键是被社会意识相互中介的精神牵连弄模糊、弄颠倒了，陷进了幻象思维的泥淖。从某种意义上讲，那些中间环节，既是光源又是景物，它们彼此投射又相互反映，模糊了客观物象的真实面貌。

其二，主体对社会生活的认识，并非是带着纯自然的视网膜去观察物象、接纳和处理信息的。"人的眼睛、人的耳朵等等都是自我的。"[②] 主体的"感觉通过自己的实践直接变成了理论家"[③]。带着阶级利益与意志，带着传统观念，带着主体的"理解前结构"，带着主观自我意识的人的感官、感觉，如同相机的凸透镜头、孔径光阑，会改变物象本来的姿态，或虚或实、或正或反、或本色或变色、或清晰或模糊地留下变了样式的意识形态映像。

其三，如同像屏、光孔、景物、光源的远近距离会引起景物成像状况的变化一样，主体的社会地位，观察方位、立场，理解的时空间距，也会引起对物象图景感知的变化。历史现象的认识需要一定的时空间距，陷入太深，距离太近，时段太短，不容易看清事物的真实面貌，常常会对它们形成或虚像或倒影或畸形的意识。恩格斯说："至于那些更高地悬浮于空中的思想领域，即宗教、哲学等等，那末它们都有它们的被历史时期所发现和接受的史前内容，即目前我们不免要称之为谬论的内容。……史前时期的低级经济发展有关于自然界的虚假观念作为自己的补充，但是有时也作为条件，甚至作为原因。"[④] 对这类出于思想原因而非经济基础使然的精神现象，只有经数千年反复观察、思考才能认识清楚。时空间距对于它们的清晰成像及其意象的解读是绝对必要的。

其四，意识形态是社会性的认识，深受民族文化传统、思想氛围、言

---

① 《马克思恩格斯全集》第1卷，人民出版社1956年版，第105页。
② 《马克思恩格斯全集》第42卷，人民出版社1979年版，第164页。
③ 马克思：《1844年经济学—哲学手稿》，刘丕坤译，人民出版社1979年版，第78页。
④ 《马克思恩格斯全集》第37卷，人民出版社1971年版，第489页。

说语境的影响。在谈到不同国家因其特殊的文化语境会对同一社会思潮、社会现象给予不同方式的理论表达时,马克思曾经说过,"我们当中的每一个人都或多或少地受着我们主要在其中活动的精神环境的影响"①。他充分肯定了语境对于主体认识和言说社会生活的制约,如同照片基底的质材影响对物象的分辨一般,语境具有某种特殊的"解像力"。同时他还进一步认为,语境影响社会生活某一现象在意识形态视屏上成像的样态:"某一观点是否在整个民族中占优势,该民族的共产主义思想方式是否涂上了政治的、形而上学的或者其他的色彩,这自然是由该民族发展的整个进程来决定的。"② 法国大革命给德国带来的成熟资本主义政治体制的影响,就因为德国政治的幼稚与哲学的老辣被变了调。"由于德国的经济还远远没有达到与这些政治形式相适应的发展阶段,所以市民们只把这些形式当作抽象观念、自在和自为的原则、虔诚的心愿和词句、康德式的意志的自我规定和市民们所应该成为的那种人的自我规定。"③ 精神异化的扬弃是当年各资本主义国家面临的共同任务,但环境不同,各国占统治地位的异化形式及其克服的方式也不同:在德国是哲学的自我意识,在法国是占统治地位的政治平等精神,在英国是现实的、物质的、仅仅以自身来衡量自身的实际需要。我们若将这种有趣的思想文化现象用相机原理来解释,制约社会现象之思想成像的文化语境,具有类似于照相机的"孔径光阑""视场光阑"、基片成像的某些工作原理。镜头及其焦距的处理、光阑技术的运用制约着景观成像的大小、明暗、虚实,像屏或基片的特性则同样制约着成像的色调、清晰度和情韵理致。正如马克思指出的,由于德国社会经济政治发展水平低于欧洲主要资本主义国家,所以,"柏林的思想家……停留在德国地方性印象的圈子里议论自由主义和国家,……而不从自由主义与它所由产生的并赖以确实存在的现实利益的联系上去理解自由主义,……在这种情况下,把它的内容变为哲学,变为纯粹的概念规定,变为'对理性的认识',真是易如反掌!"④

由上可见,意识形态对社会现实的虚幻反映,就像照相机摄取外物景

---

① 《马克思恩格斯选集》第4卷,人民出版社1995年版,第622页。
② 《马克思恩格斯全集》第3卷,人民出版社1960年版,第552页。
③ 同上书,第214页。
④ 同上书,第215页。

观那样，具有某种类似的反映技术即特定意识形态的思想方式、文化逻辑使然的成分。它们既源于社会生活过程本身的结构，如颠倒的、异化的社会关系，或源于社会生活各元素之间的复合作用；又受到意识形态的精神生产者、反映者、言说者的社会地位、立场观点、思维方式的制约。尽管这些因素不改变社会意识形态的对象世界，不改变意识形态与对象世界的内在关系，不根本改变意识形态阶层的角色、使命、思维方式及其社会功能，但它们却在诸多方面、诸多场合下造成了意识形态的幻象反映及其主体的幻象思维，客观地影响了对象世界之意识形态成像的真实性、准确性和清晰度，却是无疑的事实。我们在解读马克思关于意识形态反映的相机倒影成像原理时，实在要深悟其中的社会认识论奥义，不可仅当一个形象比喻的简单修辞手法去对待。这有利于我们对意识形态现象的解蔽与祛魅，还其认识论的真相。

五　文化囚徒的自我通灵

恩格斯在1886年写作的《费尔巴哈和德国古典哲学的终结》一书中进一步谈到他和马克思在1845年合著《德意志意识形态》时提到的意识形态的虚幻性、颠倒性问题："任何意识形态一经产生，就同现有的观念材料相结合而发展起来，并对这些材料作进一步的加工，不然，它就不是意识形态了，就是说，它就不是把思想当做独立地发展的、仅仅服从自身规律的独立本质来处理了。"[①] 1893年7月14日恩格斯在致梅林的信中再次论及了这一问题："意识形态是由所谓的思想家有意识地、但是以虚假的意识完成的过程。推动他的真正动力始终是他们所不知道的，否则这就不是意识形态的过程了。因此，他想象出虚假的或表面的动力。因为这是思维过程，所以它的内容和形式都是从纯粹的思维中……得出的。他只和思维材料打交道，他直率地认为这种材料只是由思维产生的，而不去研究任何其他的、比较疏远的、不从属于思想的根源。……在他看来，任何人的行动既然都是通过思维进行的，最终似乎都是以思维为基础的了。"[②]

---

① 《马克思恩格斯选集》第4卷，人民出版社1974年版，第250页。
② 同上书，第500页。

恩格斯对意识形态唯心精神的揭露和洗刷，不仅申述了历史唯物主义原则，而且比较完整地表达了他和马克思关于意识形态幻象思维特质的基本看法。在他们看来，意识形态的幻象思维至少有这样一些特征：一是把思想当作仅仅服从自身规律的独立王国。二是它的经营主体始终处于一种既自觉又盲目的精神悖论中：一方面他们执著地、刻意地追求着、表达着他们的生活让他们认定的东西，非如此则不能使社会生活的思想观念表达系统化、理论化、精致化，不能成其意识形态；另一方面，意识形态主体又没有自觉意识到他们积极思考、言说和表达社会生活这一动机背后的动因，未能形成对社会生活规律的客观反映。故意识形态的幻象思维是其主体以自觉的形式进行的一种不自觉、不合理的思维。三是意识形态的幻象思维赖以持存的文化前提是观念的、精神的资料之自我结合、自我育化、自我复制，它让意识形态主体囚禁于观念世界，虚构历史的造化，幻想社会的动因，膨胀精神的力量。四是意识形态的幻象思维赖以运演的社会条件是阶级的对立以及脑力、体力劳动奴隶般的分工，有一个专门从事精神生产的意识形态阶层充任其主体。意识形态对社会现实反映的颠倒性和虚假性，无可辩驳地表征了马克思恩格斯关于意识形态的一个基本理念：在一个重要方面，意识形态是思想家们所从事的颠倒性、虚幻性的精神生产过程与产物。

马克思恩格斯在谈到"真正社会主义者"一类理论家对共产主义思想与社会生活、斗争实践之关系的曲解时，从精神生产的特质出发阐释了意识形态的幻象思维。"真正的社会主义者"，是一帮沉醉于德国哲学并企图用它去阐释为他们完全不理解的社会主义文献的人。结果是可想而知的，他们的思维方式发生了因错误地对待精神生产资料而导致的意识形态幻象。"一方面是由于他们对这些思想的纯粹文献上的联系甚至一无所知，另一方面是由于……他们对这类文献的错误了解。本来这些共产主义体系以及批判性和论战性的共产主义著作不过是现实运动的表现，而他们却把这些体系和著作同现实运动分裂开来，然后，又非常任意地把它们同德国哲学联系起来。他们把一定的、受历史条件制约的各生活领域的意识同这些领域本身割裂开来，并用真正的、绝对的意识即德国哲学的意识的尺度来衡量这个意识。……因而他们就离开实在的历史基础而转到思想基础上去，同时又由于他们不知道现实的联系，所以他们也就很容易用'绝对的'或者另外的思想方法虚构出幻想的联系。"①

出现上述情况，原因很多，其中十分重要的一点是精神生产的特殊认知方式所致。德国真正的社会主义者因"不能摆脱意识形态的羁绊"，"当了德意志意识形态的俘虏，因而看不清现实的关系"②。那么，人们又缘何不能超出意识形态的思想禁锢呢？这首先是由于社会意识形态因精神生产的分工，因人类理论地、实践精神地、艺术地、宗教地掌握世界方式的不同，让精神生产门类之间的联系，无论是纵向的历时态联系还是并存的共时态联系，从直接的方面总是遮蔽着思想意识与实际生活、与社会关系之深刻而隐秘的联系，阻碍了人们对这种深层关系的发现与理解。马克思认为，"各个世纪的社会意识，尽管形形色色、千差万别，总是在某种共同的形式中运动的"③。正是社会意识的这种"形式化"，使其形式内的联系与依存显得特别明显和牢固，思想之形式化的承继与互渗阻塞了内容之源的分析，让人们关注了意识的形式而忽略了它们的内容。1893年恩格斯在致梅林的信中进一步解释了这个问题：意识形态观念的生产、炮制过程，是首先必须借助既成的思想资料才能开工的活动。"因为这是思维过程，所以它的内容和形式都是从纯粹的思维中——不是从他自己的思维中，就是从他的先辈的思维中得出的。他只和思维材料打交道，他直率地认为这种材料是由思维产生的，而不去研究任何其他的、比较疏远的、不从属于思想的根源。"④也正是由于一些人"始终停留在纯粹思维的范围中，这种思维仿佛能顺利地消化甚至最顽强的事实"⑤。历史上许多思想家都有提起自己的头发离开世俗生活现实的幻想。远在公元前400多年的古希腊哲学家苏格拉底就倡导过"精神接生术"，以为认识就是回忆与通灵。他说："哲学家的心灵长着翅膀，因为他时时刻刻尽可能地通过回忆与那些使神成为神的东西保持联系。一个正确地运用这种回忆的人，不断地分享着真正的、完满的神秘，……他是通灵的。"尽管他们漠视人间利益而沉溺于与前人的思想会通，曾反复受到世俗生活的非难，但苏格拉底

---

① 《马克思恩格斯全集》第3卷，人民出版社1956年版，第536页。
② 同上书，第537、535页。
③ 《马克思恩格斯选集》第1卷，人民出版社1995年版，第271页。
④ 《马克思恩格斯选集》第4卷，人民出版社1972年版，第500页。
⑤ 《马克思恩格斯选集》第4卷，人民出版社1995年版，第501页。

坚持认为"只有这样的人才成为真正完善的人"①。其实，这是一个巨大的误解。对此，恩格斯告知我们，尽管"哲学以先辈人遗留下来的思想资料为起点，……但哲学与其他学术一样，其繁荣又都是经济高涨的结果，经济决定着对先辈思想资料的关注点及其利用的方式"②。这就是说，思想发展过程的历史联系客观上是由每一思想传承者与其社会生活的当下联系决定的。当下社会的经济生活样态和要求，以及由身处其中的主体之地位、权益、角色、经验等元素建构起来的认知能力、价值取向和思想方法，制约着人们对历史流传下来的思想资料的关注、取舍与再建构。从某种意义上讲，思想发展的历史之根扎在现实之中。但长期活动于精神生产领域的"文化囚徒"们，如培根所说的那样，既有一种来自社会文化人格的"种族假相"，他们的理智一旦接受了一种意见就会把别的一切东西拿来支持这种意见，或使它们符合这种意见，而拒绝或漠视相反的事实；同时又有一种来自思想文化门户的"洞穴假相"，主体由于所受教育，所接触的文献、书籍，所崇奉的权威及其理念的制约，难以越出这些因素构成的文化地牢——洞穴去正确认识事物本相，使其对事物之所见发生屈光和色变的幻象。

如果说马克思恩格斯的正面分析还有某些对唯心主义批判性的解释成分因而可能影响我们对意识形态幻象之本然事实的客观了解的话，那么，黑格尔的哲学自白则会使我们对上述问题看得更加深刻、透彻。他对哲学意识形态自我衍生的情况，作过如此的陈述："它的生命就是活动。它的活动以一个现成的材料为前提，它针对着这材料而活动，并且它并不仅是增加一些琐碎的材料，而主要地是予以加工和改造。所以每一世代对科学和对精神方面的创造所产生的成绩，都是全部过去的世代所积累起来的遗产……接受这份遗产，同时就是掌握这份遗产。它就构成了每个下一代的灵魂，亦即构成下一代习以为常的实质、原则、成见和财产。同时这样接受来的传统，复被降为一种现成的材料，由精神加以转化。"③ 黑格尔认为人类的理性精神是其在历史纵轴上的自我繁衍，他十分强调，"我们在

---

① 转引自莫蒂默等人主编的《西方思想宝库》，吉林人民出版社1988年版，第1313页。
② 《马克思恩格斯选集》第4卷，人民出版社1995年版，第703—704页。
③ ［德］黑格尔：《哲学史讲演录》第1卷，贺麟等译，商务印书馆1981年版，第9页。

现世界所具有的自觉的理性,并不是一下子得来的,也不只是从现在的基础上生长起来的,而是本质上原来就具有的一种遗产"。"由此足见:我们的哲学,只有在本质上与前此的哲学有了联系,才能够有其存在,而且必然地从前此的哲学产生出来。""我们认为,惟有当思想不去追寻别的东西而只是以它自己……为思考的对象时,即当它寻求并发现它自身时,那才是它的最优秀的活动。……思想的情形是这样,即它只能于产生自己的过程中发现自己;也可以说,只有当它发现它自己时,它才存在并且才是真实的。""凡是真的,只包含在思想里面,它并不仅今天或明天为真,而乃是超出一切时间之外,……是永远真,无时不真的。"①

为了论证哲学一类意识形态是精神的自我繁衍,无须实践的推动,也不是对社会生活的理性反映,黑格尔还不时由其客观唯心主义向主观主义的先验论求援。他认为,人类思想的形成和发展,就是要把那种隐藏在人心深处的思想潜势变为思想的现实,让自在的精神变为自为的精神。而那自在的精神是与生俱来的:"人一生下来,甚至在娘胎中,就具有理性、理智、想象、意志。"②"一切知识、学问、科学甚至于行为,除了把内在的潜在的性能加以发挥、并使它客观化其自身以外,就没有别的目的了。"③"精神认识其自身,使自己成为自己的对象,发现自己,达到自为,自己与自己相结合。"④ 所有这些言论都表明,黑格尔一类的意识形态精神生产者,长久沉湎于历史文化构建的书屋中,整理加工前人的思想资料,炮制自己的理论。这种生活方式让他们隔断了与现实生活密切的联系,而十分自然地产生了思想意识无须现实生活的介入与推动就能"无性繁殖"的错觉。一方面,将人类思想的历史承续运动绝对化,以为每一代新人的思想只是历史思想自我构造的结果,形成思想产生思想的幻象;另一方面,将思想主体的内省、反思、逻辑运演等己内意识活动独立化,以为认识与实际生活无涉,只需将母胎里孕育出来的某些理性、智慧之潜能加以复苏与发挥就会形成现实的认识。既然思想的产生与流变全是

---

① [德]黑格尔:《哲学史讲演录》第1卷,贺麟等译,商务印书馆1981年版,第8—11页。
② 同上书,第26页。
③ 同上书,第27页。
④ 同上书,第28页。

它们自我发现、自我结合、自我构造的运动过程，那么处在思想长河中的主体就成了思想的俘获物，成了仅仅让思想自由流淌的活性介质。进而不是人拥有思想，而是思想占有了人；不是人创造了自己的思想，而是思想创造了展示它的人。这样，除了万能的思想以外，属人的一切全部被掏空了，没有实践，没有生活，没有社会规定性，甚至没有人身自然，思想成了无人身的理性。经此一番思辨的努力与铺陈，黑格尔最终便成就了他的绝对精神自我意识、自我扬弃的"现象学"世界。其精神现象演绎的逻辑，正如马克思所揭示的："扬弃了的现实性等于概念，……扬弃了的自然界等于主观精神，扬弃了的主观精神等于伦理的客观精神，扬弃了的伦理精神等于艺术，扬弃了的艺术等于宗教，扬弃了的宗教等于绝对知识。"①

最终，人与社会的一切都只能存活于黑格尔的哲学王国中："我的真正的宗教存在是我在宗教哲学中的存在，我的真正的政治存在是我在法哲学中的存在，我的真正的自然存在是我在自然哲学中的存在，我的真正的艺术存在是我在艺术哲学中的存在，我的真正的属人的存在是我在哲学中的存在。因此。宗教、国家、自然界、艺术的真正存在，就是宗教哲学、自然哲学、国家哲学、艺术哲学。"②

这里，唯心主义的严重性，已经远远超出了精神生产的解释视域。由于把意识形态的历史发展绝对化、独立化、自然化，进一步引出了把意识形态对实际生活的指引和表征功能也绝对化，幻变为对生活、对人的存在、对社会现实的创造作用、决定作用。而且，是将一切统摄于意识形态者偏好的某一种思想中。事情发展到这个份上，连意识形态本身的各个门类都被作为绝对知识的哲学吞食了，那么被它们所反映的现实生活、所表征的人的一切，自然也都成了哲学的产物，并且必须在哲学中存活。还有什么比这种绝对唯心主义的意识形态更虚幻、更颠倒、更野蛮地料理现实生活的呢？

---

① [德]马克思：《1844年经济学—哲学手稿》，刘丕坤译，人民出版社1979年版，第126页。

② 同上。

第十一章　文化逻辑举要

文化逻辑，笔者认为它们作为文化现象生成流变、彼此互动、发挥社会功能等方面的内在机理和法则，是一个异常复杂的非线性系统。社会精神文化生活内容繁浩、结构复杂、形态多样、意义各别、价值驳杂、思想殊异、门类众多，因此，文化现象的内在逻辑及其解释也必定不是单一的、单值的、单边的。它们是一个逻辑集群，既有反映文化总体格局、总体趋势、一般规律的"大逻辑"；更有反映各别文化形态、文化门类、文化现象特殊规律的"小逻辑"，而且彼此相属、相依、相制约，构成一幅纵横交错的文化逻辑网络。笔者试举其要作些尝试性诠释。

一　文化的生成逻辑

即文化现象形成过程的规律性。首先，文化的生成，就人类文化总体而言，它主要是指人类精神文明的起源或者发生史。其中包括人类劳动发生与人身自然条件的逐步成熟；人类运动器官的完善与人类感觉和思维器官的进化和完善；人类语言的产生、原始文字的出现、人类社会结构的形成与人的进化、文化的产生；社会初级分工、阶级的出现与精神生产专门化、精神文化生活的相对独立等。所有这些对应性关系及其相关因素的互动，各对应关系之间的互依存、互制约、互作用机理，以及它们对人类文化形成的发生学意义，都成为文化生成逻辑的历史基底。其次，文化的生成也包括各部类文化和文化部类的发生，如政治、法律、道德、文学、艺术、宗教、哲学与自然科学，以及其他观念文化部类的出现。它们借以发生的思想观念分化、精神生产专门化、意识形式类化、社会结构细化、思想上层建筑定型与文化生活方式分野的历史过程及其相互关系、运演法则等，其规律揭示和逻辑表达，便构成部类文化和文化部类的生成逻辑。最后，文化生成还包括历史发展中某些带有民族性、地理性、时代性、功能性乃至业态性特征之文化聚落的生成。对这些文化形态发生学规律的考察与逻辑诠释，是文化形态生成逻辑的内容。它要揭示的是文化形态生成与演替的自然条件、社会机制、人类学原因、历史境遇、文化自身的延异法则，以及它们的互关律。将这三个层次的内容及其相互关系、内在规律作出逻辑概括，便成为完整的文化生成逻辑。文化生成逻辑层次的上述划分当然十分粗略，但在主要方面，它们既能从相互关联中对文化之宏观、中观、微观现象作出大体的逻辑描述，又能从相对独立的方面对某些文化大现象之重要特质作出相对具体的解释。毋庸说，文化现象发生学的逻辑考察与诠释，还可以细分若干层次，那样，将成为文化的现象学研究，而脱离了以研究基本文化现象之基本法则的文化逻辑视域。

二 文化的认知逻辑

即各大级别文化现象以及人们在理解和接受它们的过程中所具有的认知法则。包括文化的理性与感性认知、历时态与共时态认知、意识形态与非意识形态认知、精英与大众认知、主位立场与客位立场认知、符号文化与文化符号认知等项的内在法则与相互关系的辩证机理。相比较而言，这六对关系中的每前一项，是比较一致的，多遵循演绎的逻辑，维系既定的文化秩序、经典与权威；而其中后六项，则多奉行归纳逻辑，面对现实变化与实践发展，容易产生对既定文化秩序、经典和权威的反叛和超越。与此同时，文化的历时态认知、意识形态认知、主位立场认知、符号文化认知，更多地含有象征意义的文化内容；与可以相互借鉴的共时态文化认知，与更多指向社会、经济、自然界之实践活动的非意识形态文化认知，与更多从旁静观深察的文化客位立场认知，与指谓事物、明确意义、交流思想的文化符号认知相比，前者所内含的客观性、经验性乃至实操性知识，要逊于后者。但它们处在相互作用中。当代美国文化学家古尔德认为，文化的象征意义强烈地体现在时代精神、伦理道德、价值规范等方面,"在发展社会公正、美好、真理、权力等基本概念中发挥作用"①。不同文化元素、文化现象的认知逻辑有异,但我们更要发现它们在相互作用中的逻辑机理。比如,大众文化的认知偏向感性经验与日常生活,更多实行认知的归纳逻辑,既为精英文化、社会意识形式提供丰富的精神矿产,又是理性认知的、观念形态的精英文化下渗生活世界、形成社会实践的主体性环节。而精英文化的认知则偏向抽象思维和理性体系,更多奉行认知的演绎逻辑,既为大众文化、社会心理提供思想纲要与理论整统,又是感性认知的、经验形态的大众文化思想提升的引力与样范。两者在逻辑上暗含着认知文化学的秘密:大众文化认知,将精英文化的认知目标和逻辑路向作为思想指引,运用它支持对经验文化的理论概括与思想提升,在证明其文化认知成果的同时,超越大众文化认知的偶然性、经验论限制;而精英文化认知,则将大众文化认知成果经进一步的逻辑操作求得立论前提,并通过反复的经验归纳而验证、推广、丰富其文化认知成果,使之超越抽象与教条的限制。当然,文化认知结构中的这些维面的向度性特征,在不同社会条件下会有不同的作用机制,需作出具体诠释。应当注意的是,在文化的认知逻辑分析中,要区分文化的认知和认知的文化:前者主要讲不同文化系统、文化形态之认知与理解事物的功能、特征;后者主要讲认知活动的文化规定性、社会历史特征。如科学和哲学作为文化系统,其认知和解释事物的功能与特征,就在逻辑上构成文化门类认知的重大差异。而若分析文化认知和理解事物时的科学品质和哲学境界,其差异则不在文化门类的知识界别,而在文化认知依托的知识门类及其思想风格方面。与此同时,文化认知逻辑的分析,还要特别关注文化系统的内外结构与社会语境,情况不同结论有异,要具体分析、区别对待、复合推论。要充分关注文化体系中的基本理念及其叙事论理方式,关注它们的认知功能与逻辑关系。

如集中体现文化认知品格的人生理想、价值观念及其判断力的形成与运用,诚如亚里士多德所说,要靠自幼以来长期的实践锻炼、文化熏陶和人格砥砺才能达成。它们是文化得以存活的主观条件,凝结着文化的纲领

---

① [美] 古尔德:《公司文化中的大学》,吕博、张鹿译,北京大学出版社2005年版,第12页。

性知识和基本经验，积聚并浓缩了人类数百乃至上千年形成的理想信念、行为基准、思维方式和人生智慧。它们能使人的经验得以巩固和系统化，帮助人们明确行为方向和判断是非善恶，丰富历史文化的记忆，快速回应当下的社会交往与实践诘难，摆脱暂时的、偶发的、个别性的情境刺激而保持理智的、人道的生活态度与处世方式，维持自我的文化体统。

三　文化的价值逻辑

即文化对于人们思想和行为发生影响的意义系统、功能结构与作用机制的逻辑。文化价值通过文化之"化人"与主体对外界之"人化"的辩证运动，在社会维系与生活建设中，形成文化之于人生的思想指引、智力支持、情感激励、行为规范、真善美诠释与倡导、知识储备、文明传输、精神教化、人格培育等方面的功能结构和意义系统。其中，不同因素以不同的传习方式作用于主体，产生不同的文化意义和社会效果。各类文化的功能交相制约、彼此联动。在不同的功能结构和意义系统中，同样的文化因素、文化门类所产生的作用及人们对它们的理解、受纳、反应不一样。文化的价值逻辑便因此涵盖了文化的功能逻辑、意义秩序与解释法则，前两者表现着文化的客体性，后者表现着文化的主体性。著名马克思主义学者西美尔曾经触及了这一问题："文化理想的本质就是，它扬弃了审美的、科学的、伦理的、幸福论的、甚至具有宗教成就的内在价值，从而将所有这些都作为要素和组成部分，整合纳入超出自然状态的人类本性的发展中。"[①] 对世界的人化，即"培养事物就是使事物的价值尺度超过它们自身的自然结构向我们提供的范围。我们在培养事物的过程中，也培养了自己：这同样是一个价值增值过程，从我们这里出发的，又返回到我们身上，这个过程把握了我们的外在自然或者我们的内在自然"[②]。而亚里士多德则把文化知识分为有用知识和通识两类，并解释了它们的价值："掌握有用的知识能够产生结果；拥有通识知识则给人带来享受。……有结果

[①] ［德］西美尔：《金钱、性别、现代生活风格》，刘小枫编，顾仁明译，学林出版社2000年版，第43页。

[②] 同上书，第42页。

的知识能够带来收入；能够享受的知识不能产生超出其用途的任何结果。"① 文化的价值逻辑表明，关于它们的研究，就是要努力理解文化与社会实践之间的内在联系，理解文化生活中我们如何塑造我们的价值和我们的价值如何塑造我们两者间的辩证互动，掌握文化的作用机制及其意义的解释原则、方法。

文化作为人类的精神生活，不止于帮助人们认识和改造世界，也不只是这方面的经验升华与理论制定，还包括生活、消费、娱乐、享受等方面的内容。这些内容的积极作用，具有消释压力、缓和紧张、化解对抗、调适心态、愉悦精神、丰富生活、交流情感、净化灵魂、提升人格、振作士气等方面的社会功能与文化意义。作为广义的消费性文化内容，它们与认知和改造世界的生产性文化内容，虽然两者的认知位势、价值诉求、精神意义不一致，但两者是相互依存、相互创造、相互规定的。诚如马克思说到物质生产的情况所指出的：生产为消费创造主体与对象，消费为生产创造主体与观念，精神文化的生产也是如此。生产性文化为消费性文化创造主体与对象，消费性文化也为生产性文化创造需求和观念。这两者间的关系隐藏着深刻的文化价值逻辑与精神法则，值得认真关注。

四 文化的传播逻辑

即文化的纵向传承与横向流播规律，包括主、次文化之间，雅、俗文化之间，不同民族和不同形式文化之间的对流机制、法则。文化的纵向传承是文化的历时性持存，体现文化的代际关系；文化的横向流播是文化的共时态持存，体现主次文化、雅俗文化、不同地域和不同形式的文化之间的空间交流。其中有不同文化的上行传播，是其理性品质的提升、内涵的缩小、外延的扩大与意义的典范化；文化的下行传播则是其实践品质的强化、内涵的扩大、外延的缩小与作用的具体化。通常情况下，前者表现为文化的提高，后者则是文化的普及。至于文化的平行传播，则多伴随民族迁移、人口流动，某些政治经济力量的区域进退或叠加。其中，也总是多

---

① [美]古尔德：《公司文化中的大学》，吕博、张鹿译，北京大学出版社2005年版，第101页。

见于从发达地带、强势文化区向不发达地带、弱势文化区的信息流向，或者从不发达地带、弱势文化区向发达地带、强势文化区的人财物聚集，以区域、民族间流动的方式，体现着文化形态差异的碰撞共振、板块的撮散作整、意义的涵化融通。

文化的传播逻辑分为内外两个层面。其内在层面，是由不同文化的资质、意义、功能、社会适应性、解释力、影响力、作用向度、依存基础等根本性的内在元素及其资质的落差与相互作用而产生的文化流动、涵化和转型，它们既是文化发展、变迁中的流动，又形成文化流动中的发展、变迁。而这些文化的流播则全是有规则可寻的，它们是文化传播逻辑的内在层面，根本性地展现着文化运动的总趋势。文化传播逻辑的外在层面，主要是指文化传播得以实现的途径和媒介。文化传播的基本方式有四：一是典型的媒介传播，如语言、文字、印刷品、图像、艺术表演、广播、电影、电视、网络等媒体承载的文化流播；二是非典型的媒介传播，如典章的制定、规范和诠释，器物的制作、交换、使用与意义理解；三是人化世界、社会语境形成的文化影响与流播，如社会性的空间形塑、人工物质环境生成的文化意义及其变换、场所精神和语境流变派生的文化迁转，以及教育与学习过程形成的文化传递；四是在相互交往、相互创造中人们以耳濡目染等积习方式完成的文化历时态传承和共时态交流，它们通过生活世界文化的共振共识共享形成传播，更多见之于风俗习尚等承续、内容的流变与聚散。正是依靠这些传播方式，实现着文化在不同时空、不同形态中的流动。文化传播逻辑的上述基本方式是彼此依存、相互制约、共同联动的，但文化传播的内在逻辑和外显逻辑的相关机制更值得关注。

文化的传播更有深意的是历时性传播。文化的这种传播既受媒介技术、社会结构及其文化内在传播逻辑的制约，又受文化产业、市场化经营的资本逻辑制约，而且越是市场经济发展、现代传媒普及的地方，资本逻辑的作用越强烈。人类文化生活史上，在没有文字的时代，人们的相互交流狭窄而直接，依赖一种包括实物语言、身体语言和音节语言的表演性言说实行思想情感的交流。这时，人类的认识能力孱弱，对大量不可解现象作出了想象性的、附会性的猜测和解释。于是，类似于各种原始的图腾崇拜、生活禁忌、时令节俗、婚丧娶嫁、生老病死等处事惯例，还有各种神灵崇拜、敬畏、祈祷大自然的巫神禳解，便逐步产生、持续凝练、传承。

它们成为社会交流的活媒介和历史传承的主渠道，在文化生活中表现出形式活跃而内容严肃的特征。它们构成了最为广义的民俗文化。待到文字产生、普及，印刷文化成为主流之后，人类的社会交往和精神文化传承，便大量地依赖于字符及其纸媒印制品——书面文化而实现。这种简约、抽象但又内存巨大、记述和言说异常精准、表达稳便的文化媒介，大量地让以往各类民俗退出社会交流的主流媒介舞台，而成为仅有某种戏娱、祭祀意义的文化上演、社会宣示或生活点缀，它们愈益沉落到下层社会而更"民"更"俗"了。并且，随着科学理性的升腾、城市化生活方式的发展，大量源于乡间的民俗表演日趋式微，甚至淡出了生活世界。但物极必反。人类自有了电影、电视等集声光电磁技术于一体的视听媒介以后，便大大改变了字符印刷文化排挤声像文化的情形，让各类人身符号、景观事象及其历史叙事，纷纷出台，恣纵表现，社会文化生活似乎重返以往感性的表象世界。与此同时，在网络文化之空间全球化、时间当下化的推动下，人类窥视和体验欲望膨胀无度，纷纷追风问俗，遍及天涯海角、穷乡僻壤，搜异猎奇。这样，既使大量存活于各狭窄境域、此时此地的民俗文化，作为影视作品中历史的或方域的元素、符号纷纷复活，又使从城市水泥森林中自我放逐的旅游者大量涌入那些自然原始、风俗古朴的地方览胜，还使人们在日趋增多的休闲时间中恢复曾经疏离了的节俗与庆典。这种文化史上的"飞去来器"现象表明，文化内在要素对传播的影响，是与文化传播的外显因素相互作用的。内在要素相对于文化的外显因素——表达与传播方式而言，是所指；后者则是广义的能指。两者之间不但能、所相互依赖、相互规定，而且还在一定条件下相互转换。当文化大量地符号化之后，那被符号化了的原生符号文化也会成为一种所指。这些复杂的内在传播机制，是研究当代文化传播逻辑尤其需要关注的。

五　文化的践履逻辑

即文化由知识到行为、由理论到实践、由解释世界到改造世界的逻辑秩序与知行法则。其中，多见于由日常理性、理论理性到实践理性的文化转换，以及寄寓于社会工艺、理想观念和实践建构等知行活动中的主体行为方式与法则。马克思在强调唯物主义的实践原则时曾经指出："从思辨的王国中降临到现实的王国中来;就会从人们设想什么回到人们实际是什么,从他们想象什么回到他们怎样行动并在一定的条件下必须行动的问题上来。"①"富有的人同时就是需要有完整的人的生命表现的人,在这样的人的身上,他自己的实现表现为内在的必然性、表现为需要。"② 这些见解表明,社会文化决不只是主观地存在于精神世界,作为一种现实存在,文化现象更多地存在于人们的践履笃行中,既存在于由理论理性到实践理性的转换中,更存在于人们对文化的躬行践履中。人们总是在其生命的本质活动中习得文化、践行文化、表现文化、取舍和发展文化、并最终创造文化的。因此,文化的践履逻辑是文化逻辑的实践性展示,是其实践理性的诠释。人们对外部世界的实践精神掌握,从文化视角而言,是不同于对世界之理论理性掌握的。实践精神是一种行动意识,它包括理想性、目的性、预设性、价值性、实操性等行动性特质。人们在实际生活中发现并创造着自己的需要,然后"需要"将人的注意力引向能满足他们的外界事物及改造和利用这些事物的行为上,形成关于对象事物及实现主体需要之行为的价值评估与价值诉求,进而形成一定的超出自在事物善值的理想性、预构性认知。经由实践逻辑的论证,人们对理想与现实作双向分析和对接拟构、提出和论证目的、选择和描画蓝图、优化和确定手段、防范和化解风险、预估和检验成效等。主体把理想付诸现实的各种策略应对都用由社会文化累积起来的"黄金储备",作出智情意的泛逻辑考量与推定,引导和鼓舞人们践行特定文化主张的理想、信念、宗旨、蓝图、愿景及其相关人生智慧,并由此进行文化创新。表面上看,这些文化践履与文化创造活动,直接是由人的主观意愿决定和推动的,但在那些意愿背后起作用的,"归根到底是经济的情况(或是他个人的,或是一般社会性的)使他向往的东西"③。美国学者古尔德曾经指出,文化生活中存在着"主体与客体、自我与事物之间的互补和对立的互动肯定关系。技术的客体化的肯定对应着对人的主体化的肯定。把一切都化归为客体的文明,在这样做的时候必然会增长那些支配、占有或消费客体的人的主体的成分。世界愈是

---

① 《马克思恩格斯全集》第 3 卷,人民出版社 1960 年版,第 274 页。
② 《马克思恩格斯全集》第 42 卷,人民出版社 1979 年版,第 129 页。
③ 《马克思恩格斯选集》第 4 卷,人民出版社 1995 年版,第 697 页。

变成客体性的，人愈是变成主体性的"①。这些理念表明，人是通过对一定文化的习得、认同、践行和持守，而创造属人的世界的。这些方面的辩证法则，构成文化的践行逻辑。

六 文化形式的结构逻辑

此即文化系统内部各意识形式、各知识门类、各掌握世界之方式彼此依存、相互作用、协同整统的法则。马克思曾经对人类掌握世界的方式作过分析：理性思维对世界的整体把握，是人类头脑"用它所专有的方式掌握世界，而这种方式是不同于对世界的艺术的、宗教的、实践精神的掌握的"。② 在此，他从人类意识层面揭示了对外界事物认识和把握的四种方式：理论思维的、艺术审美的、宗教信仰的和实践精神的。这四种方式的形成，与人类感知、处理和诉求外界事物的主观方式分类，与外界事物之于人类的现象呈示、规律制约、价值吸引、审美显现等意义的分类，与人类实践的不同门类、精神生产的不同分工、精神生活的不同方式，这样三个环节是密切联系在一起的。它们由主体精神的本质力量，客体的本质特征与结构、功能，以及总体上经由实践所生成的主体对客体之实践的、认识的能动关系，这样三个方面的辩证互动所派生。其内在法则，自然成为文化门类的重要逻辑内容。在此基础上，经由社会结构的分化、发育，精神生产的分工、精致化，思想观念体系的完善、类化，文化知识的职能分割、意义整合，又不仅形成了科技文化与人文文化的划界，而且在人文文化体系中发生了意识形态门类的文化分野，出现了思想上层建筑领域政治、法律、道德、文学、艺术、宗教和哲学等门类的文化意识形式划分。它们不仅与社会经济基础形成历史形态的对应性关系，而且相互之间发生交互作用，最终还以人文文化群落的形态与科技文化发生着复杂而深刻的互动作用。这些方面的文化内结构及其运行法则，自然生成了文化逻辑的诸多内容，它们在一个重要方面包含着社会逻辑与文化逻辑的互依存、互

---

① [美]古尔德：《公司文化中的大学》，吕博、张鹿译，北京大学出版社2005年版，第195页。
② 《马克思恩格斯全集》第46卷上册，人民出版社1980年版，第39页。

作用、互规定关系，在更宽广的意义平台上为揭示文化逻辑提出了更高要求。

谈到文化的门类结构，学界对文化作两元分析者不少，其中对此给出文化逻辑说明者更令人关注。1956年，英国学者查尔斯·斯诺在《新政治家》杂志上发表了一篇名为《两种文化》的文章。三年后他扩充文中思想，在剑桥大学作了题为"两种文化与科学革命"的著名演讲，其中发明了一个概念即"两种文化"；阐述了一个问题即存在于人文学者和科学技术专家之间的文化割裂——"斯诺命题"；引发了一场争论即围绕"斯诺命题"的持久论战。斯诺认为，随着科学技术的发展，人文科学知识分子和科技知识分子及其代表的不同文化间形成隔阂和冲突，已经危及人类发展，因此要采取措施调和两种文化的冲突，促进它们的平等对话、协调发展。半个多世纪过去了，人文文化和科技文化没有达到最佳结合状态，分立和对抗依在，但人们在努力关注和促进两种文化的有机结合。两种文化的分立和对抗从实践层面看，是人类认识、改造自然与认识、完善自身两类活动相结合、互作用的产物。人在认识、改造和利用自然，揭示其内在必然性的过程中发展了科学技术，同时在认识、改造和把握社会生活及主体自身，并揭示其内在规律的过程中发展了人文理性与社会理想。这两个方面认识与实践的差异、价值诉求及其实现机制的差异，是两种文化对立的重要原因。科技文化以关于客观事实的真理性认识为基础，以理性眼光看世界，以把握与运用客观规律、改造自然谋取福利为旨归。人文文化以关于人的需要之价值性认识为基础，以感情、意志、审美等包含大量非理性因素的眼光审视人生与世界，高度关注人之生命本质力量的表演，诉求生活意义的真善美圣。科学和人文文化的这种差异所导致的对立，素以割裂文化系统中理性因素与价值因素、现实经济价值诉求与远大人文社会理想之有机联系为特征，没有看到并肯定理性中的价值因素和价值中的理性因素，没有自觉关注并持守工具致利理性与人类崇高理想价值的深层辩证统一，没有把两者内在地、有机地完整结合起来，以致分别衍生出对立性更强烈的两种思维取向：科技工具理性和人文价值理性。当下，正确认识和处理两种文化的关系，已成为人类紧张关注、思索并不断接受尖锐挑战的重大文化使命。科学技术成为改造世界、创造巨大物质财富、为人类谋福祉的伟大力量，多方面地改变着社会结构、思想关系、行为方式、文化功能及人类的意义世界，其不可忽略的历史功用使科技文化及其工具理性甚嚣尘上，人们顶礼膜拜。世人诸多地认为科学技术全知全能，可解决自然、社会、人类精神世界的所有难题，是最为有用的文化。如此而来，人文文化的意义与作用便被缩略、虚置或取代，甚至当作乌托邦空谈而遭受鄙薄，两种文化在社会生活中严重失衡。这种势头在文化产业化、市场化条件下更甚，工具理性的实用性、功利性被强调到极致，出现技术压倒科学的倾向，抑制科学的怀疑精神、批判精神和超功利的求真精神。这种文化态势，偏离了两种文化及其工具理性与人文理想价值的内在逻辑，实在有拨乱反正的必要。

两种文化之间结构逻辑的探讨，使两种文化的概念表述也发生了变化。美国学者古尔德从知识文化学视角把它们称为"实用性知识"和"象征意义知识"。这两类知识不但相互依存，而且可以在一定条件下相互转化：象征性知识给实用性知识的学习和运用以方向引导、精神鼓舞与社会价值评估的方法，而实用性知识又可以给象征性知识的掌握与坚持以智慧、科学事实及行为能力的支持。并且，其中内含大量可以直接融入象征性知识的思想成分，就像黄金分割率的数学常识给审美以智慧，建筑学知识内含空间伦理学，物理学破除了上帝创世说的迷信给人类以真实的自信，生物学知识直接揭示了生命奇观、多方面地帮助人类解读自身的美妙和卓越一样，智力本身就是人的内在美。美国教育学家纽曼曾经指出：智慧也是一种内在美，"追求智力的完美就在于：为了开阔思路，矫正思维，完善认识；为了学到知识，消化知识，掌握和应用知识；为了获得自身能力、方法、灵活性和准确性之上的力量，使自己变得更加睿智多谋、能说会道"[1]。因此，古尔德认为，"知识的本性是跨学科的，不成为思想史家就不可能成为英文教授，不成为数学家和哲学家就不可能成为物理学家。政治科学家既是科学家——探求各种组织和各个州如何行使职责的法律——又是雄辩家，为更好的世界而争论。"[2] 当然，仅探讨学科知识的跨界融通，只是揭示了文化统一的认知可能性，若不解决文化功利主义之

---

[1] [美]古尔德：《公司文化中的大学》，吕博、张鹿译，北京大学出版社2005年版，第99页。

[2] 同上书，第64页。

社会温床与不合理的文化政策及其评价坐标,这种精神的可能性是不会变成现实的。

七 文化的进化逻辑

此即文化发展规律之概括。人类精神文化的生产、积累、跃迁、传承和流变,都因人类历史的变迁、实践和认识的发展而形成一系列规律性的"事实逻辑"。其主要内容笔者以为有以下四个方面:

其一,文化发展的累积律。精神文化的生产是不间断的,它所形成的精神财富在历史长河中除了灾变性事件的损害外,是不会轻易丧失的或被消费掉的。相反,知识、思想、观念还会在交流中、分享中自行扩大其意义与存储量,形成文化累积。这在主体的精神世界,以"获得性遗传"实现着文化的智能性累积,如马克思所说:"我们具有和以往时代在野蛮人及蒙昧人头颅中从事活动的同样的大脑,由遗传而保存下来这副脑子传到今天,已经充满了和浸透了它在各中间时代为之忙碌不已的思想、渴望和激情。它还是那副大脑,不过由于世世代代的经验而变得更老练和更大了。"① 另一种形式的文化累积是社会性的,它们无言地嵌入社会制度和风俗中:"标志着人类进步的事件,不以特殊的人物为转移而体现在有形的记录之中:凝结在制度和风俗习惯中,保存在各种发明和发现中。"② 这种文化传承冻结在文化生活的集体无意识里,为每一代新人的文化启蒙提供了活的教材。至于那些凝结在文化典籍、文化造物、文化设施中的精神成就,自然以各种符号记载和存储着人类文明的成果,其信息量更大、累积功能更强。上述三者的文化存储和传承功能及其相互关系,构成文化进化逻辑之累积律研究的内容。

其二,文化进化的顺序律。和一切事物之发展法则一样,文化发展也总是遵循由低级到高级、由简单到复杂、由粗陋到精致的顺序法则。这从认识论、实践论与人类学的方面看,都是有其根据的。仅以人类的认识而言,总是由浅入深、由经验而科学、由点面而系统的。科学技术的发现与

---

① 《马克思恩格斯全集》第45卷,人民出版社1985年版,第405页。
② 同上书,第541页。

发明，是由低到高的，一步一个脚印走来，没有一步登天式的大跨越。马克思曾说过："发明和发现一个接着一个出现；关于绳索的知识一定在弓箭以前，就像关于火药的知识在火枪以前、关于蒸汽机的知识在铁路和轮船以前一样；因此，生存的各种技术都是经过长时间的间隔而相继出现的，人类的工具经过用燧石和石头制造的阶段才达到用铁制造的阶段。社会制度也是如此。"[①] 这充分肯定了人类进步的文化顺序性，低阶文化是高阶文化的基础，孕育高阶文化的胚芽，形成否定自身而进到高阶文明的可能性；同时在高阶文化中获得自身保存和发展的空间，就像火枪保留和推动着火药进一步的发展一样。高阶文化形态的种子与发生的可能性在低阶形态中孕育出来，而后者又将前者一切有价值的东西推向新的境界。它们使文化进化成为必然，文化发展的顺序逻辑应当诠释这方面的规律，借以预示文化的未来趋势。

其三，文化进化的加速律。文化的累积及其在传承、共享中的功能和意义的放大；新科学、新技术、新思想的创造及其广泛运用形成智力劳动的大量节约；一个新发现的突破引发更多新发现、新发明，乃至发生科学群落的革命，形成精神生产的自乘机制；人类自身的发展和社会实践的进步，在社会需要、现代技术条件等方面为文化生产提供的新动力、新手段，使智力劳动效能成万倍地提高，必然形成精神文化发展的加速律。马克思恩格斯都曾肯定过科学技术在资本主义工业革命的推动下呈几何级数增量发展的趋势。这个断言完全被近现代科技发展史的事实所验证。据统计，自然科学技术方面的重大发明的确是呈几何级数倍增的：16世纪有26项，17世纪106项，18世纪156项，19世纪546项，20世纪头50年达961项，20世纪末10年间科学技术的重大发现和发明，则比以往2000年的总数还要多。当然，自然科学技术并非文化的全部，但它们总是文化的半壁江山，而且其加速发展也带来了社会科学、人文科学以及文化观念、文化生活方式的急剧变革。关于这一趋势，我们今天只要看看网络文化以怎样的规模与速度拓宽了人们的视野、更新了人们的观念、知识和语言，就不难理解何谓文化发展的加速律了。这方面的文化机制与内在法则的揭示和逻辑概括，对于说明和把握当代文化趋势，具有重要意义。

---

① 《马克思恩格斯全集》第45卷，人民出版社1985年版，第378页。

其四，文化进化的差异律。这就是要研究和破解文化发展的诸多不平衡性。从马克思主义的文化学说与文化发展史相结合的基础上来分析文化进化的差异律，其内容相当丰富。马克思曾经就艺术文化水平与社会发展水平在特定时期内的不对称性阐释过文化发展的差异律："艺术的一定的繁盛时期决不是同社会的一般发展成比例的"；"在艺术本身的领域内，某些有重大意义的艺术形式只有在艺术发展的不发达阶段上才是可能的"。[1] 恩格斯曾针对18世纪的德国状况指出过文学进步与政治腐败的错位情况："这个时代在政治和社会方面是可耻的，但是在德国文学方面却是伟大的。"[2] 马恩的举证和精辟分析告诉我们，关于文化发展的不平衡性应当作多维度解释。

一是文化发展水平与社会进步程度不同步、不对称：既有某些文化进步超过社会发展状况的，如古希腊罗马的哲学与艺术；也有某些文化现象大大落后于社会发展步伐的，如工业革命的发祥地英国的哲学就不仅落后于本国的经济学，而且一直落后于经济水平当时远不及它的德国的哲学，让后者充任世界哲学大合奏的"第一小提琴手"。

二是不同门类的精神文化相互发展不平衡、不协调：世界多个当代文明先行国家，自然科学技术与人文科学发展不协调，后者并未随着前者的先进而领世界风气之先，因为它们至今还奉行冷战思维、文化霸权主义和殖民主义。至于自然科学内部、人文科学内部各门类的知识文化发展落差则比比皆是。因为各门类文化的发展不仅取决于当代经济社会发展状况，也取决于历史文化传统乃至人文地理环境，比如英国工业革命初期的雾都气候让那里的写生画不是灰暗一片就是技不如人，严重滞后于法国和意大利。

三是文化进化过程中，不同历史时期文化的进化速率不一致，甚至出现文化倒退。这种规律性的现象既源于社会发展的曲折性，更直接地源于文化进化本身的复杂性，尤其是制约文化发展之认识的曲折性。恩格斯说过："人的全部认识是沿着一条错综复杂的曲线发展的。"[3] 这种曲折性，

---

[1] 《马克思恩格斯全集》第12卷，人民出版社1962年版，第760—761页。
[2] 《马克思恩格斯全集》第2卷，人民出版社1965年版，第634页。
[3] 《马克思恩格斯全集》第20卷，人民出版社1971年版，第584页。

常常是因为某些重大的认识需要不同学科、众多大家协同进取才能实现，而这些条件不具备便会使相关文化发展停滞下来。如某一学科、某一问题没有获得足够发展而掣肘整个学科群落的进步；或某些重大发现的担纲者迟迟没出场、或走了一段弯路，致使这些发现缺少"临门一脚"的突破而等待；或者某些重大发现与社会政制、传统观念相冲突，而受到类似于"日心说"一样的打压，或这类学说一时还得不到"塔问题"惯性理论一类的科学证明，以致引发文化大裂变的新思想要为自己的生存权而苦苦斗争。至于政治的压迫、思想的禁锢、文化的戕害所形成的类似于中国历史上的焚书坑儒、元代异族入侵对主流文化的压迫所引发的文化局部倒退，则几乎在每个大的文化系统中都发生过。凡此种种，都在文化发展史上明证了列宁所指出的那种关于进步速率的差异性原理："无论过去或将来，每个时代都有个别、局部的、时而前进时而倒退的运动，都有脱离一般运动和运动一般速度的各种倾向。"① 这种文化发展疾速交替的情势，就文化主体的精神状态而言，如同长跑运动中的"二次呼吸"现象，是兴奋中的抑制，进击中的疲倦，紧张中的沉思，交响乐之后的小夜曲，起着一种缓解、调适、恢复而后重振的间歇作用，甚至对文化运动具有修复和保障的意义。所有这些文化进步速率的时空差异，都如实表明：整个文化及其各个领域在发展速度和强度方面不是均衡的，各种文化现象在成熟水平、增量速度上存在差异，致使文化进步时常在渐进、滞涨、飞跃甚至后退几步再飞跃的交替中实现。

四是文化生产力的增长与产品质量、文化资质的提升不一致。任何文化发展都可以从质与量的两个维度去考察。量的方面，表现为文化生产力、文化产品增量、文化发展规模与速度、文化普及程度等；质的方面，表现为文化的内在品格、实践取向及其社会功能，与社会进步的适应性，对民众福祉与长远利益的维系和推动，对民智、民德、民心的开发与优化，对社会生产力发展提供的科技支持与思想保障之有效性等。文化发展的质与量有一致性，但也常常发生错位而形成内部差异。主要表现在文化有量的增长但没有产生质的同步提升，出现文化生产和消费的平面复制、低层次循环；甚至表面的浮华掩盖着实质的衰微。在大量追风、模仿、复

---

① 《列宁全集》第21卷，人民出版社1959年版，第123页。

制所生产的文化平庸充斥于世的时候，那真诚而炽热的创造精神、探索精神、进取精神却在文化生活中难以提振。也有在先锋文化刚露头、社会文化冷清、文化生活贫瘠的环境下，某些石破天惊的系列发现渐次问世，新文化顽强生长形成文化日出的破晓局面，文化创新与进步势成必然，如同文艺复兴运动初期的形势，社会文化的质变不是在旧文化因素的增量中而是在它们的式微中完成的。因此，不能把文化生产力增长、文化产品经济价值增量与文化在进步意义上的繁荣简单等同。这一原理对于在当今文化产业化、市场化、消费化的形势下正确评价文化的先进性、文化的科学品质与历史意义，尤为重要。

第十二章 文化逻辑的研究策略

"文化逻辑"概念，自美国文化学家詹明信《晚期资本主义的文化逻辑》著作出版之后，便流传开来，日益广为人们运用。然而，包括此概念的首创者詹明信在内，都未曾对文化逻辑作过专门解释，他只是叙述了后现代文化与现代文化的差异及其社会关联。以致经常出现在报刊论文中的"文化逻辑"一词，成了没有严格逻辑规定的"逻辑"，被人们频繁而方便地使用着。逻辑最讲章法，但现在学界对文化逻辑的任意使用却毫无章法，因而违背了逻辑语义本身的规范。对此，笔者以为应当给文化逻辑一个基本的界定和诠释，同时需要对如何理解、诠释文化逻辑作出研究策略的说明。

一 "逻辑"的意谓与方法论原则

本文所讲的逻辑，谓事物存在和发展过程中的一种规律性、秩序性。从逻辑的主客观一致性上讲，它是事物关系的规则与秩序及其观念反映。文化，就主观层面而论是生活方式的结晶，为精神生活关系。文化逻辑是关于社会文化生活之秩序、法则、规律的集合。它在客观方面是文化现象的本质规定；在主观方面则是人们对其本质规定的理性概括与表达。文化逻辑作为文化生活的核心，制约着文化的生产与发展，规范着形形色色的文化现象及人们对它们的理解与把握。它们具有法则的系统性、机制的稳定性、规范的确然性、理念的共识性、情致的普遍性、解释的连续性和语义的一致性。

文化逻辑，区别于形式逻辑、数理逻辑和语义逻辑。它既包含了文化事物本体的规律性，也包含了人们对这些规律性的认识、把握及其态度的确认法则。马克思在批判黑格尔哲学对思维与存在进行逻辑倒置时曾经指出：对社会生活"真正哲学的批判要理解这些矛盾的根源和必然性，从它们的特殊意义上来把握它们。但是，这种理解不在于像黑格尔所想象的那样到处寻找逻辑概念的规定，而在于把握对象的特殊逻辑"①。在黑格尔那里，真正"具有哲学意义的不是事物本身的逻辑，而是逻辑本身的事物"②。于此，马克思的逻辑哲学告诉我们，"事物的逻辑"即人们研究、揭示并概括客观事物内在规律、法则时必须如实把握的"对象的特殊逻辑"；而"逻辑的事物"则是对客观事物内在规律、法则加以逻辑概括和说明的"逻辑概念"系统，是对象事物客观逻辑的思想反映及其叙述法则。把马克思逻辑哲学的这一原则性理念，置入文化逻辑研究中，那么我们应当对"事物的逻辑"与"逻辑的事物"之概念的理解与运用，做如下区分：当分析文化现象本身时，应以文化"事物的逻辑"即本体的内在规律为叙述内容；当说明主体如何理解和对待文化现象的态度和方法时，自然应更多关注文化的"逻辑事物"本身，即从主体思维、言说和实践的方面强调按文化规律所要求的方法和原则办事。如此的逻辑处理，也完全是因为精神文化生活那种主客难分、二元一体的性质所致。

马克思在自己长期的科学探索中，一直秉持唯物辩证学的、自然也是历史唯物论的逻辑哲学理念，他在政治经济学批判、资本逻辑的探索中曾强调并反复坚持他从"事物本身的逻辑"出发去讨论"逻辑本身的事物"这样的逻辑哲学主张："这里所涉及的，不仅是纯粹的逻辑过程，而且是历史过程和对这个过程加以说明的思想反映，是对这个过程的内部联系的逻辑研究。"③马克思的逻辑哲学理念始终认为，考究"逻辑的发展完全不必限于抽象的领域，相反，它需要历史的例证，需要不断接触现实"④。以上引述，充分说明马克思对社会现象的逻辑概括与解释，坚持着他的历史与逻辑相一致的原则，着眼点始终放在对社会现象"这个过程的内部联系的逻辑研究"上。这是本文进行文化逻辑研究的根本立论基础。

精神文化，从总体上、根本原则上讲，它们是社会生活方式的经验沉

---

① 《马克思恩格斯全集》第 1 卷，人民出版社 1956 年版，第 359 页。
② 《马克思恩格斯全集》第 1 卷，人民出版社 1960 年版，第 263 页。
③ 《马克思恩格斯全集》第 25 卷，人民出版社 1974 年版，第 1013 页。
④ 《马克思恩格斯全集》第 13 卷，人民出版社 1962 年版，第 535 页。

淀与理论总结，前者体现在风俗习惯、日常思维、实践方式的意识、本能乃至集体无意识中，构成内隐文化、文化人格的基底；后者则表现为文化的自我意识、自为生产、自主创造、自相教化、自行践履和自觉表达，构成外显文化及其社会共识、集体表象。因此，相对于文化逻辑的客观内容而言，精神文化虽然也精神性地存在着，但它们是作为一种相对于个体意识而言的客观性、语境性、精神预设性的存在，对个别主体的思想和行为产生规定性。精神文化生活又是全体社会成员自己的精神生活，脱离一切主体精神活动的文化将是不可理解和无法言喻的。因此，对文化逻辑的解析，一定不可离开主体思想、行为及活动方式的分析去完成。这就形成了文化逻辑之客观内容和主观形式两元一体的结构。

谈论文化逻辑，既不同于对单纯思维规律的逻辑诠释，也不同于对物理现象、社会现象的纯粹客观规律的揭示与概括，因为文化逻辑作为人类精神生活内在与外显法则相统一的集合与总结，它们是内外一体、主客共融的，其固有的二维兼容性不可分割。由此立意出发，笔者所谓的文化逻辑倒是比较切合维特根斯坦的"逻辑图像"理念。在他看来，真实的事态可以表达为"图像"："图像中的各元素以一定的方式相关联，这也代表着事物之间也是如此相关联的。""图像是实在的一个模型"；"在图像中图像的成分与对象相对应"；"事物之间的联系方式和图像要素之间的联系方式是一样的"。[1] 因此，"逻辑结构，即实在的形式"；如果一个图像的描画形式是逻辑形式，那么，"每一幅图像也是一幅逻辑图像"[2]。事物的描画形式及其产生的图像是多样的，而事物多种描画形式中隐含的根本性的、共同性的形式就是逻辑形式，以逻辑方式表现出来的关于事物图像共性的内容则成为逻辑图像。维特根斯坦还告之我们：在认识、理解、言说、掌握世界的过程中，"我们为自己构造事实的图像"[3]。而那些与实在结合起来的逻辑图像，因为同对象世界的一致性，以及主体在构造它们时表现出来的对客观事物的规律揭示、价值诉求、可能性的实践推动以及自觉把握的意愿，必然使图像向实在伸展，"它就像是一把测量实在的尺

---

[1] ［奥］维特根斯坦：《逻辑哲学论》，王平复译，中国社会科学出版社2009年版，第36页。

[2] 同上书，第38—39页。

[3] 同上书，第35页。

子",以逻辑的规范与力量,反过来指导人们认识、改造和评价实在事物。这样,也就进入了维特根斯坦所谓的"逻辑必须跟它的应用相联系"的命题。① 正是从这种叙事和诠释的逻辑方式出发,本文所要解释的文化逻辑,是以辩证思维方式概括文化现象的内在秩序和基本运行法则而建构的逻辑,它给文化现象以"逻辑图像"的表达。

文化逻辑诠释的困难,很大程度上是由精神文化现象本身的复杂性决定的:文化既是生活世界的意义文献,又是心智系统的运演法则;既是社会组织的精神纲纪,又是个人品行的内在蕴藉;既是认知与实践的智慧系统,又是道德与审美的情感支架;既是真理性的求是之道,又是价值性的向善之法;既是人生活剧的稳定台词,又是大千世界的万般信码;既是人类历史的获得性遗传,又是人类交往的生成性工具,等等。要把如此多义的精神文化现象纳入统一而自洽的逻辑系统并作出一般性的规范,实非易事。这正是言用文化逻辑概念者多,言说文化逻辑理念者少的主要原因。

二 文化逻辑研究需要正确处理的几个关系

为了从文化的繁复现象中超拔出来,而寻求能使文化现象获得某种本质性、规律性之深度而统一的逻辑解读,我以为在进行文化逻辑研究和诠释的策略中,应当注意厘清并处理好以下几重关系。

1. 文化逻辑的特殊与一般

文化以其现象形态存活于社会、呈现于主体,但有其内在本质。文化逻辑固然是其本质的体现与言说,但它们不能脱离文化现象的生动展示,逻辑是现象的秩序性、规则性、稳定性的系统凝练与陈式表达。它不但直接寓于现象中,通过现象的自组织而生成并发挥其规定性,而且还要对文化之现象与本质的关系作出规律性的说明。故文化逻辑既是现象的法则、本质的概括,又是现象与本质动态统一的协约。并且,由于文化现象的本质有初级与多级之分,初级本质之于更深层次本质的逻辑表达,前者将其

---

① [奥]维特根斯坦:《逻辑哲学论》,王平复译,中国社会科学出版社2009年版,第37、132页。

较为外显、较为具体、较为特殊的法则凝练成文化的部类逻辑；后者则将其更为内在、更为抽象、更为普遍的法则凝练成文化的整体逻辑。因此，对文化现象本质的逻辑概括以及关于现象与本质关系的逻辑诠释，也应当有层级之分，有普遍和特殊之分。文化本质层级递升的秩序是相对的，在分析大小不等的文化系统之关系中界定逻辑的从属，也具有时空的相对性和意义结构的可变性。

这样，文化逻辑的研究又进一步涉及文化群落的种属演递关系。人类各部分生存的自然条件、生理特征、发展沿革、劳动方式、语言分野、民族习惯、历史传统互不一样，使文化现象十分驳杂，同一现象成因不同、意义相殊，其内在规律自成差异。这使得文化现象之规律性的逻辑概括与诠释面临着十分复杂的多样性与一致性关系。它们要求我们不仅要处理好某文化群落之本质纯一与现象杂多的"一""多"关系，而且更要悉心地处理好不同文化群落之间相属相依的演替秩序，如文化的主次关系、种属关系、族群关系、时段关系等，处理好文化总体的普遍性逻辑、"全称判断"，与文化各种属之特殊逻辑、"特称判断"的辩证关系，厘清并深入理解各文化现象的特殊逻辑相互"翻译"、相互说明、相互规制的机理。尤其需要在人类社会整体方面，从传统的欧洲中心论、美国中心论的文化绝对主义，与形形色色的"黑非洲主义"的文化相对论的弥久对抗中解放出来，尊重文化的多样性，维护人类文明发展的协同性、一致性，坚持人类共同进步的文明进路。

精神文化的复杂性、艺术价值的多值性、思想范式的通用性、认知方法的普适性、人类心理活动的同构性、世界性交往日益加剧的频密性，以及共同面临的全球性危机等，为展现文化生活在地区、民族、群体、门类及其不同时代的特殊性，提供了文化大系的逻辑依据，使各类文化殊像有其存活的空间。比如精神文化的各别门类——道德、文学、艺术、科学、宗教、哲学等，都能在文化共相的平台上展示其特具的认知方法、价值观念、历史联系与进化特征等成为门类文化特殊逻辑的内容。与此同时，它们又为人们将这无数特殊现象作出一般化的逻辑贯穿提供了文化生活自身的基础：特殊性没有绝对超出一般性，而是将其内含于自身中，并体现出这种一般性。揭示各别文化现象的特殊规律，将其特殊规律与文化总体的一般规律逻辑地联系起来，实现由个别、特殊到普遍的逻辑上升。重温爱

第十二章　文化逻辑的研究策略　　163

因斯坦和培根的理论是不无启发意义的。前者认为，事物共性及其一般规律的揭示需作反复的归纳："在小范围内以经验定律的形式表达大量单个观察的陈述，把这些经验定律加以比较，就能探究出普遍性的规律。"①后者认为："从感觉与特殊事物把公理引申出来，然后不断地逐渐上升，最后才达到最普遍的公理。"② 这些表明，要揭示文化现象的特殊法则与普遍规律的逻辑关系，必须从研究具体的文化现象内在本质入手，才能揭示隐匿其中的文化共性和一般规律，读懂和掌握文化的"大逻辑"。在此，需要对维特根斯坦的一个逻辑命题稍作辩证。他曾说过："逻辑中不可能有更一般和更特殊的区别。"他是为了说明"逻辑中没有并列，也不可能有类别"的原则，而出此言的。③ 如果纯粹就研究思维规律的逻辑而言，此话尚可原则接受，因为它是对人类思维基本法则的概括与表达，思维法则一般而言基本上遵循着意识活动的普遍规律，因少有特殊规律，故思维的逻辑不好说有普遍与特殊之分。但人类文化、语言、经验的民族性和类别性差异，仍然使思维的规律与逻辑在不同语境下有其特殊表达方式，这是当前逻辑文化学研究的新内容。虽不能说它们构成了"普遍逻辑""特殊逻辑"的关系，但确实表现出了逻辑运用的文化特性。而文化逻辑，从思维层面讲，作为对文化现象规律性的概括和表达，的确会因为文化现象普遍的"类本质""类法则"与其特殊本质、特殊法则的差异，形成文化逻辑的普遍与特殊之分。它们不是并存关系，而是种属关系。

2. 文化指号与意义

一种文化就是一部卷帙浩繁的巨型文献和超级符号集群。其中符号与符号之"能指"并存与延异关系，符号与意义之能指与所指的互生成关系及其转换法则，符号对意义的多维指称、多相表征关系，符号、意义与语境的函变关系等，都是文化语符逻辑的内容，应当有"逻辑的事物"与之对应。但文化逻辑这方面的规范、意义，正受到后现代主义的挑战。

---

① 《爱因斯坦文集》第1卷，商务印书馆1976年版，第115页。
② 《十六—十八世纪西欧各国哲学》，北京大学哲学系外国哲学史教研室编译，生活·读书·新知三联书店1958年版，第10页。
③ [奥]维特根斯坦：《逻辑哲学论》，王平复译，中国社会科学出版社2009年版，第112页。

后现代思潮取消能指与所指的分立和联系，否定其深度解释的必要。他们在文化逻辑思维问题上的主张是，宣布从某种特定的"文化圈层"解脱出来，打破文化的种群、门类关系及其与生活对应的限界，将文化日用化，视为消费品的一类。同时，后现代的文化语言理念认为，人说语言、语言是存在的家、人的思想是语言的核心内容等看法已经失效。因为事实上并非"我在说话"，而是"话在说我"，说话的主体是"他者"，而不是我，人被语言殖民。语言是一个独立的体系，人只是语言体系的一个组成部分，人退出了语言活动的中心位置，变得失语难言。学者、文艺家以往那种对写出"真理"和"终极意义"的自信与冲动，今天化为乌有。这种失信语言，质疑言语，戏弄语义，蔑视规律，不承认意义世界稳定秩序的后现代思潮，实为文化虚无主义、真值幻化主义、逻辑取消主义，只能给文化生活带来非理性的全面颠覆。寻绎文化逻辑，必须克服这种非理性思潮，决不能因为文化指号的能、所置换性及其与语境的函变关系，而否定或取消文化指号逻辑的秩序与意义的客观性、稳定性。与此同时，在电子文化勃兴的现时代，文化媒介的多样性、复合性与虚拟性，以及它们巨大的表达力、传播力和代偿功能，既使媒介本身成为最复杂，最诡谲的文化现象，又使文化逻辑因为媒介非线性复杂系统的嵌入，而发生与传统媒介完全殊异的表达、传递和交流机制，形成文化逻辑许多新的格律。这一新的文化大现象，是文化逻辑研究不可回避、不可小觑的，尤其是它们所引发的能所逻辑、语义逻辑、言表逻辑、交往逻辑等内容的机变，既是文化逻辑研究的题中之义，又作为特殊语境引出对传统媒介条件下许多文化现象的新认识，因而引发文化逻辑解读的变革和出新。所有这些，都需要我们立在文化生活的时代性高度予以深切关注、深入探讨和科学解释。

3. 文化个体性与社会性

文化是社会的，但文化生活与文化创造又是由一个个鲜活的社会主体去承担、去完成的。文化的社会性体现为文化的集体生产、群体生活、社会共识、历史传承、民族特色、文明圈划、政治界别、意识形态特质等。文化的主体个性，则由文化生活个别成员的家庭出身、心性特征、个人境遇、教育类型、生活方式、交往角色等文化内外世界的个性化元素铸成，表现为文化人格的个性特征。文化的社会性是文化主体个性的综合、凝练而非简单加和、累积，并因此而成为个别主体人文化成的资源宝库、意义系统和规范力量。文化的个性因素是社会文化的主体性生意、个体性承载和特殊性添加，前者为后者增添文化生活的新鲜元素与发展张力。社会文化与个体性文化相依存、互作用、共始终。个人与社会的文化关系是社会关系向精神关系的转型，但又远比一般社会关系复杂。因为文化生产中的杰出人物及其文化成就，不但能广泛深入地影响他在生的当代，而且还可能久远地或更为强烈地影响其死后的多个世代，他们能作为民族文化的典范以社会形式发挥着超个体的文化影响力。这使主体曾经在场的共时态文化关系，垂直地延伸为主体退场的历时态文化关系。而一般社会关系在主体缺位的情况下是无法存活的，无法形成像文化关系那样一种历时态情形。因此，对主体间、主体与社会之间文化关系的逻辑分析，应作共时性与历时性的统一解释。

4. 文化心智与行为

人的内在心智与外部行为，是人之主体性文化的显隐两面。心智的文化是内在的精神文化，既是社会文化的历史沉淀和生活实践的经验存储，又是人们对影响其心智的社会文化的反刍与再建构。而外显的见之于生活世界的行为文化，既受命于心智文化的内在引导与规范，又以实践性的文化创造、文化经验滋养和丰富心智文化。在这一问题上，我们既要反对心智主义，又要反对行为主义这样两种单边、片面的文化观点。精神文化生活中，心智与行为的关系多方面地影响着文化逻辑的内容。主体在文化行为中，心智方面时刻进行着分别由感知识别和概念判断构成的直观形象思维和逻辑抽象思维的双重意识活动。而外部环境与文化行为，作为心智文化的现实基础，既对主体的文化认知结构与文化逻辑图式运演，基础性地发生作用；本身又受到它们的反哺与建构，导致主体在识别、判断和推理等逻辑操作中出现某些不确定性和矛盾性。因而，对主体在精神生活中之外部文化行为的感知与内部文化心智的推论，作出逻辑的描述，需要借助一种既能容纳对象性行为程式和内部思维法则的表示系统，又能刻画它们之间的关系及其变化规律的分析方法。这需要将文化环境、文化行为、文化心智的运行法则作"三元一体"的揭示和连动函变机制的描述，形成逻辑形式的统一表达，得出清晰而较为准确的文化逻辑图像。

5. 文化意识与无意识

精神文化的逻辑，自然要关注并诠释文化生活的意识机理。在人的内部世界，依据主体的觉悟、自醒、自知、自控与否，可划分为意识与无意识两个层次。意识层次是主体对己内世界的自觉、明白状态，有一种自我意识的调控。无意识状态是主体对己内世界那些意识阈下的精神活动不觉察、不明白、不自控状态。精神文化的显结构多呈现为意识状态，立于精神文化前端，直面社会生活与各种信息，直接调控主体的思想与行为。精神文化的隐结构多呈现为无意识状态，它们或是由获得性遗传形成的文化本能构成，或是由烂熟于心的各种习惯性思维方法、行为方式积淀而生，或是对文化信息的不经意识记在心理深处形成的文化存储，或是来自于社会文化生活的集体无意识之原型赋予。文化无意识让主体不假思索就能自发顺应环境，调适行为，作出种种下意识的反应。它们既深藏着文化意识某些非常熟练又刻骨铭心的成分，在外界刺激下唤醒它们，发挥着"类文化意识"的作用；同时又能以不经意的方式识记外界刺激，自动调控行为，减轻意识的重负。因而从最真实、最"本我"的意义上讲，文化无意识才是主体文化人格的"金本位"，即最为客观、最为稳定地记载、存储着由文化意识、实践经验、社会生活统一铸造的主体文化之魂。文化逻辑的研究当然地要认真关注文化意识与无意识的精神关系，描述其互动方式与心理机制。这样，我们才能从逻辑上一方面在个体无意识、集体无意识层面证实个体文化人格和社会文化特质的真正持存；另一方面也能在个体意识、社会意识层面证伪个体文化表演、社会文化言说与实际生活、时代精神的乖离，揭露意识形态做作与操控的虚假，破解文化幻觉，恢复和维系精神文化生活的真实性与合法性，切实提升文明素养。

6. 文化理性与价值

精神文化从来是意情理、真善美的内在结合，既有认知、思维的理性意义，又有利益表征与诉求的价值内涵，是认知与价值的统一。文化作为人生和社会活动的引导与推动系统，须有认知理性的智慧支撑，舍此，人类就不可能由黑暗走向光明、由原始走向文明。同样，文化也是人类一种趋利避害、追求福祉的精神刻录和指南，舍此，人类也不可能凭借文化谋得社会与个人的种种福利并获得精神享受。文化的理性与价值因素相互支持，在文化进步中不允许有价值的东西而无理性，也不存在有理性的东西而毫无价值。文化理性帮助人们研判、选择和创造文化价值；文化价值帮助人们追求、坚持和实践文化理性。对文化现象作出逻辑的揭示与诠释，必须坚持理性秩序与价值法则的统一，使文化逻辑既概括文化认知论的理致，又表达文化价值论的机缘。后现代主义反对追问文化的理性真实与真实理性，拒斥所谓对非真实性现象的真实性究诘，孕育着把文化研究导向非理性主义与相对主义的危险。因为它们将从根本上取消对文化逻辑的探索与确认。这种消极倾向是我们需要认真避免和克服的。

7. 文化传习与开新

对此，认真研究过现代社会文化矛盾的美国学者贝尔，给我们提出了一条很有启示的意见："文化观念方面的变迁有内在性和自决性，因为它是依照文化传统内部的逻辑发展而来的。在这层意义上，新观念和新形式源自某种与旧观念、旧形式的对话和对抗。但文化实践和生活方式的变迁必然与社会结构互相影响，因为艺术作品、饰物、唱片、电影和戏剧都在市场上买卖。而市场是社会结构和文化交汇的地方。整个文化的变迁，特别是新生活方式的出现之所以成为可能，不但因为人的感觉方式发生了变化，而且因为社会结构本身也有所改变。"① 贝尔的见解表明，整个人类精神文化的发展，是一个自组织与他组织系统相互作用、有机推进的过程。文化系统的自组织，体现文化发展变迁的自决性、内在性，总的来说它受自身传统的制约，其发展要通过新旧观念、新旧思想方式的矛盾冲突才能推陈出新地实现。但这种文化发展的自决性，并未脱离社会物质生活、整个社会结构的制约，只是社会变迁给予文化创造和发展的推动，最终要经由文化系统内部矛盾的激化和解决，经过文化系统自身的要素刷新、结构改变、功能再造、机理转换而实现。因之，文化发展的自决性体现为文化的历史承续性与精神生活的相对独立性；而精神文化的社会规定

---

① ［美］丹尼尔·贝尔：《资本主义的文化矛盾》，赵一凡等译，台北久大文化股份有限公司1991年版，第56—57页。

性或他组织性,则体现为文化生活的受动性、与物质生活的共时性和同构性,亦体现为一种精神生产与时俱进的社会创造性。也正是在这层意义上,马克思曾经辩证地分析并肯定了社会意识形态的历史性和非历史性,甚至还说过"意识形态没有历史"这样表面看上去不好理解的话,其实质则不过是突出社会物质实践、现实生活变革对精神文化生活的当下规定性而已。精神文化生活在社会发展中历史地演进,它既是在文化的新旧交替、上下传承中"历史"地演进,又是在社会结构变迁、物质生活革新的推动下、创造中"被历史"地演进。而社会文化系统这种自决与他律、主动与受动、"历史"与"被历史"地发展在历史与逻辑相一致过程的具体展开,相对于社会主体的文化生活而言,也总是见诸人们的文化传习与开新。

文化作为人类生命活动本质力量的"黄金储备",严格地讲它首先是一种历时态现象。每一代新人在他们还是天聋地哑、幼稚无知的时候,就将生命活动浸泡在历史文化的营养缸里,或汲取其养分,或着色,或适应,或学习,完成人格、智能的孕育与养成。它们总是伴随家长的耳提面命、行为的耳濡目染、学校的文化教育、社会的文化宣示、自我的文化修为等历史文化的传习而实现。这使每个文化主体既是历史的又是当下的,是历史文化的当代主体性传习与上演,历史文化也借此而"活"在当代世界里。就此而言,每个人都是历史文化的定在,是一定文化的囚徒。但每一代人相对于前人却是时过境迁的后来者,面临新挑战、新机遇、新发展,要作出新实践、新创造、新建树、新概括,这就要挑战历史、扬弃传统、超越前人、发展自我,舍此历史文化不能真正地存活于当下,无以展示其超时代的生机。这种文化开新,自然总要面向世界、面向实践、面向未来、以我为主的,它们要求人们成为文化的"主人"。社会主体在文化生活过程中,由囚徒到主人的变迁,既是文化人格由"奴隶"到"将军"的飞升,也是其精神文化生活由传习到创造的跃升。文化位势与身份的此种转换,表面上是主体的文化成熟和发展,实质上是社会文化跃迁的历史逻辑在亿万主体文化生活中的展现。它在主体生命活动方面实现着文化创造与被创造的统一:相对于文化对社会主体的培养与造就,文化是施动的创造者;相对于主体对文化的创造,文化是受动的被创造者。主体与文化之间,从来就处在一种彼此创造、互为主客的辩证关系中,凭此才有文化与主体的相互为用、双重发展。关于这方面的文化逻辑研究，则既要揭示社会文化历史转换同时代变迁的相关性，从实践变革、社会发展、历史进步中寻绎文化开新的条件、动力与机制；又要充分揭示实现这一文化趋势的民族基因、人身素质和国民精神，从文化的主、客观两个方面厘清其逻辑轨迹与进化机理。

8. 文化主位与客位

文化的"主位"与"客位"，系指人们观察和对待文化的两种立场与方法。"主位"与"客位"两个概念，起初为语言学家肯尼思·派克所创造。前者用于说明站在本地语者立场，依据他们言语中隐含的无意识对比系统去研究、辨识其语音意义的方法；后者则用于说明站在非本地语者立场，从旁观察和辨识其语音意义的方法。它们表明，不懂本地语的人从外部的客位立场考察语言行为，更多地感知到的是其语言结构即其物理属性；而以移位于其母语者的主位立场，进入言语者社会内部考察语言行为，则能更多地掌握语言本身的意义即其社会属性。后来这种语言学研究方法被推广到人类文化学的研究中。文化的主位研究，类似语言学中的音位分析方法，从文化内部看文化，更容易理解和认同特定文化所包含的特殊意义。文化的客位研究，类似语言学中的音素分析方法，从文化外部看文化，更多地是在和自身文化的比较中去理解文化差异。系统诠释过文化主、客位方法的美国文化人类学家哈里斯认为，研究和说明一种文化，可以从事件参与者和旁观者两个不同的角度去观察这一文化中人们的思想和行为，前者叫主位法，后者叫客位法。他指出："在进行主位文化研究时，人类学者要努力去获得必要的有关类别和规律的知识，以便能像当地人那样去思考问题，去行动。"而"客位研究方法常把当地提供情况的人认为是不恰当或无意义的活动和事件进行比较和评价"[①]。哈里斯的这种文化唯物论思想告诉我们，进行文化逻辑的探讨和诠释，要清晰地审视自己的文化位势，注意把握和恰当运用文化主、客位的立场与方法。

其中，很重要的一个研究策略就是要注意针对不同文化现象善于换位观察和思考。当我们在研究有别于本地区、本民族或境外的异质文化现象

---

① ［美］哈里斯：《文化人类学》，李培茱等译，东方出版社1988年版，第17页。

时，应当努力作跨文化的观察与理解，注意多从主位文化立场介入。因如此能让人易位、移情于被研究者的生活世界，尽可能用他们的思维方式去想问题，能帮助局外者克服观察异质文化现象的隔膜，不先入为主地依自己的文化立场与态度，去理解和评价被研究者的文化行为，能更深刻地体悟"局外人"所无法理解的文化细节，更真实地理解被研究者的思维方式、情感表达与生活行为背后的意义。这对于理解特殊群体独有的文化体验、解释各文化类型之间的细微差异大有助益。并且，主位立场的文化价值认同，还有助于克服像"欧洲中心论"、民族优越感一类的文化霸权或文化殖民思想，更客观地揭示文化现象的内在本质、呈现其逻辑图像。但主位文化立场也有局限。由于努力"从内部"观察文化，从当地人的立场去思考当地人的问题，需要语言不同、文化异质的外在者实行立场与角色的转换和对异文化的"入驻"，必定遭遇语言障碍能否彻底克服、文化立场能否真实转换的难题，使理论预设经受"何以可能"的考问。同时，若真正达至主位立场，却又会因为太了解、太认同乃至太习惯于被研究的文化现象，反而会对很多值得深究的重要问题熟视无睹，失去怀疑与批判能力，失去科学探索需有的好奇心与敏感性，而阻碍深入思考，影响研究结果。相反，如果研究者片面固守其客位文化立场，对当地文化完全外在，不谙其世故、不通其语言、不懂其人心，只是生疏的一个异乡客身份，虽能使他保持对各种新异文化现象的敏感与好奇，但一定会降低他"从内部"体认文化的质量，生出许多错觉、误判和武断。因为，仅仅语言的障碍就足以让研究者损失大量有用信息，尤其那些隐含在语言深处的丰富文化内容更不足为外语者道。至于那融化在人们行为模式、身体语言、"集体表象"中的无意识文化信息，则更是局外人难以直接觉察和真实企及的。因此，从单纯客位文化立场去考察异质文化，以己度人，用研究者的文化模式、文化心理、文化价值法则去衡量另一种文化，很容易拒斥和贬损异文化的价值，或将本不存在的某些意义强加给它，作出不合理解释。自然，文化客位立场的研究方法，从外部看他处、他者的文化，也有其优点。作为旁观者看异质文化，更容易发现不同文化的差异及被研究文化的特征，揭示不易为局中人觉察的问题和意义，并在不同文化的比较中清晰地发现其大局结构、独特价值、历史方位与发展趋势，实现文化的宏大叙事与整体把握。值得注意的是，这种客位文化立场研究策略的运用，对于研究主体实现对自身文化的反观自照更有意义。宋苏轼诗云："不识庐山真面目，只缘身在此山中。"寓意人们须从身处被观察的事物之中超拔出来，才能认清事物。人们与考察对象融为一体，主客难分，视界上为自身生活范围及其狭窄经验、主观成见所限；价值上为自身利益、自我认同所困；思想上为习以为常、定式心理所锢，难以反身自问，敏感而深刻地发现问题、研判优劣、揭示规律。所以，主体研究自身的文化必须注意寻求新的坐标，实行一定程度的自我疏离，以"他者"立场并参验他处文化，祛魅与解蔽，实行客位化、他者化的比较、审视、研究和批判，才能更清晰地把握自身文化的精神特质、发展脉络、意义系统及其内在逻辑。事实上，在文化逻辑的研究中，主位立场和客位立场多是互补充、互渗透、交互使用的。对于一个智慧的研究者，无论是研究我者的文化还是他者的文化，都应当注意同时运用主位与客位的文化立场和策略，克服片面性、局限性，达到对文化现象事物逻辑之逻辑事物的客观理解与全面掌握。

第十三章　马克思视野中的文化逻辑与资本逻辑

社会主义市场经济的全面展开，使我们的文化建设面临着文化产业化发展的崭新课题与重大挑战。如何正确理解文化事业与文化产业的关系，实质上是如何正确认识和处理文化逻辑与市场经济的资本逻辑之关系问题。笔者想就此问题在学理上请教马克思。关于资本逻辑与文化逻辑的概念界定以及两者在社会实际生活中的内在关联，给人类留下了《资本论》这一大写的逻辑学的马克思，同时又为人类深刻揭示社会文化生活内在规律制定了历史唯物主义科学方法的马克思，从以上两个方面的统一中作出的原则性论述，为我们探讨这一问题提供了最基本的方法论原理。

一　逻辑哲学的立论基础

在探讨马克思关于资本逻辑与文化逻辑的关系之具体论述前，首先，需要明确马克思思想词典中的"逻辑"理念。经典文献表明，马克思的逻辑理念是在两重意义上使用的：一是"事物本身的逻辑"，即客观事物发展变化的内在秩序和规律性，它属于本体论的范畴；二是"逻辑本身的事物"，即思维规律和语义法则，它属于认识论、逻辑学或思想方法论的范畴。[①] 依据存在决定意识的基本原则，"事物本身的逻辑"规定"逻辑本身的事物"，后者只是对前者的思维抽象、归纳、概括和思想方法的表达。基于此，马克思主张，对包括经济运行的资本逻辑和社会精神生活的文化逻辑在内的所有社会现象之内在规律的研究，根本的要求是要揭示

---

① 《马克思恩格斯全集》第1卷，人民出版社1956年版，第263页。

第十三章 马克思视野中的文化逻辑与资本逻辑

和解释其发生、流变的"根源和必然性,从它们的特殊意义上来把握它们。……把握对象的特殊逻辑"①。因而处理和阐释逻辑的事物,要遵循和服务于事物本身的逻辑。资本逻辑、文化逻辑以及两者关系的研究,绝对不只是停留在思想法则这一"纯粹的逻辑过程"层面,更根本的"是历史过程和对这个过程加以说明的思想反映,是对这个过程的内部联系的逻辑研究"②。这些基本的逻辑思想原则,不仅彻底解构了黑格尔头足倒置地以其绝对精神自我演绎的逻辑范式,预设自然、社会、思想发展变化秩序和规程的唯心主义逻辑哲学,而且为历史唯物主义的研究和诠释提供了方法论基础。

其次,应当明确马克思是从辩证逻辑而非形式逻辑方法的维度来研究和阐述资本逻辑与文化逻辑以及两者之关系的。在谈到《资本论》对资本逻辑之研究和阐释的方法时,马克思诚恳地认可了他对黑格尔辩证逻辑方法的借重:"我要公开承认我是这位大思想家的学生,并且在关于价值理论的一章中,有些地方我甚至卖弄起黑格尔特有的表达方式。"③ 但同时马克思又严肃指出,在对待思维与存在、逻辑与现实的关系上,"我的辩证方法,从根本上来说,不仅和黑格尔的辩证方法不同,而且和它截然相反"④。马克思认为,他对《资本论》的研究和写作的"最终目的就是揭示现代社会的经济运动规律"⑤,"这些规律不仅不以人的意志、意识和意图为转移,反而决定人的意志、意识和意图"⑥。如此严谨的理论宣誓,充分表明马克思是以一种唯物辩证法的思维逻辑去揭示和叙述客观存在的资本逻辑的。如果说上述出自马克思为《资本论》第一卷作的自序中的思想,是对他研究资本逻辑之辩证逻辑思维的总结性提示的话,那么,他在研究资本逻辑及其与文化逻辑之关系而写作的《政治经济学批判》的"导言"和"序言"中,对其辩证逻辑思维所作的深刻说明,则更是多方面地体现了他对资本逻辑、文化逻辑等"事物本身的逻辑"研究和叙述

---

① 《马克思恩格斯全集》第 1 卷,人民出版社 1956 年版,第 359 页。
② 《马克思恩格斯全集》第 25 卷,人民出版社 1974 年版,第 1013 页。
③ 《马克思恩格斯全集》第 23 卷,人民出版社 1972 年版,第 24 页。
④ 同上书,第 24 页。
⑤ 同上书,第 11 页。
⑥ 同上书,第 20 页。

的逻辑哲学思想。他对个别与一般、必然与偶然、抽象与具体、逻辑与历史、逻辑范畴与现实社会关系、社会发展高级阶段与低级阶段同一范畴之简单与复杂的对应关系,对生产、分配、交换、消费等经济活动各环节之间相互辩证规定的关系及其一般、特殊、个别的辩证法,都结合资本运行的逻辑作出了辩证分析和科学叙述,为我们深入理解马克思的《资本论》这一部大写的逻辑学著作,为我们准确理解思维逻辑与社会历史逻辑进而理解资本与文化逻辑的内在关系,提供了一种系统而具体的理论范式。

最后,在涉及资本逻辑与文化逻辑的关系上,马克思在其政治经济学批判中,进而在对资本逻辑的揭示和诠释中,也分别作出了逻辑哲学的原则性论述。尤需关注的是,马克思的建树,是在论述资本逻辑的过程中同时关涉社会文化逻辑的。他在政治经济学批判《序言》中,最为精确地论述了唯物史观的理论纲领,强调"生产关系的总和构成社会的经济结构,即有法律的和政治的上层建筑竖立其上并有一定的社会意识形式与之相适应的现实基础。物质生活的生产方式制约着整个社会生活、政治生活和精神生活的过程。不是人们的意识决定人们的存在,相反,是人们的社会存在决定人们的意识"[1],"意识必须从物质生活的矛盾中,从社会生产力和生产关系之间的现存冲突中去解释"[2]。这些关于社会意识和社会存在之关系的唯物史观思想,被马克思认定为"指导我的研究工作的总的结果"[3],即根本的思想主旨。其中,十分清晰地表达了马克思关于社会精神文化生活受到物质生活根本规定的思想,它不仅体现在马克思关于物质生产和精神生产的具体论述中,而且还间接地展示在关于物质生产的资本逻辑和关于精神生产的文化逻辑以及两者关系的论述中,为我们认识和处理这些关系提供了理论基础。

二 资本逻辑与文化逻辑的意涵

从上述马克思这样一种逻辑语义系统出发,来具体考察他对资本逻辑

---

[1] 《马克思恩格斯选集》第2卷,人民出版社1995年版,第32页。
[2] 同上书,第33页。
[3] 同上书,第32页。

与文化逻辑的意涵及两者间关系的解释,需要我们对问题作出具体分析。

就对资本逻辑的关注和深度揭示、解释而言,马克思的伟大科学贡献,举世公认。他撰写的《政治经济学批判》与《资本论》著作,对资本逻辑进行了系统而缜密的科学探讨和理论说明。在他看来,资本逻辑就是关于市场经济条件下资本产生、运行、发展及其社会作用之规律、法则的概括,本质上它是对现代经济运行规律的深刻揭示与诠释。

马克思对资本作了两重意义的分析:一是把资本当作生产要素看待,这方面的资本逻辑内容,多表现为社会生产力发展过程的经济、技术法则。而且,只要是实行市场经济体制,只要社会生产纳入资本循环的过程,无论是社会主义还是资本主义,都会有资本逻辑对经济活动的内在规定性。它们更多地体现着市场经济条件下生产力的自组织机制及其运行过程中价值转换的普遍法则。

二是把资本当作一种社会经济关系,认为剩余劳动创造的价值即为资本,在资本主义条件下它体现着资本家和雇佣工人之间的基本经济关系。推广而言,但凡在市场经济条件下,把经济运行中各项经济要素如劳动力、生产资料、科学技术、产品—商品、货币、生产组织、管理等,经济运行的各环节如生产、分配、交换、消费等,经济调控的各种手段如市场、金融、财税、计划、价格、供求、工资、分配、消费、积累等,都用来直接或间接地为资本增殖服务,那么这种社会的经济活动就纳入了资本关系及其循环过程。从唯物史观讨论资本逻辑,马克思侧重关注的是作为特定生产关系的资本:"资本不是物,而是一定的、社会的、属于一定历史社会形态的生产关系,它体现在一个物上,并赋予这个物以特有的社会性质。资本不是物质的和生产出来的生产资料的总和。资本是已经转化为资本的生产资料,这种生产资料本身不是资本,就象金和银本身不是货币一样。社会某一部分人所垄断的生产资料,同活劳动力相对立而独立化的这种劳动力的产品和活动条件,通过这种对立在资本上被人格化了。"[1] 因此,对于资本主义生产方式而言,"生产剩余价值或赚钱,是这个生产方式的绝对规律"[2]。在马克思的词典里,资本是让生产资料占有者,通

---

[1] 《马克思恩格斯全集》第25卷,人民出版社1974年版,第920页。
[2] 《马克思恩格斯全集》第23卷,人民出版社1974年版,第679页。

过生产资料与劳动力相结合而生产并获得剩余价值的社会经济关系。"资本的价值增殖表现为完全取决于资本作为对象化劳动同活劳动的关系,即资本同雇佣劳动的关系。"① 资本增值的秘密就在于活劳动提供者创造了剩余价值。因而"资本发展成为一种强制关系,迫使工人阶级超出自身生活需要的狭隘范围而从事更多的劳动"②。在资本增值的各项活动及其发展过程的各个环节中表现出来的经济规律和运行法则,就构成了我们在通常意义上所讲的资本逻辑。

社会经济生活是一个结构复杂、内容纷繁、机制众多的大现象,因而也就决定了市场经济运行的资本逻辑是一个经济规律群,它由各种资本生产和再生产的经济法则、作用机制、运行规律构成。作为特定社会经济运行的复合机制,依据经济规律发生作用的空间宽窄、时间久暂、作用大小、地位主从,可对资本逻辑群作规律结构的分析。举其要者说,它们至少应当包括价值规律、剩余价值规律、等价交换规律、竞争规律、供求规律、生产价格规律、工资变动规律、投入产出规律、货币流通规律、资本积累规律、资本循环规律、资本扩大再生产规律、平均利润率规律、投入与产出之间边际收益递减规律、居民收入与消费之间变动关系的恩格尔定律等。其中最为基本的逻辑,自然是由价值规律和剩余价值规律作用叠加而形成的市场经济运行的基本法则。马克思认为,"把价值看作只是劳动时间的凝结,只是物化的劳动,这对于认识价值本身具有决定性的意义,同样,把剩余价值看作只是剩余劳动时间的凝结,只是物化的剩余劳动,这对于认识剩余价值也具有决定性的意义"③。可见,由于价值规律和剩余价值规律的作用是相互缠绕的,因而关于两者的认识也彼此制约、相互支持。这两者作为资本逻辑的基础性规律,对整个市场经济具有核心制约作用,其他分布在不同经济环节和方面的诸多规律,都受到价值规律和剩余价值规律的规定,是对这两大基本规律的具体展开和保障。由此,它们构成一个相互制约的资本逻辑网系。

此外,还有一个十分敏感的问题,马克思关于资本逻辑的界定和具体

---

① 《马克思恩格斯全集》第30卷,人民出版社1995年版,第383页。

② 同上书,第344页。

③ 《马克思恩格斯全集》第23卷,人民出版社1974年版,第243—244页

分析，都是基于对资本主义社会经济规律的研究和解释，他的许多结论是否在我们社会主义条件下也能通用或依然保持着解释力呢？换句话说，社会主义的市场经济是否存在资本逻辑呢？答案是肯定的。

经济事实告诉我们，剩余劳动物化为剩余价值，是商品经济抑或市场经济的普遍性产物。因为劳动产品一旦全面进入市场，采取商品—货币形式交换，商品的市场价值必然由社会一般劳动所决定。而在这生产商品价值的一般劳动中，那超出社会必要劳动的剩余劳动，则必然凝结为剩余价值。市场经济中普遍实行的商品—货币交换，还会将所有经济要素带入市场，使之从不同的角度形成对资本增值的特殊使用价值。因之，市场经济是剩余价值产生并持存的前提条件，剩余价值则是市场经济的必然结果。只要存在市场经济，就必然有剩余价值。社会主义市场经济条件下，依然存在着商品—货币交换，依然存在剩余劳动，依然存在剩余劳动物化为剩余价值的需要和现实性。因之，社会主义市场经济不能回避剩余价值及其运行的资本逻辑。我们在市场经济方面坚持社会主义与资本主义特质的划界，不在于是否承认存在以剩余价值规律为基础的资本逻辑，而在于如何自觉运用资本逻辑，从经济的所有制构成，剩余价值的生产、获取与分配，市场竞争等经济活动的合理规范，经济秩序的优化与健全，宏观调控对效率与公平的兼顾，劳动者权益的有效保障等方面，坚持和充分发挥社会主义制度的优势与力量，克服和避免资本主义经济的灾难性后果。鉴于社会主义实践经验的缺乏，以及对后资本主义时代市场经济、所有制结构、生产力发展程度、社会管理水平、人民的思想觉悟状况等问题过于乐观的预期，马克思没有对社会主义条件下剩余价值规律等资本逻辑的存在与运演法则展开论述。但他以资本主义社会为典型对资本逻辑所作的科学分析，在这些经济规律、法则起作用的条件依然存在的今天，马克思的理论则为我们理解、把握和运用资本逻辑发展经济，在共性方面提供了有效的科学原则。它们仍然具有强大的解释力，其基本原理是需要认真理解和自觉遵循的。尤其在讨论资本逻辑与文化逻辑的有机联系时，更需要特别关注这些原则并对其加以辩证理解。

关于文化逻辑，詹明信在其《晚期资本主义的文化逻辑》一书中提出此概念之前，似乎没有人明示过这一概念。然而，首创此概念的詹明信，并未对文化逻辑做过专门解释，他只是叙述了后现代文化与现代文化的差异及其社会关联。以致人们经常方便地使用"文化逻辑"一词，却没有严格地对它作出过逻辑的规定与界说。

　　前有所述本文所讲的逻辑，谓事物存在和发展过程中的一种规律性、秩序性法则及其观念反映。文化，就主观层面讲是生活方式的结晶，为精神生活关系。列宁称社会意识为"思想关系"，主要是从文化着眼定义的。文化逻辑是关于社会文化生活之秩序、法则、规律的集合。它在客观方面是文化现象的本质规定；在主观方面则是人们对其本质规定的理性表达。文化逻辑作为文化生活的核心，制约着文化的生产与发展，规范着形形色色的文化现象及人们对它们的理解与把握。

　　理解文化逻辑，必须先明确生成并依循这一逻辑体系的社会精神文化现象的意蕴。在人们的学术共识中，精神文化，从根本上讲，它们是社会生活方式的经验积淀、内化与理论总结，前两者体现在风俗习惯、日常思维、实践方式的意识、本能乃至集体无意识中，构成内隐文化、文化人格的基底；后者则表现为对文化的自我意识、自为生产、自主创造、自相教化、自行践履和自觉维系，构成外显文化及其社会共识、群体观念。因此，相对于文化逻辑的客观内容而言，精神文化虽然也精神性地存在着，但它们是作为一种相对于个体意识而言的客观性、语境性、精神预设性的存在，对各别主体的思想和行为产生规定性。精神文化生活又是全体社会成员自己的精神生活，脱离一切精神活动主体的文化将是不可理解和无法言喻的。因此，对文化逻辑的解析，一定不可离开主体思想和行为及其活动方式的分析去完成。这就形成了文化逻辑之客观内容和主观表达形式"两元一体"的结构。

　　文化逻辑，在马克思那里，主要是讲"文明要素的生产规律"[①]。马克思虽然没有就文化逻辑作出教科书式的解释，但他关于社会精神生产的论述，关于意识形态与经济基础关系的论述，关于科学技术发展规律的论述，关于各意识形式之历史发展法则及其相互作用机制的论述，关于社会精神生活内在规律的论述等，足以让人们寻绎其中的文化逻辑理念。它们在总体上同构于历史唯物主义的社会意识论和精神生产论。循着马克思预设的思维框架，笔者以为，谈论文化逻辑，既不同于对单纯思维规律的逻

---

　　① 《马克思恩格斯全集》第 26 卷第 1 册，人民出版社 1972 年版，第 295 页。

第十三章 马克思视野中的文化逻辑与资本逻辑

辑诠释，也不同于对物理现象、社会现象的纯粹客观规律的揭示与概括。因为文化逻辑作为人类精神生活内在机理与外显法则相统一的集成，它们是内外一体、主客共融的，其固有的二维兼容性不可分割。马克思在《政治经济学批判〈导言〉》中谈到关于社会经济以及文化现象的研究和叙述方法时，曾着重指出，要关注"历来的观念的历史叙述同现实的历史叙述的关系。特别是所谓的文化史，这所谓的文化史全部是宗教史和政治史。（顺便也可以说一下历来的历史叙述的各种不同方式。所谓客观的、主观的（伦理的等等）、哲学的。）"① 这一论述，简要地表露了马克思诠释社会文化发展历史逻辑的唯物史观理念。观念的历史很大程度上与精神文化史有一种两圆同心的包含关系，其叙述的逻辑自然与现实历史的叙述逻辑有对应性。"历来的历史叙述的各种不同方式"，既是现实生活史在叙述过程的观念史表达，又体现为对历史法则的某种思想逻辑演绎。这相对于文化逻辑而言，则是观念史和观念史叙述方式历史演绎的统一，是文化思想史之历史与逻辑相一致的表里互彰。观念史与社会现实生活史是一种被决定者与决定者的关系。从特定意义上讲，观念史是现实生活史的精神记录，本质上体现着精神生产对物质生产的历史追随及其过程性表达。而关于这一历史的叙述方法，不仅要处理好两种历史的自洽性关系，亦即观念史与现实生活史相互依存、相互作用中物质生产的资本逻辑与精神生产的文化逻辑之历史伴生关系，还要处理好把这一关系置于叙述逻辑的统一观照下而形成的逻辑与历史相一致的关系。

由此命意出发，笔者认为，马克思在历史辩证法意义上讲的文化逻辑，倒是比较切合维特根斯坦的"逻辑图像"理念的。在他看来，真实的事态可以表达为"图像"："图像中的各元素以一定的方式相关联，这也代表着事物之间也是如此相关联的。""图像是实在的一个模型"；"在图像中图像的成分与对象相对应"；"事物之间的联系方式和图像要素之间的联系方式是一样的"。② 因此，"逻辑结构，即实在的形式"；如果一个图像的描画形式是逻辑形式，那么，这"一幅图像也是一幅逻辑图像"③。事物的描画形

---

① 《马克思恩格斯选集》第 2 卷，人民出版社 1995 年版，第 27 页。
② ［奥］维特根斯坦：《逻辑哲学论》，王平复译，中国社会科学出版社 2009 年版，第 36 页。
③ 同上书，第 38、39 页。

式及其产生的图像是多样的,而事物多种描画形式中隐含的根本性的、共同性的形式就是逻辑形式,以逻辑形式表现出来的关于事物图像共性的内容则成为逻辑图像。维特根斯坦还告诉我们:在认识、理解、言说、掌握世界的过程中,"我们为自己构造事实的图像"[①]。而那些与实在结合起来的逻辑图像,因为同对象世界的一致性,以及主体在构造它们时表现出来的对客观事物的规律揭示、价值诉求、可能性的实践推动以及自主掌握的意愿,必然使图像向实在伸展,"它就像是一把测量实在的尺子",以逻辑的规范与力量,反过来指导人们认识、改造和评价实在事物。这样,也就进入了维特根斯坦所谓的"逻辑必须跟它的应用相联系"的命题。[②] 正是从这种叙事和诠释的逻辑方式出发,笔者认为要科学地解释文化逻辑,必须以马克思提出的辩证思维方式,概括文化现象的内在秩序和基本运行法则,才能给文化现象以"逻辑图像"的表达。

三 文化逻辑与资本逻辑相互纠结的解释

作了以上界定之后,回到本节的主题,我们还得请教马克思对精神文化生产及其内在规律之文化逻辑概括的见解。毋庸讳言,马克思没有单独对精神文化生产的内在规律或基本逻辑问题作过专门探讨。然而同样需要肯定的是,马克思在创立唯物史观、研究思想上层建筑和进行意识形态批判、探讨物质生产和精神生产的内在机制以及两者之关系,说明社会精神生活的物质基础和历史演化的过程中,都直接或间接地关注并讨论过精神文化生产的内部机制、社会规范和演变法则问题,留下了许多可资我们进行文化逻辑归纳,并探讨它们与资本逻辑之关系的基础性理论。

首先,马克思认为,社会的精神文化生活本质上是受到社会物质生活规定的:"物质生活的生产方式制约着整个社会生活、政治生活和精神生活的过程。"[③]"在不同的所有制形式上,在生存的社会条件上,耸立着由

[①] [奥]维特根斯坦:《逻辑哲学论》,王平复译,中国社会科学出版社2009年版,第35页。
[②] 同上书,第37、132页。
[③] 《马克思恩格斯选集》第2卷,人民出版社1995年版,第32页。

各种不同情感、幻想、思想方式和世界观构成的整个上层建筑。"① 因而必须用唯物史观说明精神文化生活,"从市民社会出发来阐明各种不同的理论产物和意识形式,如宗教、哲学、道德等等,并在这个基础上追溯它们产生的过程"②。"人们按照自己的物质生产的发展建立相应的社会关系,正是这些人又按照自己的社会关系创造了相应的原理、观念和范畴。""所以,这些观念、范畴也同它们所表现的关系一样,不是永恒的。它们是历史的暂时产物。"③ 它们始终要跟随物质生产方式的变化而变化,这不仅是文化生活的形式,更在于文化精神、思想观念的内容方面,始终受到社会物质生产的制约。人们若离开物质生产方式去谈论精神文化,或者不是把资本生产方式当作"一定的、历史地发展的和特殊的形式来考察",他必然失去理解文化生产的基础,必然无法正确解释社会的精神文化生活。因为"只有在这种基础上,才能够既理解统治阶级的意识形态组成部分,也理解一定社会形态下自由的精神生产"④。马克思确认的这一基本思想原则,为精神文化生活及其演化机制的科学说明,奠定了逻辑事物的基础:即必须从社会物质生活规制精神文化生活,经济基础决定思想上层建筑这一根本性的逻辑关联中,去解释与把握文化现象及其内在逻辑。

其次,马克思在强调文化逻辑解释的社会经济根据的唯物史观原则时,并没有把文化当作经济的消极附属物而取消对其内在逻辑的关注。相反,他从不同侧面强调了对文化规律——内在逻辑的研究和说明。他多次指出,要注意研究和说明物质和精神"两种生产的相互作用和内在联系"⑤。而联系物质生产来谈论精神文化生产,就必须"把'内在财富即文明要素'同物质生产的组成部分——物质财富区别开来,'文明论'应该研究文明要素的生产规律"⑥。他在政治经济学的批判中,十分关注施托尔希提出的精神文化的"内在财富"与物质财富的联系与区分,并影

---

① 《马克思恩格斯全集》第 8 卷,人民出版社 1965 年版,第 149 页。
② 《马克思恩格斯全集》第 3 卷,人民出版社 1960 年版,第 42—43 页。
③ 《马克思恩格斯全集》第 4 卷,人民出版社 1960 年版,第 144 页。
④ 《马克思恩格斯全集》第 26 卷第 1 册,人民出版社 1972 年版,第 296 页。
⑤ 同上书,295 页。
⑥ 同上。

响了他对精神文化生产的分析。马克思并不认为资本逻辑直接决定一切文化生产。他认为精神文化生产不同门类各有自己的特点,因而研究文化生产,把握其内在规律,需要具体研究文化的"不同生产部门,按照它们的技术特点"去揭示和说明其特殊的生产法则。至于考察文化生产中真正艺术家的个人特质之类的问题,相对于资本逻辑的研究而言,马克思认为,"按照事物的本性来说,这种艺术家工作的考察不属于我们讨论的问题之内"①。因此,马克思明确反对那样一种用资本逻辑取消文化逻辑的观点:"即非物质劳动的产品也像物质劳动的产品一样,受同一规律支配";他指出:"其实,支配前者的原则和支配后者的原则并不相同"。②因为"非物质生产的结果是这样一种商品,这种商品脱离生产者而存在,因而可以在生产与消费当中作为商品来流通,如书籍、绘画,以及所有与艺术家所进行的艺术活动相分离的艺术品。在这里,资本主义生产只能非常有限地被运用。当这些人作为雕塑家等不拥有帮工等的时候,他们大多数(如果他们是不独立的)是为商人资本工作,例如为出版商工作;这种关系本身只是向单纯形式上的资本主义方式过渡的形式"③。"在这里,资本主义生产只是在很有限的规模上被应用,例如,一个作家在编一部集体著作百科全书时,把其他许多作家当作助手来剥削。这里的大多数情况,都还只局限于向资本主义生产过渡的形式,就是说,从事各种科学或艺术的生产的人,……同真正的资本主义生产方式无关,甚至在形式上也还没有从属于它。"④

正是基于对这些复杂关系的缜密思考,马克思审视了精神生产与物质生产在总的历史发展中的一致性和在某些阶段、某些方面的不对称性,特别提出并论述了"物质生产的发展例如同艺术发展的不平衡关系"问题。⑤他反复肯定了艺术等精神文化生产部类既受人类认识如神话幻想的影响,又受到物质生产技术如机车、铁路、避雷针的影响,还受到精神文化生产自身的技术如印刷术、电报的影响,因而高阶文明时代的艺术生产

---

① 《马克思恩格斯全集》第46卷,人民出版社2003年版,第859页。
② 《马克思恩格斯全集》第26卷第1册,人民出版社1972年版,第297页。
③ 《马克思恩格斯全集》第49卷,人民出版社1982年版,第442—443页。
④ 《马克思恩格斯全集》第26卷第1册,人民出版社1972年版,第442—443页。
⑤ 《马克思恩格斯选集》第2卷,人民出版社1995年版,第27页。

不一定在所有方面都能达到人类孩提时代的范本水平，如古希腊神话艺术、史诗所提供的那种为现代人高不可及的范本。这一思想，不仅充分论证了精神文化生产自身相对独立性的逻辑根据，而且为理解这种"事物的逻辑"提供了思想方法。它们从对"事物的逻辑"之研究方法和叙述方法的对立统一关系中，给出了理解文化逻辑与社会物质生产的经济逻辑，进而与资本逻辑之关系的思想指南：在总的同一性中要注意它们之间各别的具体的差异性。由此可见，借口物质生产制约精神文化生产，用主要说明市场经济条件下物质生产机制的资本逻辑来支配和解释文化生产的所有机制，从而取消文化逻辑的存在及其与资本逻辑之关系的做法，是十分荒唐的。

最后，正因为马克思不认为可以忽视精神文化的内在价值、社会功能及其运行逻辑，所以，他用一般和特殊的逻辑关系去说明社会物质生活对精神文化生产的普遍规定性，以及与后者自身的相对独立性之关系。他指出："宗教、家庭、国家、法、道德、科学、艺术等等，都不过是生产的一些特殊的方式，并且受生产的普遍规律的支配。"[①] 精神文化生产作为社会生产的特殊方式，一般地受到社会物质生产普遍规律的支配，这就是对文化逻辑在整个社会生活中的定位，内含着既要把精神文化生产的规律性研究置于整个社会物质生产基础上，又要悉心关注文化自身特殊的生产方式及其内在逻辑的历史辩证法思想。

在马克思看来，文化逻辑与资本逻辑既是相互联系而影响或规制物质生产和精神生产关系的，又彼此相对独立，从而使物质生产和非物质文化生产各自相互区别，保持独立的生产机制。即使在精神生产与物质生产的相互联系中探讨其内在规律时，也要以文化生产的具体历史情况而定。他认为，分析精神文化生产资本化的现象，要注意三点：其一，具体的精神文化生产是否构成对资本增值的特殊使用价值。若肯定有此价值，则此类精神文化生产必定资本化无疑，必定受制于资本逻辑的作用。否则，精神文化生产无法被社会纳入"生产"领域，因而其内在逻辑无法与主要在物质生产中运行的资本逻辑对接。其二，要看精神文化产品能否脱离生产行为广泛进入流通领域。在许多情况下，文化"产品同生产行为不能分

[①] 《马克思恩格斯全集》第42卷，人民出版社1979年版，第121页。

离，如一切表演艺术家、演说家、演员、教员、医生、牧师等的情况。在这里，资本主义生产方式也只是在很小的范围内能够应用，并且就事物的本性来说，只能在某些领域中应用"①。马克思作此论断，与当时第三产业的不成熟、不发达状况有关，亦与精神生产的物质技术如机电复制技术的缺失有关。当时大量与精神文化生产行为不可分离的知识性、艺术性、技能性服务，还没有条件作为商品进入市场流通，因而为在市场行为中发生作用的资本逻辑力所不及。其三，要看精神生产在整个经济体系中所占的地位及其商品化程度。马克思在世时，精神生产在国民经济中所占比重非常小，"就是说，从事各种科学或艺术的生产的人，工匠或行家，为书商的总的商业资本而劳动，这种关系同真正的资本主义生产方式无关，甚至在形式上也还没有从属于它"②，故精神文化生产受资本逻辑制约十分有限，"资本主义生产在这个领域中的所有这些表现，同整个生产比起来是微不足道的，因此可以完全置之不理"③。

以上三个理念及其形成的对物质生产、精神文化生产两者逻辑关系的处理方法，表明马克思十分尊重历史发展的客观规律，以彻底唯物论的严肃科学态度对待精神文化生产的地位、意义和内在法则，十分审慎地厘析了它们与物质生产及其资本逻辑的关系。他强调了精神文化生产的社会物质基础和根据，揭示并诠释了它们在总的历史进程中随着物质生产方式的改变而发展变化的铁律，结合资本逻辑作用机制的分析，揭示了精神文化生产在一定意义上即对资本增值形成特殊使用价值的范围内，受到资本逻辑制约的事实，精准地探测到了资本逻辑与文化生产发生联系的榫卯机制。与此同时，马克思没有放弃对精神文化生产的独立性、特殊性、自组织性的深入关注与研究，在精神生活与文化建设的客观发育中，给人们对文化与资本的逻辑关系进行科学探索、理论建树和逻辑诠释预留了宽敞的空间。这正是我们今天在文化发展中科学认识和处理文化事业与文化产业、文化逻辑与资本逻辑，进而政府作为与市场行为之关系的理论出发点。

---

① 《马克思恩格斯全集》第 26 卷第 1 册，人民出版社 1972 年版，第 443 页。
② 同上。
③ 同上。

第十四章　资本逻辑与文化逻辑的乖离

马克思从资本逻辑对文化逻辑的扭曲中，揭露和批判了资本主义的精神异化现象："在我们这个时代，每一种事物好像都包含有自己的反面。我们看到，机器具有减少人类劳动和使劳动更有成效的神奇力量，然而引起了饥饿和过度疲劳。财富的新源泉，由于某种奇怪的、不可思议的魔力而变成贫困的源泉。技术的胜利，似乎是以道德的败坏为代价换来的。随着人类愈益控制自然，个人却似乎愈益成为别人的奴隶或自身的卑劣行为的奴隶。甚至科学的纯洁光辉仿佛也只能在愚昧无知的黑暗背景上闪耀。我们的一切发现和进步，似乎结果是使物质力量成为有智慧的生命，而人的生命则化为愚钝的物质力量。"[①] 1856年4月14日马克思在伦敦为《人民报》创刊纪念发表的上述著名演说中，对资本主义社会异化诸象的深刻揭露，虽然从根本上讲是对资本主义生产方式内部对抗性的客观展示，因而是对那种社会不合理性的彻底批判，但同时他又一般性地揭示了资本逻辑与文化逻辑在资本主义社会中的尖锐冲突，是对资本理性吞噬人文精神之毒垢的强烈讨伐。一个半世纪后的今天，发达资本主义国家进入了后现代社会，马克思所痛陈的文明异化现象却有增无减，愈演愈烈。眼下我们正在为现代化而奋斗，却同时遭遇了现代化过程与后现代困扰的双重挑战。这些，从文化生活层面讲，便是资本逻辑与文化逻辑发生乖离、酿成冲突的现代上演。它既证明了马克思关于文明异化的论述远没有过时，仍有重大现实意义；又表明认真研究和解决资本逻辑与文化逻辑的矛盾、冲突，是全人类面临的一个跨制度、跨时代的重大课题。笔者作此结论的"持之有据"，存在于下述事实及其内在逻辑中。

[①] 《马克思恩格斯选集》第1卷，人民出版社1995年版，第775页。

一 资本诱发文化生产短期行为

西美尔在谈到货币资本对人的行为的价值驱动特性时曾指出:"金钱使个体完全满足自己愿望的机会近在咫尺,更加充满诱惑。仿佛有可能一下子就获取完全值得追求的东西。"[①] 在资本追求尽快增值和利润平均化法则这一资本逻辑的作用下,文化生产及产业文化发展,自发地趋向市场需求量最大的领域,使文化产业的出品向着投入适中、见效很快、需求量大的中等质量水平趋近。这不但助长消费文化片面扩张,压抑文化生产中的品质提升力;而且会因文化发展的急功近利,消解文化生产主体的理想性、预见性、探测性、创造性追求,让市场追名逐利的短期行为取代文化创作、科学探索所需要的那种不避风险、艰辛进取、执着攀登的文化理想和科学意识。它们从精神生产主体的文化取向方面,从文化生产的"文化"方面,消蚀文化发展的创造性、卓越性和科学性进力。文化企业实行文化产品的"量贩式"经营,推广量大、透明、自助、平价的文化消费方式,以量定价推销文化出品,让文化产业以其量的扩张遮蔽其质的平庸,使文化产出量的扩张内损文化生产质的提升,导致产业文化齐平性拓展、重复性循环的局面,酿成精神文化生产的经济片面性。

在文化生产的产业化经营中,内存一系列客观矛盾:文化灵性与文化工业、创意与营销、思想与技术等方面的内在冲突。一般而论,灵性、创意、思想的形成和表达,相对于文化生产者个人而言是主体性的、一次性的、情境性的;而工业生产、经营活动、技术制作则是集中的、反复的、规则性的,因而也是规模化、批量化、客观化的。其产品要求从来是规格化的"这一批",而非科学探索"顿悟式"的突然发现,艺术创作鬼斧神工般的"那一个",或情趣理致表达中的"神来之笔"。唯其如此,一些经过千锤百炼、又如天目顿开的创作和个人发现,才能在非市场交流、非产业复制、非大众消受的过程中,获得并保有经典之作的魅力、可反复享用的恒久价值和经得起时间考验的稳定意义。这种情况似乎表明,产业

[①] [德] 西美尔:《金钱、性别、现代生活风格》,刘小枫编,顾仁明译,学林出版社2000年版,第11页。

文化的社会适用性与意义，其广度和深度、其空间与时间、其受众的多与少，刚好成反比：空间扩大意味着时间缩短，广度拓宽意味着深度降低，受众增多意味着价值保有式微。

　　对这些在我国也屡见不鲜的现象，只要看看市场经济对作家群体的影响我们就不难理解了。综合文学界的理论见解，业内人士认为我国作家队伍在市场经济的环境里，资本逻辑对他们创作的侵扰是多方面的：一是作为纯粹的精神文化生产者，作家曾有的社会中心舞台已边缘化，创作家光环不再，由人类灵魂工程师还原为普通百姓、脑力劳动者、"书匠"。二是文化产品市场化销售，使文化消费者的地位大幅提升，文化"顾客就是上帝"，他们的思想关注和审美兴趣，他们的生活状况与利益焦灼，成为作家关注的中心，作家们尊重和迎合大众消费趣味，成为扩大作品发行量的一个重要文化策略。三是作者组织体制与收入分配方式改革，由过去稳拿工资的单位人变为签约作家——文化合同工，这自然让许多作家把市场需求作为创作内容乃至方法、风格的定位坐标，按资本市场对精神生产要素的配置方法进行创作。四是对投入产出率的劳动效益考量，使人们关注需求广度，加快创作速度，而放弃对思想深度与经久文学价值的追求，极少"十年磨一剑"的人了，也不再有"一本书主义"，十本书都没有"主义"。为娱人、为市场、为扩大销售量、最终是为提高劳动回报率而忙。五是作家明星化，借助各类媒体，频频出镜，从余秋雨到易中天，得益于传媒之助，放大影响力，扩大作品销路。这为大众消费文化市场吞没精英文化提供了条件。六是文学的教化功能大大下降，而展示、表达、娱乐、消遣功能急剧上升。它们表现在题材选择上，以家长里短、爱恨情仇、饮食男女、七情六欲、商海沉浮、离奇遭遇等生活化、市民化内容为取向。在价值追求上，以世俗化、功利化、"经济人"化、消遣化为风标，消解崇高与理想，弄潮和制造时尚，并以影视化、热媒化的表现方式置换文学的深情与沉思；连出版机制也应着市场化的资本逻辑要求，以"晚报"丛生的形式演绎成刊物改版潮；甚至作品评奖也得与市场销售量挂钩，"象征资本"的力量遮盖过了文学自身的人文精神及其艺术价值。现在我国一年出版小说800多部，相当于从新中国成立到"文化大革命"初期小说出版总量的几倍，但它们给人们留下了多少印象？文学作为社会神经对现实生活反映最敏感的部分，它们连同其创作主体对文化逻辑的策略性调整，应当说真切地反映了精神文化生产在资本逻辑的深刻干预下，存在着一种经济功利作用把文学从人文理性厚重的包裹中拉扯出来，使之变成一种赤裸的物用生产的现象。

文化生产的市场化及其资本逻辑的自发作用，对文化逻辑冲击最甚的应当是给人文理性与知识态度带来的某些贬抑。美国著名实用主义哲学家杜威在谈到文化教育的理念时说："智力需求的技巧就是需要智力援助的技巧，并非偶然地能够被放在逻辑思维中的信息就是思维过程所需要的信息。读书少的人因为他们的知识是在特殊的情况下掌握的，所以经常能有效地使用他们偶然掌握的零星知识；而那些受教育多的人却经常陷入大量的学习材料中，他们更多地忙于记忆而不是思考"。文化教育的进步不是用"学习的连续性来衡量，而是以新的姿态和新的兴趣、经验来衡量……教育必须是一种持续的经验重建"①。哲学家在教育学视角对文化的创造性精神特质的论述，应当是有普遍意义的。杜威主张实用主义的文化取向，但他从文化生长的逻辑自身还是看到了教育及整个文化的发展不在于重复而重在创新，在于追求卓越。若用杜威给出的文化知识态度与方法，对比今天文化生产中形成的某些知识理念与创作态度，笔者不能不严正指出，许多受资本逻辑左右的人，已经在文化的经济功利主义道路上，走到了比杜威主张的实用主义还要更加浅近的实用主义境界，若先人地下有知，后人之作为定会让杜威自叹弗如！

二　外在财富的单面性衍生主客观文化对立

资本逻辑与文化逻辑的乖离，对精神文化生产形成的深刻影响之一，就是造成了主观文化和客观文化、内在财富与外在财富的诸多对立。马克思早已指出，市场上的货币交易会将主体内在需求与货币对此需求给予支持的可能性演化为主、客观的矛盾："以货币为基础的有效需求和以我的需要、我的激情、我的愿望等等为基础的无效需求之间的差别，是存在和思维之间的差别，是只在我心中存在的观念和

---

① ［美］古尔德：《公司文化中的大学》，吕博、张鹿译，北京大学出版社2005年版，第117页。

那作为现实对象在我之外对我而存在的观念之间的差别。"① 而这种由货币交易所造成的需求欲望与货币支持力之间的矛盾,向主客观矛盾的转换,是与货币交易的内在机制这一资本逻辑密切相关的。货币作为商品的一般等价物,它总是为"物"而等价的,以社会一般劳动的商品凝结物——劳动物化的产品之"物—物"相较的方式,才得以"钱—物"相较的。货币所等价、所计量的只能是有形的物质产品,劳动者支付的体力或脑力的计量与交换必须物化在产品中,才能实现。这样一来,便使精神文化的外化、物化形式的产品中,亦即在货币交换中之地位和价值特别突显,因而也使文化生产的精神成果必须以外在财富——物质财富的形式,才能得到社会的充分肯定与实践性的受理。非此,那些观念性、精神性的思想、情感、心智成果,虽然是精神性的内在财富,但它们因未能外化而无法直接进行货币交换。是故,在资本逻辑的价值秩序中,文化的客观形式便超过了它的主观形式,财富的外在形式也超过了它的内在形式,于是发生了客观文化压制主观文化,外在财富遮蔽内在财富的文化市场景观。货币哲学家西美尔锐敏地发现并深刻论述了这些文化异象。他指出:为金钱所支配的"事物在一种完全没有色彩的、不具有任何专门意义上的规定性的交换手段身上找到了自己的等价物,它们任何时候都可以兑换成这样一种等价物,因此事物在某种程度上被磨光、磨平,它们粗糙的表面日趋平滑,不间断的夷平过程在事物之间展开,它们的流通、给予和接受以一种完全不同于自然经济时代的速度进行,越来越多的东西,看起来置身于交换之外,实际上却被卷入永不间歇的交换之流。……经济世界的命运作为生活的这一运动过程的一部分,同时也成为整个过程命运的一个象征和一面镜子"②。货币交换不仅夷平了商品在使用价值和物理形态上质的差异,纯粹以其内含的抽象劳动量的形式化计价交换;而且它还否定了体力劳动与脑力劳动成果的差异,纯粹以劳动对资本增值所具有的使用价值之大小计价。"这种社会联

---

① 《马克思恩格斯全集》第3卷,人民出版社1960年版,第363页。
② [德] 西美尔:《金钱、性别、现代生活风格》,刘小枫编,顾仁明译,学林出版社2000年版,第15—16页。

系……对于每个个人来说，只有通过交换价值，他自己的活动或产品才成为他的活动或产品；他必须生产一般产品——交换价值，或本身孤立化的、个体化的交换价值，即货币。另一方面，每个个人行使支配别人的活动或支配社会财富的权力，就在于他是交换价值的或货币的所有者。他在布衣袋里装着自己的权力和自己同社会的联系。"①

由此孕育出了这样一种拜物教的文化观念，物的完美代替了人的完美，人的精神世界被货币这种普适性的"绝对价值""绝对目的"导致的物化和客观化的财富理念占领了。如马克思所言，"人们信赖的是物（货币），而不是作为人的自身"②。那充满敌意的冷酷无情的物质利益竞争，若无坚强有力的社会秩序规范和修持人性的文化逻辑匡正，其自发作用必然普遍地培养"败坏一切社会纲纪的，没有廉耻、没有原则、没有诗意、没有实体、心灵空虚的金钱拐骗者"③。所有这些，都会从根本上消解主观文化、内在财富的优越地位和重要意义。而且科学技术越发达，非物质经济的文化产业、文化资本越上规模，上述现象越严重。文化产业化发展史上，"19世纪的客观文化相对主观文化取得的优势，某种程度上可以作如下概括：18世纪的教育理想是培养人，也就是培养一种富有个性的内在价值，但它在19世纪被一定数量的客观知识和行为方式意义上的'教养'概念排挤掉了。这种差异看来一直在扩大。每天在所有方面，客观文化的宝库都在增多，但个人精神在受教育的形式和内容方面的增长，仍然只能日益落后于客观文化，缓慢前行"④。如此而来，在文化工业中通行的那种集约化经营、技术化流程、规格化制作、科层化管理，更使文化产业对精神生产形成了将集合化、机械性的脑力劳动与个性化、创造性脑力劳动的关系，也演变为主观文化与客观文化的关系，形成集体文化对个体文化的客观化强势。"文化共同体的这种浓缩的脑力劳动，与个人脑力中的活力状态相比，就像丰富的可能性与现实的有限性之间的对比。对这些客观精神内容的存在方式的理解，要求将它们放在一个独特的组织中，

---

① 《马克思恩格斯全集》第30卷，人民出版社1997年版，第106页。
② 同上书，第110页。
③ 《马克思恩格斯全集》第42卷，人民出版社1979年版，第108页。
④ [德]西美尔：《金钱、性别、现代生活风格》，刘小枫编，顾仁明译，学林出版社2000年版，第45页。

这个组织属于我们理解世界的范畴。在这个范畴内,作为我们真正问题的客观文化和主观文化的矛盾关系,也将找到自己的位置。"①资本逻辑在上述领域对文化逻辑的冲击,概括地说产生了以下文化病垢:一是会影响社会对文化生产的全面关注,不能保障文化发展自身逻辑如文化部类生产平衡发展的机制、文化生产和消费积极互动的机制、科技基础研究与技术产品开发的协调发展机制等文化机理的顺利实现;二是会在文化生产主体方面造成片面的物质利益兴趣,压抑主体的文化理想、知识兴致、科学好奇心等方面追求给文化创新和进步带来的内驱力;三是文化产业发展的资本运作及其市场效益评价原则,会干扰文化建设之社会效益原则的贯彻与持守,影响文化诸多方面非经济价值的社会实现;四是过分注重物质利益的外在激励,抹煞精神生产的人文价值引导,膨胀起来的经济实用主义文化观念,会严重损害文化创造过程中特别需要的内在激励机制和精神鼓舞力量,挫伤文化进步所要求的恒久而旺盛的主体张力。知识经济及其文化市场、文化产业之资本逻辑的运作,不是靠科学诉求或未来理想去维系,也不是用求解知识未决形态的探索精神或文化价值的理念去维系,它们的支撑点是那些能够帮助人们获得可预期利益、可度量实用性结果的信息,如工艺、技能知识,资本利润博弈与财务核算知识,社会需求计量和资源配置知识,某些技术或管理体制、策略的知识,等等。这些浓重的市场价值和资本逻辑色彩加于知识文化中的商品价值,会对中性的或无法直接在市场获利的学术文化价值、人文价值形成压制或干预,造成文化的学术、人文价值与商品价值之间的鸿沟扩大,文化内部的逻辑矛盾与意识冲突加剧。

三 资本张力解构文化生态秩序

资本逻辑驱使精神文化生产朝市场化方向发展,首先当然是物质利益的引导与驱动,但同时也有对文化生产主体活动方式的挤压及其造成的生产性危机。市场经济带来文化体制改革,精神生产者就业方式和分配体制

---

① [德]西美尔:《金钱、性别、现代生活风格》,刘小枫编,顾仁明译,学林出版社 2000 年版,第 46 页。

发生根本改变，使以往不很突出的生存方式问题突显出来，身份、角色、责任、活法一并变更而重塑精神生产者的主体性人格。当年马克思曾尖锐地指出过，市场经济、货币逻辑把曾经受人尊敬的诗人、律师等职业角色的光环贬得一钱不值，让人们重新评价精神文化生产者的劳动价值。资本逻辑的活性因子——货币，具有全社会完整意义上的可通约性，使人的价值被物质化和量化，一切都成了可让渡的商品。用"存在的有价"超越"存在的无价"，精神在货币面前与物质同价类比；人是万物的尺度，而尺度本身也被还原为物，并可以被让渡。于是，人类意识跟钱更亲近了，而与社会崇高的人文意义世界疏远了。马克思在对资本来到人世之后，文化价值秩序被市场中介及其资本运作扭曲和颠倒的现象有过十分辛辣的批判："在经济方面，金融家、交易所经纪人、大小商人吸去了营业的精华；在民法方面，律师敲诈诉讼双方；在政治方面，议员比选举人重要，大臣比君主重要；在宗教方面，上帝被'中介人'挤到次要地位，而后者又被牧师挤到次要地位，牧师又是善良的牧羊人和他的羊群之间的必然的中间人。"[①] 诸如此类，市场经济及其资本逻辑足以让人预感到一种精神危机：逼迫人们紧张地调整自己的价值坐标与思想方式。市场对精神产品的审查和准入，也动摇着非市场化文化生产者的安身处所与精神家园。一个不能仅仅用哲理就能解释清楚的世界，一个突然被剥夺了文化幻想的世界，一个多方面解构传统价值秩序的资本世界，一定会生成一些人的自我失落与人生迷茫，有了一种失去了生存根基与原有价值的危机。著名作家刘心武在市场经济初期就敏锐地觉察到了这一现象：一个严肃的作家，"他写作时，要体现特立独行的人格、充溢创造性发挥的'文本'、新奇诡异的个人风格，可是他不能不考虑安全问题、温饱问题、出版问题，当然他应在可达性与可行性之间求得一个最大也最优的生存系数，他如向社会规范和市井俗尚过分尊媚，当然有碍他的突破创新，但是他完全不顾所在的环境而放肆地'伤时骂世'、心无读者地'严雅纯'到底以至全不考虑出版面世，那么，他不是傻子必定是疯子"[②]。这种十分深刻的思考和几分无奈的顺应，该是人文知识分子身处市场经济湍流中的宿命写

---

① 《马克思恩格斯全集》第 23 卷，人民出版社 1972 年版，第 813 页。
② 刘心武：《话说"严雅纯"》，《光明日报》1994 年 3 月 30 日。

照。面对市场经济资本逻辑的铁则，文化产品的价值不仅取决于它自身的品质，更决定于市场的响应与适销，取决于消费者们和社会世俗话语的介入。政治宣传、经济推介、社会宣示，往往还要借消费文化之力才能顺利推广和深入人心，所谓"文化搭台，经济唱戏"，便属此意。甚至那些华光耀眼的"明星"也都是商品化过程的产物，如美国电影明星梦露一类，"早就因商品物化而衍变为其自身的'形象'了"[1]。这些政治、经济、社会方面的文化行为具有足够强大的背景力量支持，尚需借道市场、借助消费文化之载体去实现自身，那冰冷的基础科学研究，那常与市场自发行为角力的人文理性文化，那严肃人生与清纯情感之形象表达的艺术文化，那充满奥理、追求终极价值和理想的宗教、哲学文化，既没有巨大的社会实力和经济资源的强大支撑，又不可能一味迎合世俗、献媚物力。在用货币代表的物质力量垒起的市场中，在一个追求文化的经济功用与娱乐功能的大众文化世界里，它们受到资本逻辑的冷落与挤压是势成必然的。

资本逻辑在文化市场乃至整个生活世界的自发作用，如不加以规范和约束，足可导致技术理性嚣张，人文精神孱弱，德性观念式微，打破人文与科技两种文化相互依赖、相互促进的有序结构与逻辑耦合，也动摇精英文化与大众文化的有机对流与互补。进而，诱发社会对非物质价值、非致利活动、非经济行为的错误评价与偏见，不恰当地用资本利润、市场法则、货币尺度去度量它们的意义与决定其取舍，使非产业、非市场化的文化生产承受资本逻辑带来的不可承受之重，形成诸如道德"滑坡"、理想"塌方"、思想"溃堤"一类的文化恶变现象。

面对资本主义文化败象丛生的现实，詹明信写道："当前西方社会的实况是：美感的生产已经完全被吸纳在商品生产的总体过程之中。也就是说，商品社会的规律驱使我们不断出产日新月异的货品（从服装到喷射机产品，一概得永无止境地翻新），务求以更快的速度把生产成本赚回，并且把利润不断地翻新下去。在这种资本主义晚期阶段经济规律的统辖之下，美感的创造、实验和翻新也必然受到诸多限制。在社会整体的生产关系中，美的生产也就愈来愈受到经济结构的种种规范而必须改变其基本的

---

[1] ［美］詹明信：《晚期资本主义的文化逻辑》，陈清桥等译，生活·读书·新知三联书店1997年版，第442页。

社会文化角色与功能。当日益增长的经济需求带来一定的社会反应时,我们自然便能看到各种各样的社会机构伸手给予那新兴的艺术以不同性质的支援赞助(包括设立艺术基金、博物馆赞助金等)。"① "在资本主义体制统摄着人民生活的社会空间里,不但人的劳动力得到重新分配,人的感知能力也经过分解、重组而越趋专门化了。总之,资本主义社会的生活为我们带来新的感觉中枢、新的官能分配、新感官组织以及组织的解体和变动等等。于是,艺术家只有力求透过他笔下独有的感官世界,捕捉感官组织本身的崩裂。在这个解释下,艺术创作者正是抱着一种乌托邦式的补偿心态,奢望艺术能为我们救赎那旧有的四散分离的感官世界。"② 因此,"后现代文化给人一种缺乏深度的全新感觉,这种'无深度感'不但能在当前社会以'形象'及'摹拟体'为主导的新文化形式中经验到,甚至可以在当代'理论'的论述本身里找到。……故此,后现代给人一种愈趋浅薄微弱的历史感,一方面我们跟公众'历史'之间的关系越来越少,而另一方面,我们个人对'时间'的体验也因历史感的消褪而有所变化。"③ 以上有些冗长的引述说明,研究晚期资本主义文化逻辑的詹明信,事实上从三个方面对资本逻辑给文化生产带来的冲击作了概括性的提示:一是精神文化生产越来越受到物质生产的直接干预,其相对独立性渐弱;二是现代资本生产方式重构精神世界,人们的感知和意义体系日趋碎片化;三是文化的逻辑轨迹日益由时间维度向空间维度演化,空间的逻辑扇面扩大、影响深化。

受其启示,分析现实,笔者以为资本逻辑对精神文化生产的渗透,解构传统社会的文化生活秩序,推动精神文化生产的逻辑重组,有以下几个方面的重要表现。它们虽不是这种现象的全部,但透过它们足可以为我们理解这些现象找到明晰的线索与思路。

其一,文化的科技理性与人文理性原有的价值逻辑关系发生变构。在科技理性中,应用技术研发更能市场化、产业化,因而受到资本逻辑的吸附与支持,能获得更多的市场资源与发展空间;基础科学因远离市场只能靠政府

---

① [美]詹明信:《晚期资本主义的文化逻辑》,陈清桥等译,生活·读书·新知三联书店1997年版,第429页。
② 同上书,第436页。
③ 同上书,第433页。

投资才有发展条件。这可能使科学与技术受资本逻辑的影响而造成价值评估的错位：在经济价值上技术升浮超过基础科学研究的地位，在思想理论价值上基础研究因为是技术研发之母，仍然处于主导地位。因而科学与技术在思想文化价值与直接经济价值的关系中不相洽。这不仅使科技理性一分为二，形成了科学理性与技术理性的分野，而且让社会实行两套评价系统，故有科学院士与工程院士的分别设置与评定制度，两院士兼得者不多。

而且，大量工程院士是企业家兼职。2013年我国新遴选的工程院士中就有一批人是企业家，因为他们掌管企业，有经济力量依据市场需求组织技术开发，并在自己企业系统率先推广取得经济效益，能用光鲜的社会经济效益去证明其技术成果的意义。技术研发主体的资本力量使技术理性与科技理性揖别，更亲近资本逻辑的温热，而在理论理性方面疏淡了培育自身的基础科学。在人文理性方面，那些能从形象上、物化方式上展示出来的思想情致，那些能给大众消费带来娱乐或感官享受的内容与制作，因为其可市场化、可产业化，得到资本逻辑的青睐而受其裨益更多。这样便在人文科学理性世界也形成了逻辑裂变：那些可形象化、艺术化、大众化的文化内容与制作向资本逻辑趋附，在文化市场升腾起伏。那些能形象化、艺术化但难以大众化的内容与制作，与那些不能形象化、艺术化、大众化的文化内容与制作，因其市场狭窄不能与资本联姻，便远离资本逻辑的运行机制，而固守自身原本的文化逻辑。因此，资本逻辑对文化生产的介入，使科技理性和人文理性的关系发生了重构，两者比以往任何时候都需要更深刻、更密切的相互关注和支持，才能保障文化建设的正确取向。此外，它还使两种文化内部的关系裂变，各自发生一部分内容趋近资本逻辑而疏远文化逻辑的走势，同时也各自有一部分内容远离资本逻辑而固守文化逻辑格局的。这是文化的产业化、市场化引入资本逻辑之后，科技理性文化与人文理性文化之价值逻辑的变构。

其二，与上述情况相联系的是，文化生产中实用性知识和象征性知识的生产之间也发生了逻辑裂变。这突出地反映在高等学校的专业设置、专业选择与教师从业地位等因素构成的文化矛盾中。"高校的文化矛盾像在资本的本性中那样，在知识的本性中浮现出来。……每所高校中都存在的文化战争仍在两种主要学术力量中展开：一是商品知识，即能在工作中发挥作用的知识，包括职业培训和为职业做准备的培训、政策开发、发明及专利；二是象征性知识，即价值观判断、道德伦理、文化、审美、哲学思辨，以及与思想科学相关的知识。……尽管两种相竞争的知识之间存在着紧张关系，对学术性和象征性知识的现代认知，特别是以通识文科和人文学科为代表的知识，更难以证明其价值，因为受市场驱动的大学争着树立具有市场价值的知识的重要性。"[1] 这是美国学者指出来的一个不争的事实。从事象征意义知识之生产、传授的人文学者，在文化市场化、产业化、资本化经营的条件下，其主体性自尊与张力都会到一定的挤压。对广大教员、学者来说，其学术主体性除了受到社会政治的规定外，还受到对知识的拥有状况，以及那种知识在校园内外被如何评价的制约。"但当教员文化中主体性的细微差别被现代大学的公司型实践所湮没，当消费主义和质量控制标准首先基于对被认为是大学外围公民或商业企业的参与，来制定新的学术文化价值，或当他们坚持学习中要有可衡量的证据时，那些在更具有象征意义的领域从事知识开发工作的教员，他们的自尊心就很难维持。例如，当不认为自己是学术企业的外围部分，或是隐退到自己私有的学术闺房中时，一种夸大的感伤和趋于过分唯美化的情境和挑战就会轻易俘获人文学科，同时还有强烈的个人权利和失去机会的感觉。……无论是文科、人文学科还是社会学科，对学校趋向于根据可衡量的力量来评估学术资本而感到失望的并不在少数。"[2] 在追求有利可图的专业、课程的努力中，市场、产业和社会政治对学术机构及其活动方式的控制不断调整，从而在表达资本逻辑对文化逻辑的强大影响力的过程中，一定会或多或少地与知识工作者的文化旨趣、专业理想、学术优长发生冲突，使他们日益失去对获得和持守象征性知识的坚定性。文化、知识的价值秩序必然要接受市场、社会生活的选择和重构，其意义必须在学术机构外获得承认与确证。尤其在当代文化产业化、传媒对社会发生强大影响力乃至控制作用的条件下，在文化也成为消费资源的语境中，知识、文化的发展更多地受到市场和消费需求的驱动，或受到某些突破性实践、研究的引导，形成对新形势、新经验的渴望的影响。大学教师、学者们需要对自己塑造公共

---

[1] ［美］古尔德：《公司文化中的大学》，吕博、张鹿译，北京大学出版社2005年版，第63页。

[2] 同上。

知识的责任保持敏感性和强烈使命感。作为一种日益增加的数码商品,即使是最复杂的科学知识或构思,在用符号沟通的世界里比以往更具延展性。知识、文化处在快速流转和再发明、再建构状态,以致它们从来不会仅仅是一种交易物,只具有单一的实用价值。它们总是在哪怕是几分钟的交易过程中,也会凭借自己的标志、品牌、市场影响力而在交易关系中对人们产生或拥有象征性知识的意义。它们处在不断地意义诠释、解构和重组中。但自由市场总是趋于以知识的公共用途来为其估价。当然,人们可以说学术知识有其自身的生命力,并非简单地为研究人员、学者和老师所拥有,或者依附于他们而存在。知识的传播可以出现在专业学术组织、研讨会议、商业环境、校园闲谈等场合,知识作为对生活的理想化表达有其浪漫的一面,容忍各学科在人们在追求发现与创造的向往中飞翔,很少停下来倾听掌声和收纳奖金。因而无论如何窘迫,总是有大批的舍身求法者为文化抗争。但现实生活也不断证明,"不论学术知识的概念多么浪漫,也不管每一个教员的个人兴致多么真诚,这种理想的论述是相当不稳定的。任何社会、政治或经济变化的力量都能影响到知识在学科中的可靠性,这使得对知识所有权的斗争更加剧烈,使文化矛盾更加突出。有时交易价值和象征价值相互缠绕,令人难以理解。"[①] 如大学的院、系专业设置,就可能强化或弱化某些知识的地位和影响力,而且也会改变不同知识门类的相互匹配关系、主从关系,使从事这些门类知识研究和教学的人员之地位、之话语权、之相互关系变构,进而影响其专业意识、知识兴趣和科研、职业的取向及其稳定性。这是教师、学者文化、学科文化对社会经济、政治、组织以及渗入其中的市场力量、资本逻辑的某种屈从。

其三,文化认同的时空逻辑发生重组。"在日常生活里,我们的心理经验及文化语言都已经让空间的范畴、而非时间的范畴支配着。"[②] "'摹拟体'的新文化逻辑乃是以空间而非时间为感知基础的,这对传统'历史时间'的经验带来重大的影响。"[③] 这就是说,人们在资本逻辑的支配

[①] [美]古尔德:《公司文化中的大学》,吕博、张鹿译,北京大学出版社2005年版,第64—65页。

[②] [美]詹明信:《晚期资本主义的文化逻辑》,陈清桥等译,生活·读书·新知三联书店1997年版,第450页。

[③] 同上书,第455页。

下，精神文化生活由以往传统社会那种关注历史、效法古人、尊重经典、维护道统等历时性的逻辑演替和维系，变为现在的关注当下、努力创新、尊重现实、维护利益平衡、追求对等商谈等一系列共时态的横向逻辑关联。市场经济的文化产业和消费强调供需在同一时空交换，生产经营者致力于同一时空的竞争与合作，市场中的资本运作关注同一时空中的循环速率与增殖，所有这些都将人们的精神生活从以往那种宗法道统中解脱出来，由"前喻性"的文化关系变为"后喻性"或"互喻性"的文化关系，大家共在，一道出场，彼此创造。这完全符合市场经济竞争中人们不断追求新奇异、廉美优的旨趣。它使人们在货币的鞭打下奋力向前而不是回归以往。这种空间遮蔽时间的强势对文化的历史维度是一种极大削弱。再加上现代电子文化及其传媒技术的兴起，使文化的"摹拟体"可以超历史时空地呈现在主体面前，文化的空间逻辑更趋强劲。它们被广泛地运用于文化产业，技术和资本踏着市场节奏联袂共舞。它们使当代文化把一种似乎天然合理的观念放在特别重要的位置上：即不认可有文化相对独立发展的逻辑轨迹和思想史上下承续的专业理论流变，而只有通信模式、市场趋势、大众口味及其传达的价值观、思维方式的无尽变化。学术文化、学者气质和文化主张已经受到市场经济、媒介系统、大众消费的诸多侵袭和解构，失却了传统学者那份清高及其独善其身之精神矜持的现实基础。它们使当代的精神文化生活与文化交流有了零时空间距的可能，其中文化的时间性、历史逻辑，大量地被文化的空间性、场所逻辑所消解。因此，人们的文化心理、语言、思维方式、行为经验、情感旨趣等内在精神文化元素，都受到空间而非时间的制约。这正是詹明信所指出的"摹拟体把后现代的文化逻辑再三确定和加强了"的社会文化原因。[①]

其四，文化在与社会互动中的自组织性更趋复杂。唯物史观充分肯定了作为精神文化重要内容的意识形态，对于派生它的社会经济基础，具有相对独立的自组织性。而当精神文化生产市场化、产业化之后，包括意识形态的精神生产在内，广泛深入地与经济、与资本逻辑粘连在一起，甚至可以直接把文化产业也当作经济基础的元素。这不仅让意识形态、科技产

[①] [美] 詹明信：《晚期资本主义的文化逻辑》，陈清桥等译，生活·读书·新知三联书店1997年版，第501页。

业等精神文化的生产似乎具有了既是物质的又是精神的两面性，而且让精神生产在沉入经济的过程中，其文化逻辑的独立性被资本逻辑所削弱。后期资本主义的文化世象向人们展示了这一变化。詹明信严重地关注了这一问题："文化领域的'半自主性'到底是否让晚期资本主义整体逻辑所摧毁？这正是我们当前必须正视的问题。虽然，相对的自主性确曾在一定程度上出现于现代资本主义的早期社会里，但说这种自主性不再存在于我们今天的文化，并不等于说就完全否定了'自主性'的价值。"[①]

其五，资本逻辑还使文化产业中的生产和消费之间的逻辑关系发生易位，由原来生产对消费的主导性创造变为消费市场对生产的基础性支配。本来，按照生产关系的内在辩证法，应当是生产主导消费，但在特殊的文化市场中，因为文化生产资料的相当大一部分是没有严格所有关系的，是存在于主观世界的精神性资料，而且是在文化生活的精神产品的交流与消费中，去实现产品及其精神资料的生产与再生产的。其中的生产资料乃至部分产品如知识，它们在文化消费中不但不会消失其价值，而且在产品的消费或使用中最终实现其价值的同时还会精神性地增殖。这样，精神文化生产中生产和消费的关系有别于物质生产中两者的关系，会在它的精神生产同时也是消费的过程中发生不同于物质生产过程的境况，消费与生产适度平权，文化消费经由市场激活更具有社会张力。特别是在资本逻辑统制下的文化产业和文化市场活动中，文化消费对文化生产的市场化主导因素尤为重要，在一定意义上可以说是消费主导生产。理由如次：

（1）在文化生产市场化、产业化、技术现代化条件的支持下，人们关于当下社会生活的价值认定，关于未来美好社会理想的持守和追求，关于客观世界内在规律的真理性探讨和诠释，关于文化特质及其精神品格的深刻反思和严肃批判，关于德性和审美文化的向往、诉求、欣赏、坚持和陶醉，在许多方面已自行拆解到电子媒介文化的追新猎奇和追求市场反响的热情中去了，具体表现为用心按市场信号和媒介便利装饰自己的知识言说和文化面貌，因循于消费者的口味，迎合其多变的需求，同时在大众网络文化空间上跳下窜，卖力演出，似乎一切都是为了反响，"为承认而斗争"！

[①] ［美］詹明信：《晚期资本主义的文化逻辑》，陈清桥等译，生活·读书·新知三联书店1997年版，第504页。

（2）资本逻辑与文化逻辑的乖离，在生产与消费关系中造成的逻辑裂变，被文化经营者的主体利益差异所强化。因为私营、民营文化企业和国有文化企业对不同文化的价值关注向度不同。法国哲学家莫兰深刻地意识到了这一问题：文化的私营系统追求最大限度的利润，国营系统注重文化的政治和意识形态效果。前者看重文化消费者的市场回应，"私营系统想尽一切办法在审查许可的限度内使人娱乐、消遣。而国营系统只是想说服、教育人：一方面它努力宣传可能使人厌倦或烦恼的意识形态，另一方面由于它不被赢利推动可能倡导'高级文化'（科学谈话、世界名曲、经典作品）的价值。私营系统充满活力，因为它尽量使人开心；它希望使它的文化适应公众。国营系统则比较死板、拘谨，它希望使公众适应它的文化。这是在严肃的年长女教师和嘴唇半张的性感女画像之间作出选择"①。对于歌曲、著作、剧本、被广播的节目，民营企业及其投资者考虑的主题是能否赚钱，其产业化、市场化经营把资本逻辑的要求放在首位，实质上是把文化的消费市场取向放在首位，直接以销定产。国营企业则把文化生产主旨放在与社会、政治、思想要求的适宜性上，其经营理念在注意资本运作效益的同时，可能更多一些关注社会文化建设自身的内在逻辑要求。这样两种倾向在文化生产中的差异与角力，使文化产品的原创者可能同时受到政府公权管理体制、市场竞争法则以及文化产业的技术要求的多重搅拌。但在总的市场经济条件下，文化生产一方面在内容、总旨上都必然要反映市场经济和资本逻辑的要求，同时在文化竞争中任何企业也不能离开对大众需要的迁就。因而以社会效益为先的国有文化企业也难免不迁就文化消费指向去组织生产，进而在产品形式、风格和推广策略上向文化消费靠拢，以"寓教于乐""喜闻乐见"一类经营策略间接反映文化消费对生产的规定性。

（3）文化生产与消费的某种同态性、直接性，使资本逻辑驱使文化生产迁就文化消费更为直接和便捷。马克思在分析一般性的生产与消费关系时曾经指出的，生产为消费生产对象，消费为生产观念和主体的辩证法——逻辑关系，在文化生产中本来就比较模糊，因为主体在消费某种文化产品时可能同时就在生产某种文化观念与思想，而且消费什么就可能直

---

① ［法］埃德加·莫兰：《时代精神》，陈一壮译，北京大学出版社2011年版，第16页。

接生成与消费对象直接同一的观念、思想。人读书的活动形式背后，可能是书读人、书育人的文化内涵。在这种特殊的文化逻辑关系中，资本逻辑是要强化那更能让人喜欢接受、易于接受的文化生产品，注重其消费取向而抑制其不利于市场化、大众化的生产性、创造性和卓越性。这样一来，无疑是强化了文化消费取向在精神生活中的自我循环，使生产成为消费取向的生产，使消费成为自我取向的生产。消费创造消费性的生产者，生产创造生产性的消费者。一切出发点和归宿点最终都是消费。这是文化市场资本逻辑诱发的文化病象！

事实证明，仅靠资本的逻辑及其经济力量是不足以支持人们对文化以及人类命运复杂性的理解和重大问题之解决的。同时，在资本逻辑与市场利益驱使下，有些不法主体越过市场经济底线，侵害知识产权，盗版复制，冒名顶替甚至诲淫诲盗，不但直接扰乱市场秩序，而且深深伤害文化的创造力和软实力，危害精神家园与国家文化安全。有人说："文化盗版，有搞白粉的利润，但没有搞白粉的风险！"甚至连严肃的"高等教育市场由于无力超越供需的标准仔细评估质量而盲目地向前推进，很大程度上是为了回应公众对证书和工作技能不断上涨的需求"[①]。在教育普遍受到市场机制和资本逻辑深入渗透的环境里，学校及其教育质量、品味的评价尺度也被扭曲了。"具有讽刺意味的是，正是大学使命的范畴和复杂性及其对卓越的追求，对高等教育中任何单独的学术动机施加了巨大的压力。例如，大学不是首先因研究和学习而闻名，而是退回到现成的社会工程、衡量文凭价值的指标，以及注重天才的开发而不是努力提出对一般成就的高标准，注重领导力技能而非权力的历史及政治科学，注重评估标准及关于卓越的统计数据指标而非诚实的计分。其目的正是在于占领市场地位，实现远比自有资源所能维系的大得多的社会抱负。"[②] 哈贝马斯认为，在后现代社会里，生活消费的推动对文化的发展是很真实的，在这个世界里，有竞争的市场，有不稳定但有诱惑力的文化陈述，有多变的价值。资本逻辑在消费文化上表达着一种很

---

① ［美］古尔德：《公司文化中的大学》，吕博、张鹿译，北京大学出版社2005年版，第19页。

② 同上书，第25页。

不相同的现实或对现实的异常的态度："它们的形象是快乐和实现，它们的声音是歌唱而不是命令，它们的行为是和平与结束征服性的劳动：从把人与神、人与自然结合起来的时间中解放出来……快乐的恢复、时间的停止、死亡的吸收：宁静、睡眠、夜晚、天堂——不是作为死亡而是作为生命的涅槃原则。"[1] 消费文化主张人从责任、义务、理想和社会规范中单片地解脱出来的自我放纵的、及时行乐的人生态度，在消释繁重压力的同时却不免多了一些懈怠乃至颓废。这在文化取向上无疑是一种对进取精神、创造意识的消解。它带着其发生地——西方资本主义国家社会、文化生活的消极性特质，是资本逻辑赚钱铁律在文化价值取向上的表达。西方学者称，数字化的世界是平的，平等对话，平齐思维，平直信息与轨道，互联网成为将一切拉平沟通和自由言说的平台。文化进入产业和市场之后，它们成为财富的资源与资本的载体，其批量化生产、市场化交换、大众化消费，使文化不像往昔那样仅以文本传播在少数人中阅读、流动、被诠释，而是以数字化的大众传媒及电子文本等新型载体，以多向互动的方式进行生产性的消费和消费性的生产，进入社会经济生活的一切领域。文化工业生产中大规模的机械复制、刻录、再版，对文化创造性生产中的个性化探索与创新，对文化之本土化、特质化的生产与交流，对文化的反思性、批判性吸收与受纳，无疑是一种巨大的解构和压抑。它们很可能抹去文化的多样性、丰富性与意义的厚重性。

所有这些，在笔者看来，詹明信完全否定当代资本主义社会精神文化生产之相对独立性的观点是过于焦虑、过于言重了，但他敏锐地觉察到了在资本逻辑的强力作用下，文化自主性的逻辑会被改变这一事实，却是非常真实而富有科学意义的。因为他对资本逻辑捆绑文化逻辑而致文化生产相对独立性减弱现象的揭露和批判，与马克思先前对资本主义文化生产的分析，是完全一致的。马克思认为：对于资本的人格化主体而言，他们总是千方百计要把包括精神文化生活在内的一切活动都纳入资本逻辑秩序中，认定"这些领域是同物质财富的生产'联系着'的，说它是生产物

---

[1] 马尔库塞语，见［美］马歇尔·伯曼：《一切坚固的东西都烟消云散了》，徐大建、张辑译，商务印书馆2004年版，第127页。

质财富的手段；他们对每一个人都表示敬意，说他是'第一种'意义的'生产劳动者'，即为资本服务的、在这一或那一方面对资本家发财致富有用的劳动者，等等"。① 这种资本逻辑对财富创造活动的全方位网罗，使文化生产者失去个性的自由表达条件和精神创造的自由，进而使精神生产在文化逻辑系统中的相对独立性弱化，完全是系列因果链上带有必然性的环节与结果。它们使后现代知识分子形成了相对主义纠缠中的忧虑，留下了许多没有答案的疑云：诸如当代的确定性危机是暂时性的疏忽大意，还是宿命论的长久必然？它是一个典型的过渡性现象，还是社会新形势下的连续？本来持有相对主义观念的人对于现实与历史的文化关联，常以虚无主义的主旨报以大不敬态度，但在资本逻辑编织的坚固樊笼里，相对主义似乎受到经济的强制而难以让人宽松。于是虚无主义与颓废意识联袂而至，搅乱了精神的狂放与文化的自我宁静，引出了后现代文化的种种批判与质疑。

四 符号资本伪化精神生活的真实

资本逻辑与文化逻辑的乖离，进而对文化逻辑形成的挤压与扭曲，很重要的一条实现途径，是借助现代信息技术介入精神生产及其产品的传播，使社会文化生活脱离原有精神生产技术基础上形成的既定逻辑与价值秩序，在认知和价值理性方面发生畸变。

这个现象，首先广泛地出现在文化的工业化生产中。现代文化工业，借助计算机、网络、电子声像技术，在延伸和强化人的大脑智力劳动生产力的同时，大量地复制产品和延伸其使用价值。这既是文化工业化的技术前提，也是文化产业市场化、资本化经营的物质基础。因为凭借这些物质技术，文化生产能一定程度地克服生产主体自然能力的限制，能断开文化产品的演示与其生产主体直接出场的主体性关联，在脱离主体在场活动的情况下让产品绘声绘色地展现出来，从而有条件实行文化产品的规格化、大批量、快节奏、重复性生产。文化生产工业化直接引发巨量的消费文化，文化生产工业化直接引发巨量的消费文化，它解构了印刷文化时代那

---

① 《马克思恩格斯全集》第 26 卷第 1 册，人民出版社 1972 年版，第 169—170 页。

种个性化创造、精心构制文化作品，受众细细品读、赏析文化作品的精神生产与精神生活方式及其文化逻辑，而把形象、直接、冲击、同步、瞬间和轰炸作为审美创造与精神体验的方式，嵌入了精神文化生活。精神文化的接受与消费方式，在心理层面由以往的"意愿的记忆"转变为"非意愿的记忆"。前者强调主体在历史与现实、心灵与外界的自由联系中深入思考与全面整合，是电子文化与机械复制技术出现之前的精神生活调式；有一种能让人们在夜阑神闲的灯光下，慢节奏地进行心灵与经典、自我与外界从容对话、自由交流的精神家园。后一语境，则被电子信息技术与机械复制技术打破了主体内心体验的从容性、整体性、自组织性，信息的狂热搅拌，驱使人们不停地搜寻、选择、取舍、更新，常常让人心力交瘁、疲惫不堪、思想浮泛、韵意缺失。

文化生产及其出品的真实与感人，经典与经久，很重要的一个根据，是其韵味不减，常品常鲜。个体生产者技艺的独特性，个人经验集成的不可复制性，审美情趣的不雷同性，与由文化创作的时间、地点、语境等因素构成的独一无二的氛围相结合，就形成了作品之特殊而无法替代的"韵味"。它是作品的神形统一、内外融合、主客相洽的表现。文化作品的被复制，无疑破坏或解构它的"原真性"。德国马克思主义哲学家本雅明认为，"即使在最完美的艺术复制品中也会缺少一种成分：艺术品的即时即地性"[①]，即它的创作时空及其氛围的独特性。唯有借助这种独一无二的即时即地性才构成文化产品的历史含蕴。文化精品的生产和存留向来是受制于历史的。其中不仅包含了由于时间演替使文化出品在其物理构造方面发生的变化，而且也包含了作品可能的所属关系的变化。前一种变化的痕迹只能由化学或物理方式的分析去揭示，而这种分析在复制品中又是无法实现的。后一种变化的痕迹则是一个传统问题，对其追踪又必须以原作的状况为出发点。"原作的即时即地性组成了它的原真性。对传统的构想依据这原真性，才使即时即地性时至今日作为完全的等同物流传。完全的原真性是技术——当然不仅仅是技术——复制所达不到的。"[②] 因此，

---

① [德] 瓦尔特·本雅明：《机械复制时代的艺术作品》，王才勇译，浙江摄影出版社1993年版，第6页。

② 同上。

"一件东西的原真性包括它自问世那一刻起可继承的所有东西，包括它实际存在时间的长短以及它曾经存在过的历史证据"①，这是无法复制的。对艺术品等文化成果作机械复制，一定以损害其文化韵味为代价。因为复制技术就是要把被复制的东西从其彼时彼地的传统领域中拔出来，就是要否定它独一无二的时空条件和语境，就是要动摇作品的原真性及其核心价值，就是要中断它可持存和继续的历史根据。这些文化创造和流传中形成的历史财富，凝练而成为文化出品的内在韵意。然而，由现代信息技术生产出来的大众文化，它通过形象代替实体带来了它的抽象化产物，但它同时又是对抽象世界的反抗。它用对生动形象和具体事物的想象来报复抽象的和被物化的现实。它集成并借助语声、音乐、形象、情景等各种感性元素，填充技术仿造出来的世界，以技术的手段来实现对象世界与内在世界双重的人化与显示。

因此，文化的工业化生产方式，在许多方面根本性地消蚀了文化产品的"文化"意韵。对此，本雅明这样解释："究竟什么是韵味呢？从时空角度所作的描述就是：在一定距离之外但感觉上如此贴近之物的独一无二的显现。……韵味的衰竭来自于两种情形，它们都与大众运动日益增长的展开和紧张的强度有最密切的关联，即现代大众具有着要使物更容易'接近'的强烈愿望，就像他们具有着通过对每件实物的复制品以克服其独一无二性的强烈倾向一样。这种通过占有一个对象的酷似物、摹本或占有它的复制品来占有这个对象的愿望与日俱增。""在这种形象中独一无二和永久性紧密交叉，正如暂时性和可重复性在那些复制品中紧密交叉一样。"② 这一见解表明，文化作品唯其独一无二才成其恒久的意义，而其仿制品也正是因其重复性带来了持存的短暂性，因此破坏了作品原型的恒久价值。

正因如此，文化的复制性生产追求更大范围的空间充斥和市场占有，它以空间的快速与大规模占据，消解和取代文化之时间上的经久持存，因而它具有一种满足人们追求当下性占有的功能。它这种以空间消解时间、

---

① [德]瓦尔特·本雅明：《机械复制时代的艺术作品》，王才勇译，浙江摄影出版社1993年版，第7页。

② 同上书，第9—10页。

以数量取代质量的品格,与消费文化的即时性、规模化特质,与资本运转的短期性、速率性品格,具有天然匹配的意义。这样也就形成了文化复制、文化市场、文化消费、资本运行及其增值之逻辑的内在一致性。它们相互依赖,彼此互动、助长。文化的机械化和复制性生产,用众多的复制物取代了文化原创独一无二的存在,同时文化仿品让接受者能在其自身的环境中去欣赏,因而它赋予了被复制对象的现实性活力。这种宣泄性的生产和享用,自然消蚀了文化遗产的传统价值,导致了文化传统的巨大动荡。同时,文化出品的工业化,使大量作品在机械复制中改变了大众与它们的关系。作品的文化价值与其流行的范围、速度成反比:流行越滥,其社会意义损失越多,观众严肃认真的批判和欣赏态度也就被消解得越多。媚俗的东西被人们无批判地欣赏,其侧面则是对于真正高雅精致的文化创作懒得理睬,甚至带着反感去抵制和批判。精神文化出品的消费中,凝神专注是主体对作品的文化进入;游戏与消遣,则是大众超然于文化作品的内在价值而沉浸在自我陶醉中。

其实,资本逻辑与文化生产的机械化或电子化复制在文化产业中的联手,其自发作用还远不止于对文化生产方式的改变,更深远地还在于它们改变着人们在精神文化生活中的意识方式。美国文化学家伯曼认为,资本逻辑驱使人们追求利润最大化,不断消解产品所具有的思想和科技意涵,消解其超凡脱俗的品格:"正如马克思所见,事情的真相却是,资产阶级社会建设的每样东西都是为了被摧毁而建设起来的。'一切坚固的东西'——从我们身上的衣服,到织出它们的织布机和纺织厂、操纵机器的男男女女、工人们所居住的房屋和小区、雇佣工人的工厂和公司,一直到将所有这些人与物包容在内的城镇、整个地区乃至国家——所有这一切都是为了在明天被打破、被打碎、切割、碾磨或溶解制造出来的。因此它们能够在下星期就被复制或替换,而这整个过程能够一而再、再而三地、希望能永远为了获得更多的利润不断地继续下去。所有资产阶级纪念物的令人哀怜之处在于,它们在物质上的强度和坚固性实际上毫无价值,无足轻重,它们像衰弱的芦苇那样被它们所纪念的资本主义发展的力量摧毁。"[1]

---

[1] [美]伯曼:《一切坚固的东西都烟消云散了》,徐大建、张辑译,商务印书馆2003年版,第127—128页。

如此而来，大众文化的资本逻辑统驭，使主体的文化存在于虚幻的精神漫游中变成无根的"他处"存在，幻化了主体生活的现实性和文化自身的社会本体性。大众文化消费很重要的方式是休闲，在工作之外的时空中完成。休闲的文化卸去了劳动的紧张、家庭的纷争、繁重的负累、社会的关注、政治的责任、宗教的信仰以及其他种种窘境，而精神的诉求则实现着一种轻松、舒适、娱乐、自我、幸福，是生活重负的开释与人之自由的"他处"。这成了一种类似《红楼梦》偈语提到的"以假语村言，将真实隐去"的自我幻化，是对紧张、冲突、沉重、痛苦、孤独等负面环境和异己状况的出逃。甚至"由于心灵总是被调往他处，我们自己在我们自身中的存在也被淡化了"①。这种休闲文化双重地拉开了人与现实生活的联系：一是它放弃休闲之外的真实自我，降解人们不舍追求、拼搏创新的那份忠诚与进力，甚至可以让意志不坚定者"荒于嬉"，或者像美国学者尼尔·波兹曼说的那样"娱乐至死"！二是休闲文化构成的精神乐园遮蔽了真实的生活世界，使主体以自我掩耳的方式放弃追问、批判、建设现实生活的责任感，乃至玩世不恭，逆来顺受，虚无主义地对待生活、对待自我。因而休闲文化在释放自我、宣泄自我的同时，客位化、被动化了自我，让人成了置身事外、旁立冷眼的"看客"。

这种文化心态，自然也是受动于消费文化之内在精神机制的。大众消费文化，由于资本逻辑的浸泡，以及现代传媒的运作，它们将其主体拖到一个非认知的世界，文化受众对于生活世界与真实事件，处于一种似乎在场而实不在场、将近还远的境地：人们通过现代电子媒介在休闲文化的体验中，好像置身各种活动之中，"但是他的参与总是通过代理人、中介者，如记者、播音主持人、摄影师、电视摄像师，还有名人、明星、想象世界的英雄实现的"②。人们在消费文化生活中，对于世界的联系与认知总是隔膜化的、间接性的，是通过声相摄录装置、通过他人，而看到了他人及其声相装置所看到、所记录下来的一切。恰如莫兰所说的，那些"半透明的、透明的或折射的东西把我们与物质现象分隔开……这种无形的膜片使我们被隔离，同时又使我们能够更好地观看和更好地梦

---

① ［法］埃德加·莫兰：《时代精神》，陈一壮译，北京大学出版社2011年版，第73页。
② 同上书，第72页。

想"。"因此我们参与伸手可及但又触摸不到的世界。因此现代的观赏同时具有最大的在场性和最大的缺位性。它一方面是收视的不完满性、被动性和漫游性，另一方面是对于现实世界和想象世界的丰富性的投入。"①在大众消费文化形形色色的产品展示中，人们静观反思之后常能发现其中的许多悖论："它在给予形象的时候撤回了肉体。大众文化使人在虚构中获得任何不能实际地消费的东西。它因此是没有风险的生活的探险，舒适的生活的贫乏，贫乏的生活的舒适，可敬的家长的罪恶，卑贱的人物的尊荣，慈悲的灵魂的残酷，冷酷的人物的慈悲"。② 这样，消费文化便"使它的消费者的一部分生活变成虚拟的，把他们的精神投射到许多形象化的或想象的宇宙中，使他们的灵魂散居于无数为他们活着的副身上"③。人们企求用大众消费文化缓解现实生活的紧张，抚慰疲惫的心灵，但它却常常从主、客体的两个方面使现实生活发生萎缩。这真实地体现了资本逻辑对积极文化诉求的一种房掠和挤逼，属人的现实生活被幻化、抽空，文化体验被虚拟、代偿，表明其中的资本作伪太多，榨取太甚。

同时，在资本逻辑编织的消费文化世界中，还因为像电视的自由选台、网络的匿名言说与随心所欲以及信息的快速转换，更强化了消费文化生活的自我中心主义。虚拟世界、声像世界中以主体自我为轴形成的社会离心力，与休闲文化的碎片化、瞬间性形成的精神疏离，彼此互动，多少让人们与真实、完整而沉稳的现实世界，出现了认识和价值的双重裂解。人们从疲惫的市场竞争中短暂地跳出资本逻辑的束缚，企求文化休闲的开释，却又不料被深隐其中的资本逻辑戏弄，让主体在松弛、释放和娱乐中，在似是而非的满足和快适中，再度迷失了自我，再度被资本逻辑给予一种文化的囚困。一再追寻自我实现的人们，在资本逻辑的舞池中起舞，结果却是自我异化："明哲的老年人变为了退休的小老人。成熟的男人变成了落伍者。失去尊严的或友爱的父亲在电影的想象世界的灰色淡出中变模糊。女人在到处出现，但是包容一切的母亲消失了。"④ 这些有几分刻薄的描述，虽然难听，但绝不乏其真实。看看那些电视呆子、沙发土豆的

---

① ［法］埃德加·莫兰：《时代精神》，陈一壮译，北京大学出版社2011年版，第72页。
② 同上书，第191页。
③ 同上。
④ 同上书，第169页。

猥琐，现代电子技术送达的消费文化不仅由资本逻辑操纵着，而且其表达、其所指往往也是资本逻辑在市场竞争中留下的真实故事。那些类似于千篇一律的黑老板、黑打手、黑公安、黑女人、黑保护伞，对善良人的欺侮和迫害，由此演绎出来的酒色财气、男盗女娼、爱恨情仇、生死搏杀等拙劣故事，不仅扭曲了真实的生活世界，而且也抹黑和创伤了受众的善意良心，让人失却了很多属于人的本真。这种无所不用其极、无剧不陈其痛、无处不显其陋、无事不存其伪的上演，就是资本逻辑演绎出来的文化"刺激"！

置身于大众消费文化中的芸芸众生，当他们离开劳动和物质生活的实在而浸入大众文化消费时，在物质地排遣、开释自我的同时，精神地把自我移入一个非现实的异在之境。电视荧屏就很直接地将受众带进了这种"他处"境况："这不仅是自由的、探奇的、脱离社会底层的、被唤醒的梦想的他处，这也是全球的现实性的他处。这是电视在此处的极端的静止不动中完成的在他处的极端的无所不在的周游。一个宇宙的多种形态的浓缩物每日被提供给穿着拖鞋的电视观众。"[①] 人们在此处与他处的角力中精神和肉身双重化地存在着，"一个异常的离心力把精神放逐到他处去的同时，消费的个人主义的万有引力又把意识的人造卫星拉回来"[②]。人们置身于其中的文化世界，"织造出一个愈益宽广和稳定的从他处到此处和从此处到他处的空间场，也就是一种新型的与空间、世界的关系。大众文化的起沟通作用的和被沟通的本质交替、连接、中介。异国情趣变得熟悉起来，未知的物变得越来越不陌生……大概成反比例，愈是陌生的东西变得熟悉，愈是熟悉的东西变得陌生"[③]。"因此，大众文化把我们引入一种失去根基的、变幻不定的、在时空中游荡的关系中。"这中间既有对刻板、单调的日常劳动、生活的精神疏解与补偿，也有对肤浅的、无关宏旨的和让人振奋的现世精神的共享。但是，"大众文化并未站在时代精神的肩膀上，而是挂在它的衣服垂尾上"[④]。"因此，人们在大众文化中几乎找不到与自己、与生活、与死亡、与宇宙的巨大神秘进行拼搏的人的内心的

---

① ［法］埃德加·莫兰：《时代精神》，陈一壮译，北京大学出版社2011年版，第202页。
② 同上。
③ 同上书，第203页。
④ 同上。

探询。没有出自人类本性的反抗,没有俄狄浦斯这个解谜人和斯芬克斯这个出谜人,没有对于存在的底蕴的令人晕眩的潜入,因为一切在那里都处在水平状态、在现实的和想象的事件的表面和在平移中发展"。各种形式的文化产品和文化消费行为,都依附在时代精神巨大疯狂而张扬的节奏上。①"当前的东西高于永恒的东西、表面的东西高于本质的东西的原则颠倒了整个文化的观念。"②

消费文化的上述精神定式在文化产业中被资本逻辑所强化。消费文化在历史发展中蛹化出来的民俗文化回归现象,被产业文化及其市场运作的资本逻辑敏锐而真切地捕捉到了,人们纷纷打出各种历史的、民族的、地方的、风情的文化品牌和旗号,以俗入文,用俗唱戏,借俗还魂,倚俗显胜,凭俗展魅,生产出形形色色的商用符号和赚钱工具。其中,有奇俗奇陋甚至奇丑奇恐的影视节目,有各类上刀梯、过火山、下油锅的残酷表演,有装神弄鬼、半人半仙的文武道场,有婚丧娶嫁、生死演绎的各类庆典,有你来我往、人情平衡的种种志贺,还有神灵祭奉与农事节令、行业规矩的各种祝祷等。这些活剧的上演,大量地出现在各类旅游资源的开发中。那些凭一方风物招揽天下游客的旅游产品开发和市场运作,可以天天结婚、天天过节、天天唱戏,借着前人的形象符号与亡灵,演着现代人挣钱的把戏。他们把"文化搭台,经济唱戏"直接变成了"文化搭台、唱戏挣钱"的一条龙模式。结果,历史的文化被现代性复制,民俗文化变成了商业性的上演,虔诚的信仰与情感的神圣依托变成了逗乐游客的戏耍。传统的民俗文化中那来自远古、远方的历史记忆与地方信息,仅仅成为假托性题材和形式化道具,在各类上演中僵硬而苍白地出场。最终是在资本逻辑的撮合下,民俗文化活动中真实的乡土情趣、民间气息、生活芬芳、思想信仰、社会规范,全都消失在文化罐头和各类花式眩目的"文化"碎片中。资本逻辑对文化市场的调控,让一切服务于赚钱,一切接受货币的考量与支配。民俗文化的意义完整性被民俗演出中演员、看客的离析性所拆解,没有以往那种文化原生态演出、欣赏的一体化及其在场全员参与的整体性了,演员是

---

① [法] 埃德加·莫兰:《时代精神》,陈一壮译,北京大学出版社2011年版,第204页。
② 同上。

为取悦看客和挣钱而虚拟地、仿古地表现；观众是为了猎奇、娱乐和饱眼福而移身出场。表演者与观看者的出场相对于民俗文化主体的原初状态，都只能是一种缺位。从时空来说，资本逻辑的力量把民俗文化移植到产业文化、消费市场的同时，也把文化产业、消费市场推进民俗文化的原产地，形成各种文化旅游资源的开发甚至滥用。这些，都使原本属于"此时此地"的民俗文化，在产业化、市场化中变成既非此时、亦非此地、更非其人的伪文化行为。民俗文化在热闹的上演中展示其不敌文化现代性的衰落，其五光十色的包装出售早已丧失了它们的原汁原味和让现代人难以企及的精气神。林林总总的新仿古主义在把各种从现代化浪潮中消退的民俗文化形式地、商业化地复兴起来的同时，却从文化的精神实质和内在的价值宗旨方面更深层次地瓦解了它们。从这个意义上讲，民俗文化的当下状况既是文化逻辑现代演绎的产物，让其原始的意义与野性的表达作为普遍性题材，从生长地超拔出来走向各类现代传媒；更是资本逻辑商业性操作民俗的结果，形式地看，似乎成了两者的合谋。这些，很真实地确证了马克思关于货币资本对文化生活中观念与现实之关系的颠覆性解构："它把我的愿望从观念的东西，从它们的想象的、表象的、期望的存在转化成它们的感性的、现实的存在，从观念转化成生活，从想象的存在转化成现实的存在。作为这样的媒介，货币是真正的创造力。"[①]

五 资本平抑卓越文化创造力

　　文化的工业化既是资本逻辑约束精神文化生产的物质前提，又是它介入文化市场造成的必然结果。资本来到文化生产领域，它的本质性张力与它在其他一切领域的表现毫无二致：重复着自我增值的利润贪婪。它无情地迫使文化生产的经营者进而生产者，必须最大限度地利用空间条件，把生产者同质性地措置在尽量节约的紧缩空间中，实行着标准化的机械性劳作，尽量去掉旁逸斜出的个性化、偶然性构思与行为。正如西美尔所说的，作为资本的"货币给我们提供了一种至今为止唯一的可能性，在完

---

① 《马克思恩格斯全集》第42卷，人民出版社1979年版，第154页。

全不考虑个性和特别之处的前提下结合在一起"①。由资本逻辑宰制的文化工业，近乎残酷地断开了文化生产与劳动环境的多样性联系，取缔了劳动者在丰富多样的环境、语境、意境中，因大量的心随境转、情由物动、灵感激发、顿悟其妙的偶成机制创生佳作的可能性，剩下的只是按照预先设计好了的死板法则进行机械制作的整齐划一的重复劳作。就时间成本而言，资本周转率的提速，必然要求文化生产者尽快尽多地制作出品，节约时间，这同样排斥着文化精品生产所要求的从容与"十年磨剑"的执着、奉献，它从很重要的方面消解了文化生产的经典制作条件，常常以粗制滥造的文化快餐飨予受众。再者，文化工业对物质要素的投入也因节约成本和规模化生产而常常采用人工材料替代天然材料，这种方式对于提升经济效益来说是合理的，但对于精神文化生产所要求的作品的情感理致与质材的历史统一可能就很不合理了，它往往破坏了质材与作品神形合一的气韵。就像标准化的人造石材，永远也无法如天然材料在建筑、雕塑等文化生产中，与创作主体的情境世界融为一体地、个性化地展示作品的精气神韵味一样。对此，马克思曾经说过，机械工业的标准化生产，"不仅夺去人的个性，而且也夺去物的个性"②。所有这些由资本逻辑在文化工业中推动的生产—经营法则，无一不使生产主体的创造性受到限制。可以想到，人们若试图按个人的兴趣、情致构思而不按产品的原初标准、规格和制作的工艺流程生产，在流水作业线上偶然地投入个性化元素，那只能破坏工艺产出废品。这是文化工业非主体性的铁则。

马克思早就揭示了现代工业中资本逻辑对生产主体的物化束缚："活劳动被对象化劳动所占有——创造价值的力量或活动被自为存在的价值所占有——这种包含在资本概念中的占有，在以机器为基础的生产中……被确立为生产过程本身的性质。从劳动作为支配生产过程的统一体而囊括生产过程这种意义来说，生产过程已不再是这种意义上的劳动过程了。相反，劳动现在仅仅表现为有意识的机件，它以单个的有生命的工人的形式分布在机器体系的许多点上，被包括在机器体系本身的总过程中，劳动自

---

① ［德］西美尔：《金钱、性别、现代生活风格》，刘小枫编，顾仁明译，学林出版社2000年版，第4页。

② 《马克思恩格斯全集》第3卷，人民出版社1960年版，第254页。

身仅仅是这个体系里的一个环节，这个体系的统一不是存在于工人中，而是存在于活的（能动的）机器体系中，这种机器体系同工人的单个的无足轻重的动作相比，在工人面前表现为一个强大的机体。"① 资本主义工业化大生产，使不少领域人们的精神活动抗拒资本逻辑的技术和经济屏障完全被打破。至于后来的机械复制技术引出来的情况更是发生了深刻的变化。如本雅明指出的："19世纪前后，技术复制达到了这样一个水准，它不仅能复制一切传世的艺术品，从而以其影响开始经受最深刻的变化，而且它还在艺术处理方式中为自己获得了一席之地。"② 复制的文化产品消蚀了艺术创造中"这一个"的主体性灵辉，艺术作品只是剩下布展的装饰价值了。

文化创造是天才辈出、群星璀璨，还是庸人无为、进力衰颓、局面萧条，这不单取决于杰出人才的数量或庸才的数量，而且还取决于时代的社会文化性质，受到时代和社会是给人以奋发向上、努力建树的鼓舞和保障，还是给人以颓废和落没的影响。文化发展既需要主观条件，也需要客观条件。创造心理学研究表明，具有创造力的个人"喜欢比其他人更真诚、更坦白地谈论自己。此外，在心理学研究中暴露出来的看法已经超过了下列指标的一般水平：追求优越地位、自生性、相信自己、侵略性、深自内省、智力、语言灵活、不妨碍自我表现"③。他们是"积极的、充满竞争精神的、奇异的、好学的、富于构思、喜欢自我肯定并有野心"的热情而活跃的分子。④ 而资本逻辑对文化产业的介入，恰好多方面地消蚀着产生璀璨群星的主客观条件。在明星本身都被商品化的条件下，经由市场经济、资本逻辑的自发作用，文化生产的许多领域发生了媚俗、低俗、庸俗化现象，而缺失内容鲜活、形式生动与感召力强大的高精尖作品，也十分现实地说明了上述问题。伽达默尔对技术统治现象给出的尖锐批判是富有启示意义的："技术机械论迫使大家感受相同、爱同一个东西、享有同样的快乐、思考同一个问题；因此，社会开始具有溶解个性的自动化的

---

① 《马克思恩格斯全集》第31卷，人民出版社1998年版，第91页。
② ［德］本雅明：《机械复制时代的艺术作品》，王才勇译，浙江摄影出版社1993年版，第53页。
③ 转引自［苏］贡恰连科：《精神文化》，戴世吉等译，求实出版社1988年版，第136页。
④ 同上书，第137页。

特点，而现在，实际上，人们没有给个性提供产生的条件。"① 从某种意义上讲，当代地球居民，似乎都多多少少地生活在一连串的悖论世界中：一方面市场经济给你诸如择业、创业、投资、交易、迁徙等多种自由，但另一方面却让你在精神与物质生产中受到物质技术标准化、规范化、同构化的宰制，奴隶般地服从着物质技术的逻辑束缚；一方面人们在社会政治生活中的诉求一定地实现着自身的自由，但另一方面人们在经济生活中却牢牢地受制于资本逻辑的因禁；一方面人类文明进步为社会主体的自由创造提出了更高的要求并提供了丰厚的资源条件，另一方面人们在精神生活中却饱受物质精神文明成果加予的桎梏，无多少社会个性差异的主体啃着规格化的文化"冷馒头"，彼此雷同地几近模塑化地复制着相差无几的精神自我。这种资本逻辑与文化工业生产的技术逻辑相互纠合，让社会主体在一种相对宽松的政治经济体制中自由生活的同时，却总是在精神文化世界感到一种莫名其妙的"自由"的缺失。故有西方马克思主义者对"单面人"一浪接一浪的批判，乃至自由主义抗争的躁动此起彼伏，还形成了新旧之分。这在很大程度上是对资本逻辑给予的精神桎梏的思想讨伐与文化砍砸。

六 资本扭曲文化的价值逻辑

马克思的唯物史观认为，在社会现实生活中，各类主体"他能看到什么，能看到多少，这不仅取决于世界上事物的决非由他所创造的现存状况，而且取决于他的钱包和由于分工而获得的生活状况，也许这种生活状况使他对很多东西都不能问津，尽管他的眼睛和耳朵十分贪得无厌"②。这一深见告诉我们，文化主体总是依据他的生活环境、社会角色、利益关系及其决定的价值倾向和情感偏好去认识事物，接纳和处理信息的。人们往往只是看到他们愿意看到和能够看到的东西，积极接纳那些受到实际生活格局支持和驱动的自然和社会文化信息，形成由社会存在及其价值指向所建造的认知结构。因而，精神文化生产者们在理论上确认的任务和作出

---

① 转引自［苏］贡恰连科：《精神文化》，戴世吉等译，求实出版社1988年版，第148页。
② 《马克思恩格斯全集》第3卷，人民出版社1960年版，第334页。

的决定,也就是他们的实际生活引导他们所作的抉择。同时,社会现实生活除了对各别不同空间处所或处于不同社会存在方式中的人们,洞开或遮蔽特定的视野之外,还会以多种形式训练和选择人们的思维方式与言说逻辑,使精神文化生产者在观察、思考和处理问题的时候,常常受到社会的席卷、裹挟而放弃自己的精神个性,按社会生活的形而下引导去认识和言说世界,展示精神劳作的社会经济属性。这种存在对主观意识的规定,便在精神生产中透露了资本逻辑对文化逻辑的强势和挤逼,造成了两者乖离的现实可能性。

笔者顺着这一理致去观察和思考问题,发现资本逻辑对文化逻辑的扭曲或解构,很重要的一个方面,在于它从价值系统方面销蚀文化生产主体的创造性进力。马克思曾经说过,作家为书商写作和独自创作是有根本差异的。前者把对金钱的追求当作目标,听任资本逻辑的摆布,放弃自己的独立思考、批判和诠释,大脑被系在脖子上的钱袋子所左右,写作仅仅是挣钱谋生的手段。后者则见之于对社会的良知与责任,是对人类正义事业的关注与理想追求,对审美创造的文学呐喊。因此马克思明确指出,作家当然必须挣钱才能生活、写作,但是他决不应该为了挣钱而生活、写作。但当资本逻辑介入精神文化生产之后,类似于作家的精神生产者就很难约束自己不为挣钱而写作了。即使在中国这样的社会主义国家,在文化产业化、市场化的推动下,小说家、剧作家、演员、动漫制作人、艺术创作者等文化生产主体,与文化企业家、资本投入者签约的,已经相当普遍。他们把自己的精神生产纳入资本逻辑的轨道,成为资本的雇佣者。致使"签约作家""签约演员"等指称文化资本雇佣劳动者的概念高频率地出现在语汇中,表明这一文化现象已经有了广泛的社会普遍性。这是知识、文化生产资本化带来的文化产品及其生产者智力劳动方式本身的资本化。

然而,知识、文化产品的资本化,在某些方面,是与科学、思想、艺术方面的精神文化生产本身的文化逻辑要求相悖的。马克思和爱因斯坦都曾经说过:科学决不是一种自私自利的享乐。有幸能够致力于科学研究的人,首先应该拿自己的学识为人类服务。科学文化生产及其出品的非私有性,首先在于它的生产的广泛社会性:"……一切科学工作,一切发明。

这种劳动部分地以今人的协作为条件,部分又以对前人劳动的利用为条件。"① 资产阶级率先发起的工业革命,生产物质技术的大机器形态,使"人类理论的进步,得到了利用。资本不创造科学,但是它为了生产过程的需要,利用科学,占有科学。这样一来,科学作为应用于生产的科学同时就和直接劳动相分离,而在以前的生产阶段上,范围有限的知识和经验是同劳动本身直接联系在一起的,并没有发展成为同劳动相分离的独立的力量,因而整个说来从未超出制作方法的积累的范围,这种积累是一代代加以充实的,并且是很缓慢地、一点一点地扩大的。(凭经验掌握每一种手艺的秘密。)手和脑还没有相互分离"②。爱因斯坦说:"有许多人所以爱好科学,是因为科学给他们以超乎常人的智力上的快感,科学是他们自己的特殊的娱乐,他们在这种娱乐中寻求生动活泼的经验和雄心壮志的满足。""对于科学,就我们的目的来说,不妨把它定义为'寻求我们感觉经验之间规律性关系的有条理的思想'。科学直接产生知识,间接产生行动的手段。""经济和政治权力集中到愈来愈少的人手里,不仅使科学家经济上依附于人,而且也从精神上威胁着他的独立;对科学家在理智上和心理上施加影响的种种狡诈伎俩,会阻碍真正独立人格的发展。"③ 培根曾分析过科学技术进步缓慢的原因:"科学的真正的、合法的目标说来不外是这样:把新的发现和新的力量惠赠给人类生活。但对于这一点,绝大多数人却没有感到,他们只是雇佣化的和论道式的;只是偶然有智慧较敏感、又贪图荣誉的工匠投身于新发明,而他这样做时多半是以自己的财产为牺牲。一般说来,人们绝无以扩增技术和科学的总量为己任之意,所以即在手边已有的总量当中,他们所取和所求的也不外那对他们的演讲有用,能使他们得利、得名或取得类此便宜的一点东西。"④

科学巨匠和思想大师揭露、批判了知识资本化对科学家的内在使命感和独立探索、创造之条件的恶性影响,强调了科学的无私性。"知识的资本化取代了作为科学规范之一的无私性。这种新规范不仅源于产业科学的

---

① 《马克思恩格斯全集》第25卷,人民出版社1974年版,第120页。
② 马克思:《机器。自然力和科学的应用》,人民出版社1978年版,第207页。
③ 见林郁主编《爱因斯坦的智慧》,文汇出版社2002年版,第6、3、14页。
④ 见[美]莫蒂默·艾德勒等编:《西方思想宝库》,《西方思想宝库》编委会译编,吉林人民出版社1988年版,第1350页。

第十四章 资本逻辑与文化逻辑的乖离 217

实践和学术界内部企业机制的出现，而且来自对大学的外部影响，来自政府政策，如改变处理联邦资助研究带来的知识产品的规则的间接政策，也来自直接的产业政策。由于像技术转让办公室这样的组织形式的具体化和对政府为支持研究而资助项目的要求的具体化，知识资本化的过程改变了科学家考虑其研究成果的方式。"[1] 科研人员为了获得社会及同行承认，通过发表论文来寻求声誉和影响力。"将承认转化为拨款、设备、数据和文章的过程被称为声望循环。取得成功的科学家的目标，即加速声望循环，随着增加的声望被用于获得更大的实验室空间、设备和助手，其结果是导致了更大的组织结构的出现。当科学家从事研究，并将进行研究所需要的资源集中起来时，他们创建了一种公司样的实体或'准公司'。"[2]

以上见诸哲学家、科学家、教育家关于高端精神文化生产的社会价值及其生产主体应当持有的价值态度的论述，表明了这一领域文化生产的价值逻辑：无私、共享、利人。但市场经济及其运行的资本逻辑，却可能无情地、甚至强有力地将文化生产本有的、应然的价值逻辑给以多方面的扭曲，使知识的资本化一定程度地背离文化自身的价值逻辑，使知识生产主体的行为取向也随着资本逻辑的运行而一定程度地放弃或改变了文化精神的价值初衷和逻辑轨迹。它们都使科学文化生产的社会价值取向朝经济取向转移，使科学文化知识的社会性、共享性、公益性向私己性、占有性、功利性转移，大量地见诸为资本增值和个人获利提供使用价值或工具效能。自然，这并非要一概否定产学研一体化过程中科技研发产业化的资本运作机制，而是强调在发展科学技术的过程中，不能盲从市场的自发调节与资本逻辑的全面调控。因为市场机制的作用短期化，不利于人们致力于发展那些见诸长远利益的项目和领域的研发；资本逻辑经济价值取向的单面性，有碍于发展那些社会效益巨大而经济效益不足的科学研究，如基础理论研究、宇宙研究一类，也无法为科学技术的研发提供伦理道德方面的价值评判标准；市场调节功能强调的是利益博弈而非学术竞争，它无法为科学真理的发现提供直接的评价尺度，能否挣钱、挣钱多少不能成为衡量

---

[1] [美] 亨利·埃兹科维茨等编：《大学与全球知识经济》，夏道源译，江西教育出版社1999年版，第233页。

[2] 同上书，第234页。

科学事业成败、知识取舍的秤杆;市场信号对精神生产给出的指引往往具有零散性、滞后性、现实性的特点,而科学研究及其精神文化生产则往往要求社会整体性、超前性、理想性的指引,单靠市场调节不足以有效组织社会化的科学文化生产。凡此种种,都需要政府和科研机构对科技精神生产之文化逻辑的深入理解和执着坚守,用一种充满社会大智慧和科学自觉性的文化逻辑系统理念与工作策略,去克服市场机制与资本逻辑自发调节可能给文化生产带来的价值偏颇与逻辑扭曲,才能保证精神文化生产的正确方向、社会价值与有效发展。

第十五章　文艺复兴运动中人性觉醒的资本逻辑

始自意大利的文艺复兴运动，对于人的解放、人文理性的勃兴和扬播起着十分伟大的号召和驱动作用。从思想文化的角度来分析，文艺复兴运动就是一场复兴人文主义精神的运动，是先进的人们在封建专制和宗教奴役下重新发现人、认识人、重新解放人的运动。其核心内容是反对神性，高扬人性；推倒神权，确立人权；批判神学，昌明科学；复活个性自由，反对精神禁锢；摒弃天堂幻想，主张现世幸福，等等。它是人类历史上一次最伟大的人性觉醒。究其本质，文艺复兴中人性的苏醒和人文旗帜的高扬，不是思想流转的自然产物，也不是人们在战争过程搜集到的或图书馆库存的古代文化精品之人文价值重估中发生的文化返祖行为。文艺复兴运动的肇始及其历史意义的深入展开，其根本原因与动力，是新型生产力的出现和资本主义市场经济的形成与扩展，资本逻辑对社会生活的介入成为人性觉醒的发轫。文艺复兴运动中的思想解放、人学昌明、政治鼎新，既是其后工业革命的文化先导，更是社会变迁及其资本逻辑运行的意识反映和文化叙事。社会经济生活的资本化演进为人文理性提供事实逻辑的基础，人文理性的复兴对社会变革和经济发展在逻辑事实方面给出表达。

一　新兴阶层资本意识的人格化勃兴

在谈到文艺复兴运动的起因时，恩格斯曾指出："欧洲式文艺复兴的时代是以封建制度普遍解体和城市兴起为基础的。"[①] 其实，这里的封建

[①]　[德] 恩格斯：《德国农民战争》，人民出版社1962年版，第173页。

制解体与城市兴起是市场经济发展、资本主义生产问世的必然结果。同样，文艺复兴时期人们对世界和对自身的双重新发现，也是得益于资本主义经济力量的推动。

瑞士学者布克哈特以其对文艺复兴运动的研究而著名于世，他是从人们对封建桎梏从现实到精神的双重解脱中来分析意大利文艺复兴运动人的自我觉醒的："在中世纪，人类意识的两方面——内心自省和外界观察都一样——一直是在一层共同的纱幕之下，处于睡眠或者半醒状态。这层纱幕是由信仰、幻想和幼稚的偏见织成的，透过它向外看，世界和历史都罩上了一层奇怪的色彩。……在意大利，这层纱幕最先烟消云散；对于国家和这个世界上的一切事物做客观的处理和考虑成为可能的了。同时，主观方面也相应地强调表现了它自己；人成了精神的个体，并且也这样来认识自己。"① 布克哈特的见解使我们更清晰地认识到，文艺复兴运动中因为世界市场的开拓，资本的对外扩张，促进了地理大发现；同时因为日心说等自然科学揭穿了宗教神学对外部世界的歪曲和遮蔽，让人们有了客观地对待世界的可能，重新确定了人在自然界的位置。这种对外部世界的重新认识的确为人们重新发现自己提供了自然的、环境的、居间的知识条件。但推动人们对自己更为深刻地把握其精神属性、社会个性的因素，最直接的还是经济发展及其资本逻辑在社会交往中形成的新的规范和评价尺度。其中，最鲜明的一个原则，就是对传统社会以出身门第的高低，看人们是贵族还是平民等以身份取人的陈腐观念的摒弃为突破口，树立以财富和文化教养水平取人的新的交往原则。当时，人们按经济地位、文化教养而群分的现象十分普遍。"一个明确的事实是：几乎在意大利各地，甚至那些动辄以家世自豪的人也不能凭借这种理由来抵抗教育和金钱的力量，而他们在政治上和在宫廷上所享受的一类特权是不足以激起任何的封建等级感情的。"② 以往人们所敬重的贵族抑或骑士身份，现在已被市场经济冰冷的利益兑现原则所消蚀，大家不在乎生前身后的浪名，而追求现实的生活享受。以致布克哈特作出了这样的叙述："在一切生活关系中，他之所以

---

① ［瑞士］雅各布·布克哈特：《意大利文艺复兴时期的文化》，何新译，商务印书馆2010年版，第143页。
② 同上书，第395—396页。

必须特别维持一种尊严的有节制的风度,理由并不在于他血管里流着的血液,而在于要求他做到的一种完美的风度。我们在这里已看到一种基于文化和财产的现代尊荣概念;基于财产只是因为它能够使人致力于文化生活和有效地促进它的利益和进步。"① 这些历史的陈述和分析,让我们清晰地看到了市场经济及其交易原则即资本逻辑,真实地改变了封建的等级关系,而将社会成员的角色、身份及其交往方式重新在商品—货币变换关系中加以新的编码、定位和配置。它们使社会主体有了重新认识社会、认识自己,进入交往实践的原则和方式。

资本主义的经济因素在封建社会内部悄然缓慢地成长起来,经过市场的竞争、分化和重组,社会财富渐渐向实业家、资本家集中,使他们过上了贵族水平的物质生活。享受和贪婪两重地作用于他们的生活,为了享受而愈加贪婪,贪婪实现之后造成更为奢侈的享受。由此改变了社会结构的秩序,使原来没有多少社会地位的、隐身于市民阶层的工商业者,因为财富的积累而过上了贵族般的体面生活。这种新兴阶层的出现和行为方式极大地动摇了封建社会的旧结构、旧秩序,因而直接解构了原先宗法的、封建的人身依附关系。人们在自身经济实力的支持下,谋求独立和发展,使生活的社会基点由以往注重人对人的依附关系,向以人对物的依赖为基础的个性解放状况转移。新兴的工商业主们凭借日益增多的经济财富,过着奢侈豪华的物质生活,红灯绿酒,声色犬马,尽兴人生,客观地埋葬了封建宗教所坚持的压抑人性、强调禁欲、贬损自我的思想方式和价值观念,以及与之相应的种种清规戒律。马克思曾经说过,"期票是犹太人的真正的神。犹太人的神只是幻想的期票"②。他对嵌在犹太人骨子里的商业精神的揭示,也完全吻合文艺复兴时期新兴资产阶级群体的社会本质。这一时期迅速成长起来的商人阶层,已完全不同于中世纪商人,他们有了更加进步的经营方式和经济手段,如复式簿记、汇票、商业信函和保险等新兴的商业方式甚至是资本运作技术都逐步产生并日益普及。沿袭中世纪神学传统的神职人员和贵族歧视商人,认为交易产生欺骗。面对这种社会的和

---

① [瑞士]雅各布·布克哈特:《意大利文艺复兴时期的文化》,何新译,商务印书馆2010年版,第361页。

② 《马克思恩格斯全集》第1卷,人民出版社1965年版,第448页。

精神的双重禁锢，商人们必须在上帝和财神之间作出选择。经济发展的现实及其强大物质利益的牵引，再加上货币交易逻辑在社会交往中的纵横捭阖与强力规范，使商人阶层、企业主阶层自觉与不自觉地倒向了追求物质利益的一边，奋起与宗教神权、封建贵族作斗争。他们推动着经济变迁，引起了包括新兴资产阶级在内的广大社会成员的人性复苏和物欲横流，虽然病态地助长了挥霍浪费和极端自私的个人主义，但它们的确是一种对人性的重新发现和重新诠释。同时，到处盛行的"那一种享乐主义已经很足以使人们熟悉一个无神的世界"；因为对于享乐主义者来说，他们会自然地趋向反对宗教诸于原罪、救赎、禁欲一类的主张，"他们的一般意向，总起来说就是认为灵魂与肉体同死"；连教会都深知，这种观念如果得势，必然取消宗教关于"它干涉人们死后事情的整个理由"。[①]这也就等于从根本上撕碎了宗教俘获与统治人心的权力和凭据。这同样也透露出了文艺复兴运动之所以把思想矛头直指宗教神权禁锢的重要经济缘由。

在这个问题上，我们还能看到物质生活方式的改变和消费水平的提高，从另一端反哺了文艺复兴中的艺术创作与繁荣，反哺了对人的审美关注和艺术表达。意大利的罗马、佛罗伦萨、威尼斯以及尼德兰等地的一系列新型城市，资本主义工商业率先发展，造成财富集中、城市经济的繁荣。这使那些身处其中又事业成功、财富巨大的富商、作坊主和银行家等主体更加相信个人的价值和力量，具有一种充沛的创新进取、冒险求胜的精神，其生活方式与财富态度的改变为文艺复兴的发生提供了深厚的物质基础和适宜的社会环境。许多拥有大量财富的社会组织、群体、个人，带着一种夸富的或者炫耀自己创业成功的心理，动用巨大经济力量去修造和装饰市政大厦、教堂、敞廊、雕像、高级住宅、别墅等，拓展和美化城市的空间，标榜个体人生的辉煌。那些追求豪华生活、炫耀权力和财富的新贵们，在装饰门面、精饰府第的过程中，需要油画、壁画、雕塑和珍贵的艺术品陈设。由此，便生成了大量的绘画、雕塑和建筑艺术创作的市场需求，为大批优秀艺术家展示才华提供了舞台。而艺术创作的现实审美追求，又把崇尚人性、美化人生、倡导新的道德与文明的旨趣，用艺术作品表现

---

① ［瑞士］雅各布·布克哈特：《意大利文艺复兴时期的文化》，何新译，商务印书馆 2010 年版，第 541—543 页。

出来，到处铺陈、渲染，以物化的艺术形式张扬了新的人文主义精神，让文艺复兴的思想文化诉求外化在公共场所与私人生活空间中，强化了它们的传播力量和感染力量，使人文精神走进千家万户或大庭广众之中，入脑入心，不可逆转。人们在新型的经营与消费、物质和精神生活的结合上，强烈地体悟了自身的生命张力和价值，多方面地展开和实现着新的人生理想与诉求。这初期上演的一部部资本精神人格化的人性复苏活剧，尽管还很拙嫩，还发育不充分，但它如实地展示了资本来到人间，如何引发了人的社会属性及其生活方式、思维方式深刻而迅猛的历史性变革。

二　经济计量思维对人学理性的高扬

在资本逻辑的实际演绎中，货币交换活动的社会功能，在其经济意义之外还有其思想文化的作用。货币交换及其金融逻辑，要求人们高度地关注经济投入产出的效率、效益核算，精打细算，锱铢必较。马克思曾经说过的在经济利益的追逐中，资本的人格化让人们企图"从一头牛身上剥下九张皮"那样一种赢利心理，决不只是因为他们对财富的贪婪，而且也表明他们的经济精算。凡涉及投资、置业、办厂、贸易等经济活动无一不要求人们慎之又慎，算了又算。如果说，马克思认为"逻辑学是精神的货币"① 这一命题完全可以成立的话，那么，货币则是物质交往的逻辑，也同样能够得到广泛的确认。马克思学说的后续者西美尔对此作出了新的论证："金钱可以与逻辑的形式相比，它们可以以同样的方式出现在任何内容及其发展和组合面前，并由此的确为事实上最荒唐和最堕落的内容，在表现和形式的正当性方面提供与最有价值的内容一样的机会。同样，金钱也类似于法律图式，法律也常常缺少足够的保护装置，用来防止最严重的实质不公正借用无懈可击的形式公正来装扮自己。这种完全利用金钱力量的绝对可能性，其表现形式不仅是为这种做法提供依据，而且甚至是为这种做法提供了逻辑和概念上的必然性。"② 如此而来，资本降生

---

① 《马克思恩格斯全集》第 42 卷，人民出版社 1979 年版，第 160 页。
② [德] 西美尔：《金钱、性别、现代生活风格》，刘小枫编，顾仁明译，学林出版社 2000 年版，第 34 页。

的时代就产生了这样一种文化现象,"一种纯粹数量的价值,对纯粹计算多少的兴趣正在压倒品质的价值,尽管最终只有后者才能满足我们的需要"①。

对此,西美尔作了进一步的论述:"货币经济使日常交往中持续的数学运算成为必要。许多人的生活中充斥了这样的事情:对价值进行确定、衡量、计算,将质的价值化约为量的价值。这当然有助于形成现代社会从理智出发、勤于计算的性质,它同以往时期更容易冲动的、整体取向的和从情感出发的特征相对应。运用货币来估价,教会人们分毫不差地确定和指出每一种价值的价格,从而使一种大得多的精确性和明确的界限确定无疑地进入了生活内容。"② 正是由于货币经济这种计算理性的孕育作用,我们从文艺复兴运动中明显地发现,伴随货币经济的发展,社会出现了一种崇尚理性、反叛神性、淡漠情感的时代精神。它们和科学技术革命带来的理性意识结合在一起,生成了高扬理性主义的时代精神。

西美尔的货币哲学向人们昭告了文艺复兴运动之后,由货币的计量理性在人文精神世界展示出来这样一种时代特征:"我们时代的心理特征,与以前时代比较容易冲动、孤注一掷、听凭情感决定的本质针锋相对。之所以如此,在我看来,与货币经济有紧密的因果关系。货币经济从自身出发产生了在日常交往中进行不间断的数学运算的必要性。许多人的生活充斥了这种估量、衡量、计算、将质值缩减为数量值的活动。货币估算的闯入,教导人们对每一种价值锱铢必较,从而迫使一种更高的精确性和界限的明确性进入生活内容。……与货币制度的扩展同步的是生活中经济关系的精确、准确和严格,它们当然会影响到生活的其他内容,……只有货币经济给实践生活带来了可用数字计算的样板(谁知道,是否也给理论生活带来了同样的东西?)。从这样的作用看,货币制度不过表现为一般的经济活动的提升和升华。"③

西美尔关于计算思维是资本逻辑制度化运行的产物之论述,在专门研究意大利文艺复兴运动的专家名著中完全获得了文献和论述的证明。英国

---

① [德]西美尔:《金钱、性别、现代生活风格》,刘小枫编,顾仁明译,学林出版社2000年版,第8页。

② 同上书,第13页。

③ 同上书,第39页。

第十五章 文艺复兴运动中人性觉醒的资本逻辑

学者彼得·伯克在其《意大利文艺复兴时期的文化与社会》一书中,对该地因资本化运动引发的计算思维的文化现象作过深入的分析。他指出:"关于意大利城市居民的计算心态,……在当时,有一种既表现又促进了这种思维模式的制度,即一种复杂的信贷制度(它依赖于抽象思维和精打细算,并包括银行、公债、商业公司甚至海事保险内容)。正如我们已经看到的,在这时期,银行业在某种意义上是一种意大利人的专长。除银行外还有许多公共当铺,后者在15世纪晚期因为教会的鼓励而迅速发展起来。这些当铺既借钱,也放贷,并支付固定利息。它们是仿照公债建立的。……市民们因此成了国家的投资者。"[①] 伯克对计算思维与经济资本化运动之关系的研究和诠释是深刻而确然的。他从历史与逻辑相一致的意义上,确证了由银行、信贷、公债、保险等金融资本逻辑元素及其整体运作生成的社会文化功能,对于日益勃兴的计算思维,是"既表现又促进了这种思维模式的制度"。资本逻辑与其运演的制度化,的确生成计算思维,又诸多地依赖这种思维及其理性意识,培养并借重市民社会主体在这方面的文化品质和价值态度。

资本逻辑运演中的精确量化思维,除了在经济体制方面表达了市场经济显著地不同于自然经济的差别之外,还直接地给经济主体造成了一种新的"经济理性"人格。韦伯对此有过独到的解释:"资本主义经济的根本特征之一就是:这种经济是以严格的核算为基础而理性化的,以富有远见和小心谨慎来追求它所欲达的经济成功,这与农民追求勉强糊口的生存是截然相反的,与行会师傅以及冒险家式的资本主义的那种享受特权的传统主义也是截然相反的,因为这种传统主义趋向于利用各种政治机会和非理性的投机活动来追求经济成功。""资本主义精神的发展完全可以理解为理性主义整体发展的一部分,而且可以从理性主义对于生活基本问题的根本立场中演绎出来。"[②] 正是这样一种经济理性,使投入市场经济竞争的主体,有了对经济行为严格而慎重的计量控制,有了对投入产出的精密预估和核算,更有了对自身力量与社会其他因素在相互联系、相互作用中形

---

① [英]彼得·伯克:《意大利文艺复兴时期的文化与社会》,刘君译,东方出版社2007年版,第252页。
② [德]马克斯·韦伯:《新教伦理与资本主义精神》,于晓、陈维纲等译,生活·读书·新知三联书店1987年版,第56页。

成的机会与挑战的利害比较。这进一步延伸到了人性复醒与自我意识的精神空间。当人们对经济活动与社会生活都能进行计量的分析与控制时，那么，他们必定放弃对神权的信仰与依赖，而建立起一种对世俗生活各种因素之确定性、可知性和可控性的信念与追求；他们也必定放弃对封建特权、官僚政治的依附和追随，而以一种自主经营、自负盈亏、自立自由的人生态度和行为方式介入纷繁复杂的经济与社会的生活世界。这种由资本逻辑生发出来的经济理性，必然超出单纯经济生活，而对人的整个思想和行为产生理性化的教育和规范作用，它让资本化的主体高度自为地、理性地对待和处理各种社会关系、各种利益关系，以及各种文化、精神、伦理、心理等方面的问题。

资本逻辑给人们在生活世界造成的量化思维，还给人们的文化性格乃至审美修养造成新的气质。韦伯在谈及资本主义精神的兴起时，曾经指出："一旦整个民族的想象力都驰骋于纯粹数量上的巨大时，这种关于巨额数量的浪漫观念便对具有诗人气质的商人们产生了不可抗拒的吸引力。"① 这一关于人格生成的"历史学理想模型"之论述，即从经济生活的历史变迁中去求解人格渊薮的方法，在文艺复兴运动之审美精神中是得到了确证的。被称为文艺复兴运动"三杰"之一的达·芬奇，作为集数学家、生理学家、工程师和绘画大师于一身的天才人物，他在长期的人体解剖和绘画之实践与研究中，从数量的比例关系方面发现并提出了一些重要的人体绘画规律。达·芬奇认为，凡符合下述比例的人体就是美的，他从三个方面提出了绘画的审美规律：其一是人身肢体的结构比例规律：1. 头是身高的1/8；2. 肩宽是身高的1/4；3. 平伸两臂的宽度等于身长；4. 两腋的宽度与臀部宽度相等；5. 乳房与肩胛下角在同一水平线上；6. 大腿正面宽度等于脸的厚度；7. 跪下的高度少于身高的1/4。其二是人体对称规律：在外部形态上，人体的形体构造和局部是左右对称的，比如人身背部以脊柱为中线，前身以胸骨为中线，乳房、肩及四肢均属左右对称；面部以鼻梁为中线，眉、眼、耳及脸之两侧的嘴角、牙齿都是左右对称的。如果这种对称关系严重失衡，就不能给人以美感。其三是黄金分割定

---

① ［德］马克斯·韦伯：《新教伦理与资本主义精神》，于晓、陈维纲等译，生活·读书·新知三联书店1987年版，第51页。

律：所谓黄金分割定律，是指把一定长度线条或物体分为两部分，使其中一部分对于全体之比等于其余一部分与这部分之比。这个比值是0.618∶1。达·芬奇以毕达哥拉斯发现的这个规律之比值去度量人体，揭示了多个局部的黄金分割点：一是喉结，它所分割的喉结至头顶与喉结至肚脐的距离之比也为0.618∶1；二是肘关节，由它到肩关节的长度，与由它到中指的长度之比是0.618∶1；三是手的中指长度与手掌长度之比，手掌的宽度与手掌长度之比都是0.618∶1；四是人体高度以肚脐为横切点，上身与下身长度之比为0.618∶1，等等。达·芬奇认为，凡是大致符合这些比量规律的人体，就是美的，否则就会损失其审美的价值。同时期的大雕塑家米开朗基罗，也多方面地使用过"黄金分割律"于自己的审美创作中。

其时，对审美创作和欣赏所采取理性主义态度和方法的，还大有人在。文艺复兴运动中，在认识论和审美方面流行"新柏拉图主义"。柏拉图有关于"仿本"与"原本"关系的理论，后来的复兴者们则由此出发，把艺术再现当作对大自然的模仿，强调用包括数学、几何学、生物学等知识在内的自然理性指导审美创造。文艺复兴后期出生的意大利艺术家阿尔贝蒂认为，要成为文艺复兴时期合格的建筑师，需要海量的知识储存。其中有两个相关学科，于建筑师的成长最为重要。一个是绘画，另一个是数学。至于数学，并非抽象的数字，而是包涵着美、理性、力学的那种数学。他告诉建筑师对作为造物主的大自然的模仿，就是要把自然当成"一个整体各个构成部分的一种理性的和谐"；因为"惟有比例产生美"。而比例、尺寸这样的量化概念与思维，延伸到社会文化领域所表达的意思就是"秩序""规则"。在文艺复兴运动中的大量艺术家看来，建筑比例与人体比例，以及视觉和谐与音乐和谐都是有类比性的。"使用这些术语和类比所暗示的一种基本态度就是认为美遵从规则，这些规则不是武断的而是理性的，而且事实上是合乎数学比例的。"[1] 当然，文艺复兴运动中人们对审美的比例、对称、和谐的诉求，并没有走向形式主义的极端，而扼杀了人的个性化表现与自由追求。作为文艺复兴运

---

[1] ［英］彼得·伯克：《意大利文艺复兴时期的文化与社会》，刘君译，东方出版社2007年版，第161页。

动旗手之一的米开朗基罗就鲜明地指出了不要用僵化的规则限制或替代人的个性化风格与见解，只有规则而无灵性是无法进行艺术创作与审美欣赏的："你不可能制订一定之规，把人做得像柱子一样规整"；"对一个缺乏眼光的人来说，所有几何和数学推理，以及所有透视法证据都毫无用处。"[1] 由此可见，无论是对事物之确然性的肯定，对其内在结构之量化分析，从中引出摆脱灵异思维及其非理性的神权意识；抑或是对单一规则思维的超越，对个性自由的承认和尊重，文艺复兴运动由量化思维引出的理性精神及其对它们的辩证理解和运用，最终无一不是指向人的解放及其自由、独立之个性张扬的。它们犹如一体两面，总的旨归在于人性的觉醒和呵护。

在这里，我们若回过头去重新理解韦伯在前面所说的，关于巨额数量的浪漫观念会对具有诗人气质的商人们产生不可抗拒的吸引力之理念，也应作复合性的多重解释。它们除了对自然之真实性、先在性、确定性的承认与尊重之外，还包含了对事物之多样性、变动性、人为性之承认与尊重；同时更有对人们在自由创造中之个性化、独立性、多样性的承认与尊重。它们同样是人性觉醒的形象隐喻及其艺术思维的呐喊和展示。尽管在艺术家的实践中，量化思维的激发，数量规律的运用，不可简单地与韦伯说的商人的诗人气质、浪漫主义的激发相提并论，但它们的确是深刻地影响了对人体的生理结构的研究、认识及其对其审美创造的追求。

文艺复兴运动深深扎根于货币经济肥沃土壤中所兴起的理性主义，特别是资本运作中的精算思维和习惯，具体地促进了精确计量的科学精神，复又更深刻地论证并助推了人性的觉醒与解放。新兴的工商业活动，既是激发经济活力的酵母，又在社会文化层面塑造了中产阶级的主体精神，并用新的理性精神促进了文学艺术、科学事业的发展。

三　新主体性的货币逻辑塑造

伴随工商实业阶层的兴起，资本主义的市场经济不断发展，尤其是

---

[1] 〔英〕彼得·伯克：《意大利文艺复兴时期的文化与社会》，刘君译，东方出版社2007年版，第162页。

商品货币交换活动的资本化运作,让货币成为资本的同时全面中介和转换社会交往活动领域的一切关系,货币—资本的逻辑逐渐取代其他社会元素的交往规则与功能,而成为一切社会关系的确定者和转译者。当货币成为最一般的等价物,成为流动的财富和资本时,成为衡量和置换一切价值的尺度时,那么,原先由封建等级制所规范的不平等关系,都将被商品货币的平等交易活动所平夷、所解构;原先那些由封建贵族所垄断的资源及其独特价值,也将在货币交换的作用下使其不可替代的独特性、不可转移的独享性、不可再生或复制的价值独一性全都消融在货币这种价值万能的置换活动中。马克思充分肯定了货币交换这种平夷人差等级的人文功能,认为"如果货币是把我同人的生活、把我同社会、把我同自然界和人们联结起来的纽带,那么货币难道不是一切纽带的纽带吗?它难道不是能够解开和系紧任何纽带吗"[1]?德国著名的货币哲学研究者西美尔进一步发挥了马克思的观点,指出"金钱就其本身而言是事物价值关系的机械反映,均匀出现在所有当事人前面。在货币交易范围内人人在价值上平等,不是因为每个人都有价值,而是因为除了金钱没有人有价值"[2]。在这样的经济力量和社会机制面前,相对于货币资本化的主体而言,他们还有什么封建制的壕沟、藩篱不可逾越和平复呢?但西美尔并不认为货币在交换中因能平夷被交换物价值形态的差异就会完全抹平商品生产者、所有者的人格个性,认为"货币经济同时支撑两个不同的方向,它一方面使一种非常一般性的、到处都同等有效的利益媒介、联系媒介和理解手段成为可能,另一方面又能够为个性留有最大程度的余地,使个体化和自由成为可能"[3]。对于这一现象的理解,我们可以作一种话语思辨,如果说"逻辑学是精神的货币",那么,货币也可以转换成现实生活的逻辑学。货币一方面以其对生产商品给以抽象劳动的社会性计量,而使商品越过其主体的人格差异和商品使用价值的物理差异而得以交换,造成了商品及其主体在抽象计量意义上的天然平等。正是在这个意义上,货币交换是天然的平等派,它对一切货币的

---

[1] 《马克思恩格斯全集》第42卷,人民出版社1979年版,第153页。
[2] [德]西美尔:《金钱、性别、现代生活风格》,刘小枫编,顾仁明译,学林出版社2000年版,第22页。
[3] 同上书,第6页。

持有者一视同仁，只看其支付的力量而不及其他。由此也派生出了资本主义的平等和民主政治理性对封建特权的批判和取代。与此同时，货币对于商品的交换是以商品的生产者、所有者对于其特殊使用价值的生产与实现为目的的，他们出卖商品特殊的使用价值，才能获得一般社会价值的承认与回馈。因而，为了使自己的商品生产获得更高额社会价值的认可与回报，他们必须在商品的生产和经营中更多更好地保留自身的优势与特色，以更好的形象、更有效的功能、更低廉的成本、更优越的服务，去赢得市场、赢得货币、赢得更多的利润。这样，货币交换在平夷使用价值自然形态差异和主体差异的同时，却在生产和经营环节暗暗地助长主体及其商品、服务的优势、特色。商品竞争，终究是其优势与特色的竞争。正是商品货币交换的这种社会机制，助长着社会主体的自由与个性化发展。这同样为文艺复兴运动及其后来的产业革命提供了经济逻辑的基础性支持。启蒙运动中，高扬的人文旗帜上大书着自由、平等、博爱等革命性口号，完全可以在经济生活中找到最内在的现实根源。是货币的资本化运动重塑了社会主体的生存方式，因而重塑了社会的人格范式，才使人们重新发现了人，重新认识了人的本质意义和时代特征，才有了人的大解放，人文理性的大张扬。从某种意义上讲，是经济生活改变了人的存在样态，才有了人对自身生存方式和生命价值的重新认识和诠释。

与此同时，在货币的资本化运动中，社会主体很自然地生长着一种对财富的无穷追求。这必然助长社会的竞争意识和财富意识、功利精神。而市场上的经济竞争及其赢亏的起伏跌宕，又让人们更多地关注机遇、关注偶然、关注个人优势的发挥和积极性、创造性的充分调动。这必然地引导人们从以往那种自然经济条件下的温良恭俭让中超越出来，积极主动地参与社会竞争；从表面上温情脉脉的家庭关系、家族血亲宗法关系中解脱出来，去独立面对市场经济的风风雨雨，承担竞争的挤压、亏本的痛苦和享受赢利的喜悦，使人在对物的依赖基础上有了获得自由独立的社会空间；同时也必然促使人们从以往认为自己的命运被神所主宰的宿命论中解放出来，进而从宗教的原罪论、救赎论中解脱出来，否定神性，张扬人性，形成争取个性自由的主体意识。

资本逻辑必须以货币逻辑作为它运行的演算程式。马克斯·韦伯在对资本主义经济活动的分析中曾这样写道:"在任何时候都具有重要意义的事实是,要以货币形式进行资本核算"[①]。货币在作为万能的商品与其他一切商品发生广泛的交易关系,实现其对于价值的表征、计算、转换、存储等经济功能的过程中,是万万不可没有锱铢必较的精算思维的。因而,资本逻辑及其运作,对于新型人格的催生、培养和规范,也同样要通过货币逻辑借以实现的计算思维之培养及其意义发散而表现出来。对此问题的说明,笔者不能不再次提及前面已经分析过的计算思维及其价值态度给人的文化品格带来的深刻而多方面的影响。就文艺复兴运动中之人性觉醒做过专门研究的伯克曾经对出现在文艺复兴运动中的人、理性、计量思维、公平正义四者的相关性做过认真的分析和解释。他指出,在文艺复兴时期,人被赋予多重理解:"人的另一种形象是一种理性、精明和审慎的动物。'理性'和'合理性'两个词频繁出现,并带有肯定意味。"动词"ragione",其首要意义是"交谈",显示语言为人类优于动物的理性标志;同时它又有"账目"的意思,进而还有"正义"之意。而在古代诞生和文艺复兴时期广泛运用的"称"——这一实行商品、货币交易衡器的图像则表明,作为"ragione"一词的"正义"理念还有"计算"或"按比例度量"的意义。从某种意义上讲,合乎理性就是合乎比例。可见"ragione"的内含意思及其图像符号"称"的喻意表征,是将交流、理性、账目、计算、按比例平衡、正义等意思作为人的多面精神文化之本质规定融于一体的。这个复杂而有趣的现象,不正是表明了资本逻辑所要求或所体现的经济计量思维从理性、公平交往、正义等方面多维度地激活了人性的复苏吗?正如彼得·伯克所说的,"计算的习惯是意大利城市生活的核心要素。……尤其是在佛罗伦萨和威尼斯,人们开始对进出口、人口和价格的统计数字感兴趣。复式计账法广为传播。"随之而来的是理性、计算、节约、谨慎、预测等来自资本经济的理念深入人的意识领域,广泛流行于生活世界。乃至"计算影响了人与人之间的关系",人们在社会交往中生出了一种时髦的"账本观",它们更强化了人性觉醒中的自我意识。[②]

[①] [德]马克斯·韦伯:《新教伦理与资本主义精神》,于晓、陈维纲等译,生活·读书·新知三联书店1987年版,第9页。

[②] [英]彼得·伯克:《意大利文艺复兴时期的文化与社会》,刘君译,东方出版社2007年版,第220—222页。

人们常常从看得见的经济利益的交换与核算中，清晰地意识到己利与个人的此在和真实，他利与他者的彼在和挑战性，在反复权衡、核算和竞争中，甚至形成了合理性就是对自己之有用性的理念。由此可见，文艺复兴运动中神性的破碎与人性的复苏、特权的消解与理性的勃兴，其隐在的思维逻辑根系是深深扎在资本逻辑的现实土壤之中的。

所有这些，诚如西美尔指出的，在货币交换广泛深入的作用下，随之而来的"货币经济瓦解了自然经济时代所特有的人身与物权关系之间的这种相互联系"①，必然是人身的解放，人权的确立，人性的张扬，以及政治法律制度方面资产阶级自由、平等、民主等作为封建制的埋葬力量的横空出世。因为"货币给我们提供了一种至今为止唯一的可能性，在完全不考虑个性和特别之处的前提下结合在一起"②。这是人类文化所经历的一种最巨大的变化和进步。

四 人文理性的全方位提振

自然科学面向客观世界诉求规律性的知识，并将其技术化，变成人类改造和利用自然，造福自身的物质力量。它的这一基本属性，天然地是理性的，反宗教神学的，而且真理面前人人平等的精神主旨，也自然会直指封建特权，而求诸一种人格独立、人权平等、思想自由的人文精神主张。这样，也就使文艺复兴运动以及后续影响中，科学与人文联袂，共同发起对神权、神性的批判，对人权、理性的呼唤与提振，并且科学理性和人文理性又相互支持，彼此激扬。因而，兴盛于文艺复兴运动中的科学理性，既是文艺复兴的重要组成部分，又是支持人文精神、助推文艺复兴和人性复苏的重要知识条件。

文艺复兴运动，实现着人的解放，必然极大地调动和激发人们的科学创造力量，使这一时代成为多才多艺的群星璀璨的时代，巨人的时代，自我意识勃兴的时代，成为人们冲破中世纪的重重精神囚困，在科学、哲

---

① [德]西美尔：《金钱、性别、现代生活风格》，刘小枫编，顾仁明译，学林出版社2000年版，第2页。

② 同上书，第4页。

学、文学乃至神学世界创造出种种奇迹的时代。恩格斯曾高度评价文艺复兴运动在历史上引发的思想文化大变革、大进步作用，认为这是一次人类从来没有经历过的最伟大的、进步的变革，是一个需要巨人而且产生了巨人——在思维能力、热情和性格方面，在多才多艺和学识渊博方面的巨人的时代。

那么，文艺复兴时代形成的众多文化巨星的"造山运动"，有何机缘可寻呢？这个时期人类先进文化的发展之所以呈现出"一天等于二十年"的爆发式特征，很重要的一个方面是科学理性与人文理性的竞长争高，共振发展。这使我想到了最早的人权战士之一拉斯·卡萨斯从人人应享有同样尊严的原则出发，所说过的一段话：大自然的规律和法则，以及人的权利，对于各民族，无论是基督徒或是异教徒，无论属于何宗派，无论他们的法律、地位、肤色和环境怎样，都是没有任何差别的。正是根据这种理念，他维护了印第安人等土著民族的基本生存权利。因为在拉斯·卡萨斯看来，自然规律和法则，同人的生存权利，对于任何民族、任何人来说都应当是一视同仁的，按我国古代语言讲，即谓"是法平等"。人们应当像对待自然规律那样去对待每个人都平等拥有的生存权利。此外，他的思想也在一个很重要的方面概括了文艺复兴运动中科学理性与人文理性的齐一、平等、互动关系。当时，自然科学、哲学、人文科学、文学艺术等各门类的思想文化形成了一种共振、互动、齐兴的态势，在特定的意义上显示了它们之间具有相互依存、相互激扬的机制。文艺复兴运动的实际发展情况，正如实地表现了这种历史法则。

首先，文艺复兴运动涌现了一批横跨自然科学和人文科学两域的多才多艺的思想文化巨人。人们熟知的达·芬奇，作为意大利文艺复兴运动中的伟大现实主义画家，他以其《蒙娜丽莎》一画的巨大成功，同创作《哈姆雷特》的莎士比亚、《神曲》的但丁，被人们誉为文化"三杰"。他既是整个欧洲文艺复兴时期最完美的画家代表，又是一位思想深邃，学识渊博，多才多艺的寓言家、雕塑家、发明家、哲学家、音乐家、医学家、生物学家、数学家、地理学家、建筑工程师和军事工程师；他多方面的天才和建树，在文艺复兴运动之中和其后对人类的思想文化进步都产生了重大而深远的影响。达·芬奇的学识结构和文化创造的多面性和系统性，不只是表明他个人智慧的超群，在认知结构和文化变迁、进步的整体性方面，还表明自然科学与人文科学、科技理性与人文精神的不可离异与彼此互动。他以个人多才多艺的造诣与建树，将文艺复兴运动中发生的文化整体变迁集合在自己身上，用一个人的文化行为，浓缩地表达了社会文化变迁与理性勃兴的整体态势。这种科学理性与人文理性的完美结合，让我们简直可以在他的单一文化建树中梳理出来。例如，达·芬奇为了在人体绘画中对身体结构和运动姿态精准而出神入化地加以艺术的表达，用数学的知识研制了著名的人体绘画规律，对人体结构和不同姿势的比例关系、对称规律以及神奇的审美黄金分割律给予了揭示与实证。但达·芬奇关于人体审美观照的数学计量，绝非只是用尺子对身体作简单的比量而归纳出来的公式。各种比例关系计算的背后，既有对人体生理结构解剖学的深入研究，更有从社会审美意识、行为方式乃至身体语言等方面对人性、人之生命价值的深度理解。达·芬奇的科学研究和艺术审美实践，完全体现了由其首倡但亦是社会时潮的人学审美观风行于世，它们从审美视域实现着人性的大发现。作为科学家，达·芬奇对人体的各部分组织构成和运行机理，进行了大量的生理解剖与图形绘制，其专业化描述的准确程度超过了当时一般的医学解剖水平。他留下了大量既可作医用生理结构挂图，又可作人体绘画机理表现样本的图绘资料。这一方面为绘画、审美提供了数学的公式和人体解剖学的实物描述典范，极大地推动了绘画、雕塑艺术的发展，以致他自己创作的《蒙娜丽莎》《最后的晚餐》这样的人物和宗教题材绘画，成为千古名作，具有不朽的艺术魅力和审美价值。它们以极大的示范作用，推动艺术家们扩大了表现世俗生活的题材，提高了对人的生命价值予以审美观照的深度。文艺复兴时期的艺术创作，热情讴歌和表现人体美，认同人体比例是世界上最和谐的比例，并把它们广泛运用到建筑上；同时一系列的绘画、雕塑表现着普通人的生活场景，将天堂拉到了地上；即使在宗教艺术创作中，也是按照人生的面貌与现实的样态描绘天堂的生活，展示着对人类尘世生活的尊重与人性解放的诉求。这一文化现象，生动地体现了对人的生命状态和人文价值的关注、理解、诠释与表达，在科学理性与人文理性的共同参与、共同观照下，达到了它们单方面介入所达不到的深刻性、全面性及其整体效果。而达·芬奇的思想文化成就以及在对人的认识、理解和表达方面的灿烂艺术创作，在社会背景与理解结构上，则完全得益于、并且反过来也促进了文艺复兴运动中科学理性与人文精神在人生焦点上的共同勃兴。

稍稍整理一下文艺复兴运动中凸显出来的各种思想文化成就,我们会很清晰地发现,这一时期的自然科学与人文科学的创造和发展是齐头并进的,两者之间具有密切的互馈互动机制。比如,科学家兼哲学家的哥白尼以数学推导方式证明了太阳系的"日心说",思想矛头直指维护宗教神学的"地心说",不但克服了以往对天体关系的错误认识,而且给宗教神权以猛烈冲击,直接支持了人们从宗教神学中解放出来的思想斗争。科学斗士伽利略通过多次实验发现了自由落体、抛物体和振摆三大定律,使人们对宇宙有了新的认识,打破了神学的天体胡诌。而在哥白尼出版《天球运行论》的1543年,比利时医生安德列·维萨留斯出版了他的伟大著作《人体结构》一书,以7卷的大制作,对人体的"骨骼系统""肌肉系统""血液系统""神经系统""消化系统""脑感觉器官""内脏系统",进行了全面细微的解剖学研究与描述。这直接冲击和否定了《圣经》所说的一些内容,如男人的肋骨比女人少一根,维萨留斯却说男人和女人的肋骨一样多;如《圣经》认定每个人的身体内都有一块不怕火烧并且不会腐烂的复活骨,它支撑着整个人体生命,而维萨留斯却否定人体内有这样一块骨头存在。尽管维萨留斯因其学说遭到了宗教裁判所的诬陷和人身迫害,但他还是以实证的医学解剖知识极大地动摇了宗教关于人之生命来源与生理结构的歪曲和欺骗,以对人的科学认识同样支持了人的解放运动。

在自然科学对宗教神学一再发起的实证性批判推动中,既有哲学、人文科学发起的思想解放运动作先导或铺垫,又进一步支持着后者的深入、持久、高涨。其中,开启文学创作和人文思想大解放的意大利诗人、思想家但丁,就第一个站出来论证、歌颂了人的自由意志的价值与权利。他严正地指出,"自由的第一原则就是意志的自由:……意志的自由就是关于意志的自由判断。"[1] "根据'你必须使自己仅次于天使'一语,可知人类的本分工作,在求神圣幸福。"[2] 很显然,但丁主张从人的意志自由去理解和实现人的自由与幸福,且认为人要在尘世的生活中肯定自己具有天

---

[1] 《从文艺复兴到十九世纪资产阶级文学家艺术家有关人道主义人性论言论选辑》,商务印书馆1971年版,第4页。

[2] 同上书,第19页。

使般的权利和地位。但丁、达·芬奇和莎士比亚一同被称为文艺复兴运动中的"三杰",完全是因为其文学呐喊表达了社会进步的要求和科学理性反宗教奴役的精神诉求。

正是这些实际生活的、科学理性的、哲学思维的和文学艺术的宗教批判与人性觉醒、自由呼唤,让宗教界本身也强烈地感受到了改革的必要与宗教效命的人文方向。于是,在文艺复兴运动中,伴随着至上神权的崩塌与人权的确认,以及神性的松懈与理性的勃兴,文艺复兴运动引发了人们对自身重新发现的问题,这些问题甚至获得了宗教逻辑的诠释。人文主义思想家皮科·米朗多拉就借上帝之口表达了对人类尊严的理解。"他告诉我们,上帝在创世之余也创造了人,使人懂得大自然的规律,爱它的美丽,赞赏它的伟大。上帝不把人限制在固定的地方,不规定劳动形式,不用铁的必然的法则来加以束缚,而给他以意志和行动的自由。造物主向亚当说:'我把你放在世界的中间,为的是使你能够很方便地注视和看到那里的一切。我把你造成为一个既不是天上的也不是地上的、既不是与草木同腐的也不是永远不朽的生物,为的是使你能够自由地发展你自己和战胜你自己。'"[1]

更让人兴奋的是宗教营垒内部发生了人性化的革命,出现了马丁·路德和加尔文分别领导的宗教改革运动。马丁·路德认为:教皇不是圣经的最后解释人,信徒人人都可直接与上帝相通而成为祭司,无需神父作中介。这种改革,便让宗教及其信众从神父、教权组织的控制下根本性地解放出来,把对上帝意旨的聆听从话语选择到语义解释权,全都交给了信众自己,由他们的信仰内容和方式自行裁夺,人有了与神直接对话的权力与自由。它类似于中国佛教倡导的"见性成佛"的修行宗旨,让宗教贴近民众,给大家一个信仰方式、信仰表达的自由。虽然,路德并不是一个自由主义者,但在他的宗教改革中,因信称义却被人们真正地接受了。由于因信称义强调内心真诚,不论外在,只要内心信仰上帝,人无论具有什么样的外在特征,都可以得到上帝的救赎。由于解脱了外在形态对人的思想与行为的桎梏,大大激发了人们的创新活力,人们也有了合理表达自身欲望的可能,认识和改造世界的进取精神得以彰显出来,在对自由边际的追逐中,人类推动了物质财富和精神

---

[1] [瑞士]雅各布·布克哈特:《意大利文艺复兴时期的文化》,何新译,商务印书馆2010年版,第390页。

世界的极大发展。在这种强调内心自主、信义真诚的基础上,西方政治思想也开始进入自由主义时代。因为自由主义的发展有了基于宗教改革的支持,这种深远意义甚至是宗教改革的推动者路德也始料不及的。

至于加尔文发动的宗教改革,在思想上与路德有异曲同工之妙。他在宗教改革中提出了"预定论",认为人是否得救皆由上帝预旨所定,与本人的功德无关;上帝的选民注定能得救,上帝的弃民一定要遭殃。他主张允许经营致富、借贷取利;他反对教阶制,主张民主选举教职人员,建立民主的廉俭教会,这些举措完全适应了新兴资产阶级激进派的社会变革要求。

在文艺复兴运动中,那些离政治斗争更远,离宗教世界更远的文学艺术领域,对人之生命本质力量的诠释与捍卫,对人之自由、平等、博爱之理念的宣传与张扬,更是一派繁花锦簇,气象万千,成就辉煌的态势。在意大利、法国、德国的许多政治文化中心,启蒙、复兴运动的春风吹过,它们大都成为艺术之都、文学圣地或新思潮的发射源,诞生了许多伟大而富有传奇色彩的先锋人物。他们或以美轮美奂的艺术作品扬名天下,或以字字珠玑的文学作品开山立祖,或以先锋的哲学思想影响世人,或以新奇的科学发现迎来崭新时代。就这样,人文主义开路、自然科学和文学艺术轰轰烈烈前行的古典文化复兴运动,便在人类文明进化史上刻下了丰功伟业的篇章。它们是人类自我意识、自我解放的巨制,是人性本质力量在实践中公然打开的认识论和社会学的书卷,同样也是人类上演自由、民主、平等历史活剧的序幕。正是基于这些由市场经济及其资本逻辑发生作用带来的人性觉醒,在后来的研究者看来,"文艺复兴于发现外部世界之外,由于它首先认识和揭示了丰满的完整的人性而取得了一项尤为伟大的成就"[1]。文艺复兴运动在思想文化艺术方面创造出来的人文精神瑰宝,在科技理性单面甚嚣尘上的今天,更值得我们去深深眷顾,倍加珍视,从中获取无穷的教益和智慧!如此,在我们科技无比发达的今天,才有可能诞生无愧我们时代的但丁、达·芬奇和莎士比亚,也才有可能创造出新世纪的《蒙娜丽莎》《哈姆雷特》与《神曲》,让世人的心灵摆脱物欲的浸渍和信息噪音的轰击,而获得一种人性的宁静和惬意的人文精神享受。

---

[1] [瑞士]雅各布·布克哈特:《意大利文艺复兴时期的文化》,何新译,商务印书馆2010年版,第335页。

第十六章 资本逻辑给电视文化带来的病相

在市场经济条件下，资本逻辑的力量非常强大。凡纳入市场运作的各项事业，人们的活动在根本上都要受到价值规律及其衍生的资本逻辑支配。其总的作用力集合到一点，就是以较少的投入获取更多的产出，经济效益的核算，成为支配人们做什么，不做什么，怎样去做的强力。我们反复强调以社会效益为先导的各项文化产业，也概莫能外。在文化事业的产业化运作中，最便于和市场接轨并承受资本逻辑作用最甚者，首推电视传媒。这除了它的产业化运作机制外，还有源于电视文化的媒介性质与资本逻辑具体应合关系的特殊规定。

在文化的交流、传播史上，电视文化是经由电影、广播这一中介而承接印刷文化的。其媒介形态，既有电影音像齐备、观赏性强的展示功能，又具有无线广播快捷的传输功能，两者合一，使之表达的形象化、感性化、大众化以及信息传递的迅即化，生成了其他文化媒介不可企及的优势。正是这种优势让电视文化在市场运作中获得资本逻辑青睐、支撑的同时，也更多地承受了它的渗透和制约，在一些方面背离了文化事业社会效益为先的宗旨，引发了文化病相。其中，那些由资本逻辑与电视媒介文化逻辑相互缠绕而产生的精神价值纠结，值得我们深深关注。

一 电视媒体的市场旋转颠覆印刷文化的价值定式

市场经济的营运，一个经常的策略，是将那林林总总的商品及其提供的服务，以有形的方式加以包装推向大众，这就形成了没完没了的广告需求。而电视的语符表达和传播方式，是最能与广告市场接轨的媒介。一方面，电视以人身表演、现身说法、场景展示的形象化手段，最具象地推介各类产品和服务,十分便当地进行商品的包装和价值说明;另一方面,电视直接进入千家万户,拥有最广泛的受众,能使产品的推介直接与大众的实际生活对接。由此而来,商家市场运作的资本逻辑与电视媒介的文化逻辑生成了一种同构性:都注重具象的表达和情境的展示,都追求大众化的广泛普及与生活化体验。

基于这种同构性,在电视对广告收入的追求中和厂家对产品之大众认知率和接受度的追求中,广告投资方和电视制作人、播放者,都聚焦于电视的形象说话和收视率的提高。这样,便带来了电视文化生活的感性信息膨化和感知兴奋点浅表化快速转移的特征,直接颠覆以往印刷文化理性的认知取向和稳定的价值追求。

在过去以字符印刷物阅读为中心的传统文化生活方式中,人们更多地诉求文化的内在精神和恒定价值,即使是对公众人物的关注,聚焦点也是其思想,其作为,其功德,而决不是其形象,不是他们的一张脸。因为人们无法见到他们的身影,只凭留在字里行间的思想、言论而去了解和接受他们。政治领袖、文化精英之所以被人们理解和接受,不是因为人们欣赏其面容,也不是因为他们的演讲,而是因为他们写下的话语和文本。人们心中立定的各类景仰对象,是经由阅读其著作、背诵其语录、认同其思想而实现的。他们的功德、人格、思想主张,都经由印刷文本得到展现和流传。因而,典范人物须在立德、立功的同时还得立言,才能闻达于诸侯,播誉于社会。而在电视荧屏里,人们最先也是最多接触的,则是从画面中闪过的各类事件、人物的形态与身影,大众关注着生活世界里的事态及其人物的形象,目光集中在人物、事件的"脸上",而非致力于探究其背后的意义、理由。人们对公众人物及其表达的社会事件的理解,主要是观其形,看其人,由在电视荧屏上所看到的一个图像、一副脸面而契入。各类明星大腕,各类政要达人,留给人们的,是表演的形象而非表达的思想。倪萍为大家熟知和欢迎,在于其作为节目主持人的高出镜率,而非她的《日子》一书。出镜率、形象,是提升公众人物人气指数的基础,人的一张脸成了社会角色高认同率的符号和名片。这种信息展示方式及受众对其内在意义的理解与诉求方式,让电视中出现的人和事,也相应地是重在具象表演而不是在事理的揭示与表达。这就产生了不同于以字符为中心指符的印刷文化时代、而以图像为中心指符的电视文化时代的社会意识。

与此同时，电视以人物、事件形象去表达社会生活的某种主题与意义，还潜在地与市场经济产品的规格、款式翻新，消费的时尚转换及其所诉求的感性具象表达高度一致。电视通过人物的置换，画面的更新，形象符号的重组，呼应着、表达着市场经济的阴晴雨雪和具体产品消费方式的嬗变。这一则使电视画面必须以更加新颖、鲜活的形式，表征资本逻辑的时令气息，使生活需求及其样态变化更及时、更直白地进入电视界面，实现着经济运行的文化诉求和形象上演，为主体不断观念地生产着新的消费对象。二则经电视的传播，使生产发展对需求律动的主导，在广告演员变换方式的言传身教中，各类节目推陈出新的艺术告白中，经济符号日新月异的旋转中，不断变成对产品市场的观念创新，为消费方式的更新培育和生产着主体。这种资本逻辑的市场脉冲与电视文化逻辑的精神悸动相互渗透，强化了电视文化的观念转换和形象更替。它引导着社会成员在生活中、交往中，对事件、现象、人物的理解、接受和评价，充斥了视觉信息的统驭与形象思维急速变换的特点。人们大量地通过从电视上捕捉到的各种新的视觉信息，去认识、理解、处置各类生活世界的问题，小到个人对他者的感知、生活日用的安排，大到对天下大事的了解、公众人物的选择。

这样一种出自电视文化的思维方式，放弃了印刷文化时代更多地以理念为真的认识论判据。人对事物的感性体验是多变的，其记忆深度和稳定性，远不如文字表达的一个原理、一条法则；其适应广度亦不如后者普世。这种认知的主体位势，又很自然地让电视观众追求场面的鲜活，体验的真切，感觉的新奇，兴趣的转移。此类文化旨趣表现在电视节目制作中，让我们清晰地看到那些跑现场的记者们，提着便携式摄像机满世界搜寻，哪里有严重情况或典型事件，就往哪里跑。除了分布全国乃至全世界的记者站之外，一旦发现情况需要报道便不惜飞机、飞车前往，先睹为快，快报为赢。

更甚者，当代计算机技术还能以数字化手段的制作方式，用包装遮蔽真实，将符号置换实践，以虚拟演绎客观。这种文化"常道"，自然更让各类商业广告有了畅通无阻、大行其道的途径。而掏钱做广告的厂家，其直接目的是通过产品和服务的家喻户晓，而赢得更多的消费者和市场占有率，提高竞争力和赢利水平。这使他们又在一个重要方面助推电视文化的追新、猎奇、求异，用更快的形象转换、符号变异、理念更新，去实现人们在生活世界的价值迁移，借以帮助企业及时实现扩大产品知名度的目的、加快形式的或实质性的更新换代。这样一来，商业运作的资本逻辑与电视文化的技术逻辑在追求新、奇、快、广的方面达成了惊人的默契。由此所致，在电视文化生活中，人们的关注点便潜移默化地发生了价值转移：即从印刷文化时代对理性的执着关注转向对电视文化的消费追求；由以往对理念、信仰的恒定执守转向对现代观念、时尚新潮的领先为快；由以往对真善美的慢慢领悟转向对消费文化的快餐式享用；由以往对经验、思想、独门技术的正宗传承转向对知识、技术的弃旧图新、急促淘汰，等等。从特定意义上讲，电视文化在现代网络技术支持下，把人们带到了一个更为无根、无定势、无定法的境界，日益增多的人在精神生活世界成了"飘族""闪族""飚族"。这种由电视文化造成的感知方式，正如詹明信指出的，电视对真情实景"'摹拟体'的新文化逻辑乃是以空间而非时间为感知基础的，这对传统'历史时间'的经验带来重大的影响"[①]。"时间性与贯时性等具体经验将……在后现代世界中以空间及空间逻辑为主导的文化领域里展现"[②]。文化的变故，直接呈现在我们面前的景观是，以追求经典性、权威性、稳定性为思想主旨的、主要体现在时间维度上的印刷文化、文本文化，其地位与作用在当今电视及网络文化环境中已大打折扣。往日人们对思想文化恒定价值的认同与持守，已在许多方面被电视、网络文化带来的新、异、奇的瞬间欣赏所取代。文化模式中时间的虚无与历史的断裂，是感知空间极度扩张的产物。它使人们在"日常生活里，……心理经验及文化语言都已经让空间的范畴而非时间的范畴支配着"[③]。这种消费性的文化心态与思维方式，与市场经济竞争中以新汰旧的大势，以及资本运作逻辑对空间占有、规模诉求与周转率提速的自然冲动是完全吻合的。在某种意义上，这种文化格局及其运行逻辑，既是文化逻辑的资本化，又是资本逻辑的文化，它给当今人们的思想认识方式带来的挑战，更多地是一种浮躁的兴奋和感性的激越，让文化的历史在时间维度上发生

[①] [美]詹明信：《晚期资本主义的文化逻辑》，陈清桥等译，生活·读书·新知三联书店1997年版，第455页。

[②] 同上书，第469页。

[③] 同上书，第450页。

诸多断裂。这需要我们在认识论上引起高度警觉。

二 节目花样翻新中的精神粗俗

当今社会，凭借电视媒介，人们的艺术创作和传播，远不同于印刷文化时代的那种更多地靠思想内容而非外在形式取胜。文字表达本来就大量舍弃了现象的感性具体，无多少感性元素的铺陈可依赖，因而它必须更多地依靠思想取胜。与其相反，电视则可以将各种感性元素集合到界面上，让观众看个够。但感性记忆的快速淘汰和电视极广泛的覆盖面，又急剧地消耗着电视摄取的图像画面和感性资料，要求不断地推陈出新。可是，艺术作品的构思、创作却远不如摄像镜头转换那样快捷、便利。电视媒介这种天然的表达逻辑，在电视文化产业化、讲求投入产出的效价收益之运作中，便会形成一种为强大的资本逻辑助长的文化粗放经营的张力。资本逻辑对行为方式的选择有一个普遍的取值：即以更小的投入获得更大的回报。为此，它要求行为主体尽可能地节约，或最大限度地出新，以低成本、特色化的经营去谋取更多的经济效益。这对于物质产品的生产和销售自然有其合理之处，但对于精神生产，尤其对于文化内在精神价值的创造则不能完全耦合。因为后者的主要价值不是经济上的短期效益，不能用一两次经济活动的成本—效益计算公式去度量。正是在这一点上，资本逻辑所支配的广告运作及其电视节目制作，对形式化、收视率、经济效益最大化的追求，加剧了电视文化的粗放经营及其对经济利益的畸形关注，而牺牲了它的思想品位与艺术素质。电视文化生产中，为了跟进电视画面的更新速度和摄像机的录制进度，作品的创作、编剧常常放弃了对节目内容的精雕细琢、对主题思想的深度究诘、对社会文化价值的升华与诉求，而赶工编造，甚至写一集拍一集，几乎像大堂经理给厨房下菜单那样快速与简便。这种马虎的电视叙事、情节描绘和人物刻画，充斥着离奇与浅薄，让人难以看到多少真有思想新意的东西。不少节目从构思、情节、表演程式乃至台词，都有惊人的雷同。飞速流动的电视录像带，给受众传递着"太阳底下无新事""每天都是日升日落"等天行有常的循环论命题，让受众不断重复昨天的故事。甚至不惜充当文化的"啃老族"，糟践名著，克隆前人，肢解经典，搞出形形色色的"新版""分拆版""戏说版""客

第十六章 资本逻辑给电视文化带来的病相

串版"的节目来。《红楼梦》《三国演义》《西游记》《水浒传》甚至《洪湖赤卫队》一类现代剧也都被一再翻新。许多情况下,编剧和导演除了将90分钟的电影拉长至90小时的电视肥皂剧之外,剩下的本事和作为就是粗陋地克隆原版,常将本来不错的一部戏或一本原著弄得灰头土脸,惨不忍睹。但只要有人掏钱,还是被搬上了荧屏,硬塞给了观众。至于那些并非克隆之作的节目,也常在"相互借鉴"中重复往事。赶时间、抢进度和省成本,让创作者浮泛于社会生活的表面,将粗制滥造之作草草推上荧屏以飨观众。节目里,制作者们大量将司空见惯的故事、生活常识,用最大强度刺激人们感官的表现手法,把事件、人物、情节串连起来,编排成剧。这样,便形成大量情节拖沓、故事离奇、场面惨烈、思想苍白、艺术平庸、内容雷同的肥皂剧。这种文化的创作与传播,"就个人而言,主体消失了。就形式而言,真正的个人'风格'也越来越难得一见了。今天,'拼凑'作为创作方法,几乎是无所不在的,雄踞了一切的艺术实践。"①虽然詹明信在此批判的是美国的文化景观,但比照我们的电视文化,仍不失其振聋发聩的力量。因为我们看到的大量电视节目,除了花样翻新的广告之外,便是充斥暴力、贪腐、伤害、色情、天灾人祸、巧取豪夺、耍奸使坏等刺痛受众感官、情绪的东西。影视节目常见的套路,是几个经济人争利于市,几个政治人争名于朝,或朝、市两争,其中一两个不法商人养着一帮打手,贿赂几名党政官员和黑公安,中间还有如花似玉的美女穿针引线,上演一宗宗家庭裂变、悲欢离合的情感游戏;或企业沉浮、商战胜败、红白搏杀、官场险恶的盛世危言。如此种种,讲述着在乌烟瘴气的环境中,坏人作恶,好人遭罪,强人力顶,书记主正,上级督察,破案惩恶,好人善报的故事,或夺回权与利,或升官发财,或终成眷属,或起死回生,一切云开雾散,又见彩虹。这般套路、章法、表现,让人们看到的是腐恶丛生,除恶难尽,一切美好的东西失去了正常生存的环境。人们每天活在一个紧张而重复的、不干净的世界里:秩序紊乱,价值颠覆,观念错位,情感伤害,场面血腥,气氛污浊……凡此种种,都成了心灵的恶性记忆。电视里古今中外的节目,无一不是酒色财气、爱恨情

---

① [美]詹明信:《晚期资本主义的文化逻辑》,陈清侨等译,生活·读书·新知三联书店1997年版,第450页。

仇、争权夺利几件事，尽在庸俗、低俗、媚俗的竞相演绎中做文章。编导与演员用最强的感官刺激上演最卑劣的人性，结果只能是新鲜的陈旧，猛烈的可耻。电视文化走到一个死胡同，似乎不表演更坏、更新鲜离奇的坏、更灭绝人性的坏，就无法吸引受众。人性恶的艺术演绎和竞赛，竟成了影视剧情上演的大趋势！就经济发展水平而言，中国还处在向现代化发展的过程中，但资本逻辑与电视媒介技术逻辑的媾和，似乎让我们在精神文化生活中提前进到了后现代社会。不是吗？请再看看美国文化批评家詹明信关于电视文化情态的描述吧："眼前的事实是，各种形式的后现代主义都无法避免受到这五花八门的'文化产业'所诱惑、所统摄……周遭环顾，尽是电视剧集的情态，《读者文摘》的景物，而商品广告、汽车旅店、子夜影院，还有好莱坞的 B 级影片，再加上每家机场书店都必备的平装本惊险刺激、风流浪漫、名人传奇、离奇凶杀以及科幻诡怪的所谓'副文学'产品，联手构成了后现代社会的文化世界。"① 举目扫视我们的精神文化生活受电视文化产业经营之资本逻辑带来的诸多蜕变，真看不出我们与西方世界的景观还有多大原则性区别。其中的重要原因就在于电视媒介的技术法则及其产业经营的资本逻辑具有超越国界的普同性。因此，我们欲探求让电视文化摆脱"感性刺激—疲劳—再强刺激"这种恶性循环的道路，就应当到正确认识和处理资本逻辑与文化逻辑的关系中去寻找。

三 电视资本运作引出的情理错乱

当人们走出电视文艺节目那虚构的世界，回到对真实生活的关注中来时，电视新闻那种追新猎奇、注重情境异常、观念反常、刺激超常的制作理念，用各种突发的针砭神经的严重事件，又把人们打回到电视剧情中，似乎生活成天就是一场接一场的闹剧上演。许多闹剧般的电视新闻便因此强化了生活的上演亦得到了世俗的印证；生活的真实也因为有了更多的戏剧色彩而上演，人们活在闹剧中，闹剧在人们的生活中。现实中那游戏人

---

① [美] 詹明信：《晚期资本主义的文化逻辑》，陈清桥等译，生活·读书·新知三联书店1997年版，第424页。

生的慨叹和策略，是否源自于这电视文化的领引，虽不能绝对肯定，但两者千丝万缕的关联，也让电视节目的虚拟与新闻报道的制作万万脱不了干系。

电视媒介通过有选择地表现、突出某些主题，让受众形成一种印象，即社会生活相关主题的一般文化意义是缘起于新闻推介的某些突发事件，电视文化尤其能以特殊的方式构制生活世界的常规和主旨。此印象来源于这样一种事实：人们对生活的认知和料理，在涉及某一命题或情景的过程中，通常受着文化规范的指引，因而媒介的文化旨趣也直接、间接地影响到了人们的生活方式。电视通过大量个别的特殊事件报道和节目上演，潜移默化地从精神上生产着自己的观众。它使人们耳濡目染，从无数起伏跌宕的偶然事件中得出一种趋近均值的心理合力、价值理念与思维范式。经常看电视的人，提出的问题或秉持的思维方法，也就更吻合电视文化的主旨。电视媒介让反复呈现的个别文化事件在日积月累、形形色色的渲染中，以意识的、情趣的、形象的告白和熏陶，随机地甚至是无意识地在文化软作用中经由思维的定式、形象的集合、价值的整统、情绪的趋同、逻辑的共构，变成了受众思想和行为的一般范式。其认识机理，自在地演绎着个别典型向一般范式凝练、生活经验向社会意识提升、自然思维向意识形式转换之精神造化法则，同时又展现着每一对范畴中后者向前者下渗与回归的内在逻辑。关于它们的研究和诠释，成为揭示包括电视文化在内的所有社会文化现象隐秘的通幽之径。

本着这样的思维取向，反观当今社会变构、思想文化失序的条件下，人们的心态不稳，行为可预期性差，知行方面出现悖论的可能性增大，怀旧的眷恋和求新的锐意夹击人之心灵的情况，面对苦恼和磨难、进路和机遇，我们应当更多关注电视等大众传媒给出的社会知觉信号。著名学者陈寅恪先生曾说过，社会变动之际，君子最难，持双重标准的小人却易于变而得势。回望现实，笔者不禁发问：我们的包括电视文化在内的整个社会生活机制，是否应更多一些提供养成君子风度、维系坦荡人生的社会支持呢？

值得深究的是，电视文化与生活内容某种方式的趋同，背后起指导作用的仍然是资本逻辑。现实生活中，人们在经济市场拼抢生存的空间和物质条件，而电视文化也正是在被其所表达的生活现实环境之资本逻辑的指导下运行的。这使电视文化既在形式上又在内容中同构于生活世界的资本逻辑。在市场化运作方面,电视之所以具有其他媒介不可比拟的优势,就在于它的高度生活化、大众化与消费性。电视每天和亿万人见面,对生活世界具象事件的感性写实使其生成强大的感染力,能无孔不入地广涉人们的行为,无所不至地言说生活的态度,还能花样翻新地掳掠受众的注意力,确实拥有把自身传播的某些重大内容变成一般生活范式的力量。这样一种涵盖面最广、穿透力最强、感染力最大的文化逻辑,恰恰与那种也同样追求无孔不入、无所不至的市场经济之资本逻辑,形成了经济—文化的合力。由媒介技术方式与产业营运的资本逻辑之同构性生成的这种合力,其重要的表现是电视媒介为企业宣传、产品推销、市场争夺、消费力的培养,提供了绝好的广告平台。电视媒介的经营,需要大量的资金支持。于是电视运营商和物质产品的生产、销售商不约而同地发现了对方有利于己的优势。电视运营者盯着产品推销厂家的钱袋,厂家则盯着电视媒体的界面。这促成了电视的文化逻辑与市场运作的资本逻辑两者并轨,节目的制作很大程度上接受广告出资人、赞助商的意志。但在广告商和电视文化运营者之间,又似乎存在着一个空场:广告出资人诉求广告的收视率借以推销商品,但他不管广告嵌在何种样态的节目中;而电视节目制作者只求其收视率,对广告产品的可信度也无法控制和确保。站在空场两端的广告出资人和电视运营者只是用货币作为中介而发生关系。货币作为一般等价物,又具有颠覆事实真相的力量,这样便可能在广告推销的产品和电视节目这一推销广告产品的文化载体之间,发生由货币交往及其资本逻辑带来的精神价值扭曲。因此,电视文化生产过于依赖资本逻辑的运作,必然会给它的文化品相带来了许多瑕疵。

其一,电视让广告大量插播其间的肥皂剧,解构受众的精神自我。它们以其漫长的制作,虚假故事的离奇编造,悬疑桥段的刻意卖弄,大众明星的粉墨登场,勾着人的眼球,悬着人的牵挂,吊着人的胃口,把人们从书本上挤出来,从邻里交往中拽出来,从业余集会中荡出来,从晨练夜行的身体锻炼中引出来,使观众放弃生活世界的真实与多样,聚集在荧屏面前,身心沉浸在光怪陆离的音像世界。受众对电视文化的迷惘性观赏,使故事追寻代替了理性考问,情境虚设代替了生活真实;明星演绎代替了独立思索;矫揉煽情代替了人心冷暖,精神戏谑代替了格物致知。人们听故事、看表演，深情投入，抛却自我，双眼瞪着视屏，电视把光影声像投向受众的身体幕墙，同时吮吸着主体的真情实感和理性智慧，使之失去了许多批判和建构的力量，每每成了电视"单面人"。

其二，电视广告对受众的世俗生活实行视屏绑架和意识煽动，强行干预其物质生活的兴致与样态。商品广告铺天盖地，衣食住行，吃喝玩乐，生老病健，男女老少，无所不有。从食品、医药、服饰、居家、交通、健美、生育，一直到幼儿的尿不湿和少女的卫生巾，林林总总，五花八门，把超市开到了荧屏上，把消费信息送进了千万家。商品推介，不仅有明星日用情景的示范，更有广告说词的鼓动，形象而温馨地倡导让各种产品大开销路的消费理念、生活方式。广告策划者、表演者用时尚、用体面、用公众人物的嘴，进行花样百出的导购，带你进商场，教你买东西，帮你花钞票，让你稍不留神就掉进温柔的消费陷阱。它是电视文化给你的"免费"大餐！不是吗？一个颇有名气的电视台曾让一个戴着眼镜的老者时而身着唐装、时而挂上西服，大言不惭地分别充当名老中医、古董鉴赏家、书画收藏家、学者等八种权威角色，信口雌黄地为各类产品推销大做广告，此人实际上是一个徒有其表、专长全无的凡夫，其忽悠说词绝不逊于本山的小品"卖拐"！后经观众揭穿假相，才销声匿迹。这是"真实性危机"又一次公升的拙劣上演。

其三，电视文化多维度、强刺激的感性轰炸，打破了受众精神生活的积极平衡。它们挤占了受众理性思维的时空，使人的精神世界发生内在疏离。电视媒介因其声像并至，能给人以在场、出场之似是而非的满足。它们采用摄影、虚拟、动漫等图像技术，大量制造现场感，在满足观众视听欲望之同时，还用感同身受的情景，把你引进一种似乎可触摸的境界。新闻的现场直播，让受众与事件推移似乎时间同步、空间共在，有一种强烈的在场感；新闻述评的观众参与和外接连线对话，让受众身临其境，有一种强烈的出场意识；新闻全球连通在第一时间即时播送，拓展了空间影响，消解了时间间隔，在时空方面打消了理解间距，让受众的思维与世界一起跳动。这种依靠电视对现实生活真实状貌的复现，同时伴之以电脑虚拟手法对现场感的摹拟，既多方面地生成了人们对事件、对生活的现场体验，又以这种对当下感官刺激的强化，变构了人们感知模式。这样一种由资本逻辑对电视文化的经营所造成的大众审美及其感知方式的变异，使人很自然地想到了詹明信揭示的资本逻辑重构人的感知方式的吊诡：资本逻辑对社会生活的建构，"为我们带来新的感觉中枢、新的官能分配、新感官组织以及组织的解体和变动等等。于是，艺术家只有力求透过他笔下独有的感官世界，捕捉感官组织本身的崩裂。在这个解释下，艺术创作者正是抱着一种乌托邦式的补偿心态，奢望艺术能为我们救赎那旧有的四散分离的感官世界"①。感觉世界的人为重组，其必然结果只能是对正常感知秩序的解构。

四 资本逻辑的声像置入造成认知偏差

电视媒介的传播技术，它在产品推介方面的广告功能以及它自身营运的市场机制，让电视文化产品的生产和销售，自然地倾向资本逻辑。这种资本—文化逻辑的融合，既推动电视经营者接受商品厂家广告的市场诉求，又遵循资本逻辑进行电视文化产业的自营，在包装商品的同时包装自身，在推销自身的同时推销产品。资本逻辑对电视文化逻辑的多方面干预，使电视节目的意义表达及观众的解读，在语义、认知、审美等方面引发了以下几种偏差：

一是强化了对社会事件耳闻目睹的感性诉求。在电视机前打发休闲时光的人们，久而久之养成的心理定式是：生活世界各类问题似乎只有形象性、情景性、现场性地展示，才真实可信，而单纯文字或口语传送的信息则缺失了可信度和说服力。目睹这类精神生活的变异，后现代文化学家贝尔认为："当代文化正在变成一种视觉文化，而不是一种印刷文化，这是千真万确的事实。"②他虽然认为这种文化趋势并非完全由电视媒介引起，但坚信两者间有不能小视的纠葛。因为他还进一步分析了视觉中心的文化形成原因及其特点：电影、电视、现代绘画"这些新艺术的各种技巧缩小了观察者与视觉经验之间的心理和审美距离。立体主义强调同步性，抽象表现主义则重视冲击力，这都是要强化感情的直接性，把观众拉入行

---

① [美]詹明信：《晚期资本主义的文化逻辑》，陈清桥等译，生活·读书·新知三联书店1997年版，第436页。

② [美]丹尼尔·贝尔：《资本主义的文化矛盾》，赵一凡等译，台湾久大文化公司1991年版，第116页。

动,而不是让他观照经验。这也是电影的基本原则"。在他看来,影视艺术能刻意地选择形象,变更视角,控制构图的共鸣性,能按照新奇、轰动、同步、冲击来组织社会文化和审美反应,这在视觉艺术中有突出的表现。① 因而,芸芸电视观众的文化感受如研究者道出的那种情况:"身处华荷的世界(即极度的商品化世界,那五花八门、似实还虚的广告形象吸纳、污染、吞没了一切的世界——引者注)里,我们往往感到被一种奇异的兴奋所笼罩,被一种装饰堆砌的情态所影响,让你在观赏时隐约像获得了一点什么补偿似的。"② 电视文化的受众浸泡在电视界面闪烁而过的感性事件流泻中,眼睛、耳朵乃至肌肤承受着电视光影的烘烤,急促地吐纳迎面射来的各类信息,在音像编织的大千世界里,感受到视听饱和、疲劳的同时却又什么都没留住,一切皆成似是而非的满足。此情之下,便又生出主体更强烈的视、听欲望,继续追看着没有尽头的电视演绎,迎来新一轮的视听疲劳和视听、猎奇欲望高涨的比赛。受众在不断倒腾电视节目、画面的背后,是他们自己深深地被电视拴住了、融化了,成了电视文化的被殖民者。

二是看图意识对读书意识形成挤兑。电视长时间对受众的感官刺激,产生一种以视像文化取代字符文化,具体感性的图绘思维压制抽象理性的逻辑思维的认知定式。在电视图像的流泻中,人们的视听注意力和思维速率被动地由电视本身的信息传播节奏控制着,或疾或缓,或进或止、或前或后,都由电视节目的信息律动强加给受众。人们虽有选择频道、调节关注方向和内容的自由,但在众多电视台的收视率竞争中,为了不致自相残杀,各电视台便把插播广告的时间统一起来,对一些预想收视率较高的节目则在同时段内统一播放,让你无法选择。那些有点特色的访谈节目,为了博得观众轻松一笑,节目的制作则尽量使受众与访谈者的关系语境化、现场化、感性化。并且以大众化、生活化的名义,降低会话理性含量,消解思维张力,遮蔽致思路径。出于激发某种情绪性共鸣的考虑,节目制作者们刻意将话题内容浅表化,将信息编码扁平化,将言说方式噱头化,将

---

① [美]丹尼尔·贝尔:《资本主义的文化矛盾》,赵一凡等译,台湾久大文化公司1991年版,第115页。
② [美]詹明信:《晚期资本主义的文化逻辑》,陈清桥等译,生活·读书·新知三联书店1997年版,第441页。

思想价值虚幻化，在一场场唠叨中重复着六岁小孩都懂得的常识。矫揉造作的话语游戏，在受众苦恼一笑中出场、退场，消耗的是宝贵时间，留下的是思想空域，苍白的话语随着困顿的情绪表演一道在记忆中消失。这般无奈的光景，常让我想起詹明信讲的一番话："电视网络以不协调的姿态和格调，此起彼落地通过不同的荧光屏逼使一般观众在依靠传统美感规律观看时无法不受这些无系统、无规律、支离破碎的形象所迷惑，无法不感到茫然不知所措、无所适从。"[1] 人们面对的图像世界带来的感知，是一种"全新的表面感，也就给人那样的感觉——表面、缺乏内涵、无深度"[2]。这种对理性思维、批判精神、建构意识的消解作用，使思维简单与情绪天真结合在那些迷恋电视的客厅留守者的主观世界中，其精神状态低落到被人称为"电视傻子"的地步。这是电视文化病相带给我们的忧患。

三是电视画面的仓促转换解构受众的究诘意识。在视听感知与新闻事件的同步推移中，认识活动与认识对象即时出场。人们既不能储备相关的背景知识，也无法让事件定格作一种事后的深入反思。观众随着电视画面的更换时刻处在一种快速浏览状态，目不暇接，迅疾迁移，浅尝辄止，眼球忙于表面的浮光掠影。人的认识幅度扩展、频度增高，以深度降解为代价，更少了沉思的机会与兴趣。人们宁要多些，不要精深；追新猎奇，放弃拷问；贪享视觉盛宴，不论真善美否。电视在商业利益、广告出资人的驱动下，为了让更多的人花更多的时间留在电视机前，便使人们最乐意接受、最不知疲倦地去消受的电视内容，用最大众化的娱乐节目留住受众。它们是高度通俗、高度大众、高度参与、高度致娱、高度消费的文化拼盘，贴近大众的世俗情绪，引发的是休闲、放松、舒解、情绪宣泄，消解的是追问、批判和建构，很大程度上解除了理性思维对大脑的冲击和苛求，难免不发生"荒于嬉"的病端。人们的读书兴趣与耐心日益缺失，有流行话语为证："先秦人读的是诗经辞赋，汉代人读的是乐府，后来人又吟咏唐诗、宋词、元曲，明清人读小说，现代人看完小品便读手机段

---

[1] [美]詹明信：《晚期资本主义的文化逻辑》，陈清桥等译，生活·读书·新知三联书店1997年版，第479页。

[2] 同上书，440页。

子。"文化水平高了，闲暇时间长了，读的文字短了。人的思维越来越简单、肤浅，艺术文化的创造和欣赏变得粗陋不堪，放弃了精雕细刻和细嚼慢咽。文化创造所需要的思维张力和心理定力双重地受损，这与文化建设所企求的创造精神之高扬，完全不同调。

四是强求视觉效果的图像轰炸酿成囿于感官享受的浅表审美心理。美貌出众的电视节目主持人，靓丽影星，俊俏嘉宾，渲染着整个电视界面。相似于美国巨星梦露一类的超男超女，在广告商金钱指挥棒的调动下，表演着产品及其经济组织的形象与求利的灵魂。明星作为商品化的产物，他们在为商品形象地代言、表演时，也使"商品物化而衍变为其自身的'形象'了"[1]明星在充当商品的能指时反过来被商品所指，代言的商品及其输送的货币成了明星物化的人身符号，进而使他们自身的形象成了广告的道具而商品化了。久而久之，当人与物的"形象已经成为商品物化之终极形式"[2] 时，电视受众便养成了以貌取人的欣赏习惯，不问其表达的事件、命题、理念之何以可能，是否合理，价值取向，就看言说者是否面貌俊俏、衣着光鲜、口齿伶俐、光彩照人。于是，电视引发了种种"造秀"运动，什么脱口秀、广告秀、腕儿秀、说书秀、时评秀上新人辈出，靓女俊男成了各种节目的出场符号。此风竟起，压得各级政要也喘不过气来，每每把出镜当成盛典，衣冠楚楚，穿戴入时，扮相讲究，少不了涂脂抹粉。连第 28 届奥运会主席、曾是帆船运动员的罗格，在接受中央电视台采访时也抹上了厚厚的一层粉彩，把一位形象本来"很酷"的体育运动领袖弄得脂粉气十足，少了一种雄风。正是这类视觉效果的苛求与效应，害得多少公众人物饱受刀砍斧削、抽油剜肉之苦，以人造美貌面众。社会活动家、政治家乃至某些学者也从原来注重才干、能力、思想的展示及其智慧运用方面，转到了对穿戴与化妆的关注上。一些明星、节目主持人化妆的时间比出镜的时间要长得多。因为电视出镜者纵然学养丰厚、才思敏捷、能言善辩，其精妙逻辑和深刻思想也难免不被人们对其形象的关注所淹没。电视会话的表现形式更多的是形象而不是语言。电视无

---

[1] ［美］詹明信：《晚期资本主义的文化逻辑》，陈清桥等译，生活·读书·新知三联书店 1997 年版，第 442 页。

[2] 同上书，第 455 页。

法表达抽象的政治、哲学理念，因而它注定与追问内在精神的理性文化难以相容。人们对美貌的关注超过了精神内涵的审视，大脑痛苦的思索让位于感官的舒适享受。电视文化培养着社会以貌取人的价值倾向和审美定式，貌美是政治、经济乃至文化的人身资本。那些在镜头前魅力四射的人，做个几十秒钟的广告收入超过百万元。这种巨大的财富示范效应，令不少人经美化而"星化"。一些技艺平平、胸无点墨的演员，经过一番打磨包装，却连连登台，像朝花带露，惹得观众流连顾盼。她（他）们以其悦人之容成为广告道具大行其市，大振其名，大挣其钱，什么豪华别墅、私人飞机尽在身家之内。而使明星们成名致富的文学家、剧作家等在幕后用脑力创造艺术文本的人们，却鲜为人知，日子清贫。现实生活的市场机制与电视对人身符号的强化，改变了社会的价值观念乃至分配原则，人身符号成为无形资本参与市场、甚至官场的利益角逐。时潮涌动，美女政要、美女经济、美女学术、美女上岗成风。一些高中女生考完大学，第一件事就是美容，带着一副俊俏面容步入学校，在强手如林的竞争中，多了一份获得大家认可的人身资本。但美人走俏的外在经济价值并非一定能保障审美的真实认可。在电视观众对容貌之美的欣赏中，往往缺失一种对人性美甚至自然美的尊重。人们承认她（他）是一个美人，很大意义上是把其作为观赏的客体，甚至是内心私下拥有的客体，美其名曰"心中偶像"。其意识深处，实则不是把她（他）们当作一个有自尊、自主的大写的"人"加以人本的尊重，剥夺了审美对象的内在人格和主体性。此风竞长，在人体美的忽悠中乃至身体认识论、"下半身写作"的高论推动下，各种"模"经常被脱得一丝不挂，尽展衣裳里面的风采，甚至美人们白净粉嫩的皮肤也成了人体绘画的"洛阳纸贵"。文明衣装的人体，在电视、绘画等现代图绘、全裸意识的风行中，再次获得野蛮的"解脱"。这是审美意识形式进化中的精神倒退和文化式微。

在此，笔者忍不住大声疾呼，在电视入侵每个角落的今天，我们的家庭、学校要认真加强读书精神、文本意识的再教育，帮助人们爱护眼睛，从图像轰炸的视屏前一定程度地游移开来，多读一点在数千年历史中曾经养育人类精神成长的书籍，多思考一些科学技术和人文理性乃至平凡真理的问题，借以平衡失当的感性与理性生活关系，积极推动人类文明的健康发展。

第十七章　印刷文本的线性逻辑

　　印刷文化作为主要以文字印刷物为载体的文化，它们见诸报刊、杂志、书籍等，著作、文章是其基本存在方式，文字的书写、纸面印刷和阅读是其基本的信息传递过程。

　　关于字符印刷文化与图像文化逻辑图式的比较研究，很早就被维特根斯坦所注意。他在其逻辑哲学的论述中提出了"图像说"的理论，认为以语言符号描述事物，如同画家用线条、颜色构成一幅画一样。用语言说话，是对事物进行逻辑的模写，也就是给事实创造它的图像。一个命题表达一个事实，就是用一个图像表示一件事情。在此，他点出了一个重要的事实，即语言描述与图画描绘都是对事物的表达，不同的只是思想表达的逻辑方式各异。他的理论后因遇到困难未能深入研究下去，但他认为语言与图像对事物的表达都有逻辑，只是图式不同而已，这种见解对语符媒介的逻辑研究却大有启发。

　　印刷文化的基本信息符号是文字，因而以文字所标示的语词、语句、语段系统串联起来的文本，便成为印刷文化的语义逻辑载体。印刷文化的文本形式，使其逻辑的构型既受制于语言、字符的规定，又受制于文本的规定。因而，它既是文本的逻辑，又是逻辑的文本。所谓文本的逻辑，就是印刷文化多方面地被文本及其语言、文字的规律所占有、所规制，承受并显示它们的范式。至于逻辑的文本，则是说"逻辑事实"，即语言思维规律本身，大量地存储和体现在书面的文本之中。正是因为文本被思维逻辑地操控和演示，所以文本也就书面地记载和表现着思维的逻辑，并因此而给文本的阅读活动以思想逻辑的规训。

　　那么，文本的思维逻辑有何特征呢？一直致力于阐释并企求解构印刷文化之文本逻辑的法国哲学家德里达，曾经谈到过文本思维的"直线论",并且"总把它与逻各斯中心论、语音中心论、语义论……相联系"①。他的见解从反面告诉我们,印刷文化的逻辑结构是线性的,有其多方面的根据和表现。分析其表现并揭示它们的内在根据,有助于我们在媒体如林的今天,认识印刷文化的独特韵致及其对阅读主体的认识论影响。

一 文本线性逻辑的语符思维寻因

印刷文本是在语言比较发达、比较成熟的基础上产生和运用的。而成熟的语言,具备了超越感性与理性、个体与类群、言语意义与意象意义之差异的"能指"条件。这不仅是因为人类已掌握了丰富的语词,更为重要的是有发达的语法、语义逻辑。其逻辑要义,是辩证地处理了词语词义能指的一般与所指的个别之关系,即语义的一般内涵与具体外延的关系。并且,在字词意义即所指意义——概念的运动中,在判断、推理的思维形式中,也有了辩证地处理一般与个别关系的能力;能够在概念、判断、推理相互隶属、递进的关联中思考和陈述事物。正是依靠这种语言、思维的逻辑变换,文本的词语才更加精练,语义更加复杂,表达力量更加强大。当语词语义的内在逻辑获得了"成法"的文化品质时,它们必定赋予作为语言之符号的文字以逻辑的定律,使文字的运用,在排列组合变换之间,显示为一种思想的逻辑运动。这种逻辑运动,在文本的谋篇布局和遣词造句之语言行为中,是在由词语到句子,由句子组成语段,再由语段构成文本这样一种线性运动中实现的。印刷文化的线性逻辑,不仅是因为其文字的书写是线性的运动,而且其文本由字、句、语段再及文本的结构方式也是线性地推进的,进而由概念的运动形成判断,由判断的运动形成推理,由推理再构成思想系统这样的语言—思维演绎还是线性递进的。文本的思想系统是由词语—文字的砖块按概念、范畴、观念体系的递进、统属层次线性地编织起来的。这决定了每一文字、每一词语、每一语句、每一语段在特定时空和特定语义结构推移中只能朝一维方向递进,不能同时多维度发散,否则根本无法组织起文本的统一语义。故文本因为文字运作、

---

① 转引自尚杰:《德里达》,湖南教育出版社1987年版,第172页。

词句建构所产生的对语义逻辑的遵循与表达，必然形成逻辑的文本，并且是一种线性思维占优势的文本逻辑。

文本思维生命的细胞——文字作为语言的符号，在心理经验上，其本质已如德里达说的与语言一样，是"直接靠近作为逻各斯思想之内的，与意义联系的本质，并且产生它，接受它，谈论它，'构造'它"[1]。这就是说，语言及其字符，本身作为人类实践经验进而作为客观事物及其内心意识的表达，它们所具有的抽象性、概括性、表征性，使它们成为人类思想、行为及其对象世界之规则、秩序的反映，本身就是逻各斯的即逻辑的。人们在调动和组织文字、标点、语段和章句时，必须按照语言的内在逻辑及其所规范的词、语之间可能发生的上下文关系去进行逻辑的运思。同时，当语言、文字被人们运用时，它们不仅反映着主、客体运动的逻辑，而且产生着新的逻辑法则，即不仅给反映对象事物的"事实逻辑"，作出"逻辑事实"的建构和言说，而且还言说和建构着逻辑，形成属于语义的、主观世界的字符表达即文本自身的逻辑运演。

这需要我们先来关注西方拼音文字的表达法则。西方拼音文字，以基本字母的排列组合直接构成语音符号，字符与语音一体化。如果肯定柏拉图的公式，把语言作为心理经验的符号，文字又是语言的符号，那么，相对于被人的心理经验所反映的客体事物而言，拼音文字则是事物符号之符号的符号。经过由客体到心理、到语言、再到文字符号这样漫长的思维抽象，文字已经远离了客体对象。因此，文字只能以语言的意义、语义逻辑为准则去表征事物和心理经验。构成文字的字母本身，除了标音以外，并无多少独立意义，字母的组合才形成语音文字，才形成语义符号。字母在语音文字中线性地归属于文字的语音及其语义组合秩序。而语音文字又只有按一定语法原则进行线性的编码，使概念的外延归属于内涵，概念的内涵归属于范畴的内涵，范畴的内涵归属于中心逻辑命题，并且在种、属概念的线性延伸以及判断、推理的线性发散中，才得以构成特定意义的书面文本。正如黑格尔说的，拼音字母最大限度地抹平了能指及其所指的空间痕迹，舍弃了事物的形象，所以它制约人们只能用概念去思考，而不会借助形象。至于汉字一类象形文字，虽然它们首先不直接关涉词语的声音，

---

[1] 转引自徐友渔等：《语言与哲学》，生活・读书・新知三联书店1996年版，第129页。

而是关涉事物的意义形象,夹杂着形象的非线性逻辑思维,但是,汉字经过长久的形象蜕变和长足的语义发展,经过由象形到指事、会意、形声、转注、假借等环节的演化,也很大程度地离开了以象形而指事的原则。人们在汉字的书写和阅读时,只识其字的形、音、义,而极少关注它的象形结构及其指事原则。"五四"白话文运动以降,西文的语法、标点、新词语、新概念大量渗入汉字文化中,更加剧了它对于形象思维的疏远与离异,而较多地转入语义化、概念化的思维轨道。它们变得几乎与西文一样,是凭借字词所表征的概念、语义去充任指谓客体的能指符号,并通过字词、语义、语法的逻辑结构,而构成对各类中心命题加以线性说明的文本。因此,就当代而言,与电视文化的图像逻辑相比较的文本逻辑,无一不是语义逻辑、概念化逻辑,汉字文本的书写及其阅读也概莫能外,贯注其中的思想主序同样是一种线性逻辑。

二 文本线性逻辑与文字的写、读感知

印刷文本之构成,思想、意义的文字表达,是通过下述精神方式与行为步骤完成的。书写即书面言语是用没有物理感触的内部言语进行信息编码的。这种内部言语"只是在思维与意象中说话,缺乏口语的乐感、表达力和抑扬顿挫性"[1]。信息的内部语言编码,是一种高度抽象的、智能化、语义化的"腹稿"言说过程。人们进行书写,则是将那种高度浓缩、高度简化的内部言说转换成为书面言说。书写者必须保持每个词的声音结构,并以字母为符号分解和重组单词,或以汉字一类的笔画结构视觉地"写出"语音和字义,再辅之以标点一类的语法处理,最后形成文本。在书面言语的活动中,言说者即书写者实行了三个置换:将语声置换成字迹,舍弃了语音及其乐感;将情境置换成文字解释,舍弃了立体的视、听、触、嗅等感觉的综合;将彼此应答式的现场互动交流置换成内心独白和对象或地址不详的告白,写作成为理性意向的普泛表达。所有这些,表明书面言语是高度抽象、高度语义和感觉高度单调的。它只有依靠写作者

---

[1] [俄]列维·谢苗诺维奇·维果茨基:《思维与语言》,李维译,浙江教育出版社1997年版,第109页。

丝丝入扣、珠线不断、极度自制的逻辑操作，才能演绎出言说的意义系统与纸上的丰富世界。书面文本，不仅其构成过程的思维是线性的，而且书写行为本身也是线性的，独字不成句，孤句不成段，单段不成文。书写者只有将一个个字符、单词、语句、文段连续串接起来，才能形成思想和文本的点、线、面。所以，印刷文化的文本是在连续思维和连续书写的线性运动中构成的。一俟文本形成之后，文本生成中的这种精神或思维特性，也就注定文本的接受与解读摆脱不了它的线性逻辑"干系"。阅读者除了从文本中得到字符的视象刺激外，失却了其他信号的刺激。看书时，读者面对的只是镶嵌在逻辑网络上的文字符号，他的眼睛必须对文字进行线性扫描，逐一摄取字符，然后传递给思维器官，使文字与具体事物发生意象性的联系，才能理解文本的意义。人们既真实地思考着逻辑的真实，又逻辑地想象着真实的逻辑。这一阅读过程，实际上是把非情境、非具象、非对话语境的文本在联想中逻辑地具体化，还原为对具体事物的内心直观和意象性理解。所以，沿着语义的逻辑线路对文本进行连贯的思想解读，是把握与占有文本意义的基本途径。它表明，书写或印刷文本之信息符码感性刺激的单一性，也在一个重要方面规定了主体在形成或解读此类文本时，必然处于线性的逻辑思维中。它造成了书面印刷文本的逻辑线性。

三　文本线性逻辑与内容的庄严负载

　　印刷文化中的每一个文本，都有一个议论、分析、说明、求证的中心命题，文本各个部分围绕这一中心展开，不得与之相矛盾。这就是文本中逻辑命题的同一性原则。它在一个重要方面构成了印刷文本"逻各斯中心化"的内容。文本题旨的同一性原则统制全文的核心范畴、基本思维线索和概念的关系。其文字、语词组合，语句、语段衔接，章节结构，都服从核心命题的思维主旨，以若干大小不等的范畴、概念及其运动所编配的逻辑结点、逻辑线路，去延伸、生发文本的各个部分。像行星环绕太阳的轨道运行那样，每一星座的运动都与太阳引力保持着一种线性关系。即使文本中出现了朝着不同方向运动、展开的范畴群，那也不过是这些星座在运动中形成的偏角而已，基本上不离其引力的线性联结。由此，以概念、范畴的运动及其逻辑推演形成的文本意义，在其字符延伸的历时性与共时性关系中，都有某种延续不变的关系。它们遵守着中心命题所规范的逻辑同一律，同一概念在文本的各个系列关系中保持着同样的意义，保持着与其他概念、范畴稳定的语义关系。这样，才使文本及其字符串有了可判断、可解读、可交流的根据。在文本的敷设和建构中，各个部分即使出现起承转合、前后跳跃、悬置的现象，但始终有一个中心命题的逻各斯网络在维系文本前后左右的语义呼应与承续。其间，线性的逻辑思维运动也会发生弯曲、回旋乃至交织、缠绕，但逻各斯"线"并没有断裂和中止。这使得印刷文本具有一种思想主旨的内聚力，能形成一以贯之，统领千万字符而成整然有序的气象。文本的每一字符、语句、段落、章节，都被编配在一个缜密的逻辑网系中，作为纲目互制的思想系统之载体而存在。

当我们分析了印刷文本的线性逻辑成因之后，还需对文本的逻辑何以是逻辑的文本这一问题作出解释。

文本并非文字的简单排列，它是按照一定语义、语法、文体规则、规律编织起来的。文本的生成，在遣词造句、谋篇布局等方面的言语行为，使它们都不是主体的恣情任性，而均有其建构的秩序和章法，有其内在逻辑的遵循。这种逻辑，表面上是行文说理的法则、体律、范式和技巧，但更多地表现为语文形式或思维形式，无疑地属于文本生成中的逻辑，是文本的逻辑。

所谓逻辑的文本，则是形成文本的活动以及文本自身总是这种或那种意义上的逻辑操作和逻辑格局。苏联著名语言心理学家卢利亚在研究"内心词典"即存在于记忆系统中的"词库"之编纂方式、组织方式和检索方式时，说到这样一段让人深思的话："词的理解是从许多可能的词义中选取所需意义的积极过程，而且这许多可能的意义在认识活动发展的诸不同阶段往往是不尽相同的。同时，词的理解还包含理解该词跟其他词的潜在关系，就是说，还跟按句法规则组成的言语内部规律密切相关。"[①] 这个见解表明，形成文本的过程，绝不只是作者消极地服从语言，组合字符的遣词造句行为，还有作者积极组织甚至创造性地利用和改进语言习惯的一面。词语的理解与运用，在不同的情境、不同的论题、不同的

---

① [苏联] A. P. 卢利亚：《神经语言学》，赵吉生、卫志强译，北京大学出版社 1987 年版，第 207 页。

文体以及不同的上下文关系中各不一样。人们把词义置于何种语义的理解中，取决于作者对于被说明对象当下特殊的逻辑思考。不同文本成为主体在各别情况下进行逻辑思维的各具特色的凝结。同时，词语、文字作为认识发展的语符记录，其各自含义及其上下文关系的构成也受到主体认识发展状况的制约。作者对文本的建构，实际上是他的认识水平、思想水平、理解结构的逻辑复现。再者，字词的语义关系因其多样性而具有复杂的可选择性，写作者究竟把何种语义关系变成现实，还取决于主、客体在思想认识活动中的关联，以及主体的认知意向、知识结构、阐释路径、话语习惯和写作风格等。这些主观性因素，平时作为一种思想文化的隐结构存在于主体内心深处，悄悄地影响着人们对事物的认识、思考与言说。当主体进行文本的创作时，其隐性的思想文化构成便以逻辑的方式显性地展示在文本的言说之中。它们在主体之文化无意识向意识浮出的文本生成中，使逻辑得以文本的显现，使文本成为作者思维逻辑的文本。

综上所述，文本的逻辑，作为文本生成过程的逻各斯和作用于认识与阐释外界事物的中介秩序，它制约着文本的解读和接受。而逻辑的文本，则多方面地体现了认识主体、文本作者的认知水平、理解结构、话语习惯、写作风格等方面的主观秩序，它构成了活的认知逻辑。文本的逻辑作为普同的思想、文化规则，制约着文本的写作。而逻辑的文本，作为文本作者思想认识活动内隐的逻辑个性，则更多地制约着文本的思想品格及其内容的表达。印刷文本作为文化逻辑的一种载体，应当是文本逻辑与逻辑文本交互作用的产物，它以字词、语段、章句之结构及其演绎的方式，经过一系列概念、判断、推理的逻辑操作，而使印刷文本的逻辑图式展现出来。也正因如此，印刷文本的逻辑构造是严密的、高度有序的。非如此，则不能使那种舍弃了有形的复杂语境、情境，舍弃了身态手势、面部表情以及语调变换等辅助性表达手段的印刷文本，具有强大的陈述和阐释力量，并得到读者的合理解读。文本是通过逻辑的方式，把作者写作的当下情境、心境、语境转换为抽象的字符体系，让文本成为某种超越时空局限，也一定程度地超越作者、读者之间情境、语境、心境差异的话语系统，成为有通行逻辑公则的、众人可读可解的公共文化域。印刷文本之逻辑的文本性，使得文本的解读，成为读者对于作者之自我意识、之本来意义反复理解、反复再认乃至于解密和再创造的过程。这需要在语义逻辑、思维方式和旨趣意义上对文本实行"顺应"与"同化"。它要求读者在被文本"占有"的同时还须"占有"文本,以克服印刷文本的抽象性、与生活的隔离性而形成的同读者心理的"疏离化"或理解间距,而形成某种视域融合。这表达了印刷文本的逻辑展示方式对人们思想认识方式的一种隐在的制约。同时,它也折射出媒体方式对人们的理性生活具有直接与间接的多种作用,以至于我们不得不在存在决定思维的意义上,也把文化的媒体环境作为一种现实的存在去对待,将它作为一种生活的现实基础,去解释文本的创作思维与阅读思维的认识论特质。

第十八章　网络图像文化对哲学思维的逻辑解构

哲学极度抽象、深刻反思、严密逻辑的思维和理性，生存于书面文化中的现实，使作为书面文化挑战者的网络文化尤其是其中的图像文化，总是作为哲学理性的颠覆者出现。美国音乐学家马利翁说，"声音是听得见的色彩，色彩是看得见的声音"[①]。视听形象的高度统一与深度互渗，使网络、电视一类电子文化总是音形同至、声情并茂的，故它们可以统称为图像文化。这种文化对哲学理性的颠覆，直接表现为图像文化的另类逻辑对哲学思维的逻辑解构。其逻辑的销蚀作用，具体表现在以下几个方面。

一　语义结构的多值不定消散哲学思维的明确释义

网络、电子图像文化的生成，实际上由三套语言系统构成。它们分别为声响语言、构图语言和摄编语言，且相互之间具有一种互动、函变关系。声响语言包括音乐中的音强、音量、音调、音色、音质、节奏、速度、力度、和声、旋律、曲式，以及对特定情境下自然声响的录入和模拟，解说话语、人物话语的插入等，其选择和编配，使声响的语言自成一个相对独立的能指系统。它的组合方式不同，形成特定的语汇、语义和指谓，自变因素十分复杂。构图语言系统，包括视觉形象中的点线面与形色态，作为一个能指符号系统，也会因其特殊的构式、语汇、语义和意谓，有其复杂的自变关系。而摄编系统的各种技艺，亦有自身的指意功能。它

[①] 人民音乐出版社编辑部编：《音乐美学问题讨论集》，人民音乐出版社1987年版，第149页。

们不仅使声响、形象自成语系,而且还使它们在不同的编辑、匹配中发生变调、变相、变义的情况,彼此改变或加强着对方的语义,形成新的指谓。此外,在摄影机前,各种形象因素会因摄影者的不同视角、不同操作而形成不同的指意符号,形成不同的语义、语境。此外,声像因素的匹配方式、语义要求不同,也会反过来影响摄编语言的运用。电子图像文化语言中的这三个子系统被彼此构造的情况表明,图像文化的语义演绎是多线条、立体式和多相变意的,难以像书面文化那样线性推进。这就决定了影视、图片一类作品思维的多向性、复义性、非线性和意会性,不容许只适应书面文化的那种稳定、明确、单义的线性思维存在于其中。它从文化的语义逻辑方面消解着哲学思维的传统理式。

(1) 网络、图像文化创作中多方面的情境随机性、临场应变性和意义发散性,解构哲学思维预成的、确定的和严整的逻辑秩序。

网络图像文化作品的生产,既有脚本的预成,又有声像语符及其匹配关系的偶成;既有空间的视域、视角切换,又有时间上谋篇布局的变异;既有编剧、导演的总揽,又有演员、摄影、录音和编辑的个性化、情绪化的创造和临场性应变。其中,大量意外发现、意外联想、意外际遇及其关系的处理方式,都让人们在"脚本"中言之不预、始料不及,需要用许多应景的、情境性的发散思维、非线性动态思维去应对和处理这些充满或然性的事项。这样创造出来的图像文化作品,其思想方式与哲学思维中那种由稳定因果关系、"能、所"关系等因素所确认的线性逻辑思维秩序是不相容的。

哲学思维,作为对具体科学理性的反思学问,作为对事物具体规律作形上之思的学问,其认知的对象是有稳定秩序并获得明确理性规范的。它的认知使命和思维理念,也在于超越那眼花缭乱的多变,揭示事变背后确定的运行轨迹;在于透过那纷繁芜杂的现象,了解事物存在和发展的底里及其本质的联系;在于厘清事象之历时态与共时态交错的多种因果关系,在偶然的事态里面求索其必然的趋势。哲学理性因其对于必然、本质、轨迹的诉求,亦即对于普遍规律和终极意义的寻绎,其思维理式必然是务求稳定而排斥幻变,务求明确而摒弃含混,务求规范而抵拒随意,务求普遍而舍弃独异的。为了有效地进行这种思维,其理性运演的逻辑因子、程式和规则,必须在对问题的理论或对理论的问题进行解析之前就有严格的预设。许多时候，世界观的、方法论的、价值学的设定与论证，正是进行某种具体研究的理性前奏或思想前提，为此进行大量哲学的自思。所以，任何一种成熟的、成功的哲学思考和哲学阐释，其思维理式和逻辑规律及其操作规程，都是预成的，明确而严缜的。这些，与网络电子文化思维的那种随机性、偶成性、变意性形同冰炭。不要说在电子图像文化的创作中难以贯彻、难以精确表达哲学的思理，就是在这类作品的赏析和接受过程中，也足以让哲学思维从意识活动中隐退，甚至足以从思维活动的心理定式方面化解哲学的逻辑规范和理性自觉。

（2）网络、图像文化语符的能指与所指关系之显在与隐在的变构，冲击哲学思维的逻辑范式。

网络图像文化语符中显在的物理形式方面为符号本身之形象，是能指；其所表征的创意、概念、思想、观点、价值、态度等，是隐性的意义与内容，为所指。能、所关系因其出于自然现象互为表里的本来联系，或出自人们对某些现象心理体验之长久累积而至约定俗成，表征与被表征常能彰然于外。这构成语符能、所关系的显结构。它们是图像文化的语义基础。但图像文化的阐释与叙事方式不同于文字，作为视听艺术一类，它具有文学的比兴和艺术的隐喻之双重特质，其意义的陈述大量地存在于隐性的能、所关系中，即通过运用超出能指、所指显性结构关系含义的引伸语义去表情达意。这形成潜蕴于显结构背后的隐意。引伸意义的符号由图像文化显在的能、所关系为意指形式，为喻体或象征标志，而引申意义自身即所指意谓的本体事物，则是对显在的能、所关系的语义延伸。由此，与显在的能、所关系相对，便构成了由显性能、所关系与引伸意义组织起来的隐在的能、所关系。它们是言外之意、弦外之声、画外之像，具有象征化、风格化、隐曲性的思想蕴意，靠意会神往而不是逻辑推理去把握。而且，图像语符能、所关系的隐结构对于显结构的延伸，除了"分型"的一面还具有一种"延异"性，即隐喻意义既承接显结构的语义又否定、改变其语义，是延伸中的变异，变异中的延伸，在肯定的视听感知中包含了否定的意义认定与理解。其间，常常运用讽喻、反喻、转喻、借喻等非对称、非因果、非线性的图像语义逻辑。它们要求主体对网络图像文化给予动态的、多义的、象征化的非线性思考和解读。也正是基于声像形象符号的隐喻对确定的理性秩序和哲学思维的逻辑颠覆，解构主义者德里达才认为,"隐喻性是逻辑的污损或污损的逻辑"①。这从一个十分重要的方面说明了电子图像文化对哲学思维的逻辑解构。

(3) 网络、图像文化的虚拟世界,对哲学理性秩序产生逻辑颠覆。

从一般意义上讲,语符、图像都是对世界的复现和虚拟,因为它们都是对世界的意义表达,是让人们通过把握世界的意义,并以主观化的逻辑把握客观规律而达到对世界的掌握。但网络电子文化对世界的虚拟,却有另外的意义。它不停留在意义的符号表达层面,而是以形象的仿真,让人进到一种身临其境但并非确实的状态。在这种虚拟世界里,又分为两个层面。第一层面,是对可能的、现实的世界的图像表达。这种虚拟,主要是对现实的形象和情境摹写。它虽然以图像诸多地销蚀着哲学逻辑,但其作用还没有达到极致。第二层面的虚拟,则是数字化的虚拟,以计算机手段制作出来的虚幻世界及其构成的网络文化作品,形成对非现实世界的现实仿真,以及对现实世界的非现实幻变。它们对哲学世界观、方法论的颠覆才是最为严重的。

人们在探讨虚拟世界的本质时,曾作过这样的界说:"虚拟实在是实际上而不是事件上为真实的事实或实体。"② 这告诉我们,虚拟手段,能够把非实在的东西变成感觉世界里实在的东西。作为一种技术化的精神世界,电子文化的虚拟实在具有这样一些消释哲学理性秩序的认识论特征。

第一,虚拟实在具有高超的仿真性和强烈的逼真感,把某些事实上并非真实的东西变成让人感受为真实的东西,对哲学的本体论命题"存在"及其意义提出了尖锐挑战。它抹平了实在与虚在或非在的界限,让本体论中的"存在"在感觉世界里失真。在虚拟世界中,当非在、虚在变成感觉上的实在时,实际上是以对客观实在的仿真制造着真实的感觉世界。这样,在让主体以实在性的感觉真实,映现着、表象着非真实的存在或非存在时,客观实在变成了虚在的模具、形象,虚在则成为实在形态的表现内容。在幻化人的感觉的同时也幻化了那引发感觉的对象世界,进而才有虚拟世界的实在化出场。在这种虚实颠倒的同时,数字化技术还以远程方式

---

① 尚杰:《德里达》,湖南教育出版社1987年版,第172页。
② [美]迈克尔·海姆:《从界面到网络空间:虚拟实在的形而上学》,金吾伦、刘钢译,上海科技教育出版社2000年版,第112页。

制造着虚拟出场,使客观实在变成"遥在",以变换了的时空关系,让在场和出场原本统一的事物或行为发生离异,形成在场不出场,或出场不在场。如远程教学和远程遥控手术中的教师、医生那样,他们的行为是图像化地出场,但行为主体的他们却不在场,或不是"现在"而是"遥在"。这就使存在的意义形成乖离,甚至使"存在即被感知"的错误命题,因为把它变换为"感知即是存在"而似乎有了虚拟世界的理由。

第二,虚拟实在通过计算机、数字化、网络技术,把原本不可能的事理和世界,变成了感觉世界中可能的与现实的事物,冲击着哲学关于客观事理的逻辑建构。它们以感性幻觉的方式根本改变了可能与不可能、可能与现实之间的非同一关系,把客观上的彼此差异、分离的两重境界,变成相互融通的、一体化世界。它们让哲学中对可能与不可能、可能与现实之间的辩证思维"报废",成为多余,从而颠覆了在此基础上建立起来的诸如必然与偶然、确然与未然、可能与现实、理想与实践、过程与结局、原因与结果等一系列哲学的逻辑关系和规律、法则。因为虚拟世界轻易地抹平了这些现象间的差异和对立,使之感性地丧失了存在的确定性和哲学思考的理由。这让人们突破逻辑的规约,将理性世界以为不可思议的事物虚拟地变成了感性的现实。

第三,虚拟实在具有非现实的主体性,引发关于感觉世界、实践等哲学理性的失义。在虚拟技术中,感性地让主体"全身沉浸"于幻觉世界中的主要途径有三:一是视听触觉的全息刺激。它让人在动态的通感世界中陷入生动情境的幻觉而引发真实感,形成感官沉浸。二是感觉的隔离或裂变。如"视偏""听偏"现象的人为制造,让原本共时空的视听现象分别与其他感觉出现在非共时或非共域中,利用视听现象的远离与其他感觉的贴近所形成的时空差异,生成某种感觉信息"遥在"的离异感。这是"混淆视听"的技术做作。三是高度的交互作用。主体在虚拟世界中驾车、驾飞机,进厨房取食品,去图书馆翻书阅报,处理办公室的文字垃圾等点击动作,都会引发视听信息界面的形象回馈,让人似乎身临其境,亲历其事,把人的身体动作与其所见、所听、所触而合成的感觉世界,在交互作用中高度统一起来。这使主动与受动、参与和体验、操纵同感觉达到一种密切的即时互馈和平衡。它在实质上,也使主体及其实践活动被幻化了,在不真实的行为中获得了真实的感觉,或在真实的行为中得到了貌似真实的感觉。而哲学思维所依凭的是人们在实际生活中进行物质、能量、信息交换时所处的统一的物理与心理环境。当虚拟技术使主体生活在上述物理环境与心理环境分裂的或在这两个不同世界里轮流切换的境况中时，那么，它就会对主体性及其哲学的自我意识发生巨大的解构作用。它使主体自身的物理存在不再作为一种主体性的事实确证。因为自我在虚拟的幻化世界中被抛离出主体的中心化位置，在信息环境、感觉意义和信心等方面，主体性均为多变的非物理的存在秩序或非生活的意义秩序所动摇、所肢解。它使主体及其实践活动、实践手段、实践对象、实践结果幻化，使主体、感知、实践等哲学理念及其逻辑关系一定程度地失效，变得陌生起来。这无疑是对认识论的巨大挑战。正如迈克尔·海姆说的："虚拟世界的造就者也许会变出从未听到过的景、声、形的混合物。在语言的语法和句法之外有意构造的信号，不服从言语和视觉信息的传统逻辑。"① 或许，传统的哲学将由此发生一场深刻的革命，这是需要拭目以待的。

二 网络文化压抑哲学思维的逻辑张力

美国关于网络现象的哲学研究者迈克尔·海姆曾这样写道："今天，一个反玄学的时代已经开始担心从虚拟实在技术冒出来的危险幽灵，自20世纪80年代末起，哲学的电话铃声便响个不停。……我不知道这种事是应让我笑呢还是哭。"② 他的见解表明现代电子文化给哲学思维造成了难堪和窘境，我们需要从其思想机理、心理定则去深入探讨它们给哲学思维带来的严峻挑战，以寻求哲学发展新的文化路径。笔者继续从网络电子文化意识的形而上分析中，并通过比较它们与哲学思维的各自特征，去揭示其对传统哲学理性在逻辑张力、意识场域方面的消释作用。

1. 网络文化涣散哲学思维的序结构

在对电子文化构成的虚拟世界作哲学分析时，海姆这样写道："虚拟

---

① [美] 迈克尔·海姆：《从界面到网络空间：虚拟实在的形而上学》，金吾伦、刘钢译，上海科技教育出版社2000年版，第119页。
② 同上书，第143页。

第十八章 网络图像文化对哲学思维的逻辑解构

实在为转移西方参与的哲学提供了机会。从毕达哥拉斯到亚里士多德,从贝克莱到罗素,有关哲学的参与感有赖于视觉,从而把我们置于旁观者的位置。要想触动我们,就需要引入更多的感官知觉。虚拟实在可以开发出一种反馈,其中参与包括整个身体的开放性和敏感性。"① 海姆的论述十分准确地说明了电子文化给哲学提供的心灵境况,是完全异于印刷文化的。像网络空间提供的信息界面,旨在全力开发和调动受众的感官知觉,以感觉诱因的虚拟,去实现感性实在的虚拟,使主体处于极度的感觉开放与敏感状态。它们造成了电子文化对传统哲学思维的逻辑压制。

网络电子文化,作为印刷文化、书面字符文化的替代品或否定者,首先是它的能指——符号载体发生了根本变化。印刷文化多是以线性字符为信息载体的。这种书面化的字符,尤其是西方的拼音文字,当它呈现在读者眼前时,不仅舍弃了所指事物的形象、情境,而且还舍弃了字符的读音,去掉了口语文化的情绪记录和身势及面部表情的信息能指因素。因而,它是极度抽象的。正是由于这种极度抽象,人们在阅读印刷文化时,必须依靠精神自我的高度关注和极度自觉投入,才能进入文本,把握、理解文本的思想内容。哲学作为极度抽象的意识形式,作为用逻辑、范畴、概念反思性地把握事物的意识方式,它与印刷文化的那种抽象性是高度一致、相互融合的。哲学在以理念的方式把握、阐释和陈述事物时,如同书面语言的极度抽象一样,对事物的外观形态、繁复现象、个别特征、瞬间情景都给予舍弃,而着力抓住那些内在的、单一的、普遍的、稳定的本质方面或规律性的内容,着力从事物的内在方面去反映和说明事物。哲学思维的这个意识特质,决定性地要求着用严谨的逻辑、准确的概念、适用的范畴、精密的原理等只能以字符这种书面语言才能清晰、稳定地表达出来的思维元素,去实施它对事物内在联系、本质属性的思考、求索和陈述。哲学思维的反思性,更多地是对思想的思想,而不是直接对感性对象、经验事物的直观和思考。任何思想本身都是观念的、抽象的,作为对思想实施反思的哲学只能比一般的思想更抽象。这使得哲学的思维活动、思维过程、思维方式和思维结果,难以用非书面语言媒介去实施或展现。哲学思

---

① [美]迈克尔·海姆:《从界面到网络空间:虚拟实在的形而上学》,金吾伦、刘钢译,上海科技教育出版社 2000 年版,第 132 页。

维最有效的实现与交流工具是书面语言。

而电视、网络一类电子文化的表达和诠释工具，则绝大多数是借助于非书面语言或非逻辑推理语式的。它们是声像的、具象的形象叙事、情境叙事、景观叙事、情节叙事。为了让观众产生更多的现场感、亲临感、信任感，这类电子文化只能动用更多的调动感官反应的叙事手段。它们作为感官刺激的或刺激感官的符号系统，其符号释义与演绎贴近具象，远离抽象的哲学思维。像电视图像、网络图像、电子图书的音像信息乃至应景的、另类生造的语言组合的信息界面，不要说不能有效地表达理性思维，甚至还有许多内容停留在记录或仿真第一信号系统的状态，给予媒介主体的信息是原始自然的内容。这些媒介及其信息，让人处于从现象到事物个别本质的入口处或过程中，根本无法深入踏进以阐释世界普遍本质与终极意义为宗旨的哲学殿堂，无法由此介入哲学的思维，无法从中进行哲学的逻辑操作和理念陈述。主体长期经受这种原始而粗糙的或者浅表的信息轰炸，其理性觉悟、理性兴趣、理性运演能力会大大降低。长期受此具象思维、情境思维因素压制的主体，会在大脑活动的分工中使抽象思维、书面文本思维，最后是哲学思维发生蜕变。它们会使主体放纵性情，贬抑理性，沉缅于花样翻新的画面及感官刺激，厌弃书本阅读和穷理致知，大大降低理性活动的兴奋程度和智慧水平。

与此相联系，由于高度理性化的知识、文化如哲学一类，是很难在电子图像文化中获得生存与表达之可能性的。于是，电子图像文化便主要地关注着经验的形而下世界，而放弃甚至抵牾哲学一类形上之思的理性生活内容。哲学思维作为一种反思、"问道"的学问，一种诉求经验背后、现象背后之深层底蕴、普遍规律的学问，一种探索万事万物之大本大原以及人生之真谛的学问，其思维特质是超验的，即必须超越现象、超越感性、超越一般实践经验的形而下局限，才能达到它那探赜索隐、钩深致远的意境，才能进行真正哲学意义上的理性运思。这不仅使电子文化对哲学思维远而拒之，而且也使哲学思维对电子文化离而弃之。电子文化与哲学思维的难以通约，使那些沉入电子文化最多者，往往是距离哲学最远的群体。作为大众媒体的电子文化，因其大众化而必须面向平民生活、面向世俗世界。在以提高诸如电视、图像、热门新闻、山寨话语一类媒介文化的点击率的基本方针指导下，电子文化的生产者总是以增强文化产品的可受性、

第十八章 网络图像文化对哲学思维的逻辑解构

易受性、高参与性为其制作的技术理念和工艺设想，用新颖、惊奇、怪异、反常、陌生化、悬搁、紧迫、逼真、逗乐、激动、隐曲等方式的事件写实、情境设置、情节演绎、人物表现、形象渲染、声像铺陈、背景烘托和话语阐释，去营造电子文化强烈乃至轰动的视听效果。它们对受众的感知形成巨大的诱惑力、震撼力、说服力，让观众密切地关注界面的信息转换，拼命地追寻，焦急地等待，忘情地投入。所有这些由视听轰炸造成的感官刺激、感觉掳掠，其必然的结果只能是思想搅拌和智慧碾压。一位网络文化的痴迷者在理性复苏后曾这样地描述过网络文化的非理性尴尬：全世界数十亿双眼睛盯着一件事起劲，而那些焦点人物是天才演员，他们教会我们对某一弱智发现万般惊讶，要我们深信某一令人掩鼻的活动具有划时代的意义。他们一次次地以商人的水准，靠现代科技加工着世人的趣味，然后把那些所谓的产品像棉絮一样充塞你的大脑，代替你的思维，把你塑造成信息的奴隶。① 电子文化的超真实与过度感性化表现，抹煞了表征与现实的界限，使图像世界常常幻化为本体世界，引出的心理反应不是概念化的思想致知，而是戏剧性的滥情认同。一方面社会生活经验角色化、模式化，典型个人的经验通过电子文化的传播成为新潮而进入受众的生活，领引受众的生活；另一方面电子文化经验形式化地反复轰炸，又变成生活习惯而趋向稳定；再一方面是网络电视节目顺带观看与生活的同步化、一体化，以及网上聊天、购物一类活动的日用性、情境性，使电子文化直接成为生活的一部分；第四方面是观众以自身的情感、观念、价值准则及思维、行为方式介入影视节目、网络新闻的场景、情节和角色，在各类作品中投射经验自我，结合电子文化一道塑造亦幻亦真的经验世界。凡此种种，都表明生活经验在电子文化中，电子文化的经验在生活中。以致出现了像德国学者卡尔维诺说的，人们失去了真实，丧失了历史、现实和未来中的自我，"我们只认为自己是电影的观众，而电影是我们生活的历史"②。这种高认同、高情绪、高主位立场的文化心态，其被压抑的另一面，正是哲学思维赖以生成和发展的文化之批判的、理性的和客位的立场。人们成了马尔库塞说的丧失了批判理性的"单面的人"。而"单面

---

① 参见 2000 年 2 月 12 日《中国青年报》。
② ［德］舒里安：《影视心理学》，罗悌伦译，四川人民出版社 1998 年版，第 161 页。

人"的意识结构，只能使人们对哲学的兴趣以及哲学思维的能力与水平，遭受无情的消解和压抑。因为人们与电子文化已融为一体，损害了自我的独立，在精神的掳掠与去势中少有怀疑、少有批判，缺失理性的剖析，无法构成反思性的否定和深究。从电子文化的轰鸣和激流中暂时脱身出来的人们，对其精神生活的顾盼，顶多只是复述、回味和某些浅表的感悟，难以对其进行哲学的追问和理性的深省。那万花筒式的图像推移生成的某些暂时性的稀薄感念，根本不可能形成人生的理论悟道。没有与客观事象之时空的物理距离和心理距离，哲学的反思永远无法进行。人们对电子文化的这种理性消释作用也早有觉察，德国的影视文化研究者惠托克曾深刻地指出：影视文化的生命在于观众对亲合性、同时性的需求，在于观众对共鸣和交际的要求；而不在于观众对逻辑性的需要。① 正是电子文化的此类负面作用，酿成了哲学思维的浅表化颓势。人们普遍觉察到了的，哲学研究中存在的那种回到事实、回到现象、回到具体中去的倾向，那种把"凡是存在的就是合理的"命题庸俗化的倾向，就是哲学思维在电子文化的图像景观、形象语言压抑下，生发出来的缺少本质的穿透力、价值的批判力和意义的建构力之病症。感性信息的高血压导致了哲学理性的贫血和缺钙。

2. 网络文化侵蚀哲学理性的基础

对此，海姆有过极为严峻的预言："从布局结构来看，网络蔓延开的架构间接表明没有任何绝对的哲学或宗教。"② 他指出了三个方面的根据：一是网络文化世界没有规则，缺少中心，人们在高度的互动关系中撞大运，抓机遇，或然性地对待一切；二是网络文化的信息缺少稳定、正式而可靠的选择渠道与验证过程，大量虚假信息会使人们求真问是的哲学精神和理性兴趣受到损害；三是铺天盖地的信息压迫，让人们的辨识能力和专注力大大降低，种种花里胡哨的活泼和脆弱不堪的时尚挤掉内容的深度，深入持久的理性执着和关注让位于快节奏的体验与态度转换。③

---

① [德] 舒里安：《影视心理学》，罗悌伦译，四川人民出版社1998年版，第108页。

② [美] 迈克尔·海姆：《虚拟世界的形而上学》，上海科技教育出版社2000年版，第106页。

③ [德] 舒里安：《影视心理学》，罗悌伦译，四川人民出版社1998年版，第1页。

网络文化的这种特质，是足以消解哲学思维之意识场域的。哲学作为一种探求大本大原、至善至美与终极意义的形上之思，它追问着事物普遍存在的主导力量及其运行的中心法则。因此，承认并揭示事物的必然性，承认并揭示事物是以其本质力量为中心而展开它的各个生动侧面的辩证机理，正是哲学思维赖以存在的前提及其认识论之意义所在。与此同时，哲学也只有与被说明的对象事物保持一定的时空距离，才能形成对事物极度抽象的概念化、逻辑性的反映与阐释，才能揭示事物的普遍规律，使哲学思想经得起微观事变的考验，在较大限度内，对事物的宽幅运动和长时段发展作出宏大叙事的有效说明。而网络文化之技术运演的机理及其对介入主体造成的文化幻觉，就是极度随机的互动或极度互动的随机，是去中心、去必然、去规定性、去稳定性的，与以往的哲学思维范式背道而驰。网络文化使网民活动在这种高度边缘化、机缘化、随意化的"赛博空间"，必然严重消释人们对事物作哲学分析的动机和意义，消释哲学得以生存的主体意识。

影视心理学者在研究观众感受电视一类图像信息的文化意蕴时，发现主体的感知具有多个级别：第一是在耗散结构级别上起作用的物理刺激，形成清晰意识未至的机体性感受，其信息在认知上还根本谈不到被加工和编码。第二是"细胞器"级别上的感知，是以视觉为主的刺激感受，引起的是传输神经系统紧张、安静之类的心理反应。第三是机体级别上的感知，所接受的是语言、情境、情节等方面的信息刺激，情绪化反应由此产生。第四是反射级别上的信息感知，影视作品的内容结构、形态结构、图式结构以及故事线索得到一定程度的破译，主体进入情节，并按自己的经验、习惯、知识模式了解作品内容，参与甚至一定程度地改变作品的叙述。第五是在反思级别上出现的心理认证感知，受众以自己的行为经验与方式去看自己所看的即所投射的对象，又在对象上复现、观照自身。第六是在符号级别上的感知，这是从审美方面对影视作品在象征、符号、隐喻方面的解读。[①] 德国学者舒里安的上述研究告诉我们，影视包括电子网络文化中的图像作品给予受众的刺激以及主体对其信息的感知，是有层次和级别的。由低层次感知到高层次感知的推进，不仅意味着主体意识活动之

---

① ［德］舒里安：《影视心理学》，罗悌伦译，四川人民出版社1998年版，第147页。

复杂性、自觉性的提升，因而对作品内容了解的加深，而且还意味着感知—认识活动有一个物理—心理时空的推移过程。主体对电子文化内容初步的接触只能形成较低层次的感知，多次反复的接触才能形成较高层次的感知。同时，对作品内容的感知还与主体自身的知识结构、文化素养、理性品质相关，越到高层次的感知，越要求高水平、高品质的认知能力和精神境界。因此对影视文化越是高层次的感知活动，便越需要主体凭借一定的心理时空去调动其解释能力和文化知识，对作品作深层次的内容解读及审美观照。这也就是说网络图像、影视作品、感性文字叙述转换的过程越快，展示的内容越多，留给主体作深层解读、领悟的机会越少，越不能形成较高层次的理性与审美观照。倏忽闪过的电子文化信息，相对于网络主体的感知过程、感知结构而言，是根本无法进到哲学的反思水平的。正好相反的是，这样的文化环境和文化信息的传递方式，久而久之，会造成主体的理性麻木甚至感受疲劳，会生成妨害哲学思维的许多不良心理因素，诸如浮躁厌倦、不求甚解、记忆衰退、注意力分散、反应迟顿、理解力下降、抽象思维减弱以及思绪混沌、逻辑紊乱等不良心理病症。它们严重阻障碍理性意识的成长，损害哲学思维的意识域，使主体对事物的认识难以提升到哲学反思的逻辑层面，难以形成对事物本质的深刻揭示和高度概括，消解人们对世界作哲学理性方式之掌握的内在动机和思维能力。

网络文化对哲学思维意识场域的消释，还表现在其时空价值取向上。网络文化技术方式的本质特征，是便捷、流畅和迅速转换。它们以通俗易懂、贴近生活、追逐事变、抓住最广泛的受众为其技术理念的出发点。因此，它们重在反映而不是阐释，重在表现而不是诉求，重在回应而不是建树，重在追逐而不是构造，重在形式翻新而不是内容创新，重在时尚而不是意义的持久。它们对空间价值的追求大大超乎时间价值之上。急剧地产生，迅速地流播，瞬间地辉煌，片刻地转换，倏忽地淘汰，匆猝地湮灭，以其数量、速度、空间上的幅度价值补充其质量、稳定、时间上的价值不足。这使电子文化中变换的速度与遗忘的速度彼此竞赛，有些时新的（主要是形式上的）东西还未长成它就已经陈旧。由于网络文化是按照现代主义的基调即新奇、轰动、同步、冲击、齐一来组织社会观念和审美观照方面的反应，因而它既不尊重传统，也不尊重创造。其中，时间的纬线每时每刻都在断裂，世代的轨迹随时随地可被抹去。这种文化语境，让人们处于外在力量强加的浏览速度下，面对汹涌而至的电子信息湍流，无法求得黑格尔说的理性思维所需要的那种"精神停顿"，无法给深沉的哲学反思提供从容、宽松的时空。同时，网络文化自发地快速生产和快速抛却，以及它齐一、平面的多元性，必定极大地动摇着神圣，动摇着权威，动摇着经典，动摇着恒定，以其空间绝对和时间相对的文化价值取向，消释着哲学理性在社会文化中的核心地位和长久价值，甚至从根本上否认有文化的核心及其长久价值。因而，它根本地取消了哲学思维的文化权力和精神价值。网络电子文化这些信息狂泻的特征对哲理智慧的负面作用，正如海姆指出的："信息狂阻碍而不是促进智慧。"①

三　网上认知位势挤逼哲学建树的思想场域

笔者坚持从媒介形态对主体认知、思维、表达及交往的规定性中去审视网络文化对哲学理性的作用。而且，鉴于是对媒介形态与主体认知位势相关性的研究，更多地关注形式上的作用，在媒介的内容影响方面则暂且从略。

网络文化，对主体认知位势的影响，产生着殃及哲学思维之理性建树的负作用，重要的维面是它置网民于高度无序的信息状态中。因而，它遮蔽和干扰着主体抽象、精粹、宁静的理性思维，而在相反的方面却容易诱发意识的野性冲动。互联网信息交流的无限量、无屏蔽、无中心、无调式特征，使网民面对一个狂轰滥炸的信息灾难。海量的信息破坏了网民对事物深度的理性关注，消释他们的信息深度加工兴趣与能力。在纷繁芜杂的信息场域，主体失却了思考的中心与精神自我的矜持，匆匆的浏览放弃了文化的雅趣和审美乐调，产生一种无节制的窥视欲、表达欲，把原本在人的知觉世界就潜伏着的自我占有欲激活、增强，成为猛烈的意识现实。深陷网络花花世界的人们，恰于庞蒂所说的那样，"在每一个知觉中，在每一个判断中，我使感觉功能或实际不是我的文化连接起作用。我在各方面被我自己的行为超越，被淹没在普遍性之中，然而，我是体验我自己的行

---

① ［美］迈克尔·海姆：《虚拟世界的形而上学》，上海科技教育出版社2000年版，第149页。

为的人，一个难以满足、把一切遇见的东西占为己有的存在始于我的最初知觉，无任何东西能完完全全地呈现给这个存在，因为它分享世界。自那时起，它把任何可能的存在的计划占为己有，因为它最终将被固定在体验场里。身体的普遍性不能使我们理解无性、数、格变化的我如何能为他人的利益而被剥夺，因为身体的普遍性正好能由我的不可剥夺的主体性的这另一种普遍性补偿"①。

在上述唯我论的疯狂体验中，作为追求身体之体验最大普遍性的、但实际上是最强烈唯我性的主体——失去自我规范的主体，成了一个否定任何旁观者角色、否定其他正常秩序和权威的主体，强烈追求与任何人齐平的参与权、知情权、体验权和话语权。人们否定他者与我的边界，否定他者的话语权与思想独立的存在，进入他者、殖民他者的同时接受他者的殖民，奉行另类文化的自我殖民。"我是流氓，我怕谁"，这句无畏无界无我的网民宣言，的确经典而又粗鲁地表达了网民认知的病态位势。

其一，网络病态主体放弃了正常的社会角色与文化人格的自我意识与规范，在网上恣纵妄为，放浪形骸，进行疯狂的自我霹雳与宣泄。他冲决了思想的理性栅栏，也踏毁了真善美的铁界，不管该不该说，人家愿不愿听或该不该看，但凡自己所欲所喜，统统朝网上倾倒、排放。这造成了许多非理性的言论与行为表现，不待说有多少良知的自省与反思，连哲学思维所要求的最基本的逻辑秩序、言语范式也被泛滥的言词冲散了、湮没了。这样的网络环境，不仅使哲学失去了网上表达的机会与空间，更重要的是使人们丧失了爱智慧的哲学热情。

其二，当人们有了冲破一切视域屏蔽的可能及被其激发的本能野性时，便会把体验的欲望和窥探的目光投向网络技术能够提供的一切领域，包括美国五角大楼的军讯保密室，英国图书馆的内部文献库，银行的会计账簿、个人账户，新婚蜜月的隐私之屋、洗澡房、卫生间……企图虚拟或实际地分享其中的一切，满足那贪得无厌的窥视欲、猎奇欲。体验的狂野追逐和极度兴奋，削弱、销蚀真善美的情趣，更无法给哲学等理性思维保留清纯的心理空间。理性文化的疏离，必然使社会文化中哲学氛围破败与衰落。这对于那些学习自制力较差、文化生活条件缺失、文化程度偏低的

---

① [法]梅洛·庞蒂：《知觉现象学》，姜志辉译，商务印书馆2001年版，第450—451页。

群体,尤其如此。中国大陆居民的哲学兴趣式微与网络文化的勃兴共时态发展,至少为人们从网络的认识论特征审视这一问题给出了一个思考的维度。

其三,网络媒介可以让人进行无节制、无界域、无障碍的角色置换,甚至让人有了当流氓或一条狗的勇气,还有什么文化规范能阻止我言其所欲言、行其所欲行呢?加上虚拟技术的支持,现实生活中无法想象、无法实现的一切,在网络的表达和交流中我都能想,都可去尝试,大体也可获得某些精神体验。人能极度地非人、非我,成为我想成为的一切角色,尝试想尝试的一切,在虚拟的、游戏人生的天地里,什么当司令、当老板、当银行家、当狙击手杀人狂、甚至当嫖客妓女等极端角色,都有了可供人移情其中的表现手段、符号、情境。但就是难以让人当天使、当圣贤,乃至当神父都成为难题,因为网络文化没有单一性,没有至善至真至美,没有无界的福祉,没有普惠一切人而独无自我的境界。网络不仅能让各色人等淋漓尽致地裸演、裸聊,而且能让各色物等也一齐出场,能让人动物化地上演,演丑、誉丑达到极致,故上帝、天使、圣贤一类难有立足之地。试想,这种天地间能引发人们对大本大原终极的哲学追问吗?又何谈哲学对人类大福大善价值的终极关怀呢?严肃的真情实感的文学、艺术、道德的言说与交流都发生困难,哲学思维情何以堪!

虚拟世界容易带给网民以主体性错觉:"真正的知觉应完全是一种真实的知觉。错觉应不是一种真实的知觉,确实性应该从作为思维的视觉或感觉延伸到构成一个对象的知觉。意识的透明性导致对象的内在性和绝对确实性。不过,不显现为错觉是错觉的特点,在这里,即使我不能感知一个非实在的物体,也至少能忽视它的非实在性;至少应该意识不到感知不能,错觉不应该是它所显现的东西,意识活动的实在性应在其显现之外。"[①]

网络文化联结亿万个微机终端,每一个终端既是信源又是信宿,既发布信息又接受信息,既创造他者又接受他者对自我的创造。因而网络世界如同汪洋大海的水滴聚集,每一水分子既是大海又是微不足道几近空无的存在。每个网民既有高度的自由空间塑造和张扬自我,但同时面对海量的

---

① [法]梅洛·庞蒂:《知觉现象学》,姜志辉译,商务印书馆2001年版,第374页。

信息波涛和无尽的选择可能性，又总是面临着自我的解构和迷失。网络文化总是追逐最新的时潮又顾及引起人们最大的兴趣，因而它们也处于一种最奇异化和最普世性的悖论中。其自发性的解决方式，往往是以最新的时尚作最快的流行，实现最广泛的传播。其结果便是普世性之奇特形式的迅速跃动，以最新异的手段炮制最广泛的同质性文化。这是一种具有现实性力量的文化虚构。网络文化拟构着亿万人每天生活的行为方式，为无数人不惜冒着丧失自我的危险而加入这信息洪流中来提供无数通道与角色面具。但一旦介入，人们便沉浮在惊涛骇浪的信息碰撞中，受其裹挟只能不由自主地随波逐流。学者们研究和阐释了现代电视观众及网民的无家之苦与无我之因：置身于多媒介环境中的现代人，"发现自身处的环境预示着有冒险、权势、喜悦、发展、自我和这个世界要变革——而与此同时，这种环境威胁要毁掉我们所有、所知、所是的一切。现代环境和现代体验切断了所有地理的和种族特性的界线、阶级和国籍的界线、宗教和意识形态的界线；现代性在这个意义上可以说是统一了全人类；但是这是个矛盾的统一，是个解体的统一；它将我们全抛入无休止的解体和更新、斗争和对立、含混不清和悲痛的大漩涡之中。"①

网络文化缺失历史的联系与意义，没有书册的存储和刊物的版面查阅意义，每天重新开始，时刻面对瞬间、面对当下，所以历史感非常浅薄。正如庞蒂所说："如果我不通过我的社会、我的文化世界和它们的界域，与过去和文明保持一种至少潜在的联系，……那么对过去和文明的客观和科学意识是不可能的。"② 哲学思维以人类文明创造和累积起来的思想文化为其生长、发育的精神温床、沃土，一个断裂了与人类历史文化丰富联系，缺少深厚历史积蕴的人，自然无法形成基本的哲学素养。

哲学理性的审问、反思与求真，是以强烈的现实精神为支撑的。尊重事实、遵循规律，崇仰真理，是建立哲学价值观与思想信念的基础。但虚拟世界诱发的思维定式既包括了对现实的变构，又内藏着对真实生活的怀疑，它们容易诱导网民脱离实践，脱离生活。要解除这种非现实的态度，还须回到真实的生活世界中去。庞蒂在研究知觉现象时指出，要解除对真

---

① ［英］莫利，罗宾斯：《认同的空间》，司艳译，南京大学出版社2001年版，第117页。
② ［法］梅洛·庞蒂：《知觉现象学》，姜志辉译，商务印书馆2001年版，第455—456页。

实与虚假的错乱,只有"闭上眼睛置身于'行动'中,我们才能离开怀疑,我们才能到达'真实'"①。他向我们表明,从醉心于虚拟世界的游戏回到真实社会的建设实践中来,乃是安放哲学思维的坚实平台。

网络文化形成一种新的时空架构,似乎一切运动"是从某个这里到某个那里且原则上可替代的轨迹"②。这是一种违背实践的、物理时空的乌托邦,它让需要足够时间和宽松空间的哲学思维难以稳定、持续。而且,哲学理性的"表达,不是用与确定的思想联系在一起的一种固定符号系统代替新的思想,而是通过运用经常使用的词语,确保新的意向能继承过去"③。虽然,哲学思维对事物从过程、从发展变化去理解其存在的时空形态与意义,主张事物在此点又不在此点,从其意义的肯定中作否定的理解,但理性的哲学决不是无时空确定性的相对主义思辨,它谋求对事物及其意义的确定性解释。此时、此地的事件与意义,是不可随意滥用发展观念、取消时空坐标加以否定或给予幻化的。"如果时间是事件因为时间而相互排斥的维度,那么时间也是每一个事件因为世界而接受一种不可剥夺的位置的维度。说一个事件发生了,就是说事件的发生将永远是真的。根据时间的本质,时间的每一时刻都规定了时间的其它时刻不能替代的一种存在。"④ 在现实主义的意义上,事件及其意义的"现在是永恒的开始,真正的永恒只不过是现在的升华"⑤。"过去和现在的大量内容,不仅与我的思想的发生有关、而且也决定我的思想的意义的'沉淀下来的历史'"⑥。但网络文化却存在着一种思维时空的解构与秩序的颠覆。思维空间的挤逼和边际的解构,精神时间的紊乱、重叠和片刻性,让网民感受到时间在崩溃:只有当下,失却过去,不思将来;只有瞬间,没有阶段停顿和过程推移,历史似乎成了瞬间之点的集成。同时,人们还感受到海量信息的高压与充塞,人被缩骨紧肉,几无供主体作精神扩张、整理运动的空间;信息的大爆炸,还带来视点的极度不稳、失准,事物及其意义的当

---

① [法] 梅洛·庞蒂:《知觉现象学》,姜志辉译,商务印书馆2001年版,第480页。
② 同上书,第486页。
③ 同上书,第492页。
④ 同上。
⑤ 同上书,第494页。
⑥ 同上书,第495页。

下共存格局,似乎是瞬间之点的杂乱陈横与突然喷射,空间吞没了时间,瞬间断裂了持续,碎片化取代了思想和意义的系统性与有机联系。在这样的精神时空中,网络文化同质化、碎片化、瞬间化,它们能让网民失去地方、民族、国家、职业、文化的角色与情结。人们用同样的方式观察和处理同样的问题,全球化成了全方位雷同、接轨。思维失去了自我升华、步入哲学殿宇的张力,认识趋于扁平化,没有高雅、幽深、致思、探究、建树,思想—认识—言说停留在一般的感性知觉水平、经验水平、日常自然思维水平上,致乐、消费、休闲有余,创造、进取、批判不足。一味地否定时间,一味地享受追新猎奇的刺激,放弃艰苦的创造与执着的探究,结果只能陷入一种陈旧的翻新和翻新的陈旧之中。剩下的是思维的去势,疲劳之后的懈怠与刺激过后的疲劳,周而复始,主体缺失了思想、理性的精、气、神。每每看到这种网络文化娱乐至死的败相和颓势,笔者真为人类思想的精华、生命力量的支架——哲学之生存与发展的文化媒介环境恶化而忧虑不止!

我热切地希望有志向的青少年多去图书馆静静阅读,忠诚而谦逊地与人类思想大师、文化前贤对话,虚心聆听他们留在文献中的教诲,借以作为照亮人生、开拓理想境界的探路明灯和精进不止的力源。那是一种极其美妙的情境。因为"图书馆,意味着一个逻辑的宇宙、一个苗圃般的宇宙,其中所有事物各得其所,并由其所在来界定它"[1]。但愿有更多的科学理性和哲学智慧光耀这逻辑的殿宇,培厚这思想的热土,期盼有更多的人光顾这逻辑的殿宇,企望有更多稚嫩的思考者经过这思想苗圃的培育而长成理性的参天大树。

一个在媒介探究之路上默默踱步十年的人,真诚地留着这种文化愿景。

---

[1] [加]阿尔维托·曼古埃尔:《阅读史》,吴昌杰译,商务印书馆2002年版,第240页。

第十九章　空间现象的文化解读
——基于马克思恩格斯空间理念的思考

马克思、恩格斯对于空间现象做过多维度的唯物史观研究，其中对空间生产的社会文化考察，揭示了空间生产与文化生活的辩证关系，为我们今天在现代化建设尤其是城市化过程中，正确理解和对待文化—空间的互建构机制，具有重要意义。

一　空间"距离"的文化透视

马克思恩格斯对空间现象的文化诠释，一个重要方面是其对空间"距离"的文化观照。这里，首先需要澄明一个问题：马、恩对此问题的介入路径是有差异的。从自然方面直接探讨和解释空间距离及其位置移动、物体吸引和排斥问题的论述，集中在恩格斯《自然辩证法》这一著作中。但我们不能因此就说这仅仅是恩格斯的理念。正如恩格斯在与《自然辩证法》一书同时进行写作的《反杜林论》序言中所说的："本书所论述的世界观，绝大部分是由马克思确立和阐发的，而只有极小的部分是属于我的，所以，我的这部著作不可能在他不懂得的情况下完成，这在我们相互之间是不言而喻的。在付印之前，我曾把全部原稿念给他听，……在各种专业上互相赞助，这早就成了我们的习惯。"[①] 由此可见，《自然辩证法》所阐发的空间距离思想，应是马克思恩格斯共同赞成的空间观。

在《自然辩证法》中恩格斯曾论述过事物的空间位移、距离和彼此

---

① 《马克思恩格斯选集》第 3 卷，人民出版社 1995 年版，第 347 页。

相互作用之间的辩证关系:"如果两个物体相互作用,因而它们中的一个或两个都发生位置移动,那末这种位置移动就只能是互相接近或互相分离。"① 两个相互作用的事物当它们未受到第三方影响时,其作用只能"是沿着最短和最直接的道路进行,即沿着联结两个物体中心的直线进行"②。恩格斯的论述,虽然主要指谓物理运动,但其中透露出来的一般思想法则,如认为运动的事物总是表现为空间距离的变化——接近或疏离;又如认为彼此联系的两个事物总是沿着径直的空间距离形成最大化的相互作用,作为"三度空间的条件是,吸引或排斥和距离的平方成反比"③,等等,都能启示我们从社会活动及其主体的空间位置变动、相互间距、彼此作用的强度与方式之相关性、函变性机制方面,去观察、审视和诠释空间与社会文化的复杂关系和运行机理。

其实,早在恩格斯撰写《反杜林论》之前,马克思在写作《资本论》过程中就深刻地关注和思考过空间距离问题,并对空间现象作出了精彩论述:"一物和另一物有距离,这个距离的确是该物和另一物之间的关系;但是距离同时又是跟两物之间的这种关系不同的东西。这是空间的一维,一定的长度,它除了能够表示我们的例子中两物的距离外,同样能够表示其他两物的距离。但是还不止于此。当我们说距离是两物之间的关系时,我们是以物本身的某种'内在性'东西,某种能使物互相存在距离的'属性'为前提的。语音 A 和桌子之间有什么距离呢?这个问题是没有意义的,当我们说两物的距离时,我们说的是它们空间位置的差异。因此,我们假定,它们二者都存在于空间,是空间的两个支点,也就是说,我们把它们统一为一个范畴,都作为空间的存在物,并且只有在空间的观点上把它们统一以后,才能把它们作为空间的不同点加以区别。它们同属于空间,这是它们的统一体。"④ 马克思在其论述客观事物的距离——空间属性中,隐约地表达了他对空间—事物之内在关系的基本看法,概括起来有三点:其一,距离只是空间中两物关系的一维表达,不等于两物的全部关系,两物还分别与之外的他物发生关系,这些多边关系才使三维空间成为

---

① 《马克思恩格斯全集》第20卷,人民出版社1973年版,第409页。
② 同上书,第410页。
③ 同上。
④ 《马克思恩格斯全集》第26卷,人民出版社1972年版,第154页。

现实；其二，分析两物间的距离，是研究它们空间位置的差异，这以事物自身的某种"内在性"东西，即以事物之间互为对方的坐标、参照物，彼此形成距离的"属性"——共时异在的空间占有性为前提，物的空间存在形式是事物差异性的重要基础；其三，只有在空间上把各别的事物统一起来，肯定它们同属于空间，成为空间的统一体以后，才能把它们作为空间的不同点加以区别，事物的空间统一性是确认和揭示其空间差异性的前提。显然，这种把具体物质形态的存在、相互间关系的确认，置于空间的统一性和具体空间关系的差异性去加以认识的方法，是既肯定了空间的物质性，又肯定了物质存在方式的空间性，在物质与空间的一致性上坚持了两者客观性的辩证唯物论法则。这是对以往主观空间论和抽象空间论的拨乱反正，又为恩格斯的时空哲思提供了某种理论预设：即从物质及其运动的具体性状去考察时空问题，从两者的统一中说明时空的物质性和物质运动的时空性。这种考察空间的辩证方法，为正确认识社会化空间与文化的内在关系，提供了思想先导。它昭示我们，社会事物的空间距离，既是空间实践的方式与条件，又是它的产物和尺度，同时还以距离对社会生活、思维方式的内在规定性，从空间特征、活动方位、运行速率、联系远近等方面影响并表达着社会事件的文化意义。

研究和诠释文化与空间的关系，马克思首先是从实际生活方面去肯定时间和空间相互转换之文化意义的。他指出："时间实际上是人的积极存在，它不仅是人的生命的尺度，而且是人的发展的空间。"[①] 马克思把时间当作人的积极发展空间，其内在的理据，不仅使人的潜能之发掘和展开只能在生命过程中实现，而且更在于生命时间在空间的分配与转换对于主体之价值实现具有特别重要的意义。马克思将资本主义条件下人的生命时间分为谋生的必要劳动时间，每天生命活动中生理恢复的时间，用于学习、创造、实现自我发展的自由支配时间。当人们迫于生计把每天的时间除了用于最起码的休息之外，其余都花耗在超强劳动的生产空间时，人们因失去了自由支配的时间而使生命的潜能丧失了发挥和释放的空间。正是在这种时间分配于空间的关节点上，马克思揭示了生命意义时空转换的文化机制。这让他一再把提高社会劳动生产率，缩减劳动时间，增加自由支

---

① 《马克思恩格斯全集》第 47 卷，人民出版社 1979 年版，第 532 页。

配的时间,当作人类文明的发展趋势,当作人的自由全面发展的空间。而资本主义社会劳动生产力的提高,交通改善、经济活动速率加快,又无不是"用时间消灭空间"。马克思写道:"用时间消灭空间,就是说,把商品从一个地方转移到另一个地方所花费的时间缩减到最低限度。资本越发展,从而资本借以流通的市场,构成资本空间流通道路的市场越扩大,资本同时也就越是力求在空间上更加扩大市场,力求用时间去更多地消灭空间。"[①] 这种革命的趋势打破了舍远求近的小生产的旧意识,鼓励人们冲破原有的狭小的交往圈子而走向世界。对此,马克思认为:"由于运输和交往手段的革命……它决不听从诗人的亲切话语:'既然福在眼前,何必舍近求远!'"[②] 即依靠现代交通工具,在单位时间内让更多的生产要素通过更大的空间因而压缩空间,或通过节约时间、更有效地利用空间而减少空间占用的耗费。如资本家"为了从空间上夺回在时间上失去的东西,就要扩充共同使用的生产资料如炉子、厂房等等,一句话,要使生产资料在更大程度上集中起来,并与此相适应,使工人在更大程度上结集起来"[③]。这种生产要素的空间集中,距离阻隔一定程度的克服,带来时间的节约,造成的空间之社会性变构,就是大规模的城市化运动。所有这些时空运用方式,都培养并依赖着大机器工业生产的科技文化、竞争和效率意识、资本逻辑理念、城市精神等直接与间接地同空间社会化形塑方式相关联的文化精神。它们集合到一点,就是对以往自然经济条件下人们活动之距离意识的颠覆与重构:尽量延伸单位时间的长度,更多地压缩空间交通的距离和更高程度地缩小单位产品生产所需要的空间。虽然这种生产过程的时空距离变构机制的运用,就其直接方面而言,并不是文化的空间生产或空间形塑,但追溯其之所以能达到这种空间距离的机变,背后的力量仍然是文化的支撑。因为它们是人类对空间之科学开发利用这一空间文化的实践。

空间与文化在距离上的对应性,即生存空间距离变迁引出的文化建构与革新,在马克思恩格斯的社会历史论域中,更多地还是表现在人类活动

---

① 《马克思恩格斯全集》第 46 卷下册,人民出版社 1980 年版,第 33 页。
② 《马克思恩格斯全集》第 50 卷,人民出版社 1985 年版,第 90—91 页。
③ 《马克思恩格斯全集》第 23 卷,人民出版社 1972 年版,第 521 页。

的宏观方面、社会大舞台上。他们认为,生产方式的变革、交通的根本性改善、生产要素的空间集中、城市规模的扩大、经济的世界性分工与协作,一道构成了人类活动的时速加快而"消灭"或压缩空间距离的新行为方式,带来了人类交往的全球化。空间距离在实际生活中的大转型,相应地生成了思想文化观念的大变更。马克思指出,资本主义工业化塑造着全球性的经济空间和文化空间:"不断扩大新产品销路的需要,驱使资产阶级奔走于全球各地。它必须到处落户,到处开发,到处建立联系,……由于开拓了世界市场,使一切国家的生产和消费都成为世界性的了,……过去那种地方的和民族的自给自足和闭关自守状态,被各方面的互相往来和各方面的互相依赖所代替了。物质的生产是如此,精神的生产也是如此。各民族的精神产品成了公共的财产。民族的片面性和局限性日益成为不可能,于是由许多种民族的和地方的文学形成了一种世界的文学。"[①]这里,民族封闭的消解就是相互接近,而各方面的互相依赖和代替,则是空间的重合与置换,是交往与接触向"零距离"的趋近。正是因为空间交流由疏离而至临近,使相互间的社会文化认同也由以往的另类、异己变成了近邻甚至亲族,由此形成了文学一类精神创造及其产品之共享活动超越距离的世界性,构建着多民族精神生活的空间同一性及其语义、价值的共融性,破决了民族文化的隔膜,化解着群体精神的对抗。正因如此,"资产阶级,由于一切生产工具的迅速改进,由于交通的极其便利,把一切民族甚至最野蛮的民族都卷到文明中来了。它……摧毁一切万里长城、征服野蛮人最顽强的仇外心理"[②]。马克思的叙述,既是对当年世界空间变形的经济、文化描绘,更透露出了他从交通距离思考人类交往关系及其思想方式、文化意趣的空间理念与叙事方法,并且是被世界历史证明了的科学理念。试想,在英国称霸世界的时期,其"日不落"的地理——空间覆盖面积等于它的本土面积的150倍,这种局面不知摧毁了多少地域的闭锁状态,也使英语成了在世界流行最广的语言。由此在人类相互认知、相互接纳、相互交流等方面,带来了空间意识、地理情结、民族观念的深刻变革,像马克思所说的那种"仇外心理"的化解,"世界文学"的流

[①] 《马克思恩格斯选集》第 1 卷,人民出版社 1995 年版,第 276—277 页。
[②] 同上。

行，资本精神的认同，等等。

论到空间距离与文化的关系，重温恩格斯曾经对传统乡土社会那种分散、闭塞、稳定的空间状态给思想观念带来影响的分析，不无启发意义："农村的生活条件——住处分散、环境安定、职业固定，因而思想也就保守——对任何发展都很不利"[①]。恩格斯所揭示的传统乡村那种因空间闭塞、僵固的状态所带来的思想保守、缺乏进取张力的弊端，很大程度上源于空间距离与心理距离的相关性。回望古老而沉寂的乡村世界，人们不难发现，因为小农经济使生产主体长期与其耕作的某一狭小的固定土地——空间稳定地拴在一起，乡民之间地缘关系强健，情结厚重，邻里守望相助成为交往常态，熟人社会还将家庭血缘关系泛化，近邻之间以老幼尊卑冠之以老少辈份的称呼，文化心理距离几近乎零。又因为乡民的自然经济之自产自销、自给自足，人们不需走出大山、走出乡土、走出封闭；与外界的隔阂，与生人社会的疏离，使涉外交流的心理距离大大超出了用交通工具去克服的物理距离。因之，传统乡村社会，依循生产实践这种疏松而又僵滞的时空聚落，人际交往时空合一、彼此在场，活动空间恒定、时速悠缓，乡民的生活方式、思想观念同质化。这样，即使是血缘上的远亲，其心理与文化的相洽性、依赖性也远不如地缘上的近邻。在这里，"距离产生美感"的命题并不成立，相反，距离使人产生恐惧，产生疑外、惧外意识。空间上的距离，甚至让民族同胞的关山阻隔也形成非我异类的心理。

但是，我们在分析空间距离与社会交流、文化认同的对应性关系时，也不可把宗法社会、自然经济条件下人们自发形成的交往空间意识及其文化融洽现象绝对化。人类的空间距离意识及由此生成的交往策略，不是纯自然空间的不计利害的产物。社会交往的心理—文化距离，并非总是正比例于社会成员相处的空间距离。社会生活中，各民族、各群体的活动，往往会因为空间的接近而产生更激烈的竞长争高，出现因为生存空间接壤而愈发争夺激烈的现象，同时也会发生因为社会主体的空间接近或共处，导致彼此太过于了解对方、太过于紧贴对方利害关系，而导致相互之间摩擦系数增高的社会、文化冲突。

---

① 《马克思恩格斯全集》第 2 卷，人民出版社 1957 年版，第 554 页。

第十九章 空间现象的文化解读

对于这一现象,我们智慧的先贤圣哲早有关注和研究。远在先秦时期,战略家、外交家范雎就很深刻、周密地思考过依据国家、民族间的距离处理交往关系的策略。面对七国军事争雄、政治博弈的复杂局面,他向秦国提出了"远交近攻"策略:"王不如远交而近攻,得寸则王之寸,得尺亦王之尺也。今舍此而远攻,不亦缪乎?"[①] 他以为与邻国争天夺地,得寸进尺,都能立竿见影地为王所获,故争利不能舍近求远。往后,经过思想家、文学家们的演绎,远交近攻便成了一种待人、处世的机谋。葛洪提出,"志合者,不以山海为远;道乖者,不以咫尺为近"[②]。王勃则有诗云:"海内存知己,天涯若比邻"[③]。张九龄亦唱和:"相知无远近,万里尚为邻"[④]。他们都发现并强调在社会交往中,利益、道义、志趣之同可以超越空间距离阻隔,而使人们亲密无间、友好相处。这充分揭示了空间距离和心理距离的相乖性,以及交往的物理空间可向社会空间转换的文化态势。它们表明,空间距离的远近,既能因其近形成的文化认同度高、利益关联性强、沟通方便、往来密切而促进人们睦邻友好、休戚与共;或者相反,彼此面对面、知根知底、同性相斥,相互利害缠绕、空间拥挤、常生摩擦。同时,交往的空间距离也能因其远导致的利害冲突不直接、相互交恶无根由、彼此差异能互补的协同优势,而超越空间阻隔趋向合作。因此,对空间距离的文化观照和交往价值评估,须作历史的、具体的分析,综合自然、经济、政治、文化诸因素,全面考量它们发生作用的系统机制,切不可攻其一点,不及其余。

马克思主义理论大家齐美尔,对这一问题有更具深见的社会哲学解释。他认为,"空间距离的意义仅仅是排除感性的近所引起的动荡、摩擦、引力和斥力,因此在整个进行社会化的心灵过程中,为智慧的过程赢得多数的位置"[⑤]。他对空间距离造成思维方式特质的机理作出了交往心理—文化学的深入诠释:"由于空间上的贴近,人们不可能小心谨慎和选

---

① 《战国策·秦策三》。
② 葛洪:《抱朴子·博喻》。
③ 王勃:《送杜少府之任蜀州》。
④ 张九龄:《送韦城李少府》。
⑤ [德]齐美尔:《社会是如何可能的》,林荣远译,广西师范大学出版社2002年版,第309页。

择，只能在双方最为不同的地位和情绪中进行接触，面对空间上的贴近，一般只有坚定的感受，因此这种近既可能是最激情洋溢的幸福的基础，也可能是最忍无可忍的强迫的基础。"① 因为拥挤在同一空间中的人们，"对于空间上接近的人的无所谓态度简直就是一种保护机制，没有它，人们在大城市里，在心灵上就会被消耗殆尽和肝胆俱裂"②。"如果说各种远距离的关系首先是以智力的某种发展为前提的，那么与此相反，地区接近的更为感性的性质表现在人们与贴近的邻居一般处于友好的关系或者处于敌对的关系之中，总之，处于非常实际的关系中，而且如果空间狭窄，则一般都不可能出现相互冷漠。智慧占主导地位总是意味着降低感情上的极端。正如作为心灵的功能一样，按其客观的内容，智慧处于感情和意志在其间来回摆动的对立之外，它是不偏不倚的原则，因此，不管是具有强烈唯理主义色彩的各种个人也好，也不管是具有强烈唯理主义的各种历史时代也好，一般都不会以片面性见称，或者以强烈的爱和恨见称。"③ 而且，交往空间"纯粹有形的障碍并不像道德的障碍那样具有令人愤世骇俗的东西，它发挥作用并不作为一种针对个人人格的事实，而是毋宁说，作为普遍的人类命运"④。齐美尔这些鞭辟入里的诠释表明：人们的空间距离制约社会交往方式，影响人的情感和认知，影响思维方式。同时，他深入诠释了空间影响人们思想文化观念的社会心理机制，揭示了心灵—文化空间与物理的、社会交往空间的某些对应关系，尤其是关于交往空间距离之远近，与交往策略、思维方式之感性、理性建构的互关律说明，更具深意。这对于我们理解空间与文化的丰富关联，具有极重要的理论启迪意义。

二 城乡空间的文化究诘

人类生存空间社会性的形塑造成的最大差异，到目前为止，莫过于城市与乡村的差异。因而，一切社会学家、文化学家最后是哲学家，在涉及

---

① ［德］齐美尔：《社会是如何可能的》，林荣远译，广西师范大学出版社2002年版，第309页。
② 同上书，第310页。
③ 同上书，第308页。
④ 同上书，第309页。

空间与文化的社会性联系时，都把城乡空间差异对文化特质的影响作为最重要的内容予以关注，马克思恩格斯也概莫能外。

马克思把城乡的空间形塑当作物质生产和精神生产这一最大社会分工的产物，视为人类文明重大转型的起步。他写道："物质劳动和精神劳动的最大的一次分工，就是城市和乡村的分离。城乡之间的对立是随着野蛮向文明的过渡、部落制度向国家的过渡、地方局限性向民族的过渡而开始的，它贯穿着文明的全部历史直至现在。……城市本身表明人口、生产工具、资本、享乐和需求的集中这个事实；而在乡村则是完全相反的情况：隔绝和分散。城乡之间的对立只有在私有制的范围内才能存在。城乡之间的对立是个人屈从分工、屈从于他被迫从事的某种活动的最鲜明的反映，这种屈从把一部分人变为受局限的城市动物，把另一部分人变为受局限的乡村动物，并且每天都重新产生二者利益之间的对立。"[1] 马克思对城市空间文化社会学的描述告诉我们，城市既是物质与精神生产大分化、人口与经济要素大集中、市民与乡民大裂变、社会文明与地理位置大改组的产物，同时又以其特殊的空间结构、空间利用方式加剧和延展着上述社会文化现象。因为城市的出现和发展，提供了一种完全不同于乡村社会的生存空间、活动环境和交往方式。社会文化随城乡分化而变迁的历史表明，人们在推动物质生产力、工业文明要素在城市集中，因而铸造城市空间的同时，又使城市这种显著不同于乡村的空间中的居民，在行为方式、思维方式多方面地被城市空间所塑造、所规范、所支配。城市这一由工商业等文明因素支撑起来的空间，当它把文明因素集中起来的时候，相应地便将那滞留于广大乡村中的原始的、落后的因素排斥在外。这便原初地成了一种城乡文化的空间分界。之后，这种空间的文化生产又会作为一种既定的环境，生产着为它所要求、与它相适应的文化。这后者，便成为城乡对文化之空间表达中的文化孪生或文化的空间性生产。传统的乡村中，人们手工劳动生产方式靠授受相传的经验支持，四季轮回，周而复始，信息单一而稳定，对外交流闭塞，社会、文化缺少变革和张力，形成了一种保守、封闭的精神定式。这与城市工业的不断革新，商贸的南来北往，人财物的八方对流，政治的

---

[1] 《马克思恩格斯选集》第 1 卷，人民出版社 1995 年版，第 104 页。

上传下达，文化的群英荟萃，利益的冲突与竞争，行为的有序与规范，信息的快速传播与交流，科技的创造与进取，行为的互动与互制，思想激烈碰撞，观念经常更新，成了鲜明的文化反差。

当年恩格斯在论述无产阶级作为自觉的革命力量登上政治舞台的历史情势与环境缘由时，就具体地揭示了城市环境——空间对于无产阶级政治成熟的社会文化影响，表达了他对城市社会空间的文化学审视。他指出："大城市是工人运动的发源地：在这里，产生了工会、宪章主义和社会主义。社会机体的病患，在农村中是慢性的，而在大城市中就变成急性的了，从而使人们发现了这种病的真实本质和治疗方法。如果没有大城市，没有它们推动社会意识的发展，工人绝不会像现在进步这样快。此外，大城市清除了工人和雇主之间的宗法关系的最后残迹，……当他和自己的雇主疏远了的时候，当他明显地看出了雇主仅仅是由于私人利益、仅仅由于追求利润才和他发生联系的时候，……工人才开始认清自己的地位和利益，开始独立地发展起来，只有在这个时候，他才不再在思想上、感情上和要求上像奴隶一样地跟着资产阶级走。而在这方面起主要作用的就是大工业和大城市。"[①] 恩格斯从无产阶级首先在大工业城市成长和发展起来的事实分析中，揭示了大城市环境空间生成了文化的这样一些特色：其一，城市作为政治经济文化的集中地，亦是社会矛盾最紧张、要求解决这些矛盾最迫切的地方，社会疾病表现鲜明，传播迅速，刺激强烈，动员人们起来变革现实的力量也更深厚；其二，城市的工业革命把居民简单地划分为无产阶级与资产阶级，并使两者利益关系尖锐对立，促成其心理距离拉大，摆脱了以往主、雇间的宗法关系残留，工人们在思想政治上日趋成熟与独立；其三，城市的人口集中、信息集中且流动性大、变化快，容易产生和传播各种新的社会文化思潮。总之，城市既造成了新的社会关系，并经由它们生成了新的文化空间；同时又以新的文化精神维系、拓展新的社会关系，彰显文化空间的社会力量；再一方面城市还以物象形态空间化地表达和外化着人的社会—思想—文化关系，将市民文化物质地书写在城市环境中。这些因城市生活环境所形成的文化精神表明："作为纯粹的构建物，城市的存在有待于……解读。""然而，城市即使作为一种心

---

① 《马克思恩格斯全集》第 2 卷，人民出版社 1957 年版，第 408—409 页。

灵状态，也有自身能量需求的物质现实。"① 人们无法在社会存在与社会意识的关系之外，去解读和把握城市的空间特征及其文化本旨。

上述现象，被马克思主义者的齐美尔所作的空间社会学研究高度关注，并留下了大量富有启示意义的深刻论述。齐美尔认为，在社会化的空间中，那些不同主体、不同政治经济社会等要素相互给对方的划界，从来是空间的社会性分割与心理、思想的文化差异彼此规定的结果。因为，"如果说这种相互划定界限的普遍的概念是取之于空间的界限，那么后者——更为深刻地——只不过是惟一切实的、心灵的划分界限过程的结晶或空间化"②。正是由于空间社会性的形塑与划界，同人们之间的人际知觉和心灵划界，在城市文化中彼此互动、相与规定、同为表里，所以在城市居民面前，"一直有两个城市在运转：一个可见的，一个看不见的；一个在表面的，一个在地下或隐藏的；一个是可掌握可控制的，一个是神秘而骚乱的"③。城市空间这种物理和心理或物质和精神的两重化存在，为人们提供了在城乡比较中对城市空间作出文化解读的必要性和可能性。

本着这样的思想范式，齐美尔在对城乡空间的社会文化对比中，进一步论述了空间特质对人们思想认知的文化影响。他写道："整体而言，在原始的意识之下，惟有外在的接触才是内在的感动的载体——哪怕后者的性质是多么不同——未分化的想象不能正确地把二者相互分开，犹如今天还处于小城镇的落后的情况下，同邻里的关系和对邻里的兴趣起着一种完全不同于在大城市里的作用一样。在大城市里，由于外在生活景象的错综复杂和混乱，人们变得习惯于持续不断的抽象，习惯于对空间上最贴近的东西无所谓和同空间上很遥远的东西有密切的关系。有些时代，跳越空间的抽象是客观环境所要求的，然而受到心理学不发展的阻碍，因此在这些时代里，关系形式的严重后果是产生社会学上的种种紧张。"④ 齐美尔从

---

① 转见薛毅主编《西方都市文化研究读本》第3卷，广西大学出版社2008年版，第334页。

② ［德］齐美尔：《社会是如何可能的》第3卷，林荣远译，广西师范大学出版社2002年版，第300页。

③ 转见薛毅主编《西方都市文化研究读本》第3卷，广西大学出版社2008年版，第336页。

④ ［德］齐美尔：《社会是如何可能的》，林荣远译，广西师范大学出版社2002年版，第307页。

人类所处的生存空间状况揭示两种差异悬殊的意识方式：在人对人与人对自然的关系都很狭隘的情况下，人对外界的感性接触与内心思维的浅近性高度洽合，感觉是思想的边际与载体，所思不超出所感，抽象思维能力就像人们的生活空间那样十分狭窄、粗陋，类似于没有走出"大山"的木讷山民，思想仅限于感官所及的世界，意识状态变化极小。但当人们把目光投向城市，在那里见到的是：人群熙熙攘攘，财物集散频繁，交通便捷，通信发达，生活节奏快，空间日新月异，这林林总总、形形色色、千变万化的时空世象，要求人们必须跳出感性世界的狭窄纠缠，关注那更大、更远、更深的世界，用抽象思维的理性力量去代替有限的感性意识对生活世界的把握，才能适应且有效地利用城市这复杂多变的生存空间。这是生存空间在社会文化方面对人的主观世界的培育和规定。正是基于这种"存在决定意识"的命意，齐美尔从空间与思想文化的某种对应性方面，深化了马克思在《关于费尔巴哈的提纲》中对人与环境双向互动机制的诠释。他从生存空间制约思维同时又受到思维某种反作用这样一些复杂而又辩证的运转机制出发，进一步解释了感性认识与抽象思维在空间现象中的诡谲变换：思维与生存空间之间相互规定——"假定在这种相互关系之内有一种历史的反作用。一部分精神上占优势或者环境迫使关系保持某种距离成为不可避免的，克服距离的意识尚未真正成熟，在这种地方，这必然十分有利并促成进行抽象的培养，同时仿佛大大促进了精神的伸展能力，……比如，中世纪欧洲同罗马的关系——当然在并非由于空间的距离而使关系失灵之时，——恰恰变成为培养抽象能力的学校，即超出感性最为贴近地进行感受的能力，仅仅由于其内容而发挥作用的各种势力战胜依赖空间方面现时存在的势力的能力。"[①]

马克思恩格斯曾经谈到，城市的兴起是由于商业与生产分离，提供了城市化的可能性，而把"这种可能性之变为现实，取决于现有的交通工具的情况，取决于政治关系所决定的沿途社会治安状况，以及取决于交往所及地区内相应的文化水平所决定的比较粗陋或比较发达的需求"[②]。这

---

① [德]齐美尔：《社会是如何可能的》，林荣远译，广西师范大学出版社2002年版，第307—308页。
② 《马克思恩格斯选集》第1卷，人民出版社1995年版，第107页。

一关于乡村城市化变迁的论述，从一个重要侧面告诉我们，城乡空间的生产和分野，不仅是生成其空间文化特质的环境原因，同时这一环境差异的形成也依赖于社会文化的底蕴。类似于交通状况、政治氛围、交往方式、文化水平、社会需要的发育与成熟程度等，都是使某一地区能否在经济的推动下顺利实现城市化的广义文化原因。我国的新兴大城市深圳，原来只是一个毗邻香港的边陲小镇，但在改革开放推动下，作为市场经济的特区，经过一系列政治、经济、文化的推动，短短30年就发展为人口近千万的大型现代化城市。全国各地，改革开放与经济、社会、文化建设的系统推进，使农村3亿多人口农转非、乡转城，形成了人类有史以来最为壮观的城市化运动。这一伟大的空间实践，无疑是社会转型、文化跃迁给空间生产带来的天地翻覆之变。这表明，都市抑或乡村社会都依据物质生产要求建构客观的空间形态，同时又根据空间的实际形式来组织物质生活，孕育社会文化精神。它们使城乡空间转换与文化样态变迁彼此生成、相互表征。正如哈维所指出的："特殊的空间实践和社区建设过程——与特殊的文化实践和意识形态倾向相联系。"一种特定的经济状况和社会、政治、文化环境所产生的空间实践和社区风格，完全不同于在其他氛围中所发现的情况。[1]"社会文化实践'不仅在时间和空间中或者通过时间和空间而发生'，而且它们也'构造它们在其中发生的时空'。因此，行动者'具体地生产了他们自己的时空'。"[2]它们从乡村城市化向度昭示了空间生产与文化跃迁之间双向互动的辩证关系。

三　空间景观的能、所叙事

空间的文化再现与文化的空间再现，实际地构成了空间与文化之互为表里、互为能指所指的关系。它是空间生产之文化诠释的重要内容。哈维认为："空间的再现包括所有符号和意义、代码和知识，它们允许这样的物质实践被谈论、被理解，无论是以日常常识的措辞还是以有时鲜为人知

---

[1] 转见薛毅主编《西方都市文化研究读本》第3卷，广西大学出版社2008年版，第314页。

[2] 同上书，第98页。

的、研究空间实践的学科行话（工程学、建筑学、地理学、计划学、社会生态学，等等）"。而"再现的空间是社会发明（代码、符号，甚至物质构造，如符号空间，特别是人工环境、绘画、博物馆，等等），它们试图创造空间实践可能性的新含意"①。

在谈到空间—住宅的等级分化时，马克思指出："一座小房子不管怎样小，在周围的房屋是这样小的时候，它是能够满足社会对住房的一切要求的。但是，一旦在这座小房子附近耸立起一座宫殿，这座小房子就缩成可怜的茅舍了。这时，狭小的房子证明它的居住者毫不讲究或者要求很低；并且，不管小房子的规模怎样随着文明的进步而扩大起来，但是，只要近旁的宫殿以同样的或更大的程度扩大起来，那么较小房子的居住者就会在那四壁之内越发觉得不舒适，越发不满意，越发被人轻视。"② 这里，马克思通过住宅空间的等差比较分析，揭示了生活空间在文化意义上的比较价值、身份象征和攀比心理现象。它们表明，人的空间处所之大小、质量、样态，不仅是物质生活状况的展示，更是其社会地位、文化品味、精神追求的表达和实现。人类有居间的领地和精神寓所，它们是居民生活之幸福指数的重要构成。在城市空间日益拥挤、不动产价值日益彰显、住宅日益昂贵的今天，生活空间符号化的文化意义也愈益浓重。

马克思恩格斯从人的生存环境去揭示其社会文化意义，对空间现象作文化社会学的观照，更多地体现在他们对工人住宅的人文关怀之中。恩格斯早期就从工人的恶劣住宅环境解剖过英国工人阶级的生活状况，他的研究成果深刻地影响了马克思，以至他在《资本论》的撰著中特设"空间"问题，以类似于恩格斯的眼光和笔触诠释了资本主义条件下工人的住宅空间问题及其社会文化意义。

马克思如实地记录了工人住宅的悲惨境况，并由此发出了对资本主义社会的控诉与批判，表达了对受难工人命运的深深关怀。他指出，在资本原始积累过程中，工人的生存空间质量恶劣、面积狭小。他们的住处，"没有足够的抗寒能力；居住面积狭小到了引起疾病或者加重疾病的程度；家具器皿几乎一无所有；甚至保持整洁也成了破费和难于办到的

---

① 薛毅主编：《西方都市文化研究读本》第3卷，广西大学出版社2008年版，第309页。
② 《马克思恩格斯选集》第1卷，人民出版社1995年版，第349页。

事。如果出于自尊心想保持整洁，那末任何这样的尝试都会加重饥饿的痛苦。住的地方是房屋最便宜的地区；是在卫生警察的工作收效最少，排水沟最坏，交通最差，环境最脏，水的供给最不充分最不清洁的地区，如果是在城市的话，阳光和空气也最缺乏"①。一连用了六个"最"字描绘工人生存的非人空间，可见环境之惨，刺目锥心之痛！而让马克思难以容忍的，还在于这样的生存空间中的男女老少蜗居一室，不仅受着经济—社会的煎熬，而且在文化上承受着经常衍生出来的人道灾难。他严正指出："在灾祸达到较严重的程度时，几乎必然会使人们不顾任何体面，造成肉体和肉体机能如此龌龊的混杂，如此毫无掩饰的性的裸露，以致使人像野兽而不像人。受这种影响会使人堕落，时间越久，堕落越深。对于在这样可诅咒的环境下出生的儿童来说，这种环境本身就是一种寡廉鲜耻的洗礼。如果想让处在这种境况下的人们在其他方面努力向上，追求以身心纯洁为本质的文明气氛，那是绝对无望的。"② 因为工人栖居的惨状是，"很多人没有床，穿着衣服睡在光秃秃的地上，青年男女，已婚的和未婚的，都混睡在一起，这些房子大都是些阴暗、潮湿、污秽、发臭的洞穴，根本不适合人住"③。异曲同工，恩格斯在自己对工人住宅的调查研究中与马克思的分析和结论毫无二致。他写道："在曼彻斯特的工人小宅子里，既不可能保持清洁，也不可能有什么设备，因而也就谈不上家庭乐趣；在这些住宅里，只有那些日益退化的、在肉体上已经堕落的、失去人性的、在智力上和道德上已经沦为禽兽的人们才会感到舒适而有乐趣。"④

在深刻揭示工人们的悲惨空间境况给他们的主体精神、文化品格带来灾难性影响的同时，马克思恩格斯没有停留于对环境灾难的道德声讨上面，而是对这些人间苦难背后的社会原因作出了深入剖析，对生存空间的资本主义形塑方式发起了政治经济的批判。面对英国工业资本家向工人的掳掠及其在城市空间的肆虐，恩格斯给予了痛斥："属于旧曼彻斯特的那几百所房子老早就被原来的住户遗弃了，只有工业才把大批工人赶到里面去；只是工业才在这些老房子之间的每一小片空地上盖起房子，来安置它

---

① 《马克思恩格斯全集》第 23 卷，人民出版社 1972 年版，第 721 页。
② 同上书，第 722—723 页。
③ 同上书，第 728 页。
④ 《马克思恩格斯全集》第 2 卷，人民出版社 1957 年版，第 345 页。

从农业区和爱尔兰吸引来的大批的人；只是工业才使这些牲畜栏的主人有可能仅仅为了自己发财致富，而把它们当做住宅以高价租给人们，剥削贫穷的工人，毁坏成千上万人的健康；只是工业才可能把刚摆脱农奴制的劳动者重新当做无生命的物件，当做一件东西来使用，才可能把他赶进对其他任何人都是太坏的住所，……所有这些都只是工业造成的。"① 工人栖居空间的如此惨状，让马克思恩格斯一道发出了改天换地、重塑人间的革命性呐喊："必须这样安排周围的世界，使人在其中能认识和领会真正合乎人性的东西，使他能认识到自己是人。……既然人的性格是由环境造成的，那就必须使环境成为合乎人性的环境。"②

对人之生存空间作出社会文化的追问和解释，不能满足于只是肯定生存空间孕育和张扬着某种与之相对应的文化现象，而应当深入揭示：生存空间何以会如此这般地引发、催生某些特定的文化现象的原因。马克思恩格斯在对工人栖居之所的剖视中，实际上隐隐约约地透露出了审视上述问题的一些方法论原则。

其一，在恶劣的居住空间中工人出现的某些道德堕落，是其非人景况在物质和精神上的一致性表现。牲口围栏般的住宅，反映了工人物质生活的极度贫穷。物质空间动物般的生存状态诱发精神上动物般的野蛮、粗疏和愚昧，许多不耻于人的道德灾难在行为文化层面发生了。这印证了一个严肃命题，即在普遍贫穷的社会，一切腐败的东西都会死灰复燃。贫弱或富强，两极的分化在物质和精神上往往是有一致性的。社会空间的占有与利用方式，实践性、生活化地制约并表达人的文明状况。

其二，工人栖居环境的如此悲催，是资本主义工业化毋宁说是工业化的资本主义造成的。马恩肯定这个基本事实，表明他们是从社会生产方式来审视生存空间的生产、形塑及其样态的，清晰地认识到了空间生产的社会性。工人住宅被挤到一个集脏乱差于一体的穷街区，这种城市规划和空间筑造的资本主义行径，是丑恶资本主义秩序及其文化观念的空间展示。恰如列菲伏尔说的："空间是一种社会关系……不过它内含于财产关系（特别是土地的拥有）之中，也关联于形塑这块土地的生

---

① 《马克思恩格斯全集》第2卷，人民出版社1957年版，第335页。
② 同上书，第166—167页。

产力。空间里弥漫着社会关系；它不仅被社会关系支持；也生产社会关系和被社会关系所生产。"①"空间是社会性的；它牵涉到再生产的社会关系，亦即性别、年龄与特定家庭组织之间的生物—生理关系，也牵涉到生产关系，亦即劳动及其组织的分化。"②因此，我们对空间境况要以生产力与生产关系对空间的双重形塑为基础、为中介去理解，"以其引自知识、引自意识形态、引自意义系统的理性来调停"③。空间在被文化所生产的同时，也生产着一定的社会文化，这是空间与文化互为能指、所指关系的深刻底蕴。

其三，谈到空间与文化表征与被表征的关系时，马恩把包括社会化的空间在内的一切实践结果，都当作人类本质力量公开展示的认识论，当作本质力量的自我投射、自我复现；同时又肯定了这种实践的感性世界对思想意识、主体性的规定作用。这否定了单向规定或被规定、单面表征或被表征的片面性，而认为空间与文化之间是互规定、互表征的关系。它帮助我们回答了列菲伏尔之问："精神空间（感知的、想象的、被表现的）与社会空间（被建构的、被生产的、被规划的，尤其是都市空间）之间是什么关系？即表现的空间与空间的表现是什么关系？""空间（被表现的、被设计的、被建立的）是如何进入社会、经济，或者政治、工业与都市的实践中的？"④事实表明，列菲伏尔给出了与马恩一致的结论："空间是政治性的、意识形态性的。它是一种完全充斥着意识形态的表现。"⑤因此，人居空间对于社会文化，从来就具有表达与被表达的意蕴。

其四，从文化语言学视域看，空间文化不只是"能指"或者"所指"，而是集"能指"与"所指"于一体的表达系统。空间生产的文化言说表明，"人们会为关于空间的话语设计出一种语义学来。人们同样会意识到一种空间的符号学，作为普通符号学的一部分。整个空间都是能指吗？如果是，是什么的能指？更准确地说，整个空间，或者空间的碎片，

---

① 薛毅主编：《西方都市文化研究读本》第3卷，广西大学出版社2008年版，第25页。
② 同上。
③ 同上。
④ 同上书，第37页。
⑤ 同上书，第53页。

都不是一个社会文本,它本身是特定文本的语境,也就是某些书写物:铭文、布告等等的语境。因而,人们需要一些关于不同的信息的编码,或者要恢复,或者要建立这样的编码,以便破解它们"①。这里,笔者无须用上述列斐伏尔的见解去说明马克思恩格斯,因为他们在谈到类似问题时,其思想之相近几乎达到"互文"程度。

马克思在批判德国意识形态阶层唯心主义思潮的过程中,大量地进行了生存空间与主体思想观念之关系的文化解释。他指出:"一切理论观点,只有理解了每个与之相应的时代的物质生活条件,并且从这些物质生活条件中被引申出来的时候,才能理解。"② 物质生活条件当然包括社会化了的空间,一切理论观点只能从中引出才能被正确理解。这也就意味着马克思将人的生存空间,当成语言的所指,或决定言说的能指与所指之语义逻辑操作的语境条件。马克思在对波拿巴政变活动中"正统王朝"和"七月王朝"两股力量相互攻讦的现象进行文化解释时,曾科学地指出:"它们彼此分离是由于城市和农村之间的旧有对立、由于资本和地产之间的竞争。当然,把它们同某个王朝联结起来的同时还有旧日的回忆、个人的仇怨、忧虑和希望、偏见和幻想、同情和反感、信念、信条和原则。"③ 生存空间的城乡对立及其背后的资本与地产的争斗,成了两个巨大社会思潮相互对立的语境,尽管各自对现实的言说和政治诉求还有许许多多的主观因素,但对这些主观因素起激发、组织、导向与定义、命题作用的,则是社会化了的空间及其主体生活的具体遭际、背后的权益关系,它们是不同社会群体之言说、之文化表征的语境基础。马克思在批判施米特一类因活动场域狭窄而生成教书匠的思维方式时,指出他们被"钉死在汉堡门以内",其"教书匠的思想在对……经验的事实进行思考时也是按照教书匠的方式而反思和琢磨的"④。生存空间狭窄,视野闭锁,孤陋寡闻,脱离社会实践等,作为施米特们生存空间的具体语境,最直接地制约着他们的思想文化表现。由此透露出来的空间与言说亦即文化的空间与空间的文化关系,在一个重要方面构成了我们研究空间文化学的重要内

---

① 薛毅主编:《西方都市文化研究读本》第 3 卷,广西大学出版社 2008 年版,第 35 页。
② 《马克思恩格斯全集》第 13 卷,人民出版社 1962 年版,第 526 页。
③ 《马克思恩格斯选集》第 1 卷,人民出版社 1995 年版,第 611 页。
④ 《马克思恩格斯全集》第 3 卷,人民出版社 1960 年版,第 279 页。

容。这恰如勒翰指出的,"在难懂的街道背后,或许有先验的意义,或许只是土地。"① 但在对城市空间的文化解读中,如果只注意到物理的土地空间,而"没有了先验的能指,城市符号开始漂移,意义被神秘取代"②,那便失之主观、物性、愚顿和浅陋。

关于栖居空间人格化之文化表达的解读,哈维还从"景观社会"的视角,研究和分析了这一现象的物语逻辑:"布迪厄定义'符号资本'是'证明主人品味和特性的奢侈品的聚集'。当然,这样的资本是一种转换了的货币资本,但'它产生了特定的作用,是由于,仅仅是由于,它隐藏了这样的事实,即它源于资本的物质形式,这种物质形式归根到底也是其作用之源'。这儿所涉及的拜物主义是显而易见的,但它故意通过文化和品味的领域来用于隐藏经济差异的真正基础。因为'最成功的意识形态效果是不说一句话,只要求串通一气的沉默'。因此,象征资本的产物起到了意识形态的功能,因为它借以促进'现有秩序的再生产及统治的永久性'的机制'依然是隐秘的'。"③ 在他看来,人们的生存境况,会通过他们栖居的空间景观展示出来。现实生活中,那居住在价值上亿元的超豪宅中的新贵旧富,与那些拥挤在破旧居室里的穷哥们,生存境况的天壤之别,是不言而喻的。而这栖居的空间景观,在人们的身份识别、交往关系建构、社会文化特质表达的过程中,它们又似乎是双重的物性符号。一方面,它们是其中特定社会主体生存境况的直观性表达;另一方面,它们还是资本、货币拥有状况的空间铺陈,是资本逻辑的空间化演绎。"'景观是发达的现代货币的补充,在那里,商品世界的整体性在总体上看起来大致相当于整个社会能够成为并能够做的事情'。景观成为'欺骗性注视和虚假意识的共同基础'程度之深以至于它自己也表现为'一种联合的手段'。"④ 这不仅因为生存之空间景观是人们用资本的力量筑造出来的,成为货币、资本的变体;而且,更在于拥有相同景观或不同景观的人们,囿于环境对人性、人格、文化的陶铸,他们会形成相近的或相异的思想意识与行为方式,在栖居的空间景观中把主体深层的内在世界育化和

---

① 薛毅主编:《西方都市文化研究读本》第 3 卷,广西大学出版社 2008 年版,第 333 页。
② 同上书,第 327 页。
③ 同上书,第 316 页。
④ 同上书,第 318 页。

展示出来。因而，在人们用资本的力量与某种文化精神设计和生产出自己栖居的空间景观时，这景观便同时作为一种社会化的存在，生成、维系和宣示人的社会品格与文化精神。这使我们在人的栖居空间之景观的建构和拥有中，能读出他们的人生状态和意义。景观是属人的空间化存在，人的生存样态本身亦是一种景观，并与他人的生存景观相互晕染，最后成就了景观社会和景观人生，把一个大写的社会—文化自我，书写在栖居的空间中。这正是栖居空间景观之所以写照人生状态的根本理由。

第二十章　唯物史观创新研究的逻辑思考

唯物史观是马克思主义哲学的核心，被公认为马克思的两大发现之一，是其科学思想中的最大成果。169年前唯物史观经马克思恩格斯合著的《德意志意识形态》系统论述这一崭新学说以来，以往在社会历史观以及经济、政治、文化等现象的解释方面长期占统治地位的那些混乱、随意、唯心的错误思想，便为完整严密的科学理论所代替。时代在前进，唯物史观需要丰富和发展。唯物史观创新，只有将其基本原则运用到社会实践中去，用其分析和解决人类面临的一系列重大社会问题，才能实现。面对当代世界发生的急剧而深刻的诸多变化，面对中国特色社会主义建设的伟大实践，我们若能坚持以唯物史观为指导，科学地分析时代的本质特征，揭示社会深刻的矛盾冲突根源及其发展规律和变化趋势，科学总结中国道路的历史必然性、价值合法性、实践创造性和文明进步性，更好地彰显其中国现实意义和世界历史意义，必将有助于认清我们的历史地位和责任，有助于唯物史观的创新和发展。这是我们哲学研究的一个重大课题，亦是一份庄严的学术使命。这一责任的担当和完成，要求我们更深刻地理解唯物史观的精神实质及其发展的内在逻辑，按照唯物史观的思想原则去研究、运用和创新唯物史观。因此，本文所谓的"逻辑思考"，借用恩格斯的话说，"这里所涉及的，不仅是纯粹的逻辑过程，而且是历史过程和对这个过程加以说明的思想反映，是对这个过程的内部联系的逻辑研究"[①]。

---

① 《马克思恩格斯全集》第25卷，人民出版社1974年版，第1013页。

一　关注中国特色社会主义的特殊逻辑

关注中国特色社会主义的特殊逻辑，这既为中国特色社会主义在当今人类历史发展中的特殊地位、特殊意义所决定，亦为唯物史观产生和发展的内在逻辑规定所要求。就前者而言，唯物史观的创立和发展，无论是其发生学的客观根据还是创造者的主观诉求，无论是其立论的实践基础还是其求证的科学途径，在认知逻辑、价值旨归和理想皈依方面，无一不是与追求人类解放的社会主义、共产主义运动紧密结合在一起的。有唯物史观才有科学社会主义及其革命实践。反过来，只有科学社会主义及其伟大实践，才能支持和发展唯物史观。当今中国特色社会主义建设事业的伟大实践、伟大成功，既是唯物史观的伟大实践，又是其科学性、正当性的辉煌验证和历史发展。中国社会主义道路与唯物史观这种世界性的特殊关系，标示着唯物史观的时代性创新与发展，决不能离开中国社会、中国道路、中国实践、中国经验的深入研究和科学概括，决不能离开中国社会主义特殊实践、特殊经验、特殊贡献、特殊逻辑的深入研究和科学总结。舍此，不但唯物史观在世界历史的思想舞台上失去了威武雄壮上演的基础和意义，而且也将失去赖以发展的伟大实践经验与进步主体的强力支持与现实诉求。因此，唯物史观的创新，要深刻关注中国特色社会主义的特殊逻辑，不仅是社会认识论和实践论的要求，而且更是科学价值论和思想发展逻辑学的要求。它们的关系，决不亚于当年三大工人运动对于唯物史观及科学社会主义诞生的意义，决不亚于巴黎公社对于唯物史观实践理性深入展开的意义，也决不亚于十月革命对于唯物史观进到列宁主义阶段的意义。

就唯物史观自身研究和叙述的学理逻辑而言，我们要在当今时代创新其学说、丰富其内容，也同样不能离开对中国特色社会主义这一特殊对象之特殊逻辑的深刻关注和深入探讨。

马克思继 1846 年在《德意志意识形态》中对唯物史观的基本思想提出原则性的论述之后，又在 13 年后的 1859 年《〈政治经济学批判〉序言》中进一步对唯物史观作出了经典性概述，阐释了生产关系与生产力、上层建筑与经济基础进而社会意识与社会存在之间的辩证关系，在强调后者规定前者的同时，还关注到了社会矛盾运动的整体性以及各矛盾方面相互作用的辩证机制，它构成了唯物史观叙事的元哲学法则。但这一叙事的元哲学法则，不是来自抽象的逻辑演绎，而是经由大量社会历史现象的多学科研究及其理论总结，凝练而成的基本原则。马克思在1846年提出唯物史观基本原则以后的研究中，不断深化、拓展其思想内容并丰富其理论实践。1846年年底，马克思投入了对机会主义者蒲鲁东的批判，在《哲学的贫困》这一论战性著作的第二章《政治经济学的形而上学》里，他从对经济现象的研究及其思维方法的科学概括中，非常深刻而严缜地论述了唯物史观的研究方法和叙述方法，揭示了其中的逻辑特质。

首先，马克思强调了唯物史观坚持用"从地上升到天上"的方法去解释社会现象的唯物主义原则。他在批判蒲鲁东奉行把历史作为抽象逻辑演绎的思想产物时，明确批驳了唯心史观者认为"不是历史创造原理，而是原理创造历史"的本末倒置的错误。① 进而，他指明了克服这种错误思想的逻辑理路：把逻辑还原于具体的历史，必然仔细研究各历史时期的"人们是怎样的，他们各自的需要、他们的生产力、生产方式以及生产中使用的原料是怎样的；最后，由这一切生存条件所产生的人与人之间的关系是怎样的。难道探讨这一切问题不就是研究每个世纪中人们的现实的、世俗的历史，不就是把这些人既当成他们本身的历史剧的剧作者又当成剧中人物吗？"② 正是经由对这些不同历史时期具体的社会生产、生活方式之"事务的逻辑"、之特殊逻辑的深入研究，马克思才科学地得出了思想观念的历史与客观现实的历史、社会生活"事务的逻辑"与思想理论"逻辑的事务"之辩证关系："人们按照自己的物质生产率建立相应的社会关系，正是这些人又按照自己的社会关系创造了相应的原理、观念和范畴。"③ 基于对社会生活各个具体发展阶段之特殊的、客观的内在逻辑的尊重，将其作为对社会发展规律作出普遍性逻辑概括的唯物史观的现实基础，马克思进一步揭露了黑格尔以泛逻辑主义融化历史规律及其客观性

---

① 《马克思恩格斯选集》第1卷，人民出版社1995年版，第146页。
② 同上书，第146—147页。
③ 同上书，第142页。

的错误:"世界上过去发生的一切和现在还在发生的一切,就是他自己的思维中发生的一切。因此,历史的哲学仅仅是哲学的历史,即他自己的哲学的历史。没有'与时间次序相一致的历史',只有'观念在理性中的顺序'。"① 这种社会历史观实事求是的元哲学、元叙事逻辑,使其理论建树总是由对重要历史阶段、重大历史事件的具体考察并揭示其特殊逻辑开始,经由从特殊到普遍的理论概括、科学诠释和逻辑提升,才形成和发展其基本原理的。

其次,马克思还在研究方式与叙述方式的统一中论述了唯物史观的辩证思维法则。1857年8月马克思在《〈政治经济学批判〉导言》中,在对社会经济现象的唯物史观研究方法作出逻辑说明时,深刻地论述了从特殊的感性具体到思维抽象,再上升到理性具体的逻辑理式。他指出:"具体之所以具体,因为它是许多规定的综合,因而是多样性的统一。因此它在思维中表现为综合的过程,表现为结果,而不是表现为起点,虽然它是现实的起点,因而也是直观和表象的起点。在第一条道路上,完整的表象蒸发为抽象的规定;在第二条道路上,抽象的规定在思维行程中导致具体的再现。"② 社会现象之唯物史观研究过程所要经历的这样两条方向相反的逻辑理路,又总是以感性具体的社会实践及其经验作为各个思维节点之特殊支撑的。"具体总体作为思想总体、作为思想具体,事实上是思维的、理解的产物;但是,决不是处于直观和表象之外或驾于其上而思维着的、自我产生着的概念的产物,而是把直观和表象加工成概念这一过程的产物。"③ 因此,马克思认为在唯物史观的研究中,要正确认识和处理现实历史与观念历史、"事务逻辑"与"逻辑事务"的辩证关系,还必须颠覆黑格尔历史观之元叙事方式,将其以"哲学的历史"幻化"历史的哲学"倒转过来,把历史的哲学叙述从其"哲学的历史"中解脱出来,回置于客观历史本身的内在逻辑,确认哲学的意义是"事物本身的逻辑",而非"逻辑本身的事物"④;确认历史是逻辑的基础,逻辑只是历史的再现。同时还须承认,逻辑的演进与历史的发展会出现某些错位的特殊阶

---

① 《马克思恩格斯选集》第1卷,人民出版社1995年版,第141页。
② 《马克思恩格斯选集》第2卷,人民出版社1995年版,第18页。
③ 同上书,第19页。
④ 《马克思恩格斯全集》第1卷,人民出版社1965年版,第263页。

第二十章　唯物史观创新研究的逻辑思考

段，必须承认逻辑对历史进行科学修正的合法性，但这决不是把历史归属于逻辑，或者用逻辑肆意改写历史。决不能像黑格尔那样："不是从对象中发展自己的思想，而是按照……在抽象的逻辑领域中做完了自己的事情的思维样式来制造自己的对象。"① 事实上，在观念史中，"比较简单的范畴，虽然在历史上可以在比较具体的范畴之前存在，但是，它在深度和广度上的充分发展恰恰只能属于一个复杂的社会形式，而比较具体的范畴在一个比较不发展的社会形式中有过比较充分的发展"②。这里，马克思肯定了思想范畴发生的逻辑顺序可能与支撑它们的现实历史过程的推移不一致，更强调了逻辑范畴的成熟与发展，和历史的成熟与发展具有基本的同构性。这些思想，也就构成了唯物史观概念史之逻辑思考的辩证范式。

其实，马克思在唯物史观的创立和发展中，主张从特殊对象或历史发展的各具体时期的特殊逻辑之研究和总结中，概括和凝练出唯物史观原理的辩证思维方法，在其思想变革的早期，就初步奠定了基础。在《黑格尔法哲学批判》中，马克思深刻地批判了黑格尔泛逻辑主义的神秘思辨，提出对现实生活的真正的哲学批判和深刻解释，不仅要揭露现实的矛盾，而且要解释这些矛盾，说明它们的根源和必然性，要"从它们的特殊意义上来把握它们。……把握特殊对象的特殊逻辑"③。这一命题包含了深刻的科学内涵。其中的"特殊对象"，是特指历史领域中某一具体发展阶段或这一阶段中某一具体的重大历史现象。一个完备的历史学说，它既要研究作为历史本身这一最高抽象层次的普遍对象，又要研究历史在其实现过程中所经历的各个具体阶段的"特殊对象"。普遍对象寓于"特殊对象"中，通过它们表现出来，离开"特殊对象"它就是空洞的抽象物。而所谓"特殊逻辑"，就是"特殊对象"即历史发展每一特殊阶段所具有的特殊规律。历史有其变化、发展的普遍规律即普遍逻辑，但它同样只能寓于特殊逻辑之中，且对"特殊逻辑"发生约束作用。这使历史现象的研究和叙述面临极端的复杂性。马克思恩格斯曾经反复强调过社会发展规律的历史性，指出它们发生作用具有条件性和时间性，反对资产阶级经济

---

① 《马克思恩格斯全集》第 1 卷，人民出版社 1965 年版，第 259 页。
② 《马克思恩格斯选集》第 2 卷，人民出版社 1995 年版，第 21 页。
③ 《马克思恩格斯全集》第 1 卷，人民出版社 1965 年版，第 359 页。

学家把某些"经济范畴看作永恒的规律,而不是看做历史性的规律——只是适于一定历史发展阶段、一定的生产力发展阶段的规律"①。生产方式规定了人类社会每一历史阶段的生活条件,决定了其发展的具体进程和每一阶段的特殊性质。处于每一新的历史发展阶段的人,总是要无条件地接受前人所创造的一定数量的生产力总和,以及人和自然、人与人之间在历史上形成的关系。这些因素,既预先地规定着新一代人的生活条件,使其创造和发展具有历史传承下来的特殊性质;又被每一代新人所改变,使社会生活的形态呈现出新时代的特色。基于此,马克思认为:"事实上,每一种特殊的、历史的生产方式都有其特殊的、历史地起作用的……规律。"②

这些理念表明,社会生活及其体制变化的内在规律,作为人们展开社会活动的法则,完全依据这些活动赖以展开的物质生活条件。当社会生产方式发生根本变化时,适应原生产方式的社会活动法则或者规律也一定会发生变化。这是整个唯物史观的根本规律。它决定着在不同的历史发展阶段或不同的社会生活场域,会形成特殊的具体社会活动规律,是唯物史观必须始终关注的社会特殊对象的特殊逻辑。基于这样的原理,马克思恩格斯认为在唯物史观的研究和思考中,不能把"发展过程中暂时的历史性的关系夸大成为永久的自然规律和理性规律"③。因而马克思郑重声明,他反对给取代资本主义社会的社会主义社会作出详细而具体的各种预测、规定和描述,始终认为"我们对未来非资本主义社会区别于现代社会的特征的看法,是从历史事实和历史过程中得出的确切结论;不结合这些事实和过程去加以阐明,就没有任何理论价值和实际价值"④。进而马克思还认为:"在将来某个特定的时刻应该做什么,应该马上做什么,这当然完全取决于人们将不得不在其中活动的那个既定的历史环境。"⑤很显然,在唯物史观和科学社会主义创始人那里,他们既给后继者预留了从现实条件出发创造性地推进社会主义事业的理

---

① 《马克思恩格斯全集》第 27 卷,人民出版社 1972 年版,第 482 页。
② 《马克思恩格斯全集》第 23 卷,人民出版社 1972 年版,第 692 页。
③ 《马克思恩格斯全集》第 4 卷,人民出版社 1958 年版,第 485 页。
④ 《马克思恩格斯文集》第 10 卷,人民出版社 2009 年版,第 548 页。
⑤ 同上书,第 458 页。

论与实践空间，同时又将社会主义事业的发展和胜利寄希望于后继者们的创造。这些思想原理和实践策略从唯物史观的元叙事法则方面表明，历史发展的每一阶段都有它的一些特殊法则，在时间推移中上下相异，在空间展示上左右不同。它们成为考察和阐释一个民族或一个国家特定历史阶段务必关注的特殊逻辑。因为在历史发展的这些特殊时期或特殊地域，有其由历史的上下对接和社会生活的左右关联构成的特殊境况，在此基础上会形成特殊的社会利益结构和社会矛盾，会产生特殊的社会需要和满足这些需要的特定方式，它们决定社会主体会掀起不得不如此的运动，对社会进行不得不这样的变革或者建设。这种社会存在决定社会主体行为的唯物史观的立论基石，连诘难历史决定论的波普尔也不曾完全否决，相反，他用一个"境况逻辑"的理念，进行了自己相谐于唯物史观的分析。它从一个重要侧面证明了社会发展规律的条件性和具体时空性，是可证实的真理。因此，唯物史观对历史逻辑的诉求，既不同于编年史对重大事件发生过程作时间排序的经验性处理，也不同于唯心史观的历史哲学无视客观事件的内在规律，用主观的逻辑构想对历史过程任意剪裁和编撰。在马克思看来："把经济范畴按它们在历史上起决定作用的先后次序来排列是不行的，错误的。它们的次序倒是由它们在现代资产阶级社会中的相互关系决定的，这种关系同表现出来的它们的自然次序或者符合历史发展的次序恰好相反。问题不在于各种经济关系在不同社会形式的相继更替的序列中在历史上占有什么地位，更不在于它们在'观念上'的顺序。而在于它们在现代资产阶级社会内部的结构。"[①] 这种研究经济也是研究整个历史的逻辑理念告之我们，历史规律的揭示及其逻辑诠释，必须实事求是，具体问题具体分析，用分析和归纳的逻辑方法，从特殊事件及其内在的特殊逻辑出发，抽象、概括出其中一般的规律和逻辑，而不可主观地运用预定的逻辑公设去建构和杜撰历史，用一般去吞没、融化特殊与个别。马克思在论述他的政治经济学方法时，曾经谈到：社会历史现象中概括出来的一般性规律，是"经过比较而抽出来的共同点，本身就是有许多组成部分的、分为不同规定的东西。其中有些属于一切时代，另一些是几个时代共有的。[有

[①] 《马克思恩格斯选集》第2卷，人民出版社1995年版，第25页。

些〕规定是最新时代和最古时代共有的。……但是，如果说最发达的语言和最不发达的语言共同具有一些规律和规定，那么，构成语言发展的恰恰是有别于这个一般和共同点的差别"。我们不能像形而上学的经济学家那样，用全部智慧去证明人类历史的永续一致，而掩盖和忘记其不同时期的差异。① 由此可见，无论在历史的认识和解释中，还是在历史的实践创造中，尤其需要我们关注的不是历史持存的前后一致，而是与时俱进的今昔差异，这特别需要对我们对正在进行的伟大事业之中的个性化创造、时代性贡献及其特殊逻辑作出科学的总结。社会主义理论与实践的丰富与发展，正在于前赴后继的人们能不断解放思想，实事求是地对待现实、对待实践、对待历史的发展，不断揭示特殊境况、特殊现象的特殊逻辑，将其提升和凝练，对科学社会主义作出每一时代、每一民族的特殊贡献。正如恩格斯所说的："我们在思想中把个别的东西从个别性提高到特殊性，然后再从特殊性提高到普遍性；我们从有限中找到无限，从暂时中找到永久，并且使之确定起来。然而普遍的形式是自我完成的形式，因而是无限性的形式；它是把许多有限的东西综合为无限的东西。"② 在对中国特色社会主义作出唯物史观理论创新的总结和说明中，我们一定要具体地、历史地总结其中的新经验，研究我国面临的新环境、新问题，探索解决它们的新方法，把握社会主义事业的中国特色和时代特色，作出无愧伟大时代、无愧伟大事业的理论新概括。

中国特色社会主义道路的唯物史观研究，揭示世界历史进程中的这一特殊对象的特殊逻辑，从思维逻辑上讲，就是要正确理解世界历史与中国社会发展、科学社会主义与中国特色社会主义的辩证关系。在国际共运史上，领袖人物对于坚持科学社会主义的普遍原则和从各民族、各国家的具体情况出发，进行有各自特色的社会主义道路的探索是早有论定的。当年领导苏联人民首先建立社会主义制度的列宁，曾经尖锐批判苏汉诺夫等人宣扬俄国没有实现社会主义的经济前提而反对实行社会主义的错误行径，指出他们把生产力决定生产关系的唯物史观原理教条化了，对马克思主义的理解迂腐到了无以复加的地步。他郑重认定："世界历史发展的一般规

---

① 《马克思恩格斯选集》第2卷，人民出版社1995年版，第3页。
② 《马克思恩格斯选集》第20卷，人民出版社1971年版，第577页。

律，不仅丝毫不排斥个别发展阶段在发展的形式或顺序上表现出特殊性，反而是以此为前提的。"① 列宁正是坚信这一革命辩证法关于共性、个性关系理论中蕴含的"活的灵魂"，不仅从俄国社会发展的特殊逻辑出发成功地率先建立了社会主义国家，而且预见到包括中国在内的东方世界的一些贫穷大国的社会主义革命和建设的道路，会形成不同于西欧乃至俄国的许多特性。他指出：类似俄国革命的"这些特殊性到了东方国家又会产生某些局部的新东西"；尤其"在东方那些人口无比众多、社会情况无比复杂的国家里，今后的革命无疑会比俄国革命带有更多的特殊性"② 之后，1935年7月25日至8月20日在莫斯科举行的共产国际第七次代表大会上，被选为总书记的季米特洛夫也非常正确地提出，要把马克思主义的基本理论和共产国际的路线"灵活地和具体地应用到每个国家的特别环境中去"，而反对"用一成不变的方法和笼统的公式去代替具体的马克思主义分析"。③ 国际共运史上领袖人物的这些关于社会主义道路之世界共性与民族个性辩证关系的科学论述，不仅在历史上为中国革命道路的独立探索提供了政治与思想的支持，也为今天我们结合中国特色社会主义道路进行唯物史观的创新研究提供了方法论的指引。

唯物史观的创新研究，要求我们对中国特色社会主义的特殊意义和它在世界历史中的普遍意义有一个正确的理解与诠释。马克思在对唯物史观的理论研究及其基本原理的诠释中，为我们提供了一种科学的方法：即把从个别、特殊上升到普遍的亦即从感性具体上升到理论抽象的研究方法，与从思维抽象发展到理性具体的逻辑演绎和思想叙述的方法，在辩证统一中加以适当的区分和具体的对待。前者多是研究地、归纳地处理具体历史现象的微叙事，后者则多为经过逻辑演绎阐释一般原理的元叙事或宏大叙事。他指出："在形式上，叙述方法必须与研究方法不同。研究必须充分地占有材料，分析它的各种发展形式，探寻这些形式的内在联系。只有这项工作完成以后，现实的运动才能适当地叙述出来。这一点一旦做到，材料的生命一旦观念地反映出来，呈现在我们面前的就好像是一个先验的结

---

① 《列宁选集》第4卷，人民出版社1995年版，第776页。
② 同上书，第778页。
③ 红旗大参考编写组：《马克思主义中国化最新成果大参考》，红旗出版社2007年版，第323—324页。

构了。"① 这一唯物史观对具体社会现象的研究方法和对一般历史理论的叙述方法的区别，从思想原则上要求我们对唯物史观的创新性研究，必须更多地关注我们的现实和具体的社会主义实践之经验总结和理论提升，而不可停留在一般原理的循环论证和逻辑演绎中。这是使唯物史观理论和实践与时俱进、永葆青春的思想方法保障。

唯物史观对特殊对象之特殊逻辑的关注，在我国无疑是要高度重视对中国特色社会主义的科学研究与理论总结。所谓社会主义的中国特色，决不只是一种消极地面对本国的历史与国情，寻求通达社会主义的道路。尽管中国历史和基本国情是中国特色社会主义道路探索的立足点，但中国特色的社会主义毕竟是全人类追求自由、解放、公平、正义、文明、幸福的社会主义事业一个有机构成，其特色是相对于社会主义这一共性的特色，而非脱离社会主义的中国历史和国情的原生性特点。中国共产党十八大政治报告将中国特色社会主义道路概括为："中国特色社会主义道路，就是在中国共产党领导下，立足国情，以经济建设为中心，坚持四项基本原则，坚持改革开，解放和发展生产力，建设社会主义市场经济、社会主义民主政治、社会主义先进文化、社会主义和谐社会、社会主义生态文明，促进人的全面发展，逐步实现全体人民共同富裕，建设富强民主文明和谐的社会主义现代化国家。"② 中国特色社会主义道路这一最为经典的表述，明确告诉我们，在社会主义和中国特色这个复合概念中，具有三重意义的集成：第一，社会主义作为人类历史发展的必然逻辑在中国的实现，社会主义建设事业包括市场经济、民主政治、先进文化、和谐社会、生态文明五大历史任务，前面都冠以"社会主义"，表明它的社会、政治、经济、文化等方面建设的价值属性所具有的革命品格和先进性质，是马克思主义及其人类解放崇高理想在当代中国的伟大实践。第二，社会主义建设的五大历史任务，又无一不是当今世界历史发展之文明大道的先进路向、时代要求与社会目标的凝聚，它全面而深刻地表达了我们对人类文明进步大趋势的敬重、遵循和推进。第三，中国道路的任务确立、目标预设、路径选

---

① 《马克思恩格斯选集》第23卷，人民出版社1972年版，第23—24页。
② 参见胡锦涛《坚定不移地沿着中国特色社会主义道路前进为全面建成小康社会而奋斗》，人民出版社2012年版。

择，也无一不是对中国历史传统及其优秀文化的现代弘扬，无一不是对中国当下与世界之复杂关系的科学处置，是在中华文明与世界文明、历史文化与现代文化、社会主义与资本主义的碰撞、竞争和时代大融汇中作出的明智选择，既独立自主又高度开放，既融入世界进步大潮又不失社会主义的基本原则和民族、国家的主权立场，既有充分吸收人类先进文明成就的博大襟怀，又有新兴大国的自主探索与责任担当，等等。因此，对中国特色社会主义的伟大创造和伟大成功，进行唯物史观的创新性研究和总结，必须充分打开视域，在中华文明、西方文明、马克思主义这三者的历史发展及其当代联结中，观察和思考社会主义之中国特色及其世界意义的内涵、成因、根据、趋势、前景、价值与逻辑。这要求我们有高屋建瓴的理论气概，敢于超越一些传统观念的束缚，将经典作家关于社会主义制度的具体构想，世界社会主义运动的历史经验，我们对社会主义曾经坚持的一些原则，都置于当代世界历史发展的新趋势中，置于中国国情正在经历的深刻变化之中，置于它们所经受实践检验的过程之中，去加以重新审视，与时俱进地作出符合时代要求和人民意愿的新抉择、新综合、新论证。当年世界著名历史学家汤因比曾经带着善意的期许对中国的发展作出过大胆预言："如果中国能够在社会和经济的战略选择方面开辟出一条新路，那么它也会证明自己有能力给全世界提供中国和世界都需要的礼物。这个礼物应该是现代西方的活力和传统中国的稳定二者恰当的结合体。"[①] 虽然作为西方历史学者的汤因比囿于思想局限，不能全面准确概括当今中国特色社会主义的事业构成与成功缘由，但中国特色社会主义开辟的历史新路，确实给当代世界与华夏文明贡献了厚礼，这是对汤因比预言的最好证明。若他地下有知，应当为此无比欣慰。

二 必然、偶然与当代社会生活的逻辑诠释

经过30余年的改革开放，历史的发展把我们推到了一个新的时代节点：经济体制改革有待深化，产业结构亟待调整，政治体制改革尚需突

[①] [美]汤因比：《历史研究》，刘北成、郭小凌译，上海人民出版社2005年版，第394页。

破,文化体制改革必须创新,社会风气治理刻不容缓,公平正义呼声日渐高涨,生态环境危机不可小觑,国际关系面临剧烈重组,国家安全当须全面加固。所有这一切,都是中国特色社会主义建设进程中所遭遇的挑战和面临的机会。挑战意味着诸多矛盾激化,意味着大量行进中的问题急需解决,意味着改革进入了深水区,原有经验和办法的边际效应递减,改革建设需要创新与探索。机会则意味着我们的事业已进到一个前无古人的崭新境地,上述系列重大问题的解决,将在世界历史的现代篇章里,以中国道路的伟大成功,继一国能首先建立社会主义制度得到光辉证明之后,再次向全人类证明一国能首先建成社会主义。这将是在新的历史起点上,对"中国怎么办"以及"人类社会何处去",这一时代性严峻问题的圆满回答。它意味着历史唯物主义和科学社会主义在理论与实践结合上的双重胜利,意味着中国人民对人类历史作出了最伟大的民族贡献。当代人类社会发展趋势复杂,波谲云诡;但当代中国历史发展的逻辑没有改变,要求继续深入探索和解决的根本问题,依然是如何建设中国特色社会主义的问题。尽管国际社会有一些损人利己的极端势力在干扰和阻碍我们事业的发展,但中国和平崛起的基本态势以及与世界一切平等待我之民族、国家的基本关系,也不会改变。这要求我们的唯物史观理论创新,要有一种更大格局、更远视域、更深层次的"解放思想,实事求是"精神。我们要增进鲜活的科学创造力、时代敏感性和强烈的现实问题意识,须面向世界、面向实践、面向历史与未来,从时代性的根本课题入手,去探索中国特色社会主义事业继续发展的内在规律,做好社会历史进步的经验总结和科学升华,深入拓展唯物史观的创新之路。

唯物史观作为一种世界性、人类性的伟大社会学说,它的历史性发展必须审视现实生活的实践要求,必须倾听人类进步的革命呼唤,必须遵循并反映时代演变的客观逻辑。20 世纪 80 年代以来,人类社会在高科技的带动下飞速发展,世界政治呈现多元化,世界经济趋于一体化,地区与地区、国家与国家之间的联系越来越复杂、多样、易变。世界社会形态由过去比较明显的两极性向多极世界转型,加剧了不稳定性与风险性。西方国家金融危机波及全球,推行霸权主义的美国到处兴风作浪,让主权国家政权接连颠覆,引起这些地区的宗教对抗或民族仇杀无休无止,地缘政治冲突和大国博弈彼此呼应,各种风险层出不穷,所有国家都受到不可预测事件的冲击和考验。后危机时代的世界是一个复杂而很不安宁的世界，我国仍处于相当严峻的国际环境中，国家安全威胁的综合性、复杂性、多变性日益凸显。值此之时处此之境，人们要在命运攸关的挤逼形势中，从容应对各种诡谲多变的世态，准确地把握社会发展中确定的、必然的趋势实非易事。与此同时，当今时代，新科技革命蓬勃发展，全球化浪潮铺天盖地，市场经济涨落不定的博弈渗透社会各个角落，边际模糊、意义多样、自由驰骋的网络文化带来精神生活和思维方式的深刻变革，人类生存环境的祸患与共和各种狭隘利益的损益计较日甚一日。如此社会巨变透过时代精神演绎着这样的逻辑：人们从喜好绝对走向注重相对，从恪守单义性走向兼容多义性，从追求精确性走向承认模糊性，从信奉必然性走向看重偶然性，从诉求确定性走向适应变动性，从依循历史传统走向重视现实选择，从崇奉经典走向热衷创新，从维护权威走向强调商谈，从看重时间的历时态走向看重空间的共时态，等等。这些时代精神和思维方式特点，使传统的历史哲学遭遇深重诘难。历史唯物主义的创新，首先必须直面这些时代精神和行为方式的特点，从研究范式和叙事方法上来一番革故鼎新，才能实现马克思所说的，让"逻辑的事物"适应"事物的逻辑"；才能激活唯物史观的生命力，强化它对现实生活、历史发展的解释力和指导作用。而这种让唯物史观经过思想逻辑的调整，实现对现实生活和人们思维方式逻辑演变的关注、概括和再现，首先遇到的困难就是历史规律的表现有诸多不同于自然规律的特征，它们的时代性演化加剧了唯物史观对当代历史发展逻辑再现的难度。马克思和恩格斯在谈到社会规律的特征时，他们分别指出了其中不同于自然科学的方面。其一，社会规律之发生及其作用显示要以人的社会实践为基础，它们在一定意义上就是人们自己的社会行为规律，即人类社会活动的规律。因而这些规律受到人的社会实践方式、条件和动机、目的等诸多因素影响，既不像自然规律那样恒定，也不会是那样纯粹的"客观"。其二，正是因为社会规律是在人的主观意志、目的推动下形成的一种总的活动趋势与行为轨迹，具有波动性和左右偏摆性，因而只能以统计概率的表述方式去计算其结构的"序量"与作用的"矢量"，求得其平均值或近似值。如马克思所指出的："总的说来，在整个资本主义生产中，一般规律作为一种占统治地位的趋势，始终只是以一种极其错综复杂和近似的方式，作为从不断波动中得出的、但永远不能确定的平均情况来发生作用。"① 恩格斯也有相似见解：包括经济规律在内的社会活动规律，"它们全都没有任何其他的现实性，而只是一种近似值，一种趋势，一种平均数，但不是直接的现实。其所以如此，部分地是由于它们所起的作用被其他规律同时起的作用打乱了，而部分地也由于它们作为概念的特性"②。社会规律的多相交织和主体性渗入，以及概念界说与指谓的灵活性，显然都增大了社会规律之分析、理解、表述和利用的复杂性，造成了对社会生活领域重大事件和历史发展趋势作出精确说明和预见的困难。

在论及人类对社会规律或历史必然性的认识与利用时，马克思恩格斯认为，它不完全取决于人的认知能力，只要社会还没有形成"一种能够有计划地生产和分配的自觉的社会生产组织，……在社会关系方面把人从其余的动物中提升出来"，那么，即使在现代最发达的民族历史中，也会发生"预定的目的和达到的结果之间还总是存在着非常大的出入，不能预见的作用占了优势，不能控制的力量比有计划发动的力量强得多"的现象。③ 如果说，当年马克思恩格斯早就注意到了把握和利用社会规律的这一特点，即人类预定的目的和达到的结果之间总是有很大出入，社会发展及其重大事件的不可预见性还占优势，社会发展的每个具体阶段上都存在着各种不同的客观趋势及其实现的多种可能性，需要人们作出紧张的思考和痛苦的选择，因而人的主动性和创造性，就在于克服和超越众多偶然事件的干扰，遵循社会历史规律去有效地改造社会。如果说，这既是一种对社会规律的历史辩证法肯定，又是一种对人类解放、自由之理想主义的自信，那么，在时过境迁的今天，我们则需要在新的条件下更深刻、更自觉地理解、坚持和创新、丰富这种历史辩证法和人类的自由与自信。同样，如果说当年马克思恩格斯认为社会历史规律之必然性与或然性、确定性与不确定性，在思想认识上是由对社会发展规律之概率统计特性的分析所作出的科学认定的话，那么，今天由这种历史活动规律之特性而带来的难以预料性、重大事件的突变性、因果关系的不等当性、社会活动趋势的

---

① 《马克思恩格斯全集》第 25 卷，人民出版社 1974 年版，第 181 页。
② 《马克思恩格斯选集》第 4 卷，人民出版社 1995 年版，第 745 页
③ 《马克思恩格斯全集》第 20 卷，人民出版社 1971 年版，第 375、374 页。

非线性、各类复杂系统交互作用引发和放大的蝴蝶效应,等等,更要求我们摆脱从机械力学引出的作用与反作用的简单分析模式和线性归因思维,以足够的智慧和科学手段,去研究、理解和把握日益复杂的社会生活与世界大局,刷新唯物史观的视野及其研究方式和叙事方法,才能赶上时代的发展。坚持和发展唯物史观,深化对当代社会运行规律的逻辑把握。这一学术使命要求我们在充分了解当代社会活动规律的新特征及其新成因的同时,还必须调整研究思路与认知方法,用切合实际的思想逻辑去概括和诠释现实生活自身的客观逻辑,让逻辑的事物更好地适应事物自身的逻辑。

1. 对当代社会生活的观察、思考和说明,必须从以往那种近乎规律宿命论的单纯必然性崇拜中解放出来,增加对偶然性的关注、研究和把控

这自然是社会规律发生学和功能论的本然要求。恩格斯认为,在社会生活中人们的行为总是各有其预期目的,但结果却并不总是合乎预期目的的。一则大家的目的互有差异,且引发目的的原因也各不相同,必使人们的行为形成相互冲撞而互有抵消,最终结果是各种意志、目的性行为之合力构成。二则引发人们目的性行为之动因,是社会的经济生活条件及其与各类主体的利益关系,进而人们的行为目的之实现程度和完整性,最终也由社会物质生活条件给各类主体提供的实践支持决定的。因此,社会活动表面上是由各种互有差异的行为目的、意志推动的,但这些目的和意志的背后,却是社会物质生活方式通过对人的思想与行为制约,而表现着自身的必然性。"这样,历史事件似乎总的说来同样是由偶然性支配着的。但是,在表面上是偶然性在起作用的地方,这种偶然性始终是受内部的隐蔽着的规律支配的,而问题只是在于发现这些规律。"[①] 因此,"探讨那些作为自觉的动机明显地或不明显地、直接地或以思想的形式、甚至以幻想的形式反映在行动着的群众及其领袖即所谓伟大人物的头脑中的动因,——这是可以引导我们去探索那些在整个历史中以及个别时期和个别国家的历史中起支配作用的规律的唯一途径。使人们行动起来的一切,都必然要经过他们的头脑;但是这一切在人们的头脑中采取什么形式,这在很大程度

[①] 《马克思恩格斯全集》第21卷,人民出版社1965年版,第341页。

上是由各种情况决定的"①。此种情况,在资本生产、市场经济的条件下表现得更加复杂而充分。诚如马克思所说的,资本生产在激烈竞争的条件下,各种活动在各别的具体的行为中是"听任……生产者个人偶然的、互相抵销的冲动去摆布"的。所以,社会经济生活的"内在规律只有通过他们之间的竞争,他们互相施加的压力来实现,正是通过这种竞争和压力,各种偏离得以互相抵消。在这里,价值规律不过作为内在规律,对单个当事人作为盲目的自然规律起作用,并且是在生产的各种偶然变动中,维持着生产的社会平衡"②。基于这些,恩格斯对偶然性和必然性的辩证关系提出了自己的经典见解:"偶然性只是相互依存性的一极,它的另一极叫作必然性。在似乎也是受偶然性支配的自然界中,我们早就证实在每一个领域内都有在这种偶然性中为自己开辟道路的内在的必然性和规律性。然而适用于自然界的,也适用于社会。一种社会活动,一系列社会过程,愈是越出人们的自觉的控制,愈是越出他们支配的范围,愈是显得受纯粹的偶然性的摆布,它所固有的内在规律就愈是以自然的必然性在这种偶然性中为自己开辟道路。"③

稍稍分析一下经典作家上述关于社会活动规律及其必然性与偶然性之内在关系的论述,对于我们在现时代的新环境里创新唯物史观与社会规律的研究方法,应当是十分有益的。

第一,对于社会活动规律的理解,不能作单向必然性的思考。以往把必然性直接而简单地确定为规律性,而对必然性与偶然性的内在关系,偶然性在社会发展中的重要地位,不是撇开不谈就是一笔带过。似乎必然性能够离开偶然性而孤立地发生作用,似乎必然和偶然的关系就不是规律性本身的题中之义,或者偶然性纯粹是因认识的偏差所致而不具有本体论的意义。恩格斯曾经深入批判过只认必然性而忽略偶然性的错误思想:"必然被说成是科学上唯一值得注意的东西,而偶然则被说成是对科学无足轻重的东西。这就是说:凡是人们可以纳入规律、因而是人们认识的东西,都是值得注意的;凡是人们不能纳入规律、因而是人们不认识的东西,都

---

① 《马克思恩格斯全集》第21卷,人民出版社1965年版,第343页。
② 《马克思恩格斯全集》第25卷,人民出版社1974年版,第995页。
③ 《马克思恩格斯全集》第21卷,人民出版社1965年版,第199页。

是无足轻重的,都是可以不加理睬的。……这就是说,凡是可以纳入普遍规律的东西都被看成是必然的,凡是不能纳入的都被看成是偶然的。"①可见对偶然性的忽略是大谬不然的。其中致谬之因不外乎如下几种:一是把对社会生活的理解简单化,将社会发展之必然趋势不以人的意志为转移的特征,机械地理解为人的意志和自由选择、自觉实践对社会规律的形成和作用发挥不产生任何影响。但唯物史观所揭示并向我们证明了的历史逻辑是:"这些偶然性本身自然纳入总的发展过程中,并且为其他偶然性所补偿。但是,发展的加速和延缓在很大程度上是取决于这些'偶然性'的,其中也包括一开始就站在运动最前面的那些人物的性格这样一种'偶然情况'。"②由此可见,轻慢偶然性是无法科学解释历史的。二是把偶然性的"测不准"现象作为科学划界的红线,以为能纳入认识过程的现象是规律性的、必然的,而难以稳定纳入认识活动的偶然现象便无足轻重,排斥于科学研究之外,这样也就取消了科学对偶然性进而对未知世界的关注,反过来取消了科学探究本身。三是将必然与偶然的辩证关系完全割裂,不认真关注和研究偶然性通过自身给事物运动带来的起伏曲折,为必然性开辟道路,进而使必然性以丰富多样的形式得以实现的情况。这样,必然性或社会活动的规律便成为一种神喻式的抽象法则,高高凌驾于社会实践之上,接受着社会主体的顶礼膜拜,几乎成了主宰一切的上帝的代名词!正如马克思说的,"如果'偶然性'不起任何作用的话,那末世界历史就会带有非常神秘的性质"③。

第二,在对社会发展规律的探讨、揭示和阐释中,我们不仅要看到必然性和偶然性的内在联系,更要深入揭示在这种联系中作为社会活动总趋势的必然规律在发生作用的过程中,如何以多变的具体形式充满或然性地实现着对社会历史的内在规定性。马克思曾经深入地分析过必然规律的稳定性与其发生作用之形式的或然性或变动性之间的关系,他指出,"自然规律是根本不能取消的。在不同的历史条件下能够发生变化的,只是这些规律借以实现的形式。"因而科学的任务正是要阐明这些规律是如何实现的机制。④

---

① 《马克思恩格斯选集》第4卷,人民出版社1995年版,第324页。
② 《马克思恩格斯全集》第33卷,人民出版社1973年版,第210页。
③ 同上。
④ 《马克思恩格斯全集》第32卷,人民出版社1974年版,第541页。

综合经典作家的论述，社会活动之客观规律得以实现的形式，至少有这样几个方面值得我们深刻关注。其一，社会历史运动内在规律的实现程度依条件不同而具有一定的有机性和伸缩性。马克思在阐释这一问题时写道："经济生活呈现出的现象，和生物学的其他领域的发展史颇相类似……旧经济学家不懂得经济规律的性质，他们把经济规律同物理学定律和化学定律相比拟……由于各种机体的整个结构不同，它们的各个器官有差别，以及器官借以发生作用的条件不一样等等，同一个现象却受完全不同的规律支配。……生产力的发展水平不同，生产关系和支配生产关系的规律也就不同。"① 这一段话出自马克思在为《资本论》第二版写的《跋》文中，是对俄国学者考夫曼所写评论文字的引述，马克思认为作者准确而深刻地理解了他的辩证法，因而可直接视为马克思自己的意见。其中透露出的一个重要思想是，社会规律具有生物学规律的有机性和对环境、条件的敏感依赖性与自组织性，而不会像物理、化学规律那样刚性与刻板。当规律赖以发生作用的条件如生产力的状况起了变化，那么包括经济规律在内的社会活动规律也会随之变化，至少在实现或展开的程度和形式方面会有明显的改变。这让我们深刻理解了马克思所说的社会规律的历史性和作用机制的条件性：随着生产方式的变化，支配生产的规律也会改变，因而"适合于大工业的规律和适合于工场手工业的规律不是一回事"②。其二，历史规律作为人类社会活动的规律，在历史发展的平稳时期与历史飞跃的革命时期，其表现的充分程度和对于人们行为的作用程度也随着历史运动的起伏而有激化与平和之分。恩格斯说过："革命是一种与其说受平时决定社会发展的法则支配，不如说在更大程度上受物理定律支配的纯自然现象。或者更确切地说，这些法则在革命时期具有大得多的物理性质，必然性的物质力量表现得更加强烈。只要你作为一个党的代表出现，你就要被卷到这个不可抗拒的自然必然性的漩涡里去。"③ 恩格斯在肯定社会规律具有物理定律般的客观性之同时，更强调了革命时期社会历史规律之作用具有强烈的彰显度和规制力。这或则由于革命时期社会

---

① 《马克思恩格斯全集》第23卷，人民出版社1972年版，第23页。
② 《马克思恩格斯全集》第26卷第2册，人民出版社1973年版，第664页。
③ 《马克思恩格斯全集》第27卷，人民出版社1972年版，第210页。

矛盾加剧激化了社会规律的作用力，或则由于社会变革改造了旧的结构和建构着新的组织，使以往被遮蔽和压抑的新生社会力量应运而生的必然性有了充分展示的条件；或则由于投身革命的群众更清晰地认识了历史发展的趋势，顺应历史规律发挥着创造历史的主动作用，使历史规律更大幅度地或更加清晰地表现出来，更鲜明地体现着对于社会运动的规定性。

第三，社会发展中，历史的必然性和偶然性在一定条件下是可以相互转化的。如果说，社会规律具有生物学规律的特性的话，那么就必须承认社会的新生事物在刚萌发及其被人们初步认识时，具有像生物进化中新物种、或物种的新特性之发生在开始时总是偶成的一样，具有明显的或然性。但当它们适应了社会历史的大势，亦被广大人民群众广泛认同之后，它们就可能成必然之势，获得新的条件下作为社会活动必然性的品格。如人类文明初期，金属工具的创造和运用便具有偶发的特性，但当推广普及以后，它便成为生产力发展的必然趋势了；而在人类成熟时期那生物进化中偶发的返祖现象，在遥远的过去则是人类远祖的必然。这类历史发展中的偶然与必然的相互转化，主要是通过不同历史阶段的时间跨通和空间置换实现的，还未涉及共时态中因为某些现象地理分布的差异和交织所发生的必然与偶然的相互转化。

此外，经典作家所揭示的概念史的辩证法还表明，人类历史上个体对许多客观逻辑关系的认识，在充满主体个性化的偶然形式中，却总是演绎着思想发生史的必然规律。它们就像人的生命胚胎发育虽有无穷个性、偶然性，却总是在一定意义上以浓缩的形式重演着人类生命机体发生学的必然历程。这是生命形态发生学的必然过程与法则，在生命个体胚胎发育过程中的具体再现，体现了必然性和偶然性一种历史的表里关系之内在逻辑。具体历史过程的某一偶然的个性化节点，重现着历史发生过程的某种规律性的全部。对此，恩格斯作如是说："在思维的历史中，某种概念或概念关系（肯定和否定，原因和结果，实体和变体）的发展和它在个别辩证论者头脑中的发展的关系，正如某一有机体在古生物学中的发展和它在胚胎学中（或者不如说在历史和在个别胚胎中）的发展的关系一样。这就是黑格尔首先发现的关于概念的见解。在历史的发展中，偶然性起着自己的作用，而它在辩证的思维中，就像在胚胎的发展中一样包括在必然性中。"① 这一见解，为我们在本体论与认识论的结合上理解偶然和必然的辩证关系，提供了一种历时态的新范式。

正是由于以上这些原因，恩格斯告之我们，当人们接受并贯彻辩证思维的逻辑之后，那么，"人们对于还在不断流行的旧形而上学所不能克服的对立，即真理和谬误、善和恶、同一和差别、必然和偶然之间的对立也不再敬畏了；人们知道，这些对立只有相对的意义，今天被认为是合乎真理的认识都有它隐蔽着的、以后会显露出来的错误的方面，……被断定为必然的东西，是由纯粹的偶然性构成的，而所谓偶然的东西，是一种有必然性隐藏在里面的形式，如此等等"②。这里，恩格斯所说的偶然性和必然性相互转化的原理表明，人类遵循历史发展的客观逻辑，并不等于接受必然性的宿命，并不等于要放弃人的自觉选择和自主创新。恰恰相反，正因为偶然性与必然性相随而行，并且作为必然性实现之形式和为必然性开辟道路的事物而出现、而发生作用，使偶然性给社会活动带来了众多可供人们选择的机遇，因而偶然性亦成为认识和改造世界的主体在自由诉求中，通过其与必然性的内在联系而认识和利用必然性的中介。

2. 按照偶然和必然相互规定的内在机制，去具体地、历史地认识和诠释社会生活的当代逻辑

首先，我们仍然需要把社会生活规律的必然性与这些规律借以实现之形式的多样性区分开来。当今社会生活在工业生产、现代交通、通信和信息处理高科学手段的推动下，其运行的节律大大加快，眼花缭乱的社会现象千变万化，稍纵即逝，让人目不暇接，难以从容应对，似乎一切都是随机的、偶然的，趋势不可把握，未来难以预测。这样的态势容易削弱人们对唯物史观揭示的社会生活规律的坚信，产生一种随俗沉浮，放弃对确定性趋势、恒定价值、未来理想的追求，而全力扑向当下的片刻与点滴，将其作为一切的一切对待，有所谓"瞬间就是永远"，"不求长久拥有但求曾经享用"等碎片化、短期性的几近及时行乐的人生态度和处世方法。这自然强化了追逐偶然性的心理能量，加剧了社会活动的无序性和熵增运

---

① 《马克思恩格斯全集》第 20 卷，人民出版社 1971 年版，第 375 页。
② 《马克思恩格斯选集》第 4 卷，人民出版社 1995 年版，第 244 页。

动,反过来又进一步在社会生活的无序波动中削弱或冲淡了人们对社会生活稳定性和规律性的认可与诉求。我国政府在改革开放中长期把"维稳"当作一项重大政治任务,除去政治本身的原因之外,在思想认识方面恐怕与人们的心理失"稳"、行为失序、价值失信不无关系。波普尔在《历史决定论的贫困》一书中,曾经分析过对社会生活预测的困难:"不仅由于社会结构的复杂性,而且由于预测与被预测事件之间的相互联系而引起的某种特殊的复杂性。"[①] 他的意见表明,人们对社会生活未来走势所持的意见、所取的态度,是会通过对其实践行为的影响而作用于被预测的事件本身的。若大家都以崇奉偶然性的机会主义态度对待生活,必将反过来加剧偶然性的表现强度,形成社会生活本身的"熵增运动",进而又会强化社会主体杂乱地追逐偶然机会的投机行为,在主体方面产生偶然性的自我膨胀。这一"俄狄浦斯效应"引发的恶性循环现象,在社会急剧变革、活动秩序混沌、自我约束欠缺的情况下,更是我们对现实生活进行唯物史观研究尤须关注的重大问题。其内在逻辑作用的吊诡,不可不察。

其次,当代社会生活中人们的偶然性意识强化而对必然性失信,机遇性观念膨胀而"默耕"精神式微,即时兑现意识甚嚣而远大理想缺失,行为短期化加剧而对未来关注空场等知行片面性的发生,也因为一股巨大的龙卷风在横扫社会生活的方方面面,那就是还有诸多不正常、不规范甚至恶性竞争的市场行为在广泛、深入地发酵。现实的利益博弈,产供销关系链的经常性断裂,财富占有两极分化的日益扩大,恶性刺激着人们对市场行情的追逐、对赢利时空的争夺、对物质利益的拼抢,机会成本与机会效益似乎从两个极端、不对应地在不同的市场主体身上成长。这一方面使一些弱势群体获得机会的成本不断加大而难以得到机会效益的补偿;另一方面又使强势主体尽得机会便利而获得超额利益回报。社会机会不均等及其利益分配不公,在缺乏如康德所说的那种"纠正正义",对机会不公实行全面而有效调节的情况下,必然恶性激化人们只信任偶然性而否定和不顾及如市场规律一类的社会活动必然性。市场行情、机会的过度哄抢,商品经营的过度竞争,自然会引发机会主义的泛滥。这又从另一个侧面强化

[①] [英]波普尔:《历史决定论的贫困》,杜汝楫、邱仁宗译,上海人民出版社2009年版,第10页。

了人的心理失稳及其宿命于偶然性机会的知行取向。

最后,当代人们的知行方式偶然性、机遇性、当下性、骤变性的强化,还有一个十分重要的机缘,即全球化运动及现代交通、通信手段带来的活动境域高度开放与空间观念的极大勃兴。全球化造成了社会活动的世界一体化、同步性,交通的迅疾和通信的即时化使社会生活的时间成本极大下降,空间距离极大收缩。按照加拿大媒介哲学家麦克芦汉的说法,当今人类进入了重新部落化的耳语时代,地球村时代。这种态势,让人们的纵向时间意识大大降低,历时态的知行关注度下降;横向空间意识大大增强,共时态的知行关注度上升。后现代主义所谓的传统的"前喻文化"时代已转变为当下的"后喻文化"时代,人们由取向历史、取向传统、取向权威,变为取向当下、取向创新、取向自我。总之,是时间维度及其效价的收窄,空间维度及其效价的拓展。这样,又生成知行方式在社会心理方面的偶然性和必然性互成反比的涨落。费尔巴哈曾经说过,时间是辩证法的优先领域;塞伊斯则认为:"时间是必然性王国,而空间则是偶然性王国。"[1] 这些时空关系的逻辑妙论,对我们思考必然与偶然关系的问题是深有启迪的。在相对封闭而生活节奏悠缓的传统社会,社会格局与社会活动方式处于超稳定状态,历史发展的内在规律、逻辑,嵌在社会历时态的纵轴上,需要人们从时间维度的前后变迁中去揭示"历史的"规律,因而必然性经由社会发展的历时态而得以展现。加之相对狭窄空间里匀质化的社会生活代复一代地循环、复制,让那种例外的、突显的事件往往发生在异域中,发生在横向的、空间性的碰撞中,因而强化了偶然性的空间性归位。当代社会学家哈维在自己对社会运动的时空结构研究中,也很机敏地觉察到了空间在人们的经验世界里似乎具有比时间更多的偶然性,它是由空间认识的困难性带来的:"抽象地看,空间比时间拥有更复杂和特殊的属性。在空间中有可能向不同的方向运动,但是时间仅仅会流逝,是不可逆转的。空间的度量相对也较难标准化。……地理空间一直是具体和特殊事物的领域。"[2] 哈维的这一思想,为帮助我们更好地理解类似于费

---

[1] [美]哈维:《正义、自然和差异地理学》,胡大平译,上海人民出版社 2010 年版,第 287 页。

[2] [英]格利高里,厄里编:《社会关系与空间结构》,谢礼圣等译,北京师范大学出版社 2011 年版,第 143 页。

尔巴哈认定的关于空间现象具有更多偶然性之见解，从社会认识论方面提供了某种参照或者思路。而当现时代把这些传统社会的知行定式及其逻辑成法给予颠覆性的改变之后，那么，空间观念的强化必然带来原本与空间观念密切联系在一起的偶然性意识的强化，而时间观念的相对弱化则同样相应地带来原本与时间观念密切联系在一起的必然性意识的弱化。这种形势在人们的时空观念和必然性、偶然性的观念中发生了转向，把事物并存的相互作用之空间关系，看得重于它们历史出场的继替顺序之时间关系。这自然是对费尔巴哈所主张的历时的关系是必然性的，共时的空间关系是偶然性的思想的颠覆。它们从最一般的意义上呼唤我们，在对现实生活的唯物史观思考中，要重新理解必然性和偶然性的联结及其时空关系。

  这里，至少以下几个深层次的问题需要给予逻辑的澄明：一是没有共时出现、空间并存的事物之相互作用及人们对其所作的揭示、比较与鉴别，事物运动变化发展的规律性是无从表现并为人们理解的。二是历时发生的事件之流，也是多事物交互作用、并行发展的系统推移过程，处在过程内的系统，其各要素、各局部、以及它们与外界的关联，虽有事属必然之性，但同样不乏偶然之性或偶然之举。历史必然性是大量偶然事件、偶然过程相互作用形成的共性合力与运行轨迹，只能在其综合效应与整体结果中发生和持存。没有偶然事件及其运动作用，必然性无从发生并被认识。三是并存的交互作用事物群，也同样有偶然和必然之分。空间事物及其依存与作用的互动关系，有些是偶然的，有些是必然的。前者为必然性提供展示的舞台和开辟空间场域，后者则是多少带有偶然性的事件相互作用产生的合力之轴、或共鸣之音、或同形之象、或并轨之势。现代科学创立的突变论、协同论和分形理论，为此提供了解释的新范式。四是人的认识任务所诉求的必然性意义，不仅在于理解和把握事物过去、现在和未来的必至之势，作历史的选择；同样重要的还在于从并存与交互作用的事物群中认识你、我、他的地位、作用与合力效应，从中揭示那左右局势、宰制发展、决定事物性质的主导者和主流者的活动机制与作用原理，理解每一历史发展之当下人们应当如何正确处理事态情由的必然根据。这在一切趋向全球化的今天，在空间遮蔽时间、现在重于历史的今天，当然具有更为重要的显在意义。因之，探求空间关系中的横向必然性，是并存关系重于传承关系之现代社会的人更需努力关注的事情。这意味着须横向地解读历史，从历史之树的"年轮"剖面去探究和说明历史的必然性。"年轮"剖面，是历史叠层的陈横，它们恰好展示了事物群在相互作用中历史地走过的每一瞬间、每一当下，也是历史存活于横向关联的共在事物中的空间展现。它既透示出事物并存的横向互动关系，又历史地表现或记录了事件集群相互作用的持存和发展，是事件的交互作用之流。它显现出事件中作用的承续关系，便成运动的历史。它同样表征着作用中事件的前后变化，经起承转合形成历史的运动。所有这一切无不是偶然与必然的交织，无一不是偶成之事中存事有必至之理。从日常活动的琐事、大事到比较久远的历史创造活动，社会生活时间上的必然性都根源于空间的偶然性中，就如同社会生活的空间性必然也脱离不了其时间—历史的偶然性一样。因而将时空分割而论历史的必然性和偶然性关系，这一费尔巴哈有几分历史合理性的失误，在当代唯物史观的创新性解释中，我们必须予以逻辑的澄明。

3. 立足当代社会生活的时空结构及其变化趋势，更新深入探讨和科学诠释必然与偶然关系的逻辑策略

对于当代唯物史观的创新研究，这是一件不能不认真关注并切实做好的十分困难的事情。如何勉力去做好这一实现思想者自我革命的工作呢？除了深入体察现代生活、关注社会世态变迁、悉心感悟思想文化观念更新这样一些总的求是之道而外，马恩和其他先哲在此问题上的一些思想遭遇及其破解难题的逻辑法则，很是值得我们采借和参验的。

首先，我们需要从社会规律运行的时空特征去理解历史必然性与偶然性的关系。马恩曾经反复告之人们，社会规律起作用的方式不同于自然规律，它是以人的实践为基础，经由人的预期目的和自觉意志推动人的行为而展开。"但是，不管这个差别对历史研究，尤其是对各个时代和各个事变的历史研究如何重要，它丝毫不能改变这样一个事实：历史进程是受内在的一般规律支配的。因为在这一领域内，尽管各个人都有自觉预期的目的，总的说来在表面上好像也是偶然性在支配着。人们所预期的东西很少如愿以偿，许多预期的目的在大多数场合都互相干扰，彼此冲突，或者是这些目的本身一开始就是实现不了的，或者是缺乏实现的手段的……但是，在表面上是偶然性在起作用的地方，这种偶然性始终是受内部的隐蔽着的规律支配的，而问题只是在于发现这些规律。"① 这种定见让我们再次看到了敬畏和遵循历史规律、必然性的严肃思想意义。诚然，社会生活因为要以人的目的性实践活动为基础，使得社会规律的作用和表现方式不同于自然规律。它们有更高的或然率，有更多的变化，因而时效更短、形式更杂、变化更多。但它们的客观性、必然性、可知性是不容置疑的。尽管现代生活的变迁增大了偶然性出场的频率，形成了似乎偶然性主导社会生活的假象，使必然性的揭示和把握加大了难度；尽管人们的活动与交往方式强化了横向的空间关系，弱化了历史承续的时间关系，使必然和偶然的时空关联有了新的时代特征，但活动方式的时空结构变化并未改变必然与偶然的客观联结，也不曾使其丧失对社会生活本来的规定性。因此，认识和诠释必然与偶然关系的时空视域和方法的某些改变，不应当引发对于社会生活客观规律之信念的改变，不应当成为冷漠必然性、崇拜偶然性的机会主义、应激主义的理由。只有这样理解问题，唯物史观及整个社会科学才能扎进充满时代气息的现实生活，得到创新性的研究与发展。

其次，我们必须按照必然性与偶然性在当今社会活动时空结构中的内在关联及其逻辑机理，去认识和把握它们的存在形态与作用方式。恩格斯在谈到社会经济规律的作用机制及人们如何科学揭示这种机制的方法时，作了如下的说明："我们所研究的领域越是远离经济，越是接近于纯粹抽象的意识形态，我们就越是发现它在自己的发展中表现为偶然现象，它的曲线就越是曲折。如果您划出曲线的中轴线，您就会发现，所考察的时期越长，所考察的范围越广，这个轴线就越同经济发展的轴线接近于平行。"② 这一揭示社会规律运行机制的唯物史观思想方法表明，社会生活不同领域的偶然性与其背后必然性的乖离度，多少是与决定社会发展总趋势的经济运动中轴的作用间距，即直接相关与间接相关的切合度相联系的。那远离经济运动的思想文化现象，相对于经济生活的必然性关联间接而模糊，更多地、更直接地表现出它们与其创作主体之文化特质、生活情境散漫联系的偶然性。比如文学艺术的兴盛和风格转换，就往往与经济的涨落不相谐，而常常是创作群体的艺术个性和生活遭际的曲折表现。对这

---

① 《马克思恩格斯选集》第 4 卷，人民出版社 1995 年版，第 247 页。

② 同上书，第 733 页。

类社会现象，无法一一对应地从经济生活中直接找到事有必至、理有固然的逻辑根据。在探求社会生活的经济、政治和思想文化结构的关系时，在揭示它们与整个社会历史发展总趋势的内在联系时，一定要关注各个系统自身的相对于经济运动这一社会决定性因素的独立性，不能把物质生产方式对社会发展的决定作用视作对一切社会现象的直接规定性。那样一种庸俗的经济唯物论，不仅不能科学说明社会生活发展变化的内在逻辑，而且会形成对唯物史观活生生的辩证思维的机械性打压，严重降解它对复杂现实生活的解释力和思想引导作用。果若如此，那么，人们关于现实生活的逻辑理致，必然从机械地崇拜经济的必然性走向另一个极端，变为盲目地应对生活挑战，进而机会主义地崇奉各种偶然性，以致放弃自我的理性诉求，宿命地走向通灵幻界。这显然是一种社会意识的灾难！但看今日之域中，不仅宗教信众倍增，而且各种五花八门的俗信甚至人为的有灵崇拜甚嚣尘上，来势之猛远远超出文明宗教信仰的西方发达国家。在这种有几分悲催意味的文化倒退现象背后，人们不能科学有效地理解和把握社会生活的本质，疲于应对各种偶然机遇、偶然盈亏、偶然成败、偶然兴衰等窘迫现象，在偶然事件汇聚的湍流中挣扎、沉浮，无疑是深刻而尖锐的社会、心理致因。它需要用唯物史观创新研究成果的大普及，去医治社会意识的重疴。

与此同时，经典作家还告诉我们，对社会生活必然与偶然之逻辑关系的揭示，的确需要一定的时空条件。那就是恩格斯所说的"所考察的时期越长，所考察的范围越广"，即对社会生活进行较长时间、较大空间范围的观察和研究，才能透过纷繁复杂的偶然性，超越各类社会现象围绕经济发展轴线上下左右波动的迷局，从大趋势、总取向方面把握社会发展变化的逻辑轨迹。社会发展规律作为各种社会因素交互作用的合力结果与运行趋势，它不仅是对各社会空间之生活事件的耗散性自组织，而且是对不同历史时段之社会事件发展走向的系统性整流。人们若过于紧贴具体事件，固守于局部空间，或点击式切入事件之流的某个片断，那必然为社会生活的局部现象、间或阶段乃至个别事件遮蔽望眼或限制视野，无法从个别或特殊性中超拔出来，上升到对规律性或必然性作出深入理解的一般逻辑境界。社会规律通常只能从其运行之历史的长时段、多环节以及空间的大范围、多领域的比较研究中得出。这一由社会规律自身演绎的逻辑特征,对于人们揭示和把握这些规律在认知逻辑上提出的特殊要求,在社会生活节率急剧提速、空间范围骤然扩展的今天,要将它们切实贯彻到唯物史观对现实生活的创新性研究中去,的确存在许多悖论性困难。一方面是社会规律的揭示需要时间的长度和认知的从容,但另一方面却是生活的快节奏流变让人们追赶随行;一方面是社会规律的揭示需要不同空间活动特征的比较研究和主体的易位思考,但另一方面却是生活的全球化运转让人们陷入一种同质化、齐一性的知行活动中,难以抽身局外客观考量和诠释与主体同步旋转并制约主体知行的各类问题。凡此种种的困难和思维的逻辑挑战,都需要我们用新的思想方式和认知方法去破解困局。其中,除更新思维,大量采用非线性复杂系统理论提供的复杂性思维方法如耗散结构论、突变论、协同论、分形理论等新型思维方式,以丰富历史辩证法之外,就是要积极而科学地采用现代信息技术,用大数据的参量分析弥补对广大范围同质化现象之差异化比较的不足;用更大量的即时性信息之快速波动曲线的放大观察、多值分析与深入考量,去克服社会生活稳定性差、信息量大、转换性快给社会认知和趋势判断带来的困难。这自然是以研究方法和研究手段的更新,去创新和推进对当代社会生活的唯物史观研究的技术性法门。

最后,要深入思考和认真解决关于社会生活必然性与偶然性关系之认识的"初始条件"限制。关于社会生活现象中之偶然与必然的关系,在经典作家的论述中似乎有两重界定:一是在本体论意义上讲,社会发展内在的必然趋势以众多偶然事件为其展示的环节,通过表面看去毫无关联的偶发事件之排列、之无序运动,而体现必然之规律的逻辑演绎及其内在秩序。这种关系即社会发展个别事件无序流变中的有序运动,是不以人的意志为转移的客观存在,是社会主体对社会发展之历史规律形成思想的逻辑反映之现实根据。二是在认识论上讲,那些未曾进入人的认识领域,或未被人们认识和把握的社会力量,包括必然性的和偶然性的,它们都以人们意想不到的形式影响或规定人的行为,常常以或意料之外、或南辕北辙、或歪打正着的方式冲击着实践的方向和结果,使人们在捉摸不定的盲动中形成对这类社会现象的或然性、盖然性的认识和适应。这种由主体认识局限带来的偶然性体验,其对象性内容当然大量的是偶然性事件本身,但也包括部分与人的盲目行为相对立的自在的必然性因素,因而其根据既有客观的既本体论意义的,亦有主观的即认识论意义的。作这样的理解,还在于人的意志、目的及其实践行为本身,是直接参与建构社会运动必然趋势的要件,社会规律本身是人的活动规律,因而人的盲目行为既是社会自在力量作用之果,又是构成社会自在力量之因。基于这样的复杂机制,恩格斯认为:"社会力量完全像自然力一样,在我们还没有认识和考虑到它们的时候,起着盲目的、强制的和破坏的作用。但是,一旦我们认识了它们,理解了它们的活动、方向和影响,那末,要使它们愈来愈服从我们的意志并利用它们来达到我们的目的,这就完全取决于我们了。"① 人类对社会生活的认识,从来都只能是由浅入深、由片面到全面的,认识的不完全性、不准确性所造成实践、生活的或然性,在所难免。马克思曾经说过,思想史上的某些范畴,在开始阶段总是只能"表现这个一定社会的、这个主体的存在形式、存在规定、常常只是个别的侧面"②。足见认识的不成熟是造成社会行为偶然性的重要原因。

对这一问题作出深刻科学分析的是波普尔。他不仅用著名的"云""钟"理论形象地解释了偶然和必然的辩证关系,认为"云"是指无规则、不确定的水分子运动,杂乱无章,属难以预测的偶然性现象;"钟"则是指规则严缜而运行稳定并可预测的必然现象。在他看来"所有的云都是钟",是一种从牛顿理论中引出的"物理决定论",是不科学的,非常不适合解释现代社会生活的运行机制。相反,"所有的钟都是云"则比较合理,且得到了相对论和量子力学的科学支持。这种对偶然和必然关系的解释,似乎更为现代生活的逻辑所肯定。它昭示了现代生活价值关系有了更多的参照系和相对性,社会秩序有了更多的变动性和自组织性,必然性和偶然性的具体联系有了更多的随机性和境遇性,因而对社会事件的预测和把控亦有了空前的复杂性和不确定性。但这一切都未消解对必然性认识的意义和对偶然性认识的可能。波普尔在其《科学发现的逻辑》一书中,曾谈到了不可预测性和偶然性的关联。他说,我们可以依据行星运转的必然规律来预测它们运行的未来趋势,但无法像预测行星运转那样去预测投掷骰子每一单次的结果。因为行星运动是循着严格规律的,而每次投

---

① 《马克思恩格斯全集》第 19 卷,人民出版社 1965 年版,第 241 页。
② 《马克思恩格斯全集》第 12 卷,人民出版社 1962 年版,第 757 页。

掷骰子及其结果则是属于偶然性的。之所以如此,并不是掷骰子就绝对脱离了规律性,而是由于人们对其运动的初始条件缺乏足够的了解。若充分掌握了投掷骰子的初始条件,那么骰子的运动也是可以预测的。对于概率,他有过如此的解释:"它是一种本质上取决于我们对不完全的信息的测量,而且它是我们的信息的不完全性的测量:如果我们能够足够精确地知道有关这只骰子将要被投掷的条件的信息,那么就可以毫无困难地预测到其确定的结果。"[1] 因此,许多被称为偶然性的现象,只是我们对其运动的初始条件缺乏了解所致。波普尔的分析是有些道理的。就拿掷骰子来说吧,它的运动方向和立面的呈现,表面看去是高度无序而随机的,但实质上都是投掷运动初始条件造成的结果,如骰子的大小、重量、每一立面的质量差异,投掷者所用力量的方向、大小、抛物线的走势,骰子落下的平台表面的光滑或粗糙涩滞、各局部平面的水平性差异对骰子下落产生的不同反作用,等等。它们都是对骰子运动轨迹与结果形成作用函数的参量,其合力最终决定骰子的运动结果。倘若骰子投掷者把这些骰子运动的初始条件都认识清楚了,并能加以有效掌握,那么对掷骰子进行预测也将变得像瞄准射击一样,是不会出人意料轻易脱靶的。

这一研究和把握事物必然性的思想方法也昭告我们,在社会生活中要透过偶然性去揭示事物的必然规律,必须深入具体地研究和掌握社会事件赖以发生的初始条件。一则不要因为对必然性现象之认识失察而将其主观化地认定为偶然事件。二则不要因为偶然事件的难以把控就放弃对它们进行研究和掌握的努力,因而放纵碰机会、撞大运的偶然性崇拜意识。三则在市场竞争、国际社会多角博弈、知识信息飘忽不定等时代性因素影响下,社会生活不确定性提升,"蝴蝶效应"一类现象的影响力增大,更要求我们努力跟进或及时追踪社会重大事件的前因后果及其连续演化的轨迹,尽可能及时地、更多地把握社会事变的初始条件,形成有预见、有对策干预其自发作用的主动性,防止类似世界性金融危机的恶性事件给人类福祉和社会安定造成的巨大破坏。唯物史观的现代思维,应当为此提供科学的方法论与合理的价值观引导。为此,我们更应当把唯物史观的原理由以往那种抽象而死板的教条式理解和机械复述,变成与时代脉动、时代精

---

[1] [美]米勒编:《波普尔思想精粹》,张之沧译,江苏人民出版社2000年版,第209页。

神水乳交融的鲜活的思想方法和认知工具。要彻底从黑格尔那种把历史变成逻辑演绎工具的错误思想窠臼中解脱出来。黑格尔在其《逻辑学》中把逻辑思维范式绝对化，用逻辑演绎去取代客观事物本身的历史发展，说什么逻辑方法是任何事物不能抗拒的绝对的、最高致的、无限的力量，成为理性企图在每一个事物中发现和认识自身的意向。对此，马克思深入批判了黑格尔用这种"无人身的理性"，把一切客观事物的发展变化都幻化成抽象逻辑之历史演绎那样一种泛逻辑主义的思想错误。他指出："正如我们通过抽象把一切事物变成逻辑范畴一样，我们只要抽去各种各样的运动的一切特征，就可得到抽象形态的运动，纯粹形式上的运动，运动的纯粹逻辑公式。如果我们把逻辑范畴看作是一切事物的实体，那么我们也就可以设想把运动的逻辑公式看作是一种绝对方法，它不仅说明每一个事物，而且本身就包含每个事的运动。"[①] 这种"脱离任何内容同时又正是对任何内容都通用的"唯心主义逻辑范式[②]，是唯物史观现时代创新所必须坚决摒弃的。否则，我们无法沉入现实，面向实践，适应时代发展，作出新的理论建树。

三　唯物史观研究中真理性与价值性的逻辑同构

历史唯物主义的创立和发展，有一个根本性的价值取向问题，即始终坚持为人类的自由、解放、幸福而求索真理。这首先是由人类认识和实践活动的真理原则与价值原则的辩证统一机制决定的。但凡历史上伟大的社会科学发现，无不联系着对人类根本利益、长远利益的紧张关注和合理说明。人类在自身的历史创造活动中，自觉或自发地追求一种合目的与合规律的统一。前者为了实现社会实践的利益诉求，后者则是为了更好地保障这种利益诉求的实现而提供科学支持。因而，在社会实际生活展开的过程中，总有一个不能回避的问题横亘在人们面前：以价值诉求为核心，以科学认识为领引，在理论与实践的结合上，具体地历史地合理解决真理原则与价值原则的有机统一。人类文明史发展出示的科学结论是：价值激励是

---

① 《马克思恩格斯选集》第1卷，人民出版社1995年版，第139页。
② 《马克思恩格斯全集》第42卷，人民出版社1979年版，第176页。

第二十章　唯物史观创新研究的逻辑思考

人们追求真理的内驱力，真理指引是人们实现自身价值的思想保障。真理面前有价值，人们不会把那些毫无价值、毫无意义的认识奉为真理；价值背后有真理，一切有良知的人们无由承认、亦不会追求、更无法实现毫无真理性可言的所谓价值。真理原则和价值原则作为人类实践活动天然要求统一的两大基本原则，在马克思创立的唯物史观中得到了根本性的确认。成为唯物史观理论基石的实践唯物论认为，人是实践的存在物，实践是社会生活的本质，人们有目的、有意志地改造客观世界的物质活动是社会历史发展的决定力量。因此，面向社会实践中的人和人的社会实践，必然要关注并科学说明社会实践何以须是合规律性与合目的性的统一，要解决并说明在社会实践中如何实现两者相统一的问题。这使得对社会实践之真理性和价值性相统一的诉求，成为唯物史观的根本宗旨和思想逻辑。

唯物史观创立之初，马克思对社会历史发展的内在规律还不甚了了。在科学探索的道路上，他曾真诚坦言有过"善良的'前进'愿望大大超过实际知识"的时候，如在《莱茵报》工作时期为德国农民作经济权益的辩护时对经济学知识的缺失，在法兰西思潮批判中对这一思潮了解的肤浅，等等。[①] 为此，马克思将自己的注意力从对人权问题、自由平等正义问题一般性的人本学关注，转移到从社会变革探索、人类解放、人生向善的路径。这使他在对资本主义的政治经济学批判中发现了决定社会历史的物质生产秘密，唯物史观因此得以诞生。这一唯物史观发生学的原初事实表明，效命于人类解放与进步事业的价值诉求，是唯物史观得以创立的思想文化初衷。这种价值取向，使关于人类社会历史的解释，由黑格尔那种以逻辑剪裁和架构历史的泛逻辑主义及其"无人身的理性"，走向了对人本身的关注，把社会历史从抽象的逻辑体系中解放出来还原为历史的本真，进而把脱离人又宰制人类思维的"绝对知识"还原为人的生活理性与社会意识，使人以头立地变为双脚立地，顺着由社会存在到社会意识的路径观察和思考问题。这一工作最初是由费尔巴哈对黑格尔唯心主义发起人本唯物论的批判开启的。但费尔巴哈脱离社会与实践去谈论人与社会，陷入抽象的人性论泥沼，终究没能解决社会历史的科学解释与价值评判相统一，进而为大众的不止于宗教开释的解放事业提供"批判武器"的问

[①] 《马克思恩格斯选集》第 2 卷，人民出版社 1995 年版，第 32 页。

题。但"费尔巴哈没有走的一步,必定会有人走的。对抽象的人的崇拜,即费尔巴哈的新宗教的核心,必定会由关于现实的人及其历史发展的科学来代替"①。正是因为马克思在费尔巴哈以人本唯物论,对黑格尔泛逻辑主义社会历史观的批判取得成绩的基础上,继续前进,克服了抽象人性论解释社会历史的严重缺陷,完成了费氏没有完成的事业,将抽象人性论的历史观转变为"关于现实的人及其历史发展的科学"。在唯物史观创立之初,马克思曾深入地揭露了黑格尔用抽象的逻辑公式构建历史规律、遮蔽历史真实、吞没社会主体的逻辑倒置错误:黑格尔"绝对自我意识的主体,就是神,绝对精神,就是知道自己并且实现自己的观念。现实的人和现实的自然界不过成为这个隐秘的、非现实的人和这个非现实的自然界的宾词、象征。因此,主词和宾词之间的关系被绝对地相互颠倒了"②。由此可见,马克思一方面扬弃了费尔巴哈对黑格尔泛逻辑主义历史观的批判成果,对历史发展由偏执于逻辑的关注转向对人的社会现实、对人的自由解放之现实道路和社会价值的关注;另一方面,又克服了费尔巴哈拘泥于抽象的人性论及其价值观,而放弃对社会发展内在逻辑的关注之缺陷,在坚持从社会物质生活实践出发来考察人与社会及其利益和价值的唯物主义前提下,同时从社会物质生活、政治生活与思想文化生活的实践性结构及其互依存、互作用、互制约的辩证运动中,揭示社会历史发展的内在机制与规律,恢复被费尔巴哈降解了的关于社会历史发展之规律性的科学说明。因此,恩格斯把唯物史观概括为"关于现实的人及其历史发展的科学",既坚持了实践唯物论关于人、社会、生活世界的现实性、目的性、价值性的人学解释,又贯彻了对社会运动、历史发展之客观性、规律性、真理性的科学解释,达到了实践范式研究和逻辑范式研究的有机统一。

从唯物史观的学理逻辑看,马克思更是非常自觉地将真理原则与价值原则相统一的主张,贯彻于唯物史观的理论创造和思想阐发的各个基本点上。首先,马克思把人类历史从黑格尔神秘的泛逻辑主义中解放出来,在认定历史是一个自然历史过程因而具有客观性、规律性的同时,还指出"历史不过是追求自己目的的人的活动而已",充分肯定了历史的实践性、

---

① 《马克思恩格斯选集》第4卷,人民出版社1995年版,第241页。
② 《马克思恩格斯全集》第42卷,人民出版社1979年版,第176页。

人为性。① 这不仅明确了唯物史观看待历史的基本原则：客观性、实践性、人为性的统一；同时还明示了唯物史观元叙事的基本方法：坚持社会生活的客观规律性与人们创造历史的主观能动性的辩证统一，坚持合规律的科学原则与合目的的价值原则的辩证统一。

其次，在深入揭示人类社会历史发生、存在和延续的物质基础时，马恩将厝置社会生活的基座确定为物质生产方式，主张"从直接生活的物质生产出发阐述现实的生产过程，把同这种生产方式相联系的、它所产生的交往形式即各个不同阶段上的市民社会理解为整个历史的基础"②。这样，标明了唯物史观的"物"既不是纯粹天然的与人的实践活动无涉的物理世界的物，也不是什么超人间的神来之物，它们是物质生产方式及其实践和产出之物，表征人们用什么劳动资料生产、生产什么、形成怎样的经济关系等。正是这样一种人与自然的物质变换关系和人与人的经济交往关系的实践性统一，决定着社会的性质、状态和历史发展。其中，每一代人无可选择地要利用前人留下来的生产力、生产环境以及其他经济条件来进行新的生产，这是人们进行历史创造的现实前提，是展开主观能动性的历史基础，它从根本上构成了社会发展的自然历史过程。与此同时，物质生产的主体是广大劳动人民，物质生产对整个社会生活的基础性和规定性，必然地佐证了历史的进步须合乎潮流，顺乎民心，必须允分保障和有效发挥广大人民的利益、意志和历史主动性。由此，唯物史观不仅从科学认识上揭示了历史的秘密，指出了社会存在和发展的规律性机制；而且从历史发展的主动力方面肯定了广大人民的地位和作用，为确保新兴社会让广大人民能充分享有自由、民主、公平、正义的种种权益，提供了价值论的元哲学解释。这是唯物史观第二层次的真理原则与价值原则的内在统一。

最后，唯物史观强调生产关系与生产力发展的矛盾是社会进步的原动力，而由广大劳动人民代表和推动的物质生产力又是这一矛盾展开的主动力量，这就从根本上把人民群众创造历史的作用之论落定到了"唯物"的实处，体现了群众价值观与历史真理观的原生性一致。与此同时，在肯

---

① 《马克思恩格斯全集》第2卷，人民出版社1960年版，第118—119页。
② 《马克思恩格斯选集》第1卷，人民出版社1995年版，第92页。

定生产方式对社会发展起决定作用的基础上，唯物史观还肯定了上层建筑对社会发展的巨大推动力，肯定了解决社会矛盾冲突的社会革命和各项改革对社会发展的促进作用，这不仅对社会进步的动力、各社会构成部分在社会运动中的互动机制、以及人民革命的伟大历史意义之间的辩证关系、相互作用规律系统地作出了科学说明，而且对人民改善自身的生存状况、改革社会病端、实现社会的文明民主公平正义和谐等进步趋势，作出了价值的合理性论证。这是在社会进步和历史发展趋势的诠释中，对人民群众的历史作用、进步要求、合理利益、正当权益等根本性意义，所作出的真理性与价值论相一致的论证。它们为肯定、支持和指引人民群众追求进步理想、实行社会革命，提供了认识合理性与价值合法性的双重证明。

唯物史观学理逻辑体系中这些真理原则与价值原则、合规律性与合目的性相统一的理致，并不只是静态地存在于经典文献的字里行间。它们更作为社会主义实践的思想指南与价值方针，鲜活地体现在社会主义建设的伟大事业中，要求我们必须认真贯彻于认识和实践中。从坚持和发展中国特色社会主义道路来思考唯物史观的当代命运，其理论创新和践履笃行更为严肃地要求我们，在知行合一的基础上，坚持社会认知真理性与社会实践价值性的内在一致。我们必须把中国特色社会主义道路的合法性置入社会历史进步的总趋势和人类文明大道的总路向中，进行时代性的审视，揭示并坚信社会主义事业的历史必然性，按照社会发展的客观规律及其文明进程来推进社会主义建设。另外，要把社会主义建设的必然性要求，把唯物史观中国化创新中所揭示的这些规律性的科学真理，转化为广大人民的理性自觉，成为统驭各种价值诉求的客观根据和思想指南，使人民的思想旨皈与实践目的汇入社会发展的总规律标示的道路上来。这样，使社会生活的规律性要求，在指引人民的价值选择和转化为社会主义建设的行为中，成为一种应然的内在要求，完成必然向应然的自为性转化。与此同时，使人民的实际利益和价值诉求，在自觉接受科学理论的真理性领引基础上，在依据客观规律去积极作为的实践中，也实现价值原则、实践目的由应然向必然的自觉性转化。从而提升社会实践的成功率和价值目标在合规律性方面的合理性、进步性，更大地更有效地形成推动社会主义事业健康发展的历史合力。在预设和实现唯物史观中国化创新的这一总体原则中，我们自然要更加自觉地在各项工作中还原和维护人民群众的历史主体地位，尊重并努力实现人民群众在现实生活中总的价值选择，维护好、发展好人民的合法权益。为了更好地用唯物史观及社会主义理论统一人民的思想，也必须广泛深入地进行社会主义道路之历史规律性与合法性，同社会主义核心价值体系的人民性、历史合理性相结合的再教育，提升广大人民奋斗目标的明确性、凝聚力和实现的有效性。这样地呼应社会主义时代性的实践要求，才能让唯物史观创新在与人民实践、人民利益的结合中，获取最丰富而鲜活的实践经验，为理论发展供给不绝的源头活水；也才能为最大限度地调动与凝聚人民群众投入社会主义建设的积极性和创造性，提供智力支持和精神鼓舞。这无疑是一种现时代、实践性的唯物史观创新的真理原则与价值原则的根本要求和具体统一。从唯物史观原生态的价值原则来说，这也就是要求我们在中国特色社会主义建设实践中所进行的唯物史观创新，必须自觉坚持和弘扬当初马克思赖以从人本唯物主义向历史唯物主义迸发的逻辑起点："共产主义是私有财产即人的自我异化的积极扬弃，因而是通过人并且为了人而对人的本质的真正占有；因此，它是人向自身、向社会的人的复归，这种复归是彻底的、自觉的而且保存了以往发展的全部财富的。这种共产主义，作为完成了的自然主义，等于人道主义；而作为完成了的人道主义，等于自然主义，它是人和自然之间、人和人之间的矛盾的真正解决，是存在和本质、对象化和自我确证、自由和必然、个体和类之间的斗争的真正解决。"[①] 由此，我们看到了唯物史观创新的出发原点，十分清晰地展示了马克思将其理论探索和社会批判，一开始就是与共产主义的理想论证，与追求人类的彻底解放，与人类价值的终极关怀，与社会发展规律的揭示和自觉运用，最后是与科学研究、社会实践的真理性和价值性相统一的原则，十分紧密地联系在一起的。这一光辉的思想品格，在现时我国普遍推行市场经济，人民群众的基本利益及其社会政治文化诉求，多方面地被市场机制及其资本逻辑所遮蔽或扭曲的情况下；在社会成员单子化、社会行为个体化、社会取义碎片化、社会诉求之实现机遇化的情况下；在社会主义核心价值的实现需要政府和广大知识分子的良知给予自觉关注的情况下，唯物史观的真理与价值相统一原则，更应成为我们今天理论创新的基本导向和工作准则。

[①] 《马克思恩格斯全集》第42卷，人民出版社1979年版，第120页。

由此，我们应当联系哲学研究、唯物史观创新的具体工作实践，用一种符合历史唯物论的基本价值理念及其学术精神，具体地处理好理论创新的各项工作。其中，无论是其远大政治目标还是理想皈依、要旨论证、是非研判与逻辑运用，都不能偏离这一根本性的价值方针。作为马克思主义理论工作者，我们在理论创新的过程中，需要正确处理好这样几个价值关系：

一是向书本学习与向现实请教的关系。要认真清理和自觉克服躺在前人文献中讨生活的书蠹式研究状况。有人把那种满足于寻章摘句、文本漫游、概念对接、逻辑游戏的科研方式，美其名曰"学院派"，实质上是向严重脱离生活、脱离时代、脱离学术价值之社会实践诉求的经院哲学的回归。这样的学术倒退，不要说当事者个人即使皓首穷经也难有多少科学研究的学术出路与前途，从社会职业的责任担当而言，更是毫无意义地浪费纳税人的钱财。当我们对此逃避社会责任的学术作为进行社会文化价值的良知审问时，应当很难心安理得。唯物史观的创新研究，要有所作为，学者们必须怀有崇高的学术使命感，要有强烈的现实问题意识，要保持敏锐的社会政治悟性，要与国家民族人民的进步事业命运与共，肝胆相照，奋然投入，忠诚效命。唯物史观创新，必须有助于解决现实生活中亟待解决的重大问题，为之提供新的思想方法和价值理念，才能获得实践的助力而实现自身的发展。当前，广为人们关注的社会公平正义问题、廉政问题、民主问题、民生问题、社会安定和谐问题、生态保护问题，等等，都非仅仅掌握了社会发展的某些规律，知道了其中由以发生的某些致因就能解决得好的。必须同时诉诸价值选择、价值方针和利益目标的调整，才能于事有补。对这些问题应给予唯物史观指引下的多学科关注，在求得理性思维对其发生和演变之法则的逻辑性把握之同时，还应当给予经济学、伦理学等方面的价值解读和研判，为实践地解决这些问题，形成价值共识，使社会的各种利益格局更趋合理，提供价值理性与应对之策的支持。这从一个重要方面表明，社会生活的唯物史观研究，既有认识之科学与谬误的殊异，也有价值之合理与否的分野。从现实生活的调查研究出发，去实践理性地观察和理解社会生活，不仅可以深化对现代社会发展的科学认识，也有助于为解决当下重大的社会问题明确价值立场和进取方向，提供由价值共识而形成的促进历史发展的社会合力，使社会主义事业在合目的与合规律相统一的基础上健康发展。学术研究有功于此，自然能积极反馈于唯物史观的时代性开新和发展。

二是要处理好坚持马克思主义和发展马克思主义的关系，坚持不是僵化，发展不是易帜。唯物史观创新研究要广开言路，实现马克思主义哲学与其他科学的深入对话，把各主要社会科学研究的新成果，加以唯物史观的提炼与总结，丰富和发展这一伟大学说。如前所述，马克思在创立唯物史观之初，尚有学术良心超过实际知识的困惑，我们作为后继者，面对当今科技革命、社会骤变、知识爆炸的形势，如若没有知识更新、紧张地追赶科学发展的潮流之急迫感，那一定是知识需求麻木、或置身学术前沿之外、或成了放弃学术研究与创新责任的懒汉。凡此种种的学习态度和知识态度，不要说作为一个学者是对科学事业的大不敬，缺失起码的学术精神和思想基底；即使是作为一个普通的理论工作者，此种精神状态也只能使人沦为一个碌碌无为的庸人，何谈学术的精进？马克思主义作为人类文明成就的思想综合与哲学总整，它是一个博大而开放的文化体系，它应当广泛而适时地与当代世界文明进行深入对话，吸纳最新科学成就，才能永葆其思想的科学生机和认识张力。因而，在进行唯物史观这一马克思主义元理论的创新性研究中，我们除了在学术的科学性上尊重经典作家提供的思想主旨和理论原则之外，也须在文化价值理念上破除教条主义、宗派主义，虚心听取人类科学文化发展的时代呼唤，准确研判时代精神的主旨，认真借鉴其他科学如经济学、社会学、文化学、政治学等社会科学的最新成果，以及自然科学提供的科学方法，用于唯物史观对当代社会生活的深入研究。这样，既更新和拓展唯物史观的认知视域和知识基础，又完善和优化它的认知工具和思想方法，让这一学说的创新研究与时代实践，同当代人类文明的最新进展结伴而行，保持其精进的时代锐意。

三是要处理好充分肯定中国道路、中国经验，与同时面向世界，学习借鉴国外马克思主义理论研究的新成果、革命实践的新经验的关系。其间，除了世界历史发展总规律的具体实现形式是多种多样的，各国人民都有依据民族传统、社会体制和现实条件，选择自己的道路和社会制度的权利和自由，这一创造历史的主动性和实现人民利益的民族性相结合的价值法则之外，还有一个反对霸权主义、强权政治干涉民族发展、压制后发国家之世界历史的公平正义问题。它们既是合规律性的价值原则诉求，又是合目的性的真理原则表达。我们正在进行的中国特色社会主义道路的创造性探索，以及建设事业取得的伟大成就，作为唯物史观当代实践的民族性、时代性杰作，既是世界文明蔟丛的一树奇葩，又在世界历史进程中开辟了一条新路。它们既是中华民族的特殊创造和贡献，又是人类伟大文明在中国土地上的辉煌绽放。我们对这一伟大事件、伟大进程提供的特殊经验和思想成果，作出唯物史观的创新性总结，一定要充分肯定中国道路、中国事业在世界历史中的民族特色，又要充分肯定其中的独特建树和时代贡献在民族伟大复兴中的世界意义。特色是社会主义的，是世界革命意义上的民族特色；社会主义是中国特色的，中国道路具有世界意义。这样一种对社会主义中国特色的唯物史观理解，虽然仍然没有离开社会主义共性与个性的逻辑关系，但它已不止于这种逻辑关系。因为国际共产主义原有的阵营不存在了，真正坚持社会主义道路的国家所剩无几，而取得举世瞩目伟大成就者则莫能于中国之外。因此，中国特色社会主义在当今时代既是中国的，同时又是世界的。历史上曾经出现过只有社会主义才能救中国的时机，今天世界大局似乎变动了这句话的动宾结构，成了只有中国才能救社会主义。这样一种社会历史的宏大价值原则陈横在我们面前，我们对其应当有足够的重视。对中国特色社会主义事业，我们在树立高度的理论、制度、道路自信的同时，还需要站在世界历史的高度，审视其意义与不足，以人类文明总趋势、总进程为尺度，揭示和解决前进过程难以避免的各种问题，借以提升和发展中国特色社会主义建设的各项事业，让其民族性的和世界性的认识与实践意义，得到充分的传播与放大，融进当代人类先进思想文化宝库，为人类历史进步作出崭新贡献。这种社会政治文化的自信，既反对盲目取向西方、迷信资本主义文化的自我殖民倾向，又不妄自尊大，自外于世界文明进步大道与科学发展潮流。它要求我们在虚心倾听社会实践的经验呼喊与价值召唤，虚心向广大人民的智慧讨教以丰富理论创新的思想资源之同时，也须面向世界，有批判有选择地借鉴他国现代化建设的实践经验与科学思想，借鉴包括当代的研究资本主义、社会主义、后现代思潮在内的社会人文科学成果，以资拓展理论视野，深化比较研究，丰富思想资源，强化学术竞争，使唯物史观在与各种学说的对话和碰撞中创新和发展自身。因而唯物史观创新所遭遇的思想挑战，无论是知识学理的，还是价值冲击的，都不能在消极的盲目固守、自我防卫中取胜，而必须在维护广大人民根本利益和社会主义核心价值的前提下，进行有足够科学分析的理论回应，去伪存真，撷英弃糟，伏惑断疑，在对话、批判和竞争中，在自身的充分发展中获胜。这自然是单凭表面的价值抗争和道义论战不能济事的。它要求我们把对社会主义事业和唯物史观原则的价值捍卫，落实在对当代世界历史发展深刻的科学研究中，用充分揭示客观规律并加以周密论证的科学事实和认识真理，去拱卫社会主义的核心价值体系，去诚服一切误解、曲解乃至恶解马克思主义、社会主义事业而不曾顽固不化的人们。这才是真正的理论自信和自胜。

四是要有一种舍身求法的科学精神。我们在社会主义国家进行马克思主义的研究，自然拥有天然的社会文化优势。但绝不能惰性地盲目地依赖这种优势。恰恰相反，国家和人民赋予的这种思想文化优势，对与社会生活、人民利益切切相关的唯物史观的研究和创新，提出了更高的思想要求：要紧跟时代的步伐，切准历史的脉跳，理解社会的变迁，响应人民的召唤，追赶科学的发展，破解思想的困惑，澄明生活的进路，凝聚社会的共识，鼓舞进取的士气。这一切都不能靠组织措施和行政手段去实现，而必须依靠我们有足够时代性高度、世界性影响、民族性特色、人民性主旨的学术成就，去感悟大众，影响社会，提振思想文化，方可济事。然而我们却遇到了许多前所未有的困难，世界性社会主义事业的挫折，增高了资本主义思想压制马克思主义声音的话语权分贝；社会主义建设道路的探索难免的困难和某些"试错"，增加了马克思主义科学地证伪与证实的难度；市场经济竞争和利益博弈的资本逻辑，让"学术资本主义"绝不止于自然科学，商业文化严重侵扰人文社会科学，削弱了学人们做实事、求真是、讲科学、为真理和"主义"不懈奋斗的精神气概；恶性的社会不公、两极分化、贪腐问题及其引发的利益冲突、价值失序、道义失衡和思想失范，损害了马克思主义、社会主义的文化声誉，在理性和价值逻辑方面销蚀了它们的说服力和感召力；还有那源自西方娱乐至上、信息污染、文化公害的现代电子文化的产业化制作和市场化营销，让感官文化甚嚣尘上，掳掠了人们理性沉思的时空和兴致，让马克思主义及其社会主义理论处于形式上显性的主导地位，而在实际的生活世界则被挤到精神文化边缘这样一种悖论状态，它们让人文社会科学工作者及其学术成果也随之边缘化、碎片化，失去自立于精神家园的足够力量。这些文化世象、思想乱象，自然仅靠一些学者的口议笔书是不能根本改观的。它们的解决需要假以时日，让社会和广大民众在前进中通过多方面的建设，实现社会的康复与进步，文化的自省与纠偏，思想的匡正与勃兴，科学的昌明与普及，才能复归正态。但是学者们在精神自救与学术抗争、真理坚守与思想澄明、人文呐喊与病垢清除等方面，绝不是袖手旁观无所作为的。试想，如果我们有马克思当年在大英图书馆一坐数十年、悉心研读1200多种科学文献、抗住贫病交加的生活煎熬、撰写数百万字的科学论著、把地板上的水泥踏掉一层而留下坚深的科学足迹，那样一种普罗米修斯式的社会使命、学术精神和科研毅力，我们的社会人文科学景观必然不同于当下。再说一例，中国古典哲学顶峰人物，被人誉为"东方黑格尔"的王夫之，作为满清迫害相加的明代遗臣，失去了起码的社会文化广泛交往的条件和许多人生的自由权利，隐身、迁徙于湘西南的山洞和茅寮中，终其一生，留下思想博大精深的论著近百种、合400余卷、计800余万字的学术遗作，让现代人读来领悟其深理奥义尚且不易，但其生前未公开一文。试想，如果我们有如此坚毅、如此淡定、如此执着于社会大义、文化精进、学理穷究、思想建树的科学品格，当代中国的学术状况肯定不会是现在的样貌。许多时候，我们随俗沉浮，做科研，搞学问，并非全然地探赜索隐、求真问是，不是"为真理而斗争"，而是"为承认而拼搏"，把黑格尔的"承认"命题移到学术市场化运作中来，成为俗不可耐的时髦应景策略。至于那些更为等而下之的与"孔方兄"携手的伪学术行为，更是损害科学圣洁、学术精进和思想清澈的文化恶浊，它们给学术的污损是深重而多面的。比如，在我们的许多高等学府这曾让人敬重的斯文之地，不说经常有些贪污腐败的丑闻传出，且在体制内的合法层面更有大量伪科学、伪马克思主义、伪唯物史观的非理性现象的大量滋生和蔓延。一些地方实行的学科体制就有以下三个特色："学术资源开发资本化，科研管理行政化，学科团队组建家族化。"这些十分落后的状态，与马克思主义的价值原则，与唯物史观的科学理性，是格格不入的。这种以学术的名号，偷运资本主义乃至封建主义文化糟粕的现象，害国害学害人，当须坚决铲除。否则，不要说"钱学森之问"自然科学无解，就是科学的大公无私、学术的实事求是、思想的与时俱进等人文社会科学的起码要求，也会流于空谈。唯物史观的时代性创新，要求我们在真理信念和价值主张的两个方面超凡脱俗，以一种舍身求法的科学精神，去匹配学术创新所要求的主体精神。马克思当初抱着下地狱的精神克服千难万苦，创立了唯物史观。我们在这一片光荣土地上接着耕耘的学人，当以何种精神继承这一崇高的学术使命呢？这是需要在真理原则和价值原则的知行统一中作出实践回答的。但愿能交出不负前人、无愧当代、未辱使命的合格答卷！